공자개제고【五】

孔子改制考

공자개제고【五】 孔子改制考

An Annotated Translation of
"Confucius as a Reformer"

캉유웨이 저

김 동 민 역주

세창출판사

공자개제고【五】孔子改制考

1판 1쇄 인쇄 2013년 12월 16일
1판 1쇄 발행 2013년 12월 26일

저　자 | 캉유웨이(康有爲)
역주자 | 김동민(金東敏)
발행인 | 이방원
발행처 | 세창출판사
주소 | 서울 서대문구 경기대로 88 (냉천빌딩 4층)
신고번호 | 제300-1990-63호
전화 | (02) 723-8660 팩스 | (02) 720-4579
http://www.sechangpub.co.kr
e-mail: sc1992@empal.com

ISBN 978-89-8411-449-4 94150
978-89-8411-444-9 (세트)

이 도서의 국립중앙도서관 출판시도서목록(CIP)은 서지정보유통지원시스템 홈페이지(http://seoji.nl.go.kr)와 국가자료공동목록시스템(http://www.nl.go.kr/kolisnet)에서 이용하실 수 있습니다.(CIP제어번호: CIP2013026790)

역주자 서문

孔子改制考

캉유웨이가 활동했던 시대는 역사상의 변화가 가장 심했던 격동의 시대였다. 수천 년 동안 지속되었던 전통 왕조의 붕괴, 그리고 근대로의 이행이라는 거스를 수 없는 세계사적 흐름, 이처럼 전통과 근대가 교차하는 시대에 당대의 지식인들은 많은 혼란과 고민을 겪었을 것이다. 근대와 전통 단절, 혹은 전통의 연속으로서의 근대, 어느 쪽을 선택하는가에 따라 중국이 나아가야 할 미래의 모습은 확연히 달라질 수 있기 때문이다. 당대의 많은 학자들이 다양한 형태의 중국 근대 설계도를 제시했는데, 그중에서도 가장 파격적인 모델을 제시한 인물이 바로 캉유웨이라고 할 수 있다. 그는 전통과의 연속이라는 밑그림 위에, 개혁과 변혁을 통한 근대로의 이행을 선포했다. 전통에 근거한 근대적 개혁이 마치 언어 모순처럼 보이지만, 그는 전통에 대한 재해석을 통해 가장 중국적인 근대를 만들 수 있다고 확신했다. 이런 점에서 캉유웨이의 철학 사상이 "형식면에서 중국 고대철학의 연속이자 고전 전통의 근대적 종결"(『中國近代思想史論』)이라고 한 리쩌허우(李澤厚)의 평가는 매우 적절한 것처럼 보인다.

그런데 사실 캉유웨이의 설계도는 자신의 독창적인 작품이 아니다. 그것은 예전에 이미 존재했던 원형의 모델을 단지 벤치마킹했다고 할 수 있다. 중국 고대에 새로운 시대를 위한 개혁의 설계도를 그린 대표적인 인물은 바로 공자이며, 그 설계도에 의해 탄생한 결과물이 바로 유교이다. 그러한 공자와 유교의 역사를 체계화시켜 하나의 정형화된 도식으로 만든 작품이 『공자개제고』이다. 그렇다면 그는 왜 공자와 유교를 벤치마킹의 대상으로 삼았을까? 공자가 탁고(託古)라는 형식을 통해 개제(改制)를 시도했듯이, 자신도 공자를 탁고의 대상으로 삼아 개혁을 추진했다고 할 수 있다. 유교를 통한 공자의 개제를 자신이 추진하는 개혁과 동일시함으로써 개혁의 이론적 토대와 정당성을 동시에 확보하려는 의도였다. 결과적으로 태평(太平)의 정치와 대동(大同)의 복지를 누리고 싶다던 캉유웨이의 꿈은 공허한 외침으로 끝이 났지만, 그의 근대적 담론의 원천은 『공자개제고』 속에 여전히 남아 있다.

캉유웨이의 연보를 살펴보면, 이 책은 10년이 넘는 오랜 기간에 걸쳐 완성되었다. 아마도 개혁과 변법을 위한 이론적 근거로 활용할 책이었기 때문에 상당히 심혈을 기울였을 것으로 짐작할 수 있다. 책 전체의 목차만 살펴보더라도 공자와 유교의 역사를 한눈에 파악할 수 있다. 유교의 창립, 공자와 유교의 관계, 유교와 제자백가의 투쟁, 유교의 전파와 사상 통일 등 유교의 성립과 전개에 관한 일련의 과정은 물론, 그 과정에서 상호 관계를 맺었던 제자백가의 양상까지도 체계적으로 정리되어 있다. 따라서 이 책은 캉유웨이와 관련을 짓지 않더라도, 춘추전국시대부터 한대까지 전개된 중국 고대 사상의 전모를 파악할 수 있는 중요한 자료로서의 가치도 지니고 있다. 특히 당시에 활동했던 거의 모든 제자백가의 성립과 활동 등에 관한 핵심 원전 텍스트가 망라되어 있기 때문에 그들 사이의 상호 대립과 투쟁, 조화와 융합의 과정을 매우 생생하게 살펴볼 수 있다. 지금처럼 DB화된 원전 자료가 없던 시대에 이처럼 방대한 자료를 주제별로 발췌하여 인용했다는 것이 놀라울 따름이다.

명저 번역을 신청하기 위해 준비하던 단계부터 출판을 앞둔 현 시점까지 거의 4년의 시간이 흘렀다. '명저'라는 타이틀이 주는 중압감 때문에 번역 과정에서의 고민과 시간 투자가 그 어떤 책보다 많았던 것 같다. 그렇지만 역시 고전 번역자로서의 능력이나 노력 부족 등으로 오역이나 오탈자 등 많은 문제가 드러날 수밖에 없을 것이다. 이 점에 대해서는 향후 연구자들의 따끔한 질타를 겸허하게 기다리겠다. 한편 번역과 교열의 과정에서 큰 도움을 주신 임옥균 선생님과 길훈섭·정병섭 동학께 깊은 감사를 드린다. 아울러 세창출판사의 임길남 상무님과 교정 및 편집을 맡은 분들의 노고에 감사드린다.

마지막으로 고전 번역 사업의 추진이 쉽지 않은 환경 속에서, 한국연구재단의 '명저 번역' 지원 사업 덕분에 이 책이 세상에 나올 수 있게 되었다. 향후 이 사업이 더욱 활성화되어 학술적으로 중요하고 가치 있는 고전들이 체계적으로 번역 출판될 수 있기를 기대해본다.

2013년 12월
와룡산 자락에서
김동민

일러두기

孔子改制考

1. 본 역주서의 저본은 1958년 中華書局에서 발행된 『孔子改制考』이다. 번역 과정에서 참조한 대교본은 세 종류이다. 1922년 萬木草堂叢書本 『孔子改制考』(『民國叢書』 第四編 3, 上海書店, 1989) / 中國人民大學出版社 출판본 『孔子改制考』(姜義華/張榮華 編校, 『康有爲全集』 제3집, 2007) / 中國人民大學出版社 출판본 『孔子改制考』(國學基本文庫, 2010)이다.
2. 번역문의 표점은 저본의 표점을 따르되, 다른 판본의 표점도 참조하였다. 단 최종적으로는 한글 번역문에 맞추어 구두나 문장 부호를 다는 것으로 표점의 원칙을 삼았다.
3. 『공자개제고』 속의 원문 중에 인용된 제자백가와 역사 관련 서적들은 그 책의 현행본 원전의 글자와 비교하여 오탈자를 교감했다. 오탈자가 있을 경우에는 현행본의 원문에 따라 수정하고, 교감과 관련된 사항을 주석으로 처리했다.
4. 『공자개제고』의 원문은 크게 세 가지 형식으로 구성되어 있다. ① 각 권의 대의를 설명한 내용, ② 원전 자료를 인용한 내용, ③ 캉유웨이의 해설이나 주장이다. ①은 각 장별 서론에 해당되며. 캉유웨이가 그 장을 기술하게 된 배경과 필요성을 기술한 부분이다. ②는 그 장의 문제 제기를 뒷받침하거나 주장의 근거로 인용한 원전 자료이다. ③은 캉유웨이가 논거 자료에 대해 부가 해설을 하거나, 문제 제기와 논거 자료를 바탕으로 자신의 주장을 펼친 것이다.

5. 『공자개제고』 저본에는 권수 이외에는 세부 항목별 번호나 기호가 붙어 있지 않다. 번역문의 전체 차례나 번역 내용 속에 포함된 분류 번호나 기호, 숫자 등은 모두 역주자가 임의로 붙인 것이다. 먼저 앞의 ①에 해당되는 부분은 〈제1권 머리글〉, 〈제2권 머리글〉 등으로 표시했다. 그리고 원전 자료를 인용한 ②에서, 먼저 세부 절이 없는 제1권과 제11권의 경우, 제1권의 첫 번째 원전 자료는 〈1-1〉, 두 번째 원전 자료는 〈1-2〉, 제11권의 첫 번째 원전 자료는 〈11-1〉, 두 번째 원전 자료는 〈11-2〉 등으로 표시했다. 나머지 19개 권은 세부 절까지 함께 표시했다. 예를 들어 제2권 제1절의 첫 번째 원전 자료는 〈2-1-1〉, 제2권 제2절의 두 번째 원전 자료는 〈2-2-2〉, 제21권 제1절의 세 번쌔 원전 사료는 〈21-1-3〉 등으로 표시했다. 마지막으로 캉유웨이의 해설이나 주장에 해당되는 ③의 경우, 세부 절은 표시하지 않고 권수와 차례만 표시했다. 예를 들어 제1권의 첫 번째 캉유웨이 글은 〈康1-1〉, 제10권의 두 번째 캉유웨이 글은 〈康10-2〉 등으로 표시했다.
6. 원문의 번역은 되도록 직역을 원칙으로 했다. 다만 직역의 의미 전달이 불명확한 경우에는 의역하여 가독성을 높였다. 그리고 원문에는 없지만 앞뒤의 문맥 연결이나 의미 이해를 위해 보충 번역한 경우에는 [ ] 표시를 해서 구분했다. 원전 자료 중에서 중복되어 인용된 것은 첫 번째 인용문에만 주석을 달았고, 뒷부분은 주석을 모두 빼고 해석만을 넣었다.
7. 역자주는 크게 세 가지 부분으로 구성되어 있다. 첫째, 난해한 어휘와 문장의 보충 해설, 인명과 지명에 대한 해설. 둘째, 철학적 의미나 사상사적인 의의 등에 관한 보충 설명. 셋째, 원전 자료의 대표적 주석서의 비교이다. 인용된 원전 자료 중에 주석서에 따라 번역의 차이가 큰 경우에는 주요 주석서들을 상호 비교하고, 본 역주서에서 근거한 주석의 내용을 밝혔다.

총목차

孔子改制考

孔子改制考【一】

孔子改制考【二】

목차

孔子改制考

孔子改制考【五】

제17권 | 유가가 제자백가를 공격하다

儒攻諸子考

An Annotated Translation of "Confucius as a Reformer"

제17권 머리글

국가를 일으키는 자는 반드시 정통이 아닌 적[1]을 평정해야 하고, 도(道)를 책임진 자는 반드시 이단을 물리쳐야 한다. 이단의 학설은 매우 고매하면서도 복잡하고, 특이하면서도 아름답게 보이기[2] 때문에 혹세무민하고 큰 도를 꽉 막아버리기에 충분하다. 유교의 적장자로서, 그리고 유교의 장수로서 육군(六軍)의 군대를 크게 넓혀서 우리 유교의 운명에 피해가 없도록 함으로써[3] 큰 도를 미루어 실행하고, 성인의 법도를 굳게 지키는 일을 어찌 멈출 수 있겠는가! 전하는 기록에서 "덕을 지닌 것이 넓지 못하고, 도를 믿는 것이 독실하지 못하다면 [덕과 도를] 어찌 가지고 있다고 할 수 있으며, 어찌 가지고 있지 않다고 할 수 있겠는가?"라고 했다.[4] 제자백가가 떼지어 흥기하여 천하의 도가 꽉 막힌 상황에서 그들을 물리쳐서 깨끗하게 없애 버리니,[5] 도가 날마다 빛나고 커져서 전국시대에는 천하에 두루 행해졌고, 후세에는 큰 교설을 하나로 통일했다. 맹자와 순자가 그들을 막는 재갈을 치켜들었고,[6] 동

1_ 참위(僭僞)는 본분을 벗어난 짓을 하는 것으로, 기존의 왕조와 대립하여 할거한 정통이 아닌 왕조를 말한다. 『송서(宋書)』「무제기 하(武帝紀 下)」편에 "姦宄具殲, 僭僞必滅."이라는 말이 보인다.

2_ 외쇄(嵬瑣)는 매우 고매하면서 복잡한 것이고, 괴위(怪偉)는 특이하면서 아름답게 보이는 것이다. 이단의 학설이 고담준론(高談峻論)으로 사람들을 현혹시킨다는 의미이다.

3_ 장황(張皇)은 규모를 크게 넓힌다는 뜻이고, 육사(六師)는 천자가 거느리는 육군(六軍)의 군대를 말한다. 『서』「강고지고(康王之誥)」편에 "지금 왕은 공경하여 육군의 군대를 크게 넓혀서 우리 고조께서 어렵게 얻은 천명을 무너뜨리지 마소서[張皇六師, 無壞我高祖寡命.]"라는 말이 보인다.

4_ 『논어』「자장(子張)」편에 "子張曰, 執德不弘, 信道不篤, 焉能爲有, 焉能爲亡."이라는 기록이 보인다. '焉能爲有, 焉能爲亡.'은 『논어집주』에서 "경중을 따질 것이 못된다"라고 했는데, 덕을 넓게 지니고 도를 독실하게 믿지 않으면 그 덕과 도는 경중을 따질 정도도 되지 않는 미미한 것에 지나지 않는다는 의미이다.

5_ 최함곽청(摧陷廓淸)은 적을 격파하고 적진을 깨끗이 쓸어서 없애버린다는 뜻이다.

중서가 그 일을 완수했다. 아! 유가에 대해 공신전(功臣傳)을 편찬한다면 [어떻게 되겠는가]? 그들은 회음(淮陰) 한신(韓信, ?~B.C.196)과 중산왕(中山王) 서달(徐達, 1332~1385)과 같은 사람들[7]일 것이다.

興國者必平僭僞, 任道者必攘異端. 異說嵬瑣怪偉, 足以惑世誣民, 充塞大道. 爲儒之宗子, 爲儒之將帥, 張皇六師, 無害寡命, 以推行大道, 固守聖法, 豈得已哉! 傳曰, "執德不宏, 信道不篤, 焉能爲有, 焉能爲無?" 當諸子之朋興, 天下之充塞, 而摧陷廓淸, 道日光大, 戰國則遍行天下, 後世則一統大敎. 孟·荀揚其鑣, 董子定其業. 嗚呼! 儒家而編功臣傳耶? 其淮陰·中山哉!

1. 유가의 제자백가 공격에 대한 종합적 의미 [儒攻諸子總義]

17-1-1[8]

예를 들어 지금의 혼란한 세상에 잘못된 이론을 꾸미고 간교한 말을 뒤섞어서 천하를 어지럽히고, 속이고 큰소리치며 음험하고 간사하여 세상 사람들에게 시비와 치란의 존재 양상을 혼란스럽게 해서 알지 못하도록 만든 사람들이 있다. 그들은 거리낌 없이 감정이나 성질을 부리고, 제멋대로 방자하게 굴어서, 짐승처럼 행동하기 때문에 문화 제도에 맞추어 통치가 통하도록 할 수가 없었다. 그렇지만 그 주장에는

6_ 양표(揚鑣)는 재갈을 치켜든 것으로, 제자백가의 학설을 틀어막는 역할을 했다는 뜻이다.

7_ 두 사람은 각각 유방과 주원장을 도와 한나라와 명나라 건국에 큰 공을 세운 개국 공신들이다.

8_ 이하에서 인용한 『순자』「비십이자」편의 내용은 이 책의 제2권 제1절〈2-1-1〉에서 이미 인용했다. 자세한 주석은 앞의 내용을 참조 바람.

근거가 있고 그 말에는 논리가 있어서 어리석은 대중들을 속이고 현혹시킬 수 있으니, 그들은 바로 타효(它囂)와 위모(魏牟)이다.

假今之世, 飾邪說, 文姦言, 以梟亂天下, 矞宇嵬瑣, 使天下混然不知是非治亂之所在者, 有人矣. 縱情性, 安恣睢, 禽獸行, 不足以合文通治. 然而其持之有故, 其言之成理, 足以欺惑愚衆, 是它囂·魏牟也.

[어떤 사람들은] 감정이나 성질을 참고, 아주 멀리 세속을 떠나 고고하게 있으면서, 진실로 남들과는 다르게 구별되는 것을 고귀하다고 여기기 때문에 큰 무리들과 맞추어 큰 명분을 밝힐 수가 없다. 그렇지만 그 주장에는 근거가 있고 그 말에는 논리가 있어서 어리석은 대중들을 속이고 현혹시킬 수 있으니, 그들은 바로 진중(陳仲)과 사추(史鰌)이다.

忍情性, 綦谿利跂, 苟以分異人爲高, 不足以合大衆, 明大分. 然而其持之有故, 其言之成理, 足以欺惑愚衆, 是陳仲·史鰌也.

[어떤 사람들은] 천하를 통일하고 국가를 세울 준칙을 알지 못하며, 공리와 효용을 높게 여기고 검소와 절약을 크게 여기되, [계층적] 차등을 가볍게 여기기 때문에 [계층간의] 구별을 용납하거나 군신간의 엄격한 거리두기를 할 수가 없다. 그렇지만 그 주장에는 근거가 있고 그 말에는 논리가 있어서 어리석은 대중들을 속이고 현혹시킬 수 있으니, 그들은 바로 묵저(墨翟)과 송견(宋鈃)이다.

不知壹天下建國家之權稱, 上功用, 大儉約, 而優差等, 曾不足以容辨異, 縣君臣. 然而其持之有故, 其言之成理, 足以欺惑愚衆, 是墨翟·宋鈃也.

[어떤 사람들은] 법을 숭상하면서도 법이 없고, 새롭게 세우는 것을 경시하면서도 만들기를 좋아하며, 위로는 윗사람에게 받아들여지기를 추구하고, 아래로는 세속에서 따라주기를 추구하며, 하루 종일 말한

것이 문리와 법도에 맞더라도 반복하여 그대로 살펴보면 실제와는 괴리되어 귀착점이 없기 때문에 나라를 다스리고 본분을 정할 수가 없다. 그렇지만 그 주장에는 근거가 있고 그 말에는 논리가 있어서 어리석은 대중들을 속이고 현혹시킬 수 있으니, 그들은 바로 신도(愼到)와 전병(田駢)이다.

> 尙法而無法, 下脩而好作, 上則取聽於上, 下則取從於俗, 終日言成文典, 反紃察之, 則倜然無所歸宿, 不可以經國定分. 然而其持之有故, 其言之成理, 足以欺惑愚衆, 是愼到・田駢也.

[어떤 사람들은] 선왕(先王)을 본받지 않고 예의(禮義)를 옳다고 여기지 않으며, 괴이한 이론 연구와 기이한 말장난을 좋아하며, 심도 있게 살피기는 하지만 긴요하지는 않고, 변론은 잘하지만 쓸모가 없으며, 일은 많이 하지만 공효가 적기 때문에 정치의 기강으로 삼을 수가 없다. 그렇지만 그 주장에는 근거가 있고 그 말에는 논리가 있어서 어리석은 대중들을 속이고 현혹시킬 수 있으니, 그들은 바로 혜시(惠施)와 등석(鄧析)이다.(『순자』「비십이자」)

> 不法先王, 不是禮義, 而好治怪說, 玩琦辭, 甚察而不惠, 辯而無用, 多事而寡功, 不可以爲治綱紀. 然而其持之有故, 其言之成理, 足以欺惑愚衆, 是惠施・鄧析也.(『荀子』「非十二子」)

17-1-2

대체로 당세의 어리석은 자들은 잘못된 이론을 꾸미고 간교한 말을 뒤섞어서 천하를 어지럽히며, 어리석은 대중들을 속이고 현혹시켜 세상 사람들을 헛갈리게 하여 시비와 치란의 존재 양상을 알지 못하도록 만들었으니, 바로 범저(范雎),[9] 위모(魏牟), 전문(田文),[10] 장주(莊周), 신도(愼到), 전병(田駢), 묵적(墨翟), 송견(宋銒), 등석(鄧析), 혜시(惠施)의 무리이다.

이 열 사람은 모두 잘못된 것을 따르면서도 유창하게 말을 잘하고,[11] 보고 들은 것이 잡다하고 폭넓다. 그러나 상고시대를 스승으로 삼지 않고, 선왕을 본받지 않으며, 과거의 옛것에 따라 학설을 조작하여 힘써 스스로의 이론을 교묘하게 만들며, 도가 서로 합치하는 것이 없는데도 서로 따른다. 따라서 열 사람의 교묘한 학설이라고 하니, 그 학설은 모두 큰 도에 들어맞거나 풍속을 아름답게 하거나 기강을 다스리기에는 부족하다. 그러나 그 주장이 각각 근거가 있고, 그 말이 모두 논리가 있어서 어리석은 대중들을 속이고 현혹시키며, 순박하고 비천한 사람들을 서로 혼란스럽게 만들기에 충분하니, 이것이 열 사람의 죄이다.(『한시외전』)

夫當世之愚, 飾邪說, 文奸言, 以亂天下, 欺惑愚衆, 使混然不知是非治亂之所存者, 卽是范雎・魏牟・田文・莊周・愼到・田駢・墨翟・宋鈃・鄧析・惠施之徒也. 此十子者, 皆順非而澤, 聞見雜博. 然而不師上古, 不法先王, 按往舊造說, 務自爲工,[12] 道無所遇, 而[13]相從. 故曰, 十子者之工說, 說皆不足合大道, 美風俗, 治紀綱. 然其持之各有故, 言之皆有理, 足以欺惑衆愚, 交亂樸鄙, 則是十子之罪也.(『韓詩外傳』)

9_ 범저(范雎)는 위(魏)나라 사람으로, 진(秦)나라의 재상과 응후(應侯)가 되었다. 자세한 사적은 『사기』 「범저열전」 참조 바람.

10_ 전문(田文)은 전국시대 제(齊)나라의 명재상인 맹상군(孟嘗君)을 말한다. 자세한 사적은 『사기』 「맹상군열전」 참조 바람.

11_ 택(澤)은 활택(滑澤)과 같은 말로, 유창하게 말을 잘 하는 것이다. 『한비자』 「난언(難言)」편에 '남의 뜻을 거스르지 않고 유창하게 말을 잘 한다[順比滑澤]'라는 말이 보인다.

12_ 무자위공(務自爲工)이 『공자개제고』에는 무이자공(務而自功)으로 되어 있는데, 『한시외전』 원문에 따라 고쳤다.

13_ 이(而)가 『공자개제고』에는 이(二)로 되어 있는데, 『한시외전』 원문에 따라 고쳤다.

康17-1

『한시외전』에는 자사(子思)와 맹자[에 대한 공격]은 없고, 다만 열 사람만 공격했으니,[14] 마땅히 확실한 근거가 있을 것이다. 그렇다면 [『순자』에서] 자사와 맹자를 공격한 것은 혹 순자의 후학들이 억지로 덧붙여 놓은 것인가? [『순자』에 기록된] 타효(它囂)는 범저(范睢)로 되어 있어서 혹 이름이나 자가 다르기도 하고, 장주(莊周)는 [『순자』의 기록에는 없는데] 추가로 나왔다.

『韓詩』無思 · 孟, 但攻十子, 宜得其確. 則攻思 · 孟者, 或荀氏後學傅益之歟? 它囂作范睢, 或是名字之異, 莊周添出.

17-1-3

만물은 도의 한 부분이고, 하나의 사물은 만물의 한 부분이며, 어리석은 자는 하나의 사물 가운데 한 부분이다. 그래서 스스로 도를 안다고 여기지만, 알지 못하는 것이다. 신자(愼子)는 뒤로 처지는 것에 대한 견해는 있지만 앞으로 나아가는 것에 대한 견해는 없고,[15] 노자(老子)는

14_ 『순자』「비십이자」편에서는 자사와 맹자에 대해서도 다음과 같이 비판했다. "선왕을 대충 본받으면서 그 전체의 핵심은 알지 못하지만, 느긋하면서 재능과 뜻은 크며, 듣고 본 것이 잡다하고 넓다. 과거의 옛일을 살펴서 새로운 이론을 만들고 그것을 오행(五行)이라고 말한다. 그러나 심하게 편벽되고 어긋나서 같은 유형이 없으며, 그 말이 매우 불분명하면서 설명이 없고 매우 막혀 있으면서 해설이 없다. 이에 그 말을 꾸며서 공경하면서 '이것이 참으로 선군자(先君子)의 말이다'라고 한다. 자사(子思)가 그것을 제창하고 맹자(孟子)가 거기에 동조했다. 세속의 어리석고 어두운 유자(儒者)들은 시끄럽게 떠들면서 그것이 잘못된 것임을 알지 못하고, 마침내 받아들여 전하고서 공자와 자유(子游)가 이들 때문에 후세에 존중받게 되었다고 생각한다. 이것은 바로 자사와 맹자의 죄이다."

15_ 양경이 "『장자』에서 신도(愼到)에 대해 '저 흙덩어리도 도를 잃는 일이 없다'라고 논평했으니, 그가 앞서려고 다투려는 뜻이 없기 때문이다"라고 했다. '저 흙덩어리도 도를 잃는 일이 없다'라는 말은 『장자』「천하」편에서 장자가 인용한 신도의

굽히는 것에 대한 견해는 있지만 펼치는 것에 대한 견해는 없으며,[16] 묵자(墨子)는 동등함에 대한 견해는 있지만 차별에 대한 견해는 없고,[17] 송자(宋子)는 적게 하는 것에 대한 견해는 있지만 많게 하는 것에 대한 견해는 없다.[18] 뒤로 처지는 것만 있고 앞으로 나아가는 것이 없다면 대중들이 나아갈 문이 없을 것이고,[19] 굽히는 것만 있고 펼치는 것이 없다면 귀천이 구분되지 않을 것이며,[20] 동등함만 있고 차별이 없다면

말이다. 한편 이운구는 원문의 선(先)을 적극적인 측면, 즉 앞에 대한 식견으로, 후(後)를 소극적인 측면, 즉 뒤에 대한 식견으로 번역했다. 『장자』「천하」편에서 신도에 대해, "신도(愼到)는 지혜를 버리고 자기 주관을 제거했으며, 자기로서는 어쩔 수 없는 만물의 이치에 따라서 사물에 그대로 맡겨 버리는 것을 도리로 삼았으니, '알지 못하는 것을 억지로 알려고 하면 장차 그 앎에 억눌려서 다시 손상을 받을 것이다'라고 했다"라고 논평했다.

16 양경이 "『노자』 5,000자는 그 뜻이 대부분 굽힘[屈]을 폄[伸]으로 여기고, 유약함[柔]이 강함[强]을 이긴다는 내용이다"라고 했다. 원문의 굴(詘)은 굴(屈), 신(信)은 신(伸)과 통한다. 『장자』「천하」편에서는 노자에 대해 다음과 같이 논평했다. "유약(柔弱)과 겸하(謙下)를 외형적 도리로 삼고, 마음을 비워서 만물을 훼손시키지 않는 것을 실질적 도리로 삼았다. … 노담은 다음과 같이 말했다. '수컷의 강함을 알면서 암컷의 유약함을 지키면 [만물이 모이는] 천하의 계곡이 되며, 순결함을 알면서 더러움을 지키면 [만물을 포용하는] 천하의 골짜기가 된다.' 따라서 사람들이 모두 남보다 앞서려고 다투는데, 자기만이 홀로 뒤에서 따라간다."

17_ 양경이 "묵자의 저서 중에 「상동(上同)」과 「겸애(兼愛)」편이 있으니, 이것이 바로 동등함에 대한 견해는 있지만, 차별에 대한 견해는 없는 것이다"라고 했다. 『장자』「천하」편에서는 "묵자는 진정으로 천하 사람들을 좋아했다. 자신이 추구하는 것을 얻지 못하면 비록 몸이 고목처럼 말라 죽을지라도 그만두지 않았으니, 뛰어난 선비로다"라고 평가했다. 원문의 제(齊)는 모든 대상을 동등하게 보는 것이고, 기(畸)는 이와는 반대되는 차별의 의미이다.

18_ 양경이 "『순자』「정론(正論)」편에서 '송자가 말하기를, 사람의 성정은 본래 욕심이 적은 것이지만, 모두 자기 성정을 욕심이 많다고 생각하니, 이것은 잘못이다'라고 했다. 이 말에 근거하면, 그것이 바로 적게 하는 것에 대한 견해는 있지만 많게 하는 것에 대한 견해는 없다는 것이다"라고 했다. 『장자』「천하편」에서도 송견과 윤문에 대해 "그들은 공격을 금지하고 군대를 종식시키는 것을 외부의 일로 삼고, 정욕(情欲)의 절제를 내부의 일로 삼았으니, 그들의 주장이 크든 작든 이론이 정밀하든 거칠든, 그들의 행동은 바로 여기에 이르러서야 그친다"라고 평가했다.

19_ 양경이 "군중들 중에서 윗자리에서 개도해야 할 사람들이 모두 뒤로 처지고 앞으로 나아가지 않는다면 군중들은 나아갈 문이 없게 된다"라고 했다.

정치 명령이 시행되지 않을 것이고,[21] 적게 하는 것만 있고 많게 하는 것이 없다면 군중이 교화되지 않을 것이다.[22](『순자』 「천론」)

萬物爲道一偏,[23] 一物爲萬物一偏, 愚者爲一物一偏. 而自以爲知道, 無知也. 愼子有見於後, 無見於先, 老子有見於詘, 無見於信, 墨子有見於齊, 無見於畸, 宋子有見於少, 無見於多. 有後而無先, 則群衆無門, 有詘而無信, 則貴賤不分, 有齊而無畸, 則政令不施, 有少而無多, 則群衆不化.(『荀子』 「天論」)

康17-2

공자의 도는 모든 시공을 초월하여[24] 존재하지 않음이 없으니, 제자백가의 학문이 모두 포함된다. 그러나 당시 제자백가는 어지럽게 제도를 개혁했는데, 앞다투어 핵심 요지를 표방하고, 한 부분을 지키고 주장하면서 스스로를 뛰어나고 특이하다고 생각했다.[25] 천하의 학자들은 바람에 쓰러지듯 이러한 풍조를 좇았지만,[26] 순자만이 유독 그것의 단점을 드러내고, 그것의 폐단을 지적하여 매우 강력하게 두루 공격했다. 유교가 빛나고 크게 된 것은 순자의 역할이 가장 크다.

20_ 양경이 "귀한 자는 펴고 천한 자는 굽히면 본분이 구분된다. 그런데 만약 모두가 유약(柔弱)과 비하(卑下)를 귀하게 여긴다면 귀천의 구분이 없게 된다"라고 했다.

21_ 양경이 "정치 명령의 시행은 차별을 다스리는 방법이다. 만약 모두가 윗사람과 같아진다면 정치 명령이 어떻게 시행되겠는가?"라고 했다.

22_ 양경이 "욕심이 많으면 선(善)을 실천하도록 권유할 수 있다. 만약 모두가 욕심이 적으면 어찌 그들을 교화할 수 있겠는가?"라고 했다.

23_ 편(偏)이 『공자개제고』에는 편(徧)으로 되어 있는데, 『순자』 원문에 따라 고쳤다. 이하의 편(偏)자도 마찬가지이다.

24_ 육통사벽(六通四辟)은 상하(上下)·사방(四方)·사시(四時)를 말하는데, 모든 시간과 공간을 초월하여 존재한다는 의미이다. 『장자』 「천도」편에 "六通四辟於帝王之德者."라는 말이 보인다.

25_ 고이(高異)는 뛰어나고 특이하다는 뜻이다.

26_ 미연(靡然)은 초목이 바람에 쓰러지는 모습이다.

孔子之道, 六通四辟, 無乎[27]不在, 諸子之學悉受範圍. 然當時諸子改制紛如, 競標宗旨, 守執一偏, 以自高異. 天下學者, 靡然從風, 荀子特揭其所短, 指其所蔽, 極力遍攻. 儒教光大, 荀子最有力焉.

17-1-4

예(禮)의 원리는 참으로 깊도다! 견백(堅白)과 동이(同異)에 대한 고찰[28]도 여기에 들어오면 가라앉아 버린다. 그 원리는 참으로 크도다! 전장제도를 제멋대로 만드는 편협하고 천박한 주장도 여기에 들어오면 없어져 버린다. 그 원리는 참으로 높도다! 난폭함과 비방, 비속함을 고상하게 여기는 부류들도 여기에 들어오면 떨어져 버린다.[29](『순자』「예론」)

禮之理, 誠深矣! 堅白同異之察, 入焉而溺. 其理誠大矣! 擅作典制僻陋之說, 入焉而喪. 其理誠高矣! 暴慢恣睢輕俗之屬, 入焉而隊.(『荀子』「禮論」)

27_ 호(乎)가 『공자개제고』에는 부(夫)로 되어 있는데, 고쳐서 바로잡았다.

28_ 『장자』「천하」편에서 묵가집단에 대해 평가하면서 "견백(堅白)과 동이(同異)의 변론을 가지고 서로 비난하고, 서로 맞지 않는 기우(奇偶)의 말을 가지고 서로 대응했다"라고 말했다. 견백론은 공손룡(公孫龍)의 변론이고, 동이론은 혜시(惠施)의 변론이다. 견백(堅白)과 동이(同異)는 기우(奇偶)의 변론과 당시에 통용되던 일상적인 변론인데, 이에 대해 천구잉이 인용한 량치차오는 다음과 같이 말했다. "이것은 당시에 일상적으로 사용되던 세 가지 변론의 제목을 예로 든 것으로, 첫째는 견백 문제, 둘째는 동이 문제, 셋째는 기우 문제이다. 이 세 가지 문제는 전국시대 중기 이후에 학자들이 가장 즐겨 말하던 것으로, 그 기원은 모두 묵경(墨經)에서 나왔다. 후세의 묵자들은 「절용(節用)」·「비공(非攻)」 등의 여러 교리들에는 뜻을 두는 경우가 거의 없었고, 다만 묵경 중의 이러한 문제들만을 주워 모아서 서로 비난함으로써 서로 어긋나고 갈라져서 같지 않는 상황을 초래했다." 두 변론에 대한 자세한 내용은 『장자』「추수(秋水)」편에 보인다.

29_ 추(隊)는 추(墜)와 같은 글자로, 떨어진다[墮]는 의미이다.

康17-3

전장제도를 제멋대로 만들었다는 것은 당시 제자백가들이 어지럽게 고치고 만듦으로써 유교와 쟁론한 것이다. 견백(堅白)과 동이(同異)는 묵자 및 공손룡이며, 난폭함과 비방은 양주(楊朱)・열자(列子)・신불해(申不害)・한비자(韓非子)이다. 순자가 그들을 공격하여 유학을 제창했다.

擅作典制, 當時諸子紛紛改作, 以與儒敎爲難者. 堅白同異, 則墨及公孫龍, 暴慢恣睢, 則楊・列・申・韓. 荀子攻之, 以昌儒學.

17-1-5

주나라와 진나라 사이에 제자백가가 함께 일어나서 모두 다른 일에 대해서는 논하면서도 군주에 대해서는 칭송하지 않았으니, 국가에도 무익하고, 교화에도 보탬이 없었다.(『논형』「일문」)

周・秦之際, 諸子並作, 皆論他事, 不頌主上, 無益于國, 無補於化.(『論衡』「佚文」)

17-1-6[30]

제자백가의 서로 다른 주장은 각각 나오는 근원이 있다. 저 묵적(墨翟)・양주(楊朱)・신불해(申不害)・상앙(商鞅)[의 주장]은 정치의 도리라는 측면에서, [그 주장이 없더라도] 마치 수레덮개에 빼대 하나가 없거나 수레바퀴에 바퀴살 하나가 없는 것과 같다. 그것들이 있어야 [수레덮개와 수레바퀴가] 완전한 숫자를 갖출 수 있지만, 그것들이 없어도 사용하는 데는 지장이 없다. 그런데 [제자백가들은] 자신들이 정치의 도

30_ 이하에서 인용한 『회남자』「숙진훈」편의 내용은 이 책의 제5권 제12절〈5-12-1〉에서 이미 인용했다. 자세한 주석은 앞의 내용을 참조 바람.

리를 혼자서 독단하고 있다고 생각하니, 천지의 실정과는 통하지 않는다.(『회남자』「숙진훈」)

百家異說, 各有所出. 若夫墨·楊·申·商之於治道, 猶蓋之無一橑, 而輪之無一輻.[31] 有之可以備數, 無之未有害於用也. 己自以爲獨擅之, 不通之于天地之情也.(『淮南子』「俶眞訓」)

17-1-7

소진(蘇秦)과 오기(吳起)는 권세 때문에 스스로 죽임을 당했고, 상앙(商鞅)과 이사(李斯)는 높은 지위 때문에 스스로 멸망했으니, 모두 봉록을 탐내고 영달을 흠모하다가 자기의 몸을 죽인 것이다. 시종이 따르면서 수행하는 수레가 백 대나 되었지만,[32] 일찍이 그 재앙을 싣기에는 부족했다.[33](『염철론』「훼학」)

蘇秦·吳起以權勢自殺, 商鞅·李斯以尊重自滅, 皆貪祿慕榮以沒其身. 從車百乘, 曾不足以載其禍也.(『鹽鐵論』「毁學」)

17-1-8

소인은 지혜는 얕으면서도 계획은 크고, 지쳐서 쇠약하면서도 맡은 임

31_ 폭(輻)이 『공자개제고』에는 폭(幅)으로 되어 있는데, 『회남자』 원문에 따라 고쳤다.

32_ 종거(從車)는 시종이 따르면서 수행하는 수레로, 후거(後車)와 같은 의미이다.

33_ 『염철론』의 이 문장 앞에 다음과 같은 내용이 보인다. "상앙이 팽지(彭地)에서 곤경에 처하고, 오기가 왕의 시체 위에 엎어져 죽임을 당했을 때, 베옷을 입고 외딴 시골의 초가집에서 살기를 원해 보아야 소용없는 일이었다. 이사가 진나라의 승상이 되어 천하의 위세를 장악하고, 그 포부는 만승의 나라도 작다고 여길 정도였지만, 감옥에 갇혀서 마침내 운양(雲陽)의 시장터에서 거열형(車裂刑)에 처해지는 상황에 이르러서는, 땔감을 지고 홍문(鴻門)으로 들어가고 상채(上蔡)의 굽은 길을 거닐고 싶어도 소용없는 일이었다."

무는 무겁다. 따라서 중도에 그만두니,[34] 소진과 상앙이 그러한 사람이다.(『염철론』「준도」)

小人知淺而謀大, 羸弱而任重. 故中道而廢, 蘇秦 · 商鞅是也.(『鹽鐵論』「遵道」)

17-1-9

유도(劉陶, ?~187)[35]는 수십 만 글자의 책을 저술했고, 또 『칠요론(七曜論)』 · 『광노자(匡老子)』 · 『반한비(反韓非)』 · 『복맹가(復孟軻)』를 지었다.(『후한서』「유도전」)

陶著書數十萬言, 又作『七曜論』·『匡老子』·『反韓非』·『復孟軻』.(『後漢書』「劉陶傳」)

康17-4

유도(劉陶)도 양웅(揚雄, B.C.53~A.D.18)이나 창려(昌黎) 한유(韓愈, 768~824)와 비견되지만, 그의 책이 전해지지 않았기 때문에 후대의 현자들이 그를 잊어 버렸다. 그런데 유도가 살던 후한시대에는 공자의 학문이 크게 밝혀졌기 때문에 그가 제자백가를 공격한 것은 공적이 되기에 부족하지만, 유독 맹자를 존숭한 것은 가장 앞서 선하(先河)를 열었다. 그의 높

34_ 『논어』「옹야」편에 "力不足者, 中道而廢."라는 말이 보인다.

35_ 유도(劉陶)는 후한시대 영천(潁川) 사람으로, 이름은 위(偉)이고, 자는 자기(子奇)이다. 환제(桓帝) 때 태학을 다녔고, 당시 당고로 파직된 이응(李膺)과 주목(朱穆) 등의 등용을 건의하는 상소를 올리기도 했다. 영제(靈帝) 때는 중릉향후(中陵鄕侯)로 책봉되었고, 상서령 · 경조윤 · 간의대부 등을 역임했다. 『상서』와 『춘추』에 정통했으며, 『중문상서(中文尙書)』 · 『칠요론(七曜論)』 · 『광노자(匡老子)』 · 『반한비(反韓非)』 · 『복맹가(復孟軻)』 등 많은 책을 저술했다. 이외에도 정론이나 산문, 부 등의 많은 작품을 지어 당대에 이름을 떨쳤다.

은 식견은 또한 한유나 피일휴(皮日休, 834?~883?)[36]보다 앞서 있다.[37]

陶亦揚雄・昌黎之比, 以其書不傳, 故後賢忘之. 然陶生後漢時, 孔學大明, 攻諸子不足爲功矣, 惟獨尊孟子, 最爲先河. 其識之高, 亦在昌黎・皮日休之前驅矣.

<이상 유가의 제자백가 공격에 대한 종합적 의미: 右儒攻諸子總義>

2. 유가가 관자 및 안자를 공격하다 [儒攻管子・晏子]

17-2-1

공자가 말했다. "관중의 그릇이 작구나!" 혹자가 말했다. "관중은 검소했습니까?" [공자가] 대답했다. "관중은 집안에 조세의 3할을 거두어들인 재물[三歸]이 있었으며,[38] 관속(官屬)의 일을 겸직시키지 않았으니,[39]

36_ 피일휴(皮日休)는 당나라 양양(襄陽) 사람으로, 자는 일소(逸少) 또는 습미(襲美)이며, 호는 취음선생(醉吟先生)이다. 저작랑과 태상박사 등을 역임했고, 황소의 난에 참가했다가 난리 속에서 죽었다. 시는 백낙천(白樂天)을, 산문은 한유(韓愈) 등의 고문운동을 계승했다고 일컬어진다. 저서로는 『정악부십편(正樂府十篇)』과 『녹문은서(鹿門隱書)』 등이 있다.

37_ 전구(前驅)는 가장 앞서서 나가는 선봉대를 말하는데, 남들보다 앞서 이끌거나 선도하는 것을 말한다.

38_ 『한비자』 「외저설 좌하(外儲說 左下)」편에 '家有三歸.'라는 말이 나오는데, 『한비자신교주』의 귀충다오에 의하면, 삼귀(三歸)에 대해서는 세 가지 주장이 있다. 첫째, 세 성씨(姓氏)의 여자를 아내로 맞이하는 것. 포함(包咸)의 『논어』 주에서 풀이한 것으로, 『사기』 『관자열전』의 주 및 『한서』의 안사고 주에서 이 이론을 채용했다. 둘째, 관자가 지은 대(臺)의 이름이라는 주장. 『설원(說苑)』에 나오며, 『논어』 「팔일」편의 "管氏有三歸."에 대해, 『논어집주』에서는 "삼귀(三歸)는 대(臺)의 이름으로, 그 일이 『설원(說苑)』에 보인다"라고 했다. 셋째, 조세법(租稅法). 김인산(金

어찌 검소하다고 하겠는가?" "그렇다면 관중은 예법을 알았습니까?" 대답했다. "나라의 군주라야 문으로 들어가는 길에 병풍을 세워 가릴 수 있는데, 관중도 문으로 들어가는 길에 병풍을 세워 가렸으며, 나라의 군주라야 두 임금이 우호관계로 만날 때 술잔을 되돌려 놓는 잔대를 설치할 수 있는데, 관중도 술잔을 되돌려 놓는 잔대를 설치했으니,[40] 관중이 예법을 안다면 누가 예법을 알지 못하겠는가?"(『논어』「팔일」)

子曰, "管仲之器小哉!" 或曰, "管仲儉乎?" 曰, "管氏有三歸, 官事不攝, 焉得儉?" "然則管仲知禮乎?" 曰, "邦君樹塞門, 管氏亦樹塞門, 邦君爲兩君之好, 有反坫, 管氏亦有反坫. 管氏而知禮, 孰不知禮?"(『論語』「八佾」)

17-2-2

관중이 제나라의 재상이 되었는데, "신은 지위가 존귀하지만, 신은 가난합니다"라고 말하자, 환공이 대답했다. "그대에게 조세의 3할을 거두어들이는 재물을 가지는 집안을 주겠다." "신은 부유하지만, 신은 신분이 비천합니다"라고 말하자, 환공이 고씨(高氏)와 국씨(國氏)보다 윗자리에 서도록 해 주었다. "신은 존귀하지만, 신은 [군주와의 관계가] 소

仁山)의 주장인데, 궈충다오와 진기유 등이 모두 이 주장을 따르고 있다. 이운구도 귀(歸)는 조세 징수율이고, 삼귀(三歸)는 세수 3할에 해당되는 재화라고 풀이했다. 가(家)는 진기유가 「애민(愛民)」편의 "君曰國, 大夫曰家."에서의 가(家)와 같다고 했다.

39_ 『논어집주』에서 "경대부의 가신은 관속(官屬)을 다 갖출 수 없기 때문에 한 사람이 항상 몇 가지의 일을 겸직했다"라고 했다.

40_ 수색문(樹塞門)은 문으로 들어가는 길에 세워놓은 병풍을 말하는데, 병풍을 문에 설치하여 안과 밖을 가리는 것이다. 점(坫)은 술잔을 올려놓는 잔대를 말하는데, 반점(反坫)은 제후들이 회맹을 할 때, 술잔을 주고받으면서 다 마시면 두 기둥 사이에 있는 잔대 위에 술잔을 되돌려 놓는다. 이것은 모두 제후의 예법이기 때문에 대부인 관자가 사용해서는 안 된다. 『예기』「잡기 하(雜記 下)」편에도 '旅樹而反坫.'이라는 말이 보인다.

원합니다"라고 말하자, 이에 중부(仲父)[41]로 세웠다. 공자가 그것을 듣고, "사치함이 군주를 핍박했다"라고 비난했다. 다음과 같은 일설이 있다. 관중부(管仲父)는 외출할 때 자줏빛 덮개의 수레를 타고 푸른 색 옷을 입었으며, 북을 진열해놓고 치면서 식사를 했다.[42] 마당에는 진열된 세발솥이 있었고,[43] 집안에는 조세의 3할을 거두어들인 재물이 있었다고 한다. 공자가 말했다. "훌륭한 대부이지만, 그 사치가 군주를 핍박했다."(『한비자』「외저설 좌하」)

管仲相齊, 曰, "臣貴矣, 然而臣貧." 桓公曰, "使子有三歸之家." 曰, "臣富矣, 然而臣卑." 桓公使立于高·國之上. 曰, "臣尊矣, 然而臣疏." 乃立爲仲父. 孔子聞而非之, 曰, "泰侈逼上." 一曰, 管仲父出, 朱蓋靑衣, 置鼓而歸. 庭有陳鼎, 家有三歸. 孔子曰, "良大夫也, 其侈逼上."(『韓非子』「外儲說 左下」)

17-2-3

자로(子路)가 말했다. "환공(桓公)이 공자(公子) 규(糾)를 죽이자, 소홀(召忽)은 따라서 죽었는데, 관중은 죽지 않았으니, 어질지 못하다고 할 수 있겠습니까?"[44](『논어』「헌문」)

子路曰, "桓公殺公子糾, 召忽死之, 管仲不死, 曰未仁乎?"(『論語』「憲問」)

41_ 중부(仲父)는 환공이 관중의 자에 붙여서 부른 호칭으로, 스승에 대한 존칭이다.

42_ 치고이귀(置鼓而歸)는 북을 진열해놓고 그것을 치면서 흥을 돋우어 식사를 하는 것을 말한다. 『한비자신교주』에서 장초백(蔣超伯)은 "옛날의 귀(歸)자는 궤(饋)자와 통한다. 치고이귀(置鼓而歸)는 북을 치고 연주하면서 흥을 돋우어 식사를 하는 것이다"라고 했는데, 진기유도 이 주장을 따르고 있다.

43_ 정유진정(庭有陳鼎)은 진기유가 "마당에 진열된 솥이 있다"는 의미라고 하고, 『여씨춘추』「귀직(貴直)」편의 "殷之鼎陳於周之廷."과 "無使齊之大呂陳之廷."을 증거로 제시했다. 대여(大呂)는 제나라의 큰 솥 이름이다.

44_ 『좌씨전』「장공」 8년과 「희공」 26년에 이와 관련된 자세한 내용이 보인다.

17-2-4

자공(子貢)이 말했다. "관중은 어진 사람이 아니겠죠? 환공이 공자 규를 죽였는데, 함께 죽지 못하고, 또 환공을 도와주었습니다."(『논어』「헌문」)

子貢曰, "管仲非仁者與? 桓公殺公子糾, 不能死, 又相之."(『論語』「憲問」)

17-2-5[45]

공자가 제(齊)나라에 유세를 갔다가 경공(景公)을 만났다. 경공이 "선생은 어찌하여 과인의 재상을 만나지 않습니까?"라고 말하자, 공자가 대답했다. "신이 듣기에, 안자는 세 임금을 섬기면서도 순조롭게 일을 수행했습니다. 이것은 세 가지 마음을 가진 것이기 때문에 만나지 않는 것입니다."(『안자춘추』「외편」)

仲尼游齊, 見景公. 景公曰, "先生奚不見寡人宰乎?" 仲尼對曰, "臣聞晏子事三君而得順焉. 是有三心, 所以不見也."(『晏子春秋』「外篇」)

17-2-6

세 임금에게 재상 노릇을 했지만, 그 선함이 아래 백성에게는 통하지 않았으니, 안자도 대단치 않는 소인이다.[46](『안자춘추』「외편」)

相三君而善不通下, 晏子細人也.(『晏子春秋』「外篇」)

45_ 이 내용은『묵자』「일문」편에도 보인다. 자세한 내용은 〈14-2-4〉 참조 바람.

46 이 말은 공자가 안자에 대해 평가한 말이다.

17-2-7

맹자가 말했다.[47] "그대는 진정 제(齊)나라 사람이구나. 관중과 안자를 알 뿐이로구나."[48] 어떤 사람이 증서(曾西)[49]에게 "그대와 자로(子路)는 누가 더 현명한가?"라고 묻자, 증서는 안절부절못하면서[50] "[자로는] 우리 조부[인 증자]도 두려워한 사람이다"라고 했다. "그렇다면 그대와 관중은 누가 더 현명한가?"라고 묻자, 증서가 성을 발끈 내면서[51] 기뻐하지 않고, "네가 어찌 나를 관중에게 비교하는가? 관중은 군주의 신임을 저처럼 독차지했고, 국정을 저처럼 오랫동안 시행했는데도, 공적은 저처럼 낮으니, 네가 어찌 나를 여기에 비교하는가?"라고 했다. [맹자가 말했다.] "관중[의 일]은 증서도 하지 않은 것인데, 그대는 나에게 그것을 하기를 원하는 것인가?"(『맹자』「공손추 상」)

孟子曰, "子誠齊人也. 知管仲・晏子而已矣." 或問乎曾西曰, "吾子與子路孰賢?" 曾西蹴然曰, "吾先子之所畏也." 曰, "然則吾子與管仲孰賢?" 曾西艴然不悅, 曰, "爾何曾比予于管仲? 管仲得君如彼其專也, 行乎國政如彼其久也, 功烈如彼其卑也, 爾何曾比予於是?" 曰, "管仲, 曾西之所不爲也, 而子爲我願之乎?"(『孟子』「公孫丑 上」)

<이상 유가가 관자 및 안자를 공격하다: 右儒攻管子・晏子>

47_ 이 말은 공손추가 "선생님께서 만일 제나라에서 핵심적인 자리를 담당한다면 관중과 안자의 공적을 다시 기대할 수 있겠습니까?"라는 물음에 대한 답이다.

48_ 『맹자집주』에서 "제나라 사람들은 단지 그 나라에 관중과 안자 두 사람이 있다는 것만 알 뿐, 성현의 일이 있다는 것을 알지 못한다"라고 풀이했다.

49_ 증서(曾西)는 증자(曾子)의 손자이다.

50_ 축연(蹴然)은 안절부절못하면서 불안해하는 모양이다.

51_ 불연(艴然)은 발끈 성을 내는 모양이다.

3. 유가가 자상백자를 공격하다 [儒攻子桑伯子]

17-3-1

중궁(仲弓)이 자상백자(子桑伯子)에 대해 물었는데, 공자가 "괜찮은 편이다. 간단명료하다"[52]라고 대답했다. 중궁이 말했다. "거처할 때에는 경건하면서 일을 행할 때는 간단명료하게 하여 그 백성을 대한다면 괜찮지 않겠습니까? 거처할 때 간단명료하면서 일을 행할 때도 간단명료하게 한다면 너무 간단명료하지 않겠습니까?" 공자가 말했다. "중궁의 말이 옳다."(『논어』「옹야」)

仲弓問子桑伯子, 子曰, "可也. 簡." 仲弓曰, "居敬而行簡, 以臨其民, 不亦可乎? 居簡而行簡, 無乃太簡乎?" 子曰, "雍之言然."(『論語』「雍也」)

康17-5

장자(莊子)는 자상호(子桑戶)·맹자반(孟子反)·자금장(子琴張)[53]이 서로 친

52_ 간(簡)은 일의 처리가 간단명료하고 까다롭지 않은 것으로, 『논어집주』에서는 '번거롭지 않다[不煩]'라고 풀이했다. 즉 자신의 평소 행동은 조심스럽고 엄격하게 하되, 백성들을 대할 때는 까다롭지 않고 간단명료하게 해야 한다는 뜻이다. 한편 아래에서 인용한 『설원』에서는 '간'자의 의미를 다소 다르게 풀이했다. "간(簡)이라는 것은 경솔하고 촌스러운 것[易野]이니, 경솔하고 촌스러운 것은 예(禮)의 형식이 없는 것이다[簡者, 易野也, 易野者, 無禮文也]"라고 했다.

53_ 맹자반(孟子反)은 노나라의 대부로, 이름은 측(側)이다. 『논어』「옹야」편에 "子曰, 孟之反, 不伐. 奔而殿, 將入門, 策其馬曰, 非敢後也, 馬不進也."라는 기록이 보인다. 자금장(子琴張)은 이름이 뢰(牢)이고, 자는 자장(子張)이다. 자상호가 죽자 상을 치르는 곳에서 자금장이 노래를 불렀다고 한다. 『맹자』「진심 하」편에 "如琴張·曾晳·牧皮者, 孔子之所謂狂矣."라는 기록이 보인다.

구로 사귀었다고 말하면서 "누가 서로 사귐이 없는 것을 서로 사귀는 것으로 여기며,[54] 누가 서로 도와줌이 없는 것을 서로 도와주는 것으로 여길 수 있는가? 누가 하늘에 올라 안개 속에 노닐며, 한없이 넓은 곳에서 이리저리 돌아다니고,[55] 서로 삶을 잊은 채 끝나서 다하는 것이 없게 할 수 있는가?"라고 했다.[56]

莊子稱子桑戶·孟子反·子琴張三人相與爲友, 曰, "孰能相與於無相與, 相爲於無相爲? 孰能登天遊霧, 撓排無極, 相忘以生, 無所終窮?"

康17-6

『설원(說苑)』에서 자상호(子桑戶)가 "의관도 제대로 갖추지 않고 거처하고 있었다"라고 했으니,[57] 대체로 양주(楊朱) 학문의 선구를 연 자이다. 따라서 중궁이 그를 옳다고 여기지 않은 것이다.

『說苑』謂子桑戶"不衣冠而處", 蓋開楊學之先聲者. 故仲弓不以爲然.

17-3-2[58]

공자가 말했다. "[자상백자는] 괜찮은 편이지만, 경솔하고 촌스럽다." 간(簡)이라는 것은 경솔하고 촌스러운 것이니, 경솔하고 촌스러운 것은 예(禮)의 형식이 없는 것이다. 공자가 자상백자(子桑伯子)를 만났는데, 자

54_ 상여(相與)는 서로 더불어 사귄다는 말이고, 무상여(無相與)는 서로 사귐이 없는 가운데에서 자연 그대로의 상태에서 사귀는 것을 말한다. 어떤 목적이나 의도 등의 세속적인 사귐을 배제한 상태이다.

55_ 요배(撓排)는 한없는 세계에서 이리저리 돌아다닌다는 뜻이다.

56_ 이 내용은 『장자』「대종사(大宗師)」편에 보인다.

57_ 아래의 『설원』「수문(修文)」편에 보인다.

58_ 이하에서 인용한 『설원』「수문」편의 내용은 이 책의 제2권 제2절〈2-2-2〉에서 이미 인용했다. 자세한 주석은 앞의 내용을 참조 바람.

상백자는 의관도 제대로 갖추지 않고 거처하고 있었다. 제자들이 "선생님께서는 어찌하여 이런 사람을 만납니까?"라고 말하자, 공자는 "그는 바탕은 아름답지만 겉의 형식을 꾸미지 않으니, 나는 그를 설득해서 겉의 형식을 꾸미도록 하고자 한다"라고 대답했다. 공자가 떠나자, 자상백자의 문인들도 불쾌하게 여기면서, "어찌하여 공자와 같은 사람을 만납니까?"라고 말하자, 자상백자는 "그는 바탕이 아름다우면서 겉의 형식도 화려하다. 나는 그를 설득해서 겉의 형식을 없애도록 하고자 한다"라고 대답했다. 따라서 다음과 같이 논평할 수 있다. "겉의 형식과 바탕이 모두 잘 닦인 자를 군자(君子)라고 하며, 바탕만 있고 겉의 형식이 없는 것을 경박하고 촌스럽다[易野]고 한다. 자상백자는 경박하고 촌스러워서 사람의 도리를 소나 말과 마찬가지로 [꾸밈이 없이] 만들려고 한다. 따라서 중궁(仲弓)이 '너무 경박하고 촌스럽다'라고 말한 것이다."(『설원』「수문」)

孔子曰, "可也, 簡." 簡者, 易野也, 易野者, 無禮文也. 孔子見子桑伯子, 伯子不衣冠而處. 弟子曰, "夫子何爲見此人乎?" 曰, "其質美而無文, 吾欲說而文之." 孔子去, 子桑伯子門人不說曰, "何爲見孔子乎?" 曰, "其質美而文繁, 吾欲說而去其文." 故曰"文質修者, 謂之君子, 有質而無文, 謂之易野. 子桑伯子易野, 欲同人道于牛馬. 故仲弓曰'太簡'."(『說苑』「修文」)

<이상 유가가 자상백자를 공격하다: *右儒攻子桑伯子*>

4. 유가가 원양을 공격하다 [儒攻原壤]

17-4-1

원양(原壤)이 두 다리를 뻗고 걸터앉아서 [공자를] 기다렸다.[59] 공자가 말했다. "어려서는 공손하지 않고, 장성해서는 칭찬할 만한 일이 없으며, 늙어서도 죽지 않는 것이 바로 남을 해치는 사람이다." 지팡이로 그의 정강이를 쳤다.(『논어』「헌문」)

原壤夷俟. 子曰, "幼而不孫弟, 長而無述焉, 老而不死, 是爲賊." 以杖叩其脛.(『論語』「憲問」)

<이상 유가가 원양을 공격하다: *右儒攻原壤*>

5. 유가가 극자성을 공격하다 [儒攻棘子成]

17-5-1

극자성(棘子成)이 말했다. "군자는 바탕[質]일 뿐이니, 형식[文]을 어디에 사용하겠는가?"[60] 자공(子貢)이 말했다. "안타깝구나, 그대가 군자에 대

59_ 이(夷)는 두 다리를 뻗고 걸터앉는 것이고, 사(俟)는 기다리는 것이다. 예법에서 걸터앉는 것은 무례한 행동으로 여겼다.

60_ 질(質)은 질박한 바탕이나 본질을 말하고, 문(文)은 예의와 문채 등의 외형적인 형식을 말한다. 『논어집주』에서는 "당시 사람들이 형식에만 치우친 것을 싫어했기 때문에 이러한 말을 했다"라고 했다.

해 해석함이여! 네 마리의 말로도 [이미 내뱉은] 말을 따라가기 어렵다. 형식이 바탕과 같으며, 바탕이 형식과 같다고 하는 것은 호랑이나 표범의 가죽이 개나 양의 가죽과 같다는 것이다."[61](『논어』「안연」)

棘子成曰, "君子質而已矣, 何以文爲?" 子貢曰, "惜乎, 夫子之說君子也! 駟不及舌. 文猶質也, 質猶文也, 虎豹之鞟, 猶犬羊之鞟."(『論語』「顔淵」)

17-5-2

극자성이 [예의의] 형식을 중지하려고 했는데,[62] 자공(子貢)이 그것을 비난했으니,[63] 예의의 형식을 중요하게 여기지 않는 것이 바로 극자성의 무리임을 말한 것이다.[64](『논형』「서해」)

棘子成欲彌文, 子貢譏之, 謂文不足奇者, 子成之徒也.(『論衡』「書解」)

<이상 유가가 극자성을 공격하다: 右儒攻棘子成>

61_ 곽(鞟)은 가죽에서 털을 제거한 것이다. 호랑이와 개가 구별되는 것은 바로 가죽에 붙은 털의 문채가 다르기 때문이다.

62_ 미(彌)는 끝내거나 그치는 것으로 미(弭)와 같은 뜻이며, 문(文)은 예의와 문채 등의 외형적인 형식을 말한다. 『논형주석』에서는 "극자성은 단지 예의를 준수하는 사상이 있으면 그만이지, 형식적인 예의가 반드시 필요한 것은 아니라고 생각했다"라고 풀이했다.

63_ 『논어』「안연」편에서 보인다.

64_ 기(奇)는 알아주거나 중시하는 것이다. 극자성의 무리들은 예의의 형식을 중요하게 생각하지 않는다는 뜻이다.

6. 유가가 소정묘를 공격하다 [儒攻少正卯]

17-6-1

공자가 노나라의 사구(司寇)가 되었는데, 7일 만에 소정묘(少正卯)를 동관(東觀)[65] 아래에서 주살했다.[66] 문인들이 이 소식을 듣고, 급히 달려왔다. 도착한 자들이 말을 하지는 않았지만, 생각은 모두 한결같았다. 자공(子貢)이 가장 뒤에 도착했는데, 급히 달려가서 물었다. "저 소정묘라는 사람은 노(魯)에서 명성이 있고 유명한 인물입니다.[67] 처음으로 정치를 하면서 무엇 때문에 가장 먼저[68] 그를 주살했습니까?"라고 물었다. 공자는 다음과 같이 대답했다. "자공아! 네가 알 수 있는 것이 아니다. 대체로 왕자가 주살해야 할 대상이 다섯 가지가 있는데, 도둑질은 거기에 포함되지 않는다. 첫째는 마음이 변별력이 있으면서도 음흉한 것을 말하고,[69] 둘째는 말이 거짓되면서 달변인 것을 말하며, 셋째는 행동이 편벽되면서도 아집이 센 것을 말하고,[70] 넷째는 뜻은 어리석으면서도 박학다식한 것을 말하며,[71] 다섯째는 나쁜 것을 마음대로 하면

65_ 동관(東觀)은 동쪽의 궁문으로, 후한시대에는 낙양(洛陽)의 남궁(南宮) 안에 있는 높은 누대의 이름이었다.

66_ 이 내용은 『순자』「유좌(宥坐)」편과 『윤문자(尹文子)』「대도(大道)」편 등에 보인다. 그리고 『논형』「강서(講瑞)」편에 의하면, 소정묘는 당시 공자와 견줄 만한 명망을 지니고 있었기 때문에 학생들이 한 스승을 정하지 못하고 두 사람 사이를 왔다갔다 하면서 공부했다고 한다.

67_ 문인(聞人)은 명성이 있고 유명한 사람을 말한다.

68_ 선(先)이 『순자』「유좌」편에는 시(始)로 되어 있다.

69_ 변(辨)은 변별력이 있는 것이다. 『순자』와 『윤문자』에는 달(達)자로 되어 있는데, 사리에 통달했다는 의미로 변(辨)자와 같은 뜻이다. 험(險)은 음흉한 것이다.

70_ 벽(辟)은 편벽되거나 과격한 것으로, 『순자』에는 벽(僻)으로 되어 있다. 견(堅)은 단단히 굳어진 것으로, 아집이나 고집이 세다고 해석할 수 있다.

서도 즐거워하는 것을 말한다.[72] 이 다섯 가지는 모두 변별력과 지혜와 총명과 통달함이라는 명성은 있지만, 진실된 것이 아니다. 거짓으로 구차하게 행동하니, 그 지혜는 대중의 마음을 흔들기에 충분하고, 강퍅함은 자신의 입장만을 고수하기에 충분하다. 이러한 사람은 간사한 사람 중에서도 걸출한 사람이니, 주살하지 않을 수 없다. 대체로 이 다섯 가지 중에 하나라도 가지고 있으면 주살을 면할 수 없는데, 지금 소정묘는 이것들을 모두 함께 가지고 있기 때문에 가장 먼저 주살한 것이다."(『설원』「지무」)

孔子爲魯司寇, 七日而誅少正卯於東[73]觀之下. 門人聞之, 趨而進. 至者不言, 其意皆一也. 子貢後至, 趨而進, 曰, "夫少正卯者, 魯國之聞人矣. 夫子始爲政, 何以先誅之?" 孔子曰, "賜也! 非爾所及也. 夫王者之誅有五, 而盜竊不與焉. 一曰心辨而險, 二曰言僞而辨, 三曰行辟而堅, 四曰志愚而博, 五曰順非而澤. 此五者皆有辨知聰達之名, 而非其眞也. 苟行以僞, 則其智足以移衆, 强足以獨立. 此奸人之雄也, 不可不誅. 夫有五者之一, 則不免於誅, 今少正卯兼之, 是以先誅之也."(『說苑』「指武」)

<이상 유가가 소정묘를 공격하다: *右儒攻少正卯*>

71_ 『순자』에는 '기추이박(記醜而博)', 즉 '추악하고 괴이한 일을 잘 기억하면서도 박학다식한 것'이라고 되어 있다.

72_ 순(順)은 제멋대로 또는 마음대로 하는 것을 말하며, 비(非)는 나쁜 행동을 말한다. 택(澤)은 윤(潤)이나 역(懌)자와 같은 의미로, 즐거워하거나 기뻐한다는 뜻이다. 또는 윤이 나게 꾸미는 것으로, 합리화한다는 의미로도 해석이 가능하다.

73_ 동(東)은 『설원』 원문에는 양(兩)으로 잘못되어 있다.

7. 유가가 노자를 공격하다 [儒攻老子]

17-7-1

두태후(竇太后)가 『노자』 책을 좋아하여 원고생(轅固生)[74]을 불러 『노자』 책에 대해서 물으니, 원고생이 "이것은 집안사람의 말일 뿐입니다"라고 대답했다.(『사기』「유림열전」)

竇太后好『老子』書, 召轅固生問『老子』書, 固曰, "此是家人言耳."(『史記』「儒林列傳」)

17-7-2

마음이 깨끗하고 욕심이 없으며,[75] 뜻이 벼슬사리에 있지 않으며, 진실로 몸을 보존하고 본성을 기르고자 하는 것을 현명하다고 여기는가? 이것은 노담의 무리이다. 도인(道人)과 현자(賢者)[76]가 부류를 달리하는 것은 [현자는] 고난 속에서 세상을 서성하고 백성을 구제한다는 점이다. 따라서 공자는 매우 바쁘게 돌아다녔고, 묵자는 서두르면서 안정

74_ 원고생(轅固生)은 원고(轅固)라고도 하며, 서한 시학(詩學)의 4대 학파 중에 하나인 「제시(齊詩)」의 창시자이다. 한나라 경제(景帝) 때 『시』를 연구하여 박사가 되었다. 무제(武帝)가 즉위해서 현랑(賢郎)으로서 원고생을 초빙했으나, 연로하여 관직을 그만두고 고향으로 돌아갔는데, 당시 나이가 90여 세였다. 공손홍(公孫弘)이 또 초빙되자, 원고생은 공손홍에게 "올바른 학문으로써 말하는 것에 힘쓰고, 잘못된 학문으로 세상에 아부하지 말라"라고 훈계했다고 한다.

75_ 『논형교석』에 의하면, 염(恬)자 앞에는 이(以)자가 있어야 하는데, 지금 빠져 있다고 한다. 염담(恬憺)은 명리를 탐내지 않고, 욕심이 없이 마음이 깨끗하고 담박하다는 뜻이다.

76_ 『논형교석』에서 자(者)자는 현(賢)자 뒤에 가야 한다고 했다.

되지 못했으니,[77] 더 나아가 공자나 묵자와 동일한 일을 하지 않고, 도리어 황제나 노자와 지조를 같이하는 것은 현명한 것이 아니다.(『논형』「정현」)

恬憺[78]無欲, 志不在於仕, 苟欲全身養性爲賢乎? 是則老聃之徒也. 道人與賢殊科者, 憂世濟民於難. 是以孔子棲棲, 墨子遑遑, 不進與孔·墨合務, 而還[79]與黃·老同操, 非賢也.(『論衡』「定賢」)

康17-7

유가와 양주, 묵가는 그 도가 세 가지이다. 그런데 노자는 자신만을 위하고, 유가와 묵가는 세상을 구제하고자 하니, 비록 세 가지이지만 실제로는 두 가지이다. 따라서 전국시대에 유가와 묵가가 가장 성행했고, 노자는 거기에 미치지 못했으니, [유가와 묵가는] 모두 세상을 구제하고자 했기 때문이다. 한나라 초기에 이르러서는 노자가 가장 성행했고, 유가는 그 사이에서 조금씩 나아갔으며,[80] 묵가는 사라져버렸다. 세상을 구제하고자 하는 도는 같았지만, 유가는 시대에 순응하고 묵가는 시대에 역행했기 때문에 묵가가 유가로 귀속된 것이다. 노자는 유가와 서로 상반되기 때문에 후세에 도리어 존재할 수가 있었다.

77_ 서서(棲棲)와 황황(遑遑)은 모두 바쁘게 서두르면서 안정되지 못한 모양이다. 『염철론』「훼학(毁學)」편에서도 "유가와 묵가는 속으로는 욕심을 내면서도 겉으로는 공경하는 자세를 보이며, 이리저리 돌아다니면서 유세를 하는데, 매우 바쁘게 서두르지만 또한 뜻을 이룬 적이 없다[儒·墨內貪外矜, 往來遊說, 栖栖然亦未爲得也.]"라는 말이 보인다. 그리고 『논어』「헌문(憲問)」편에도 "丘, 何爲是栖栖者與?"라는 말이 보인다.

78_ 담(憺)이 『공자개제고』에는 담(澹)으로 되어 있는데, 『논형』 원문에 따라 고쳤다.

79_ 환(還)이 『공자개제고』에는 원(遠)으로 되어 있는데, 『논형』 원문에 따라 고쳤다.

80_ 침침(駸駸)은 점진하는 모습으로, 조금씩 나아간다는 의미이다.

儒與楊·墨, 其道爲三. 而老氏爲我, 儒·墨救世, 則雖三而實爲二焉. 故在戰國, 儒·墨最盛, 而老氏遜之, 以其俱救世也. 至於漢初, 老氏最盛, 儒學駸駸其間, 而墨亡矣. 蓋救世之道同, 而儒順墨逆, 故墨歸於儒. 老氏與儒相反, 故後世反有存也.

17-7-3[81]

유학을 배우는 사람들은 노자를 배척한다. 도가 같지 않으면 서로 일을 도모하지 않는다고 하는데, 어찌 이러한 상황을 두고 하는 말이겠는가?(『사기』「노자한비열전」)

儒學亦絀老子. 道不同不相爲謀, 豈謂是邪?(『史記』「老子韓非列傳」)

17-7-4

노담이 죽었는데, 진일(秦失)[82]이 그를 조문하면서 세 번 울부짖다가 나와 버렸다. 제자가 "[노담은] 선생님의 친구가 아닙니까?"라고 묻자,[83] "그렇다"라고 대답했다. 제자가 "그렇다면 이와 같이 조문을 해도 됩니까?"라고 묻자, 진일이 대답했다. "그렇다. 처음에 나는 그를 지인(至人)이라고 생각했는데,[84] 지금은 아니다. 조금 전에 내가 들어가서 조문할 때, 노인 중에 곡을 하면서 마치 자기 자식에게 곡을 하듯이 하는

81_ 이하에서 인용한 『사기』「노자한비열전」의 내용은 이 책의 제15권 제2절 〈15-2-43〉에서 이미 인용했다. 자세한 주석은 앞의 내용을 참조 바람.

82_ 진일(秦失)은 성현영이 성은 진(秦)이고, 이름은 일(失)이며, 도를 간직한 사람이라고 했다. 천구잉은 노담의 친구이거나 혹은 장자가 가공한 인명이라고 했다.

83_ 부자(夫子)를 노담으로 보면, "당신은 노담 선생님의 친구가 아닙니까?"라는 해석도 가능하다.

84_ 기인(其人)은 천구잉이 지인(至人)으로 된 판본에 근거하여 해석한 것을 따랐다. 안병주는 임희일 등의 해석에 따라 훌륭한 사람이라고 번역했다.

자가 있었으며, 어린아이 중에 곡을 하면서 마치 자기 어머니에게 곡을 하듯이 하는 자가 있었다. 저들은 조문을 하기 위해 모였는데, 위로하는 말을 하기를 바라지 않으면서 위로하는 말을 하는 자도 반드시 있고, 곡하기를 바라지 않으면서 곡하는 자도 반드시 있다.[85] 이것은 천리를 벗어나고 인정을 위배하는 것이며,[86] 하늘로부터 받은 것을 잊어버리는 것이니,[87] 옛날에는 이것을 하늘을 벗어난 형벌이라고 했다."(『장자』「양생주」)

> 老聃死, 秦失弔之, 三號而出. 弟子曰, "非夫子之友邪?" 曰, "然." "然則弔焉若此, 可乎?" 曰, "然. 始也吾以爲其人也, 而今非也. 向吾入而弔焉, 有老者哭之, 如哭其子, 少者哭之, 如哭其母. 彼其所以會之, 必有不蘄言而言, 不蘄哭而哭者. 是遁天倍情, 忘其所受, 古者謂之遁天之刑."(『莊子』「養生主」)

<이상 유가가 노자를 공격하다: 右儒攻老子>

85_ 피(彼)는 성현영이 중인(衆人), 즉 조문하러 온 사람들이라고 했고, 천구잉은 앞의 노인과 어린아이라고 했다. 회(會)는 조문하러 모인다는 뜻인데, 천구잉과 임희일은 감회(感會)나 슬픔으로 해석하기도 한다. 기(蘄)는 성현영이 구(求), 즉 바란다는 의미라고 했다. 한편 안병주는 피(彼)를 노담으로 본 주석을 따라서, "저 노담이 사람들을 모이게 한 데에는, 반드시 말로는 위로하는 말을 바라지 않는다고 하면서도 실제로는 위로하는 말을 하고, 말로는 곡하기를 바라지 않는다고 하면서도 실제로는 곡하게 함이 있었을 것이다"라고 해석하여, 노담을 비판하는 말로 이해했다.

86_ 둔천(遁天)은 천리를 벗어난다는 뜻이다. 배정(倍情)은 인정을 위배한다는 뜻인데, 성현영은 "세속의 감정을 더하는 것이다"라고 해석하기도 한다.

87_ 천구잉은 "우리가 받은 생명의 장단을 잊어버리는 것이다"라고 했고, 안병주는 "하늘로부터 받은 자기 생명의 본질이 무엇인가를 잊어버리는 것이다"라고 했다.

8. 유가가 양주 및 묵적을 공격하다 [儒攻楊·墨]

17-8-1

성왕이 일어나지 않자 제후들이 제멋대로 날뛰고, 초야에 묻혀 사는 선비들이 제멋대로 의론하니, 양주(楊朱)와 묵적(墨翟)의 말이 천하에 가득하여 천하의 말이 양주에게 돌아가지 않으면 묵적에게로 돌아간다. 양주는 자신만을 위하니, 군주가 없는 것이며, 묵자는 남을 똑같이 사랑하니, 부모가 없는 것이다. 부모가 없고 군주가 없는 것은 금수이다.[88] 공명의(公明儀)가 말했다. "푸줏간에 살찐 고기가 있고, 마굿간에 살찐 말이 있는데, 백성들은 굶주린 기색이 있고, 들에는 굶어죽은 시체[89]가 있으면 이것은 짐승을 몰아서 사람을 잡아먹게 하는 것이다." 양주와 묵적의 도가 사라지지 않으면 공자의 도가 드러나지 못할 것이니, 이것은 사악한 학설이 백성을 속이고, 인의(仁義)를 꽉 막아 버리는 것이다. 인의가 꽉 막혀 버리면 짐승을 몰아서 사람을 잡아먹게 하고, 사람들이 장차 서로 잡아먹게 될 것이다. 나는 이러한 이유로 두려워하여 앞선 성인의 도를 보호하고,[90] 양주와 묵적을 막으며, 부정한 말을 물리쳐서, 사악한 이론을 말하는 자가 일어날 수 없도록 한 것이다.

88_ 『맹자집주』에서 다음과 같이 풀이했다. "양주는 다만 자기 몸을 아낄 줄만 알고, 자기 몸을 바치는 의리가 있다는 것은 알지 못했기 때문에 군주가 없는 것이다. 묵자는 사랑에 차등이 없어서 자기의 부모를 보기를 일반 사람들과 다름이 없었기 때문에 부모가 없는 것이다. 부모가 없고 군주가 없으면 사람의 도리가 사라지니, 이것은 또한 금수일 뿐이다."

89_ 아표(餓莩)는 굶어서 죽은 시체를 말한다.

90_ 한(閑)은 『맹자집주』와 『맹자역주』에서 보호한다[衛]는 의미로 해석했다. 한편 『맹자주소』에서 조기는 습(習)으로 풀이하기도 했다.

[사악한 이론이] 그 마음에서 일어나서 그 일에 해를 끼치며, 그 일에서 일어나서 그 정치에 해를 끼치니, 성인이 다시 흥기하더라도 나의 말을 바꾸지 않을 것이다. 옛날에 우임금이 홍수를 막아내자 천하가 평화로워졌고, 주공이 오랑캐를 겸병하고 맹수를 몰아내자 백성이 편안해졌으며, 공자가 『춘추』를 완성하자 난신적자들이 두려워했다. 『시』에서 "오랑캐들을 이에 정벌하며, 형(荊)나라와 서(舒)나라를 이에 응징하니, 나를 감히 막을 자가 없다"라고 했으니,[91] 부모가 없고 군주가 없는 것은 주공도 응징했던 대상이다. 나도 인심을 바로잡아서 사악한 이론을 멈추게 하고, 잘못된 행실을 막으며, 음탕한 말을 추방함으로써 세 성인을 계승하고자 하는 것이니,[92] 어찌 변론을 좋아하는 것이겠는가? 내가 어쩔 수 없어서 그런 것이다. 양주와 묵적을 막을 이론을 말할 수 있는 자는 성인의 무리이다.(『맹자』「등문공 하」)

聖王不作, 諸侯放恣, 處士橫議, 楊朱·墨翟之言盈天下, 天下之言, 不歸楊則歸墨. 楊氏爲我, 是無君也, 墨氏兼愛, 是無父也. 無父無君, 是禽獸也. 公明儀曰, "庖有肥肉, 廐有肥馬, 民有饑色, 野有餓莩, 此率獸而食人也." 楊·墨之道不息, 孔子之道不著, 是邪說誣民, 充塞仁義也. 仁義充塞, 則率獸食人, 人將相食. 吾爲此懼, 閑先聖之道, 距楊·墨, 放淫辭, 邪說者不得作. 作於其心, 害於其事. 作於其事, 害於其政. 聖人復起, 不易吾言矣. 昔者禹抑洪水而天下平, 周公兼夷狄驅猛獸而百姓寧, 孔子成『春秋』而亂臣賊子懼. 『詩』云, "戎狄是膺, 荊·舒是懲, 則莫我敢承." 無父無君, 是周公所膺也. 我亦欲正人心, 息邪說, 距[93]詖行, 放淫辭, 以承三聖者, 豈好辯哉? 予不得已也.

91_ 『시』는 「노송(魯頌)·비궁(閟宮)」편이다. 응(膺)은 물리친다는 뜻이다. 형(荊)은 초(楚)나라를 말하고, 서(舒)는 초나라의 주변에 있는 오랑캐 나라이다.

92_ 피행(詖行)은 편벽되거나 치우친 행동이고, 음사(淫辭)는 도리에 어긋나는 음탕한 말이다.

93_ 거(距)가 『공자개제고』에는 거(詎)로 되어 있는데, 『맹자』 원문에 따라 고쳤다.

能言距楊・墨者, 聖人之徒也.(『孟子』「滕文公 下」)

康17-8

맹자는 일생 동안 공자의 도를 밝히고 양주와 묵적을 물리치는 것으로 일을 삼았는데, 심지어 세 성인을 인용하여 스스로를 비유하고, 그들을 홍수와 맹수라고 공격하니, 그 말의 엄함이 이와 같았다. 제자들을 이끌고 그들을 물리치면서, "양주와 묵적을 막을 수 있는 것은 성인의 무리이다"라고 말했으니, 그가 수립한 목표와 건립한 무리들도 이와 같았다. 성인의 문하에는 이렇게 굳세고 강한 스승이 있었으니, 이것이 바로 양주와 묵적이 크게 패배한[94] 이유이다.

孟子終日以明孔道・辟楊墨爲事, 至引三聖自比, 攻之以洪水猛獸, 厲其詞如此. 率子弟辟之, 謂"能距楊・墨卽爲聖徒", 其樹之標・立之黨也如此. 聖門有此堅勁之師, 此楊・墨所以敗績矣.

17-8-2

맹자는 양주와 묵적의 의론이 유가의 논의를 크게 압도하는 것을 염려하여, 공평하고 곧은 이론을 끌어와서 옳은 것을 칭찬하고 잘못된 것을 비판했으니, 세상 사람들은 그것을 변론을 좋아한다고 여겼다. 따라서 맹자가 "어찌 변론을 좋아하는 것이겠는가? 내가 어쩔 수 없어서 그런 것이다"라고 말한 것이다.(『논형』「대작」)

孟子傷楊・墨之議大奪儒家之論, 引平直之說, 褒是抑非, 世人以爲好辯. 孟子曰, "予豈好辯哉? 予不得已."(『論衡』「對作」)

94_ 패적(敗績)은 전쟁에서 크게 패배하는 것을 말한다.

17-8-3

양주와 묵적의 학문이 유교[95]의 의리를 혼란스럽게 하지 않았다면, 맹자의 유교 전수는 이루어지지 않았을 것이다.[96](『논형』「대작」)

楊·墨之學不亂傳義, 則孟子之傳不造.(『論衡』「對作」)

康17-9

묵자와 맹자는 모두 고자(告子)와 변론을 했으니,[97] 서로의 시간적 거리가 멀지 않다. 양주는 노자의 제자이니, 또한 서로의 시간적 거리가 멀지 않다. 그런데 그들의 말이 천하에 가득하고, 두 사람의 힘이 매우 강력했다. 묵자는 상례의 기간을 단축했고, 더욱이 유가의 도를 공격했기 때문에 맹자는 '부모가 없다'라는 말로 배척했으니, 진실로 어쩔 수 없어서 그렇게 한 것이다. 양웅이 "양주와 묵적이 길을 막자, 맹자가 그 길을 활짝 열었다"라고 말했으니,[98] 이것은 진실로 그 공적이 우

95_ 전(傳)은 『논형교석』에서 유(儒)의 오자라고 했다.

96_ 『맹자』「등문공 하」편에서 맹자가 유교를 전수한 이유에 대해 다음과 같이 기록되어 있다. "양주와 묵적의 도가 사라지지 않으면 공자의 도가 드러나지 못할 것이니, 이것은 사악한 학설이 백성을 속이고 인의(仁義)를 꽉 막아 버리는 것이다. 인의가 꽉 막혀 버리면 짐승을 몰아서 사람을 잡아먹게 하고, 사람들이 장차 서로 잡아먹게 될 것이다. 나는 이러한 이유로 두려워하여 앞선 성인의 도를 보호하고, 양주와 묵적을 막으며, 부정한 말을 물리쳐서 사악한 이론을 말하는 자가 일어날 수 없도록 한 것이다."

97_ 묵자와 고자가 변론한 내용은 『묵자』「공맹(公孟)」편에 보인다.

98_ 『법언(法言)』「오자(吾子)」편에 다음과 같은 기록이 보인다. "옛날에 양주와 묵적이 [정도(正道)의] 길을 막았는데, 맹자가 말로 대적하여 그 길을 활짝 열었다. 그 뒤에도 길을 막는 자가 있었는데, 나 스스로[의 임무]를 은근히 맹자에 비교해 본다[古者, 楊·墨塞路, 孟子辭而闢之廓如也. 後之塞路者有矣, 竊自比于孟子.]" 『맹자집주』의 「서설(序說)」에 『법언』의 이 구절을 인용하여, "揚子雲曰, 古者, 楊墨塞路, 孟子辭而闢之廓如也. 夫楊·墨行, 正道廢."라고 했다.

임금에 뒤지지 않을 것이다! 혹 창려(昌黎) 한유(韓愈, 768~824)가 "공자[의 학파]는 반드시 묵자[의 이론]을 채용했고, 묵자[의 학파]는 반드시 공자[의 이론]을 채용했으니, 공자[의 이론]과 묵자[의 이론]이 서로 공격한 것은 곧 그 후학들이 그런 것이지, 두 스승의 도가 본래 그러한 것이 아니다"라고 하니,[99] 묵자의 「비유(非儒)」편과 「공맹(公孟)」편을 읽지 않은 것이다. 묵자는 실제로 온 힘을 다해서 창을 거꾸로 들고 공자의 문하를 공격했으니, 실로 두 학파가 양립했을 리가 없다. 한유는 당나라 때 살았기 때문에 이미 공자와 묵자가 제도를 개혁하고 교설을 다툰 이유를 알지 못했으니, 본래 따질 필요도 없는 것이다.

墨子・孟子俱與告子辨, 則相去不遠. 楊朱爲老子弟子, 亦相去不遠. 而言盈天下, 二氏之力勁甚. 墨子短喪, 尤攻儒道, 故孟子以'無父'斥之, 誠不得已. 揚雄謂"楊・墨當道, 孟子辟之廓如也", 此眞功不在禹下哉! 或以昌黎謂"孔子必用墨子, 墨子必用孔子, 孔・墨互攻, 乃其後學, 非二師之道本然", 是未讀墨子「非儒」・「公孟」. 墨氏實挾全力以倒戈孔門, 實無兩立之理. 昌黎生在唐時, 已不知孔・墨改制爭教之由, 固不足辨也.

17-8-4

양주는 위아(爲我)를 취했으니, 머리털 하나를 뽑아서 천하가 이롭게 되더라도 하지 않았다. 묵적은 겸애(兼愛)했으니, 이마를 갈아 없애서

99_ 송나라 위중거(魏仲擧)가 편찬한 『오백가주창려문집(五百家注昌黎文集)』 권11의 「독묵자(讀墨子)」에 "孔子必用墨子, 墨子必用孔子, 不相用, 不足爲孔墨."이라는 내용이 보인다. 그 주석에서 "공자의 학문을 하는 자는 반드시 묵자의 이론을 채용하여 그중에서 공자와 합치되는 것을 취할 뿐이다. 묵자의 학문을 하는 자는 반드시 공자의 이론을 채용하여 성인의 말에서 절충시켜야만 그 학문이 가능하다[爲孔子之學者, 必用墨子, 取其與孔子合者而已. 爲墨子之學者, 必用孔子, 折衷于聖人之言, 其可也.]"라고 풀이했다.

발꿈치에 이를 정도로 노동을 하더라도 천하에 이로우면 그것을 실천했다.(『맹자』「진심 상」)

孟子曰, 楊子取爲我, 拔一毛而利天下, 不爲也. 墨子兼愛, 摩頂放踵, 利天下爲之.(『孟子』「盡心 上」)

17-8-5

천성(天性)을 온전히 유지하고 천진(天眞)을 그대로 보존하며, 외부 사물 때문에 육체에 피해를 끼치지 않는 것[100]은 양자(楊子)가 세운 주장인데, 맹자가 그것을 비판했다.(『회남자』「범론훈」)

全性保眞, 不以物累形, 楊子之所立也以物累形, 楊子之所立也, 而孟子非之.(『淮南子』「泛論訓」)

17-8-6[101]

묵자인 이지(夷之)가 서벽(徐辟)을 통해서 맹자(孟子)를 만나보기를 요구하자, 맹자가 말했다. "내가 진실로 만나보기를 원하지만, 지금은 내가 아직 병중에 있다. 병이 나으면 내가 또한 가서 만나볼 것이니, 이자(夷子)는 올 필요가 없다." 다른 날에 또 맹자를 만나보기를 요구하자, 맹자가 말했다. "내가 지금은 만나볼 수 있지만, 솔직하게 말하지 않으면 도리가 드러나지 않으니, 내가 또한 솔직하게 말하겠다. 내가 들으니, 이자는 묵자(墨者)라고 하는데, 묵자가 상례를 치르는 것은 간소함을

100_ 전성보진(全性保眞)은 『회남자집석』에서 고유가 "머리카락을 뽑아서 천하가 이롭게 되더라도 하지 않으며, 사물 때문에 자신의 신체에 누를 끼치게 하지 않는 것이다"라고 했다. 『맹자』「진심 상(盡心 上)」편에 "楊子, 取爲我, 拔一毛而利天下, 不爲也."라는 기록이 보인다.

101_ 이하에서 인용한 『맹자』「등문공 상」편의 내용은 이 책의 제16권 제2절〈16-2-1〉에서 이미 인용했다. 자세한 주석은 앞의 내용을 참조 바람.

그 도리로 삼는다. 이자는 그 도리로 천하[의 상례 풍속]을 바꾸려고 생각하니, 어찌 그것이 옳은 것이 아니라고 해서 귀하게 여기지 않을 수 있겠는가? 그런데도 이자는 자기 부모의 장례를 성대하게 치렀으니, 이는 천하게 여기는 방법으로 부모를 섬긴 것이다." 서자가 이 말을 이자에게 고하자, 이자가 말했다. "유학자의 도에 '옛날 사람이 [백성을] 마치 갓난아이를 보호하듯이 한다'라고 했는데, 이 말은 무슨 말인가? 나는 사랑에는 차등이 없지만, 베풂은 부모로부터 시작됨을 말한 것이라고 생각한다." 서자가 이 말을 맹자에게 고하자, 맹자가 말했다. "저 이자는 진실로 사람이 자기 형의 아들을 친하게 대하는 것이 자기 이웃의 갓난아이를 친하게 대하는 것과 같다고 여기는 것인가? 이자는 『서』에서 이러한 점을 취했을 뿐이다. 갓난아이가 기어서 우물로 들어가려고 하는 것은 갓난아이의 잘못이 아니다. 또한 하늘이 사물을 만들 때 그에게 하나의 근본을 가지도록 했는데, 이자는 두 개의 근본을 가지고 있기 때문에 [그러한 주장을 하는 것이다.]"(『맹자』「등문공 상」)

墨者夷之因徐辟, 而求見孟子, 孟子曰, "吾固願見, 今吾尙病. 病癒, 我且往見, 夷子不來." 他日又求見孟子, 孟子曰, "吾今則可以見矣, 不直則道不見, 我且直之. 吾聞夷子, 墨者, 墨之治喪也, 以薄爲其道也. 夷子思以易天下, 豈以爲非是而不貴也? 然而夷子葬其親厚, 則是以所賤事親也." 徐子以告夷子, 夷子曰, "儒者之道, '古之人, 若保赤子', 此言何謂也? 之則以爲愛無差等, 施由親始." 徐子以告孟子, 孟子曰, "夫夷子信以爲人之親其兄之子爲若親其鄰之赤子乎? 彼有取爾也. 赤子匍匐將入井, 非赤子之罪也. 且天之生物也, 使之一本, 而夷子二本故也."(『孟子』「滕文公 上」)

17-8-7[102]

묵자의 말은 천하를 위하여 [자신의 노력이] 부족할까 좀스럽게 걱정하는데, [묵자가 말하는] 부족함은 천하 사람들이 공통으로 느끼는 근심이 아니라, 단지 묵자만의 개인적인 걱정이자 지나친 생각일 뿐이다.(『순자』「부국」)

墨子之言, 昭昭然爲天下憂不足, 夫不足, 非天下之公患也, 特墨子之私憂過計也.(『荀子』「富國」)

17-8-8

부족함은 천하 사람들이 공통으로 느끼는 근심이 아니라, 단지 묵자만의 개인적인 걱정이자 지나친 생각일 뿐이다. 천하 사람들이 공통으로 느끼는 근심은 천하를 혼란스럽게 하고 해치는 것이다. 어찌 천하를 혼란하게 하는 자가 누구인지를 함께 찾으려고 시도하지 않는가? 나는 묵자의 비악(非樂)이 천하를 혼란스럽게 만들고, 묵자의 절용(節用)이 천하를 빈곤하게 만든다고 생각한다. 그를 비난하려는 것이 아니라, 논리가 그럴 수밖에 없다.[103] 묵자가 크게는 천하를 소유하고, 작게는 한 나라를 소유한다면, 반드시 근심스럽게[104] 거친 옷을 입고 나쁜 음식을 먹으며, 걱정하면서 음악을 비난할 것이다. 이와 같다면 수척해지고, 수척해지면 욕망을 채우지 못하며, 욕망을 채우지 못하면 상을 주는 일이 시행되지 못할 것이다. 묵자가 크게는 천하를 소유하고,

---

102_ 이하에서 인용한 『순자』「부국」편의 내용은 이 책의 제16권 제2절〈16-2-10〉에서 이미 인용했다. 자세한 주석은 앞의 내용을 참조 바람.

103_ 타(墮)는 양경이 타훼(墮毁), 즉 비난하다는 의미라고 했다. 불면(不免)은 왕선겸이 "사실이 이와 같다"는 말이라고 했고, 이운구는 "논리의 당연한 귀결"이라고 했다.

104_ 축연(蹙然)은 근심하고 괴로워하는 모양이다.

작게는 한 나라를 소유한다면, 반드시 하인들을 줄이고, 관직을 감소하며, 일[105]을 숭상하여 힘들게 노동하고, 백성들과 사업을 균등하게 하며 노동을 똑같이 할 것이다. 이와 같다면 위엄이 서지 않고, 위엄이 서지 않으면 벌을 주는 일이 시행되지 못할 것이다. 상을 주는 일이 시행되지 못하면 현명한 사람을 진출시킬 수가 없고, 벌을 주는 일이 시행되지 못하면 불초한 사람을 물러나게 할 수가 없을 것이다. 현명한 사람을 진출시킬 수 없고 불초한 사람을 물러나게 할 수 없다면, 능력이 있는 자와 능력이 없는 자를 벼슬자리에 배치할 수 없을 것이다. 이와 같다면 만물이 마땅함을 잃어버리고, 일의 변화가 적절한 대응을 잃어버리며, 위로는 천시(天時)를 잃어버리고, 아래로는 지리(地利)를 잃어버리며, 중산에서는 인화(人和)를 잃어버려 천하가 활활 불에 타버린 것과 같게 될 것이다.[106] 묵자가 비록 천하를 위하여 굵은 베옷을 입고 새끼로 꼰 띠를 매며, 콩잎 국을 먹고[107] 물을 마시더라도 어찌 그것을 충족시킬 수 있겠는가? 이미 그 뿌리를 베어 없애고, 그 근원을 고갈시켜서 천하를 불태워버린 것이나.(『순자』「부국」)

夫有餘[108]不足, 非天下之公患也, 特墨子之私憂過計也. 天下之公患, 亂傷之也. 胡不嘗試相與求亂之者誰也? 我以墨子之非樂也, 則使天下亂, 墨子之節用也, 則使天下貧. 非將墮[109]之也, 說不免焉. 墨子大有天下, 小有一國, 將蹙然衣粗食惡, 憂戚而非樂. 若是則瘠. 瘠則不足欲, 不足欲則賞不行. 墨子大有天下, 小有一國, 將少人徒, 省官職, 上功勞苦, 與百姓均事業, 齊功勞. 若是則不威, 不威則賞罰不行. 賞不行, 則賢者不可得而進也, 罰不行, 則不肖者不得而退也. 賢者不可

105_ 공(功)은 이운구가 막노동하는 것이라고 했다.

106_ 오연(敖然)은 양경이 오(熬)자의 의미, 즉 불에 타는 모습이라고 했고, 약소약초(若燒若焦)는 "만물이 줄어들어서 마치 불에 타버린 것과 같다"라고 했다.

107_ 철숙(啜菽)은 콩잎으로 만든 국을 마시는 것이다.

108_ 유여(有餘) 두 글자는 왕선겸이 연문이라고 했다.

109_ 타(墮)가 『공자개제고』에 휴(隳)로 되어 있는데, 『순자』 원문에 따라 고쳤다.

得而進也, 不肖者不可得而退也, 則能不能不可得而官也. 若是則萬物失宜, 事變失應, 上失天時, 下失地利, 中失人和, 天下敖然若燒若焦. 墨子雖爲之衣褐帶索, 嚽菽飲水, 惡能足之乎? 旣以伐其本, 竭其原, 而焦天下矣.(『荀子』「富國」)

17-8-9

따라서 묵가의 학술이 진실로 행해진다면 천하는 검소함을 숭상하면서도 더욱 가난해지고, 싸움을 비난하면서도 매일 다투게 되며, 고되고 지치면서도[110] 더 이상 공적이 없고, 핼쑥하게 걱정하며 음악을 비난하면서도 매일 화락하지 못하게 될 것이다.(『순자』「부국」)

故墨術誠行, 則天下尙儉而彌貧, 非鬪而日爭, 勞苦頓萃而愈無功, 愀然憂戚非樂而日不和.(『荀子』「富國」)

17-8-10[111]

크게는 천하를 소유하고 있고, 작게는 한 나라를 소유하고 있으면서 반드시 스스로 그 [작은] 일을 한 이후에야 괜찮다면, 고생하고 지치는 것이 이보다 더 심한 경우는 없을 것이다. 이와 같다면 비록 노비라고 하더라도 천자와 그 지위나 일을 바꾸려고 하지 않을 것이다. 이 때문에 천하를 공평하게 다스리고 온 세상을 하나로 통일할 때, 무엇 때문에 반드시 스스로 작은 일들을 하려고 하겠는가? 그 일들을 하는 것은 일꾼의 길이며, 묵자의 주장이다.(『순자』「왕패」)

大有天下, 小有一國, 必自爲之然後可, 則勞苦耗顇[112]莫甚焉. 如是,

110_ 돈췌(頓萃)는 곤궁하고 지친 모습이다.

111_ 이하에서 인용한 『순자』「왕패」편의 내용은 이 책의 제16권 제2절 〈16-2-9〉에서 이미 인용했다. 자세한 주석은 앞의 내용을 참조 바람.

則雖臧獲不肯與天子易埶[113]業. 以是縣天下, 一四海, 何故必自爲之? 爲之者, 役夫之道也, 墨子之說也.(『荀子』「王霸」)

康17-10

맹자는 "군자가 없으면 들에서 일하는 사람을 다스리지 못하고, 들에서 일하는 사람이 없으면 군자를 봉양할 수 없다"라고 했으니,[114] 윗사람과 아랫사람이 차등이 있는 것은 공자의 의리이다. 묵자가 주장한 겸애(兼愛)와 상동(尙同)은 차등이 없는 의리이니, 선왕[의 의리]와는 같지 않다. 그런데 그 도는 너무 각박하고,[115] 고생하고 지치는 것이 이보다 더 심한 경우는 없으니, 일꾼의 길이다. 장자가 "묵자는 비록 혼자서는 감당할 수 있다고 하더라도 천하 사람들을 [강제로 실천하도록] 할 수 있겠는가?"[116]라고 말한 것이 바로 이것이다. 묵자의 도가 크게 패배한 이유는 그 도가 높아서 실천하기 어렵기 때문이니, 공자의 중용(中庸)의 의리가 아니다. 따라서 순자가 강력하게 공격한 것이다.

孟子"無君子莫治野人, 無野人莫養君子", 上下有等, 孔子之義也. 墨子主張兼愛·尙同, 無差等之義, 不與先王同. 然其道大觳, 耗悴莫甚, 役夫之道也. 莊子謂"墨子雖獨能任, 奈天下何?"是也. 墨子之道所以敗績也, 其道高而難行, 非孔子中庸之義. 故荀子極力攻之.

112_ 췌(顇)가 『공자개제고』에는 췌(悴)로 되어 있는데, 『순자』 원문에 따라 고쳤다.

113_ 세(埶)가 『공자개제고』에는 세(勢)로 되어 있는데, 『순자』 원문에 따라 고쳤다.

114_ 『맹자』 「등문공 상」편에 보인다.

115_ 각(觳)은 인정미가 없고 각박한 것을 말한다. 『장자』 「천하」편에 "살아 있을 때는 힘들게 노동하고, 죽었을 때는 간략하게 장례지내니, 그 도가 너무 각박하다[其生也勤, 其死也薄, 其道大觳.]"라는 기록이 있는데, 천구잉은 박(薄)자와 같이 각박하다는 의미로 보았고, 곽상은 척박하다[無潤]라고 풀이했다.

116_ 『장자』 「천하」편에 보인다.

17-8-11

세속의 논자가 다음과 같이 말한다. "태고시대에는 장례를 간소하게 치렀으니, 내관의 두께는 세 치로 하고, 수의와 이불은 세 벌이며, 매장할 땅이 농지를 침범하지 않았기 때문에 [무덤이] 파헤쳐지지 않았다. 그러나 혼란한 오늘날에는 장례를 성대하게 치르고 관을 장식하기 때문에 [무덤이] 파헤쳐진다."[117](『순자』「정론」)

世俗之爲說者曰, "太古薄葬, 棺厚三寸, 衣衾三領, 葬田不妨田, 故不掘也. 亂今厚葬飾棺, 故抇也."(『荀子』「正論」)

康17-11

장례를 간소하게 치르는 제도는 묵자가 개정한 것이다. 대체로 상고시대에는 해골을 파는 풍속이 매우 성행했기 때문에 묵자가 이러한 제도를 제정하여 그 근심을 막은 것이다. 그러나 공자가 이미 그러한 방비를 하여 태고시대에 비해 간소화되었으니, 묵자의 검소함은 예법에 맞지 않는 것이다.

薄葬之制爲墨子所改定. 蓋上古發骸之風甚盛, 故墨子定爲此制, 所以防其患也. 然孔子已爲之防, 比太古已薄矣, 墨子則儉不中禮矣.

17-8-12[118]

그러므로 사람이 예의(禮義)에 전일하게 되면 [예의와 성정] 두 가지를 모두 얻게 되며, 성정(性情)에 전일하게 되면 두 가지를 모두 잃게 된다.

117_ 홀(抇)은 파헤쳐진다는 뜻으로 앞의 굴(掘)자가 같은 의미이다.

118_ 이하에서 인용한 『순자』「예론」편의 내용은 이 책의 제16권 제2절〈16-2-5〉에서 이미 인용했다. 자세한 주석은 앞의 내용을 참조 바람.

따라서 유학자는 장차 사람에게 두 가지를 모두 얻도록 하는 자이며, 묵자는 장차 사람에게 두 가지를 모두 잃도록 하는 자이다. 이것이 바로 유가와 묵가의 구별이다.(『순자』「예론」)

故人一之于禮義, 則兩得之矣, 一之于情性, 則兩喪之矣. 故儒者將使人兩得之者也, 墨者將使人兩喪之者也. 是儒墨之分也.(『荀子』「禮論」)

17-8-13[119]

살아 있을 때 성대하게 대하고, 죽었을 때 간소하게 대하는 것은 곧 지각이 있을 때만 공경하고 지각이 없을 때는 소홀하게 대하는 것이니, 이것은 간악한 사람의 도이고, 도리에 위배되는 마음이다.(『순자』「예론」)

夫厚其生而薄其死, 是敬其有知而慢其無知也, 是姦人之道, 而倍叛之心也.(『荀子』「禮論」)

康17-12

묵자의 학문은 본래 공자로부터 나왔는데, 배반하고서 도리어 공격했다. 따라서 순자는 묵자가 배반했다고 공격한 것이다. 진상(陳相)이 진량(陳良)의 학문을 버리고, 허행(許行)의 학문을 따르자, 맹자는 그가 스승을 배반했다고 공격했다.[120] 공자의 교설을 굳게 지키고 이단의 교설을 공격한 것은 맹자와 순자 두 대유(大儒)에게 가장 큰 [공적이] 있다.

墨子之學本出於孔子, 乃倍叛而反攻. 故荀子攻其倍叛也. 陳相棄陳良之學, 而從許行之學, 孟子攻其倍師. 堅守孔敎而攻異敎, 荀·孟兩大儒爲最有大也.

119_ 이하 『순자』「예론」편의 인용은 모두 묵자의 예(禮)에 대해 비판한 내용이다.

120_ 이 내용은 『맹자』「등문공 상」편에 보인다.

17-8-14[121]

형벌을 받아서 불구가 된 죄인의 상사(喪事)에는 종족의 친척들을 모을 수 없고, 오직 처자식만이 장례에 참여한다. 내관과 외관의 두께는 세 치로 하고, 수의와 이불은 세 벌이며, 관을 장식할 수 없고, 낮에 관을 내갈 수도 없다. 밤에 시신을 매장하고, 일상적인 옷차림으로 가서 매장하며, 돌아와서는 곡하면서 우는 절차도 없고, 상복을 입지도 않으며, 친소에 따라 상복을 입는 달 수의 차등도 없다. 각자 평소대로 돌아가고, 각자 상례가 없던 때로 복귀한다. 장례와 매장을 마치고 나면 마치 상례가 없었던 자처럼 그만둔다. 대체로 이것을 지극히 큰 치욕이라고 말한다.(『순자』「예론」)

刑餘罪人之喪, 不得合族黨, 獨屬妻子. 棺槨三寸, 衣衾三領, 不得飾棺, 不得晝行. 以昏殣, 凡緣而往埋之, 反無哭泣之節, 無衰麻之服, 無親疏月數之等. 名反其平, 各復其始. 已葬埋, 若無喪者而止. 夫是之謂至辱.(『荀子』「禮論」)

康17-13

이것은 묵자의 상기(喪期) 단축의 제도를 공격한 것인데, [묵자의 제도를] 형벌을 받아서 불구가 된 죄인의 상사(喪事)라고 지목하여 이것을 지극히 큰 치욕이라고 말한다고 하니, 공격이 심한 것이다.

此爲攻墨子短喪之制, 目爲刑餘罪人之喪, 是謂至辱, 攻之甚也.

17-8-15

하루아침에 자신의 군주나 부모를 잃었는데,[122] 그들을 장례지내는 자

121_ 이하에서 인용한 『순자』「예론」편의 내용은 이 책의 제16권 제2절〈16-2-6〉에서 이미 인용했다. 자세한 주석은 앞의 내용을 참조 바람.

가 슬퍼하지도 않고 경건하지도 않는다면 금수에 가까운 것이다.[123] 군자는 그것을 수치스럽게 생각한다.(『순자』「예론」)

一朝而喪其嚴親, 而所以送葬之者不哀不敬, 則嫌於禽獸矣. 君子恥之.(『荀子』「禮論」)

17-8-16

따라서 감정과 외모의 변화는 길사(吉事)와 흉사(凶事)를 구분하고, 귀천과 친소의 절도를 분명하게 드러낼 수 있으며 분간을 명확히 할 수 있다면 바로 그친다.[124] 이것을 벗어나는 것은 간악함이다. 비록 [그러한 짓을] 하기가 어렵더라도 군자는 그것을 천박하게 생각한다.[125](『순자』「예론」)

故情貌之變, 足以別吉凶, 明貴賤親疏之節, 斯[126]止矣. 外是, 姦也, 雖難, 君子賤之.(『荀子』「禮論」)

122_ 엄친(嚴親)은 유월이 『예기』의 정현의 주를 인용하여, 존친(尊親), 즉 군주와 부모라고 했다.

123_ 혐(嫌)은 가깝다[近]는 의미이다.

124_ 이 내용의 앞부분에서 길사와 흉사에서의 예법, 즉 꾸미는 것과 보기 흉한 것, 음악과 곡하는 것, 편안한 마음과 근심 걱정 등 서로 상반되는 것을 조화시켜서 알맞게 해 나가는 것이 중요하다고 지적했다. 따라서 감정과 외모가 길사와 흉사를 명확히 구분할 수 있는 정도에서 그치고, 지나친 상태에까지 이르지 않아야 한다고 주장했다.

125_ 예를 들어 복상 중에 일부러 먹는 양을 헤아려서 먹거나, 허리 굵기를 재어서 띠를 두르거나, 몸을 수척하게 보이도록 하는 짓 등은 하기가 어려운 일이지만, 그것은 간악한 사람이 하는 짓이기 때문에 군자는 그것을 천하게 여긴다는 것이다.

126_ 사(斯)가 『순자』 원문에는 기(期)로 되어 있는데, 양경이 사(斯)가 되어야 한다고 한 주장에 따라 그대로 두었다.

康17-14

『공양전』에 “[진(陳)나라 후작 포(鮑)의] 시체를 찾았는데, 군자가 이 일에 대해 의혹이 있었다”라고 했는데,[127] 하휴의 『춘추공양경전해고(春秋公羊經傳解詁)』에서 “군자는 공자이다”라고 했으니, 여기[『순자』「예론」편]에서 말한 군자는 곧 유교를 창립하여 제도를 개혁한 공자이다. 수치스럽게 생각한 것은 금수이고, 천박하게 생각한 것은 간악한 사람이니, 이것은 유학자가 공자를 끌어들여 묵자의 상기 단축의 제도를 공격한 것이다.

『公羊傳』“而得君子疑焉”, 何休『解詁』“君子, 孔子也”, 則此君子卽爲創儒改制之孔子也. 恥之爲禽獸, 賤之爲姦人, 此儒者援孔子以攻墨子短喪之制者也.

17-8-17

군주는 나라의 가장 존귀한[128] 자이며, 아버지는 집안의 가장 존귀한 자이다. 가장 존귀한 자가 한 사람이면 잘 다스려지고, 두 사람이면 어지러워진다. 예로부터 지금까지 두 명의 존귀한 자가 권력[129]을 다투면서도 오랫동안 지속된 경우는 없었다.(『순자』「치사」)

君者國之隆也, 父[130]者家之隆也. 隆一而治, 二而亂. 自古及今, 未有

127_ 『공양전』「환공(桓公)」 5년에 다음과 같은 기사가 있다. “봄, 정월, 갑술일과 기축일에 진나라 후작 포가 죽었다. 어째서 두 개의 날짜로 죽은 것을 기록했는가? [포가] 미쳤기 때문이다. 갑술일은 행방불명되었고, 기축일에는 죽어서 시체를 찾았는데, 군자는 이 일에 대해 의혹이 있었다. 따라서 두 개의 날짜로 죽은 것을 기록한 것이다[春, 正月, 甲戌, 己丑, 陳侯鮑卒. 曷爲以二日卒之? 怴也. 甲戌之日亡, 己丑之日死, 而得, 君子疑焉. 故以二日卒之也.]”

128_ 륭(隆)은 양경이 존(尊)의 의미라고 했다.

129_ 중(重)은 이운구가 존귀한 두 사람이 병존하여 권력을 다투는 것이라고 했다.

130_ 부(父)가 『공자개제고』에 공(公)으로 되어 있는데, 『순자』 원문에 따라 고쳤다.

二隆爭重而能長久者.(『荀子』「致士」)

康17-15

이것도 묵자를 공격한 것이다. 묵자의 겸애(兼愛)와 상동(尙同)은 부모를 길거리의 사람처럼 취급하여 존비와 친소의 구별이 없으니, 유학자와는 다르다. 따라서 순자는 [묵자에 대해] "두 사람이면 어지러워진다"라고 공격했으니, 맹자가 묵자는 아버지가 없고 군주가 없다고 공격한 것[131] 및 이자(夷子)는 두 개의 근본을 가지고 있다고 공격한 것[132]과 그 의도가 같다.

此亦攻墨子者也. 墨子兼愛·尙同, 視至親如路人, 無尊卑親疏之別, 與儒者異. 故荀子攻其"二而亂", 與孟子攻墨氏無父無君·夷子二本之意同.

<이상 유가가 양주 및 묵자를 공격하다: 右儒攻楊·墨>

9. 유가가 법가를 공격하다 [儒攻法家]

17-9-1

법가는 엄격하면서 은혜가 적다.(『사기』「태사공자서」)

法家嚴而少恩.(『史記』「太史公自序」)

131_『맹자』「등문공 하」에 보인다.

132_『맹자』「등문공 상」에 보인다.

17-9-2

법가는 친한 이와 소원한 이를 구분하지 않고, 귀한 이와 천한 이를 구별하지 않으며, 일률적으로 법에 의해 결단하니, 친한 이를 친애하고 존귀한 이를 존중하는 은혜가 단절되어 버린다.[133] 이것으로 일시적인 계획을 실행할 수는 있지만, 장기적으로 시행할 수는 없기 때문에 "엄격하면서 은혜가 적다"라고 말했다.(『사기』「태사공자서」)

法家不別親疏, 不殊貴賤, 一斷於法, 則親親尊尊之恩絶矣. 可以行一時之計, 而不可長用也. 故曰"嚴而少恩."(『史記』「太史公自序」)

17-9-3

상앙(商鞅)은 예의(禮義)를 어기고, 윤리(倫理)를 버렸으며, 나아가서 취하는 데에만 모든 마음을 두고, 3년 동안 [법을] 시행하니, 진(秦)나라의 풍속이 날로 무너졌다.(『신서』「시변」)

商君違禮義, 棄倫理, 並心於進取. 行之三歲, 秦俗日敗.(『新書』「時變」)

17-9-4

지금 상앙(商鞅)과 오기(吳起)는 성인의 도를 위배하고 있다.(『염철론』「신한」)

今商鞅 · 吳起,[134] 反聖人之道.(『鹽鐵論』「申韓」)

133_ 『사기색은』에서 "예(禮)에 의하면, 친친(親親)에서는 아버지가 으뜸이고, 존존(尊尊)에서는 군주가 으뜸이다"라고 했다.

134_ 오기(吳起) 두 글자는 『염철론교주』에서는 궈모뤄(郭沫若)의 주장에 근거하여 삭제했는데, 여기에서는 『염철론』 원문에 따라 그대로 두었다.

17-9-5

상앙(商鞅)과 오기(吳起)는 진(秦)나라와 초(楚)나라의 법이 가볍다고 여겨 그것을 더 늘렸으니, 위로는 자신의 군주를 위태롭게 하고, 아래로는 자신 스스로를 죽게 만들었다.(『염철론』「주진」)

商鞅·吳起以秦·楚之法爲輕而累之, 上危其主, 下沒其身.(『鹽鐵論』「周秦」)

17-9-6

지금 진(秦)나라 사람들이 상앙의 법을 원망하는 것이 자기 개인의 원수보다 더 심했다. 따라서 효공(孝公)이 죽은 날에 온 나라 사람들이 그를 공격했으니, 동서남북 어디에도 도망갈 곳이 없어 하늘을 우러러보면서 "아, 정치의 폐단이 이런 지경에까지 이르렀구나!"라고 탄식했다.[135] 마침내 자신은 거열형(車裂刑)에 처해지고 일족은 모두 죽임을 당해[136] 천하의 웃음거리가 되었다.[137] 이 사람은 스스로 자신을 죽인 것이다.(『염철론』「비앙」)

今秦怨毒商鞅之法, 甚於私仇. 故孝公卒之日, 擧國而攻之, 東西南北莫可奔走, 仰天而歎曰, "嗟乎, 爲政之弊, 至於斯極也!" 卒車裂族夷, 爲天下笑. 斯人自殺之也.(『鹽鐵論』「非鞅」)

135_ 『사기』「상군열전(商君列傳)」에 "商君喟然歎曰, '嗟乎, 爲法之敝, 一至此哉!'"라는 기록이 보인다.

136_ 족이(族夷)는 이족(夷族) 또는 멸족(滅族)이라고도 하는데, 일족을 멸하는 것이다.

137_ 『염철론교주』에 의하면, 『사기』와 『한비자』 등의 사적을 살펴보면, 전국시대와 진한시대는 천하에 웃음거리가 되는 것[爲天下笑]을 가장 큰 치욕으로 여겼다고 한다.

17-9-7

상앙은 법이 시행되자 죽임을 당했다.(『염철론』「준도」)

商鞅法行而亡.(『鹽鐵論』「遵道」)

17-9-8

지금 상앙은 도를 버리고 권모술수를 사용하며, 덕을 폐기하고 힘에만 맡기며, 법률을 엄격하게 규정하고[138] 형벌을 많이 시행하여 잔악함과 사나움을 풍속으로 여기고, 옛 친구를 속이는 것[139]을 공적으로 여기며, 공족(公族)에게 형벌을 줌으로써[140] 위엄을 세웠다. 그리고 백성들에게는 은혜를 베풀 줄 모르고, 제후들에게는 신의가 없었으며, 사람들은 그와 원한 관계를 맺었고, 집안들은 그와 원수 관계를 맺었다. 비록 공적을 획득하여 봉토(封土)를 받았지만, 그것은 마치 독이 든 고기를 먹고 한 번 잠시 배가 부른 것과 같아서 곧 재앙을 만날 것이다.[141] (『염철론』「비앙」)

138_ 초법(峭法)은 법률을 엄격하게 규정한다는 말이다.

139_ 『사기』「상앙열전」과 『여씨춘추』「무의(無義)」편에 의하면, 상앙이 진나라의 장수로서 위(魏)나라를 공격할 때 위나라의 공자 앙(卬)이 그와 대적했는데, 상앙이 과거에 친분이 있던 공자 앙에게 화평을 맺자고 속인 뒤, 군사들을 매복시켜 그를 사로잡고 위나라를 격파했다고 한다. 『전국책』「진책 하(秦策 下)」와 『사기』「채택열전(蔡澤列傳)」, 『논형』「화허(禍虛)」편 등에도 보인다.

140_ 『사기』「상앙열전」에 의하면, 상앙이 제정한 법 중에는 공족(公族)이라고 하더라도 군공(軍功)이 없으면 심사를 거쳐 공족의 정식 족보에 올릴 수 없다는 내용이 있었다. 그리고 상앙의 법이 시행된 1년 후에 진나라의 태자가 법을 위반했는데, 군주의 후사이기 때문에 그를 처벌할 수가 없었다. 그러자 그를 대신해서 공족(公族)이었던 태자의 태부(太傅)인 공자 건(虔)을 처형하고, 태사(太師)인 공손가(公孫賈)를 경형(黥刑)에 처했다고 한다.

141_ 투포(愉飽)는 훔쳐서 한 번 배불리 먹는 것으로, 남의 것을 훔쳐서 한 번 잠시 배가 부른 것을 말한다. 이구(罹咎)는 재앙을 만나는 것이다.

今商鞅棄道而用權, 廢德而任力, 峭法盛刑, 以虐戾爲俗, 欺舊友以爲功, 刑公族以立威. 無恩于百姓, 無信于諸侯. 人與之爲怨, 家與之爲仇. 雖以獲功見封, 猶食毒肉愉飽而罹其咎也.(『鹽鐵論』「非鞅」)

17-9-9

상앙은 엄중한 형벌과 엄격한 법률을 진나라의 기틀로 삼았기 때문에 2대만에 나라를 빼앗겼다. 형벌이 준엄할 뿐만 아니라, 또한 연좌의 법을 만들고,[142] 비방(誹謗)의 법을 만들었으며,[143] 육형(肉刑)을 확대하니,[144] 백성들은 조심하고 두려워하여[145] 손발을 둘 곳을 몰랐다. 세금 징수가 복잡하고 잦을 뿐만 아니라, 또한 밖으로는 산림과 늪지대의 자원 사용을 금지하고, 안으로는 백배의 이익을 올리는 사업을 시행하니, 백성들에게는 어려움을 하소연할 곳이 없었다.[146] 이익을 숭상하

142_ 상좌지법(相坐之法)은 십오지제(什伍之制)라고도 하는데, 십오(什伍)는 열 집 혹은 다섯 집으로 구성된 편제의 단위이다. 이것은 백성들을 열 집 혹은 다섯 집으로 편제하여 법에 어긋나는 행위를 감시하고 적발하도록 하고, 또한 그 단위의 구성원이 법을 어겼을 경우에 신고하지 않으면 처벌하는 연좌제이다. 『한비자』「정법(定法)」편에 "공손앙(公孫鞅)이 진나라를 다스릴 때, 서로 감시하면서 고발하는 제도를 설치하여 그 실상을 따지고, 열 집 혹은 다섯 집을 묶어 연좌하여 그 죄를 함께 적용했다[公孫鞅之治秦也, 設告相坐而責其實, 連什伍而同其罪.]"라는 기록이 보인다. 그 외에 자세한 내용은 『사기』「상군열전(商君列傳)」 참조.

143_ 『염철론교주』에 의하면, 『한서』「문제기(文帝紀)」에 "지금의 법 중에는 비방(誹謗)과 요언(訞言)의 제도가 있다[今法有誹謗·訞言之罪]"라는 기록이 있으니, 한대에도 진나라의 제도를 계승하여 비방의 법이 여전히 존재했다.

144_ 육형(肉刑)은 신체상에 직접 가해지는 형벌이다. 얼굴에 글씨를 새기는 묵형(墨刑), 코를 베는 의형(劓刑), 발뒤꿈치를 자르는 비형(剕刑), 거세하는 궁형(宮刑), 사형을 뜻하는 대벽(大辟) 등의 오형(五刑)이 대표적이다. 『한서』「형법지(刑法志)」에 "秦用商鞅, 連相坐之法, 造參夷之誅, 增加肉刑大辟."이라는 기록이 보인다.

145_ 재율(齋栗)은 조심하고 두려워하는 것이다. 『맹자』「만장 상(萬章 上)」편에 "書曰, 祇載見瞽瞍, 夔夔齊栗, 瞽瞍亦允若, 是爲父不得而子也."이라는 기록이 보이는데, 『맹자집주』에서 기기재율(夔夔齊栗)은 공경하고 두려워하는 모양[敬謹恐懼之貌]이라고 했다.

고 의리를 가볍게 여기며, 힘을 높이고 공적을 중시하면 영토를 넓혀서 확장할 수 없는 것은 아니다. 그러나 그것은 마치 사람이 물 때문에 병이 생겼는데, 물을 더 주어 병이 더욱 심해지게 하는 것과 같다. [그대들은] 그가 진나라를 위해서 제왕의 사업을 개척했다는 것만 알고, 그가 진나라에게 멸망의 길을 불러들이도록 했다는 것은 알지 못한다.(『염철론』「비앙」)

商鞅以重刑峭法爲秦國基, 故二世而奪. 刑既嚴峻矣, 又作爲相坐之法, 造誹謗, 增肉刑, 百姓齋栗, 不知所措手足也. 賦斂既煩數矣, 又外禁山澤之原, 內設百倍之利, 民無所開說容言. 崇利而簡義, 高力而尙功, 非不廣壤進地也. 然猶人之病水, 益水而疾深. 知其爲秦開帝業, 不知其爲秦致亡道也.(『鹽鐵論』「非鞅」)

17-9-10

옛날에 상앙이 진나라의 재상이 되었을 때, 예의와 겸양을 뒤로 하고, 탐욕과 인색함을 앞세우며, 적의 머리를 베는 공적을 숭상하고,[147] 나아가 빼앗는 것에 힘쓰며, 백성들에게는 두터운 덕이 없고, 나라에는 형벌을 엄격하게 시행하니, 풍속은 날로 무너지고 백성들은 점점 원망했다. 따라서 혜왕(惠王)은 그의 육신을 삶아서 젓을 담그는 형벌을 내림으로써[148] 천하에 사죄했다.(『염철론』「국질」)[149]

146_ 개설용언(開說容言)은 백성들의 이야기를 개진하고 말을 받아들여주는 것으로, 어려움을 하소연하는 것을 말한다.

147_ 수공(首功)은 적의 머리를 벤 공적이다. 『사기』「노중연열전(魯仲連列傳)」에 "彼秦者, 棄禮義而上首功之國也."라는 기록이 보인다. 『사기색은』에 의하면, 진나라의 법에서는 적의 머리를 많이 베는 것을 가장 큰 공적으로 여겼는데, 한 명의 머리를 베면 작위 1등급을 하사했다고 한다.

148_ 팽저(烹菹)는 사람을 잔혹하게 죽이는 혹형(酷刑)으로, 팽해(烹醢)라고도 한다. 팽(烹)은 사람을 삶아 죽이는 형벌이고, 저(菹)는 사람을 죽여서 젓을 담그는 형벌이다. 다른 전적에는 모두 상앙이 거열형(車裂刑)으로 죽었다고 기록되어 있으므

昔者商鞅相秦, 後禮讓, 先貪鄙, 尙首功, 務進取, 無德厚[150]於民, 而嚴刑罰于國, 俗日壞而民滋怨. 故惠王烹葅其身以謝天下.(『鹽鐵論』「國疾」)

17-9-11

상앙은 권모술수[151]로 진나라를 위태롭게 만들었다.(『염철론』「국질」)

商鞅以權數危秦.(『鹽鐵論』「國疾」)

17-9-12

태사공이 말했다. "상앙은 타고난 자질이 각박한 사람이다.[152] 그가 제왕의 정치술로써 효공을 위해 일하려고 한 것을 살펴보면, 허황된 주장을 가지고 있었던 것이지, 그의 본마음이 아니었다.[153] 또한 효공이 총애하는 신하의 주선을 통해서 [효공을 만났고],[154] 등용된 이후에는 공자 건(虔)을 처형했으며, 위(魏)나라의 장군인 앙(卬)을 속이고, 조량(趙

로, 팽저(烹葅)는 혹형을 당했다는 의미로 이해된다.

140_ 국질(國疾)이 『공자개제고』에는 국병(國病)으로 되어 있는데, 『염철론』 원문에 따라 고쳤다.

150_ 후(厚)가 『염철론』 원문과 『공자개제고』에는 모두 서(序)로 되어 있는데, 장돈인(張敦仁)의 주장에 근거한 『염철론교주』의 교정에 따라 고쳤다.

151_ 권수(權數)는 때에 맞추어 대응하는 계책으로, 여기에서는 권모술수를 부리는 것을 말한다.

152_ 『사기색은』에서 각(刻)은 형법의 사용을 매우 심하게 한 것이고, 박(薄)은 인의(仁義)를 버리고 성실하지 않은 것이라고 풀이했다.

153_ 『사기색은』에서 "효공을 위해 제왕의 정치술을 논의한 것은 허황된 주장일 뿐 본성이 아니었다"라고 했다.

154_ 『사기』「상군열전」에 의하면, 상앙은 진나라 효공이 목공(穆公)의 위업을 계승하여 동쪽의 옛 땅을 탈환하기 위하여 현명한 사람을 구한다는 소식을 듣고, 효공이 총애하는 신하인 경(景)씨 성을 가진 태감(太監)의 주선을 통해서 효공을 만났다고 한다.

良)의 말을 따르지 않았으니,[155] 이 또한 상앙이 은혜를 적게 베푼 것을 드러내 밝히기에 충분하다. 나는 일찍이 상앙이 저술한 「개새(開塞)」와 「경전(耕戰)」이라는 글[156]을 읽어보았는데, 그 사람이 행한 일과 서로 같은 내용이었다. 결국 그가 진나라에서 악명을 얻은 것은 그럴 만한 이유가 있는 것이다."(『사기』「상군열전」)

太史公曰, "商君, 其天資刻薄人也. 跡其欲干孝公以帝王術, 挾持浮說, 非其質矣. 且所因由嬖臣, 及得用, 刑公子虔, 欺魏將卬, 不師趙良之言, 亦足發明商君之少恩矣. 余嘗讀商君「開塞」·「耕戰」書, 與其人行事相類. 卒受惡名于秦, 有以也夫."(『史記』「商君列傳」)

17-9-13

한비(韓非)는 선왕을 비난하면서 따르지 않았고,[157] 올바른 정치 명령을 버리고 따르지 않았다.(『염철론』「형덕」)

韓非非先王而不遵, 舍正令而不從.(『鹽鐵論』「刑德」)

<이상 유가가 법가를 공격하다: *右儒攻法家*>

155_ 『사기』「상군열전」에 의하면, 상앙이 진나라의 재상이 된 지 10년이 되었을 때, 군주의 일족이나 외척들 중에 상앙을 원망하는 자가 많았다. 이때 진나라의 은사(隱士)였던 조량(趙良)이 상앙을 만나 그의 정책에 대해 사실대로 간언했는데, 상앙은 그의 말을 따르지 않았다고 한다.

156_ 「개새(開塞)」와 「경전(耕戰)」은 모두 『상군서(商君書)』의 편명인데, 「개새」편은 형벌이 준엄하면 정치 교화가 열리고, 은혜와 상을 시행하면 정치 교화가 막힌다는 내용으로, 엄격한 형벌과 적은 은혜를 근본으로 삼아야 한다는 내용이다. 그리고 「경전」편은 농지를 정리하여 밭 사이의 경계를 터버리고 경작하도록 함으로써 부세를 공평하게 거두어들이는 것, 적의 머리를 참수하면 관작을 주는 것 등에 대한 내용이다.

157_ 예를 들어 『한비자』「간겁시신(姦劫弑臣)」편에서 "대체로 세상의 어리석은 학자들은 모두 치란(治亂)의 실정을 모르면서, 옛날의 책을 수다스럽게 쓸데없이 많이 읊어댐으로써 당대의 정치를 어지럽힌다"라고 했다.

10. 유가가 명가를 공격하다 [儒攻名家]

17-10-1

명가(名家)는 사람들이 [명칭에] 제한을 받아서 진실을 잘 잃어버리도록 만든다.[158](『사기』「태사공자서」)

名家使人儉而善失眞.(『史記』「太史公自序」)

17-10-2

명가는 엄밀하게 살피고 논리가 매우 복잡해서[159] 사람들이 그 뜻을 반추할 수 없도록 만들며, 오로지 명칭에 의해서만 결단하여 인간 사회의 실정을 잃어버린다. 따라서 "명가는 사람들이 [명칭에] 제한을 받아서 진실을 잘 잃어버리도록 만든다"라고 말했다.(『사기』「태사공자서」)

名家苛察繳繞, 使人不得反其意, 專決於名而失人情. 故曰"使人儉而善失眞."(『史記』「太史公自序」)

158_ 『사기색은』에서는 "유향(劉向)의 『별록(別錄)』에서는 '명가의 부류는 예관(禮官)에서 나왔다. 옛날에는 명칭과 지위가 같지 않고, 예법 또한 등급을 달리했으니, 공자가 반드시 명칭을 바로잡겠다고 했다'라고 했는데, 명가가 예법 또한 등급을 달리함을 안 것이 바로 명칭을 제한한 것[儉]이며, 명은 받지만 사령(辭令)은 받지 않기 때문에 혹 그 진실을 잃어 버린다"라고 풀이했다.

159_ 가찰(苛察)은 가혹하고 엄격하게 살피는 것이며, 교요(繳繞)는 복잡하게 뒤엉킨 것이다. 『사기집해』에서 여순은 "교요(繳繞)는 뒤엉킨 것[纏繞]과 같으며, 대체(大體)가 통하지 않는 것이다"라고 했다.

17-10-3

악정자여(樂正子輿)[160]가 말했다. "공손룡의 사람됨은 행동에 스승이 없고, 학문에 교우가 없으며,[161] 말재주가 뛰어나지만 이치에 맞지 않고, 많은 이야기를 늘어놓지만 일정한 학파가 없으며,[162] 괴이한 것을 좋아하고 말을 제멋대로 했다. 다른 사람의 마음을 유혹하고, 다른 사람의 구변을 굴복시키고자 하여 한단(韓檀)[163] 등과 함께 그 방법을 학습했다."(『열자』「중니」)

子輿曰, "公孫龍之爲人也, 行無師, 學無友, 佞給而不中, 漫衍而無家, 好怪而妄言. 欲惑人之心, 屈人之口, 與韓檀等肄之."(『列子』「仲尼」)

17-10-4

말은 틀렸는데도 박학다식하고, 교묘한데도 이치에 맞지 않는데, 이런 식으로 대답하지 못하는 것이 없었다.[164](『공총자』「공손룡」)

言非而博, 巧而不理, 此固無所不答也.(『孔叢子』「公孫龍」)

160_ 악정자여(樂正子輿)는 전국시대 사람으로, 악정은 성이고, 자여는 이름이다.

161_ 『열자집석』에서 장담이 "성현을 종주로 받들지 않는다"라고 했다.

162_ 장담이 "유가와 묵가, 형명(刑名)의 주장을 어지럽게 행하지만 일정한 학파가 없다"라고 했다.

163_ 한단(韓檀)은 전국시대 조(趙)나라 사람으로, 공손룡과 함께 조나라 평원군(平原君)의 문객이었다고 한다. 『장자』「천하」편의 "환단(桓團)과 공손룡(公孫龍)은 변론자의 무리이다. 사람의 마음에 맞추어 꾸며서 사람들의 뜻을 바꾸게 하여 말로는 다른 사람의 이길 수는 있었지만, 마음으로는 그 사람을 복종시키지 못했으니, 이것이 변론자들의 한계이다"라는 기록에 보이는 환단(桓團)과 같은 인물로 추정된다.

164_ 이 내용은 자고(子高), 즉 공자의 6세손인 공천(孔穿)이 그와 대화하면서 어떠한 응답도 하지 못하고 나와서 다른 사람에게 고한 말이다.

康17-16

이것은 공자고(孔子高)가 공손룡의 '흰 말은 말이 아니다[白馬非馬]'라는 이론[165]을 공격한 것이다.

此孔子高攻公孫龍'白馬非馬'[166]之說.

17-10-5

명가는 견백(堅白)과 동이(同異), 두께 있음[有厚]과 두께 없음[無厚]에 대한 고찰이 자세하지 않은 것은 아니다. 그런데 군자가 그것을 변론하지 않는 것은 그칠 데를 알기 때문이다.[167](『순자』「수신」)

夫堅白同異・有厚無厚之察, 非不察也. 然而君子不辨, 止之也.(『荀子』「修身」)

165_ 백마비마(白馬非馬), 즉 '흰 말은 말이 아니다'라는 것은 공손룡이 주장한 명제로, 수백론(守白論)이라고도 한다. '흰 말'이라는 개념과 '말'이라는 일반 개념이 서로 일치하지 않는다는 명제이다. 희다는 것은 색깔[色]이고, 말이라는 것은 형체[形]이기 때문에 색깔과 형제가 결합된 '흰 말'이라는 개념은 색깔도 아니고 형체도 아니다. 따라서 단지 형체만을 나타내는 '말'이라는 개념과는 같을 수 없다는 것이다. 이 내용은 『공손룡자』「적부(迹府)」편에서 "白馬爲非馬者, 言白所以名色, 言馬所以名形也. 色形, 非形非色也."라고 간단하게 다루었고, 「백마론(白馬論)」편에서 구체적으로 다루고 있다.

166_ 『공자개제고』에는 마(馬)자 앞에 백(白)자가 더 있는데, 의미상 잘못되어 삭제했다.

167_ 지(止)는 왕선겸이 『대학』의 '지어지선(止於至善)'의 지(止)자와 같다고 했다. 즉 변론을 끝까지 해나가는 것이 아니라, 그칠 데를 안다는 것이다. 이운구는 "인간의 사변 한계를 의식하고 그 가능한 현실의 목표를 설정, 더 이상은 하지 않는 자세이다"라고 풀이했다.

17-10-6[168]

공천(孔穿)과 공손룡(公孫龍)이 평원군(平原君)의 처소에서 서로 논쟁을 했는데, 논쟁이 심오하고 변론을 잘하다가, '양의 귀는 세 개이다'라는 명제에 도달했다. 공손룡이 양의 귀가 세 개라는 명제에 대해 말한 것이 변론이 매우 뛰어나서 공천은 응답하지 못했다. 잠시 있다가 공천은 인사를 하고 나가버렸다. 다음날 공천이 [평원군을] 배알하자, 평원군은 공천에게, "어제 공손룡의 말은 변론이 매우 뛰어났다"라고 말했다. 그러자 공천이 대답했다. "그렇습니다. 양으로 하여금 거의 세 개의 귀를 가지게 할 만했습니다. 비록 그렇지만, 그 명제는 거의 성립하기가 어렵습니다. 원컨대 당신에게 질문이 있습니다. 양의 귀가 세 개라는 것은 설명하기는 매우 어렵지만 실제로는 잘못된 것이며, 양의 귀가 두 개라는 것은 설명하기는 매우 쉽지만 실제로는 옳은 것입니다. 잘 모르겠지만, 당신은 장차 쉬우면서도 옳은 것을 따르겠습니까? 아니면 어려우면서도 잘못된 것을 따르겠습니까?" 평원군이 대답하지 못했다. 다음날 [평원군은] 공손룡에게 "그대는 공천과 논변을 하지 마시오!"라고 했다.(『여씨춘추』「음사」)

孔穿·公孫龍相與論于平原君所, 深而辯, 至于'藏三牙'. 公孫龍言藏之三牙甚辯, 孔穿不應. 少選, 辭而出. 明日, 孔穿朝, 平原君謂孔穿曰, "昔者, 公孫龍之言甚辯." 孔穿曰, "然. 幾能令藏三牙矣. 雖然, 難. 願得有問于君. 謂藏三牙甚難而實非也, 謂藏兩牙甚易而實是也. 不知君將從易而是者乎? 將從難而非者乎?" 平原君不應. 明日, 謂公孫龍曰, "公無與孔穿辯!"(『呂氏春秋』「淫辭」)

168_ 이하에서 인용한 『여씨춘추』「음사」편의 내용은 이 책의 제6권 제2절 〈6-2-9〉에서 이미 인용했다. 자세한 주석은 앞의 내용을 참조 바람.

17-10-7

어떤 사람이 물었다. “공손룡(公孫龍)은 수많은 궤변을 만들어 법도로 삼았는데, 법도가 맞는가?” 대답했다. “나무를 잘라서 바둑을 만들고, 가죽을 문질러서 공을 만드는 것[169]에도 법도가 있다. 선왕의 법도에 맞지 않으면 군자는 법도로 삼지 않는다.”[170](『법언』「오자」)

或問, “公孫龍詭辭數萬以爲法, 法歟?” 曰, “斷木爲棋, 梡革爲鞠, 亦皆有法焉. 不合乎先王之法者, 君子不法也.”(『法言』「吾子」)

<이상 유가가 명가를 공격하다: 右儒攻名家>

11. 유가가 종횡가를 공격하다 [儒攻縱橫家]

17-11-1

문학(文學)이 말했다. “소진(蘇秦)은 합종책(合縱策)[171]으로 조(趙)나라에서 유명해졌고, 장의(張儀)는 연횡책(連橫策)[172]으로 진(秦)나라에 등용되었다. 그 당시에는 존귀하지 않은 것은 아니지만, 지혜로운 사람들이 그

169_ 환혁(梡革)은 가죽을 문질러서 비비는 것이고, 국(鞠)은 가죽으로 만든 공이다.

170_ 『법언의소(法言義疏)』의 주에서는 “대장(大匠)이 사람을 가르치는 것은 반드시 그림쇠와 곱자[規矩]를 가지고 하고, 군자가 사람을 가르치는 것은 반드시 인의(仁義)를 가지고 한다”라고 풀이했다.

171_ 종(從)은 종(縱)과 마찬가지로 남북(南北)을 의미하며, 소진이 주장했던 합종책(合縱策)을 말한다.

172_ 횡(衡)은 횡(橫)과 마찬가지로 동서(東西)를 의미하며, 장의가 주장했던 연횡책(連橫策)을 말한다.

들을 걱정했던 이유는 도리로써 [존귀한 자리에] 나아가지 않은 사람은 반드시 도리로써 물러나지 못하고, 의리로써 얻지 않은 것은 반드시 의리로써 잃지 않는다는 것을 알았기 때문이다."(『염철론』「포현」)

文學曰, "蘇秦以從顯于趙, 張儀以衡[173]任于秦. 方此之時, 非不尊貴也, 然知士隨而憂之, 知夫不以道進者[174]必不以道退, 不以義得者必不以義亡."(『鹽鐵論』「褒賢」)

17-11-2

소진이 합종책과 연횡책으로 육국(六國)을 통괄하여 다스렸으니, 그 업적이 크지 않은 것은 아니다. 걸왕(桀王)과 주왕(紂王)이 요임금과 순임금과 함께 일컬어지면서 지금까지 [그 이름이] 없어지지 않으니, 이름이 오랫동안 전해지지 않은 것은 아니다. 그런데도 그들을 비난하는 것은 존귀하게 여기기에는 부족하기 때문이다. 따라서 일은 구차하게 많이 해서는 안 되며, 명성은 구차하게 전해져서는 안 된다.(『염철론』「비앙」)

蘇秦合從連衡, 統理六國, 業非不大也. 桀·紂與堯·舜並稱, 至今不亡, 名非不長也. 然非者不足貴. 故事不苟多, 名不苟傳也.(『鹽鐵論』「非鞅」)

17-11-3

경춘(景春)이 말했다. "공손연(公孫衍)과 장의(張儀)가 어찌 진실로 대장부가 아니겠습니까? 그들이 한 번 화내면 제후들이 두려워하고, 조용히

173_ 횡(衡)은 『염철론교주』에 의하면, 횡(橫)으로 되어 있는 판본도 있다.

174_ 자(者)가 『공자개제고』와 『염철론』 원문에는 없는데, 뒷 문장에 근거하면 당연히 있어야 한다는 『염철론교주』의 주장에 따라 보충했다.

거처하면 천하가 잠잠해집니다."[175] 맹자가 말했다. "이것이 어찌 대장부가 될 수 있겠는가! 그대는 예법을 배우지 않았는가? 장부가 관례를 치를 때는 아버지가 분부하고, 여자가 시집갈 때는 어머니가 분부하니, 시집갈 때 문에서 전송하면서, '너의 남편 집에[176] 가서 반드시 공경하고 반드시 조심하여 남편을 어기지 말라'고 경계한다. 순종으로써 올바른 도리로 삼는 것은 첩과 부인의 도리이다."[177](『맹자』「등문공 하」)

景春曰, "公孫衍·張儀, 豈不誠大丈夫哉? 怒而諸侯懼, 安居而天下息." 孟子曰, "是焉得爲大丈夫乎! 子未學禮乎? 丈夫之冠也, 父命之, 女子之嫁也, 母命之, 往送之門, 戒之曰, '往之女家, 必敬必戒, 無違夫子.' 以順爲正者, 妾婦之道也."(『孟子』「滕文公 下」)

17-11-4

태사공이 말했다. "삼진(三晉)[178]에는 권변(權變)[179]에 뛰어난 선비가 많았으니, 합종책과 연횡책을 주상하여 진(秦)나라를 강성하게 만든 자들은 대개 모두 삼진의 사람이다. 장의가 한 일은 소진보다 더 심하지만, 세상에서 소진을 미워하는 것은 그가 먼저 죽자, 장의가 그의 단점을 들추어내어 폭로함으로써 자기의 주상을 뒷받침하고,[180] 자기의 연횡

175_ 『맹자집주』에서는 "경춘(景春)은 사람 이름이고, 공손연(公孫衍)과 장의(張儀)는 모두 위(魏)나라 사람이다. 이들이 화를 내면 제후들을 설득하여 서로 공격하고 정벌하게 했기 때문에 제후들이 두려워했다"라고 했다.

176_ 여가(女家)는 여자가 시집을 가는 남편의 집을 말한다.

177_ 『맹자집주』에서 "공손연과 장의 두 사람은 아첨하고 구차하게 용납하여 권세를 훔쳐서 취했으니, 이것은 바로 첩과 부인의 순종하는 도이지, 장부의 일이 아니다"라고 풀이했다.

178_ 삼진(三晉)은 춘추시대의 진(晉)나라가 한(韓)·위(魏)·조(趙)의 세 나라로 분리된 것이다. 일반적으로 이때부터 전국시대가 시작되었다고 한다.

179_ 권변(權變)은 권모술수(權謀術數)와 임기응변(臨機應變)을 말한다.

180_ 『사기색은』에서 진폭(振暴)은 "그의 단점을 들추어내어 폭로하는 것이다"라고 했고, 부(扶)는 "상대의 잘못을 말하여 자기의 옳음을 이루는 것이다"라고 했다.

의 길을 이루었기 때문이다. 결국 두 사람은 진실로 교활하고 거짓된 인물이로다!"[181](『사기』「장의열전」)

太史公曰, "三晉多權變之士, 夫言從衡强秦者, 大抵皆三晉之人也. 夫張儀之行事, 甚于蘇秦, 然世惡蘇秦者, 以其先死, 而儀振暴其短以扶其說, 成其衡道. 要之, 此兩人眞傾危之士哉!"(『史記』「張儀列傳」)

<이상 유가가 종횡가를 공격하다: 右儒攻縱橫家>

12. 유가가 병가를 공격하다 [儒攻兵家]

17-12-1

[오늘날 군주를 섬기는 자들은] "내가 군주를 위하여 동맹국과 맹약하여 전쟁에서 반드시 승리한다"라고 말하니, 이들은 현재는 훌륭한 신하라고 말하는 자들이고, 옛날에는 백성의 적이라고 말하는 자들이다. 군주가 도(道)를 향해 가지 않고 인(仁)에 뜻을 두지 않는데, 그를 위하여 억지로 전쟁을 하려고 추구하니, 이것은 걸왕(桀王)을 돕는 꼴이다.(『맹자』「고자 하」)

"我能爲君約與國, 戰必克." 今之所謂良臣, 古之所謂民賊也. 君不鄕道, 不志於仁, 而求爲之强戰, 是輔桀也.(『孟子』「告子 下」)

17-12-2

맹자가 말했다. "어떤 사람이 '내가 진법(陳法)을 잘하며 내가 전쟁을 잘

181_ 경위(傾危)는 기울어져 위태롭다는 말인데, 교활하고 거짓되다는 의미로 풀이된다.

한다'라고 말하면 그는 큰 죄인이다."(『맹자』「진심 하」)

孟子曰, "有人曰, '我善爲陳, 我善爲戰', 大罪也."(『孟子』「盡心 下」)

17-12-3

노(魯)나라가 신자(愼子)[182]를 장군으로 삼으려 했다. 맹자가 말했다. "백성을 가르치지 않고 그들을 [전쟁에] 사용하는 것을 백성에게 재앙을 주는 것[殃民]이라고 말하니, 백성에게 재앙을 주는 자는 요임금과 순임금의 시대에는 받아들여지지 않았다."(『맹자』「고자 하」)

魯欲使愼子爲將軍. 孟子曰, "不敎民而用之, 謂之殃民, 殃民者不容於堯舜之世."(『孟子』「告子 下」)

17-12-4

제(齊)나라의 전단(田單), 초(楚)나라의 장교(莊蹻), 신(秦)나라의 위앙(衛鞅), 연(燕)나라의 목기(繆蟣)는 모두 세속에서 말하는 용병술(用兵術)이 뛰어난 자들이다.[183] 그들의 교묘함이나 졸렬함, 강함과 약함은 서로 같은 적이 없지만,[184] 그 도는 마찬가지이니, 아직 조화된 상태에는 이르지 못했다.[185] 남의 약점을 잡거나 미리 정탐하여 속이며,[186] 권모술수를

182_ 신자(愼子)는 『맹자집주』에서 노나라의 신하라고 했다.

183_ 양경에 의하면, 전단(田單)은 제나라 양왕(襄王)의 신하인 안평군(安平君)이고, 장교(莊蹻)는 초나라 장왕(莊王)의 후손으로, 초나라 위왕(威王) 때의 장군이다. 목기(繆蟣)는 누구인지 알 수 없다고 한다. 한편 위앙(衛鞅)은 상앙(商鞅)을 말한다. 『여씨춘추』「장견(長見)」편에서 고유가 "앙(鞅)은 위나라의 공손(公孫)이었기 때문에 공손앙(公孫鞅)이라고 했고, 혹은 위앙(衛鞅)이라고 했다"라고 했다.

184_ 상군(相君)은 노문초에 의하면, 상약(相若)으로 된 판본도 있다. 양경이 "그 기술이 서로 같지 않다"라고 한 것은 그 판본을 따른 듯하다. 한편 왕선겸은 군(君)과 장(長)은 같은 의미라고 풀이하기도 했다.

185_ 화제(和齊)는 양경이 "몇 사람의 술수는 사람들의 마음을 조화시키는 데에는 아

부려 상대를 전복시키니, 도적의 군대에 지나지 않는다.(『순자』「의병」)

故齊之田單, 楚之莊蹻, 秦之衛鞅, 燕之繆蟣, 是皆世俗之所謂善用兵者也. 是皆巧拙强弱則未有以相君也, 若其道一也, 未及和齊也. 掎[187]契司詐, 權謀傾覆, 未免盜兵也.(『荀子』「議兵」)

康17-17

맹자가 "백성에게 재앙을 주는 자는 요임금과 순임금의 시대에는 받아들여지지 않았다"라고 하거나, "전쟁을 잘 하는 자는 최상의 형벌을 받아야 한다"라고 하니,[188] 바로 위앙(衛鞅)과 목기(繆蟣)와 같은 부류이다. 권모술수를 부리는 것과 배척하고 반목하는 것[189]을 본받거나 숭상하는 것은 『춘추』가 미워하는 것이다.

孟子"殃民不容於堯·舜之世", "善戰者服上刑", 蓋卽衛鞅·繆蟣之流. 法尙權謀傾軋者, 爲『春秋』所疾也.

<이상 유가가 병가를 공격하다: 右儒攻兵家>

직 이르지 못했다"라고 했다.

186_ 기설(掎契)은 남의 약점을 잡는 것이다. 사(司)는 양경이 사(伺)와 같다고 했다. 사사(伺詐)는 미리 정탐하여 속이는 것이다.

187_ 기(掎)가 『공자개제고』에는 지(持)로 되어 있는데, 『순자』 원문에 따라 고쳤다.

188_ 『맹자』「이루 상」에 "전쟁을 잘하는 자는 최상의 형벌을 받아야 하고, 제후들과 외교를 잘하여 연합하는 자는 그 다음의 형벌을 받아야 하며, 풀밭과 쑥밭을 개간하여 백성들에게 토지를 맡겨주는 자는 그 다음의 형벌을 받아야 한다"라는 말이 보인다. 『맹자집주』에 의하면, 첫 번째는 손빈과 오기, 두 번째는 소진과 장의, 세 번째는 이회(李悝)와 상앙 등의 무리를 가리킨다고 한다.

189_ 경알(傾軋)은 배척하고 반목한다는 뜻이다.

13. 유가가 송견을 공격하다 [儒攻宋鈃]

17-13-1

송경(宋牼)[190]이 초(楚)나라에 가려고 할 때 맹자가 석구(石丘)에서 그를 만났다. [맹자가 말했다.] "선생은 장차 어디를 가려고 합니까?" [송경이 대답했다.] "내가 들으니, 진(秦)나라와 초나라가 전쟁 관계를 맺고 있다고 하는데, 내가 장차 초나라 왕을 만나 설득하여 싸움을 그만두게 할 것이다. 초나라 왕이 좋아하지 않는다면 내가 장차 진나라 왕을 만나 설득하여 싸움을 그만두게 할 것이다. 두 왕 중에 나와 장차 의견이 합치하는 자가 있을 것이다." 맹자가 말했다. "내가 청하건대, 그 상세한 내용은 묻지 않겠지만, 그 요지를 듣기 원하니, 설득하기를 장차 어떻게 하려고 합니까?" "내가 장차 전쟁이 불리하다는 것을 말하려고 한다." "선생의 뜻은 크지만, 선생의 외침은 불가능합니다.[191] 선생이 이익을 가지고 진나라와 초나라의 왕을 설득하면, 진나라와 초나라의 왕은 이익을 좋아하여 삼군의 군대를 없앨 것이니, 이것은 삼군의 군사들이 군대가 없어지는 것을 즐거워하고 이익을 기뻐하는 것입니다. 남의 신하된 자가 이익을 생각하여 자신의 군주를 섬기고, 남의 자식된 자가 이익을 생각하여 자신의 부모를 섬기며, 남의 아우된 자가 이

190_ 송경(宋牼)은 자세한 사적이 보이지 않는다. 『맹자집주』에서는 송(宋)은 성이고 경(牼)은 이름이라고만 했다. 맹자와 같은 시대 인물로 공격 전쟁을 반대하는 대표적인 사상가로 일컬어진다. 『장자』「천하」편에 송견(宋鈃)이라는 인물이 보이는데, 동일한 사람이다.

191_ 『맹자집주』에서 인용한 서씨(徐氏)가 "전국시대의 분란 중에서 전쟁을 중지하여 백성을 휴식하는 것으로 설득했으니, 그 뜻은 크다고 할 수 있지만, 이익으로 명분을 삼는다면 불가능하다"라고 풀이했다.

익을 생각하여 자신의 형을 섬긴다면, 이것은 군신과 부자와 형제가 결국은 인의를 버리고 이익을 생각하면서 서로 대면하는 것이니, 이렇게 하고도 망하지 않는 자는 없습니다. 선생이 인의를 가지고 진나라와 초나라의 왕을 설득하면, 진나라와 초나라의 왕은 인의를 좋아하여 삼군의 군대를 없앨 것이니, 이것은 삼군의 군사들이 군대가 없어지는 것을 즐거워하고 인의를 기뻐하는 것입니다. 남의 신하된 자가 인의를 생각하여 자신의 군주를 섬기고, 남의 자식된 자가 인의를 생각하여 자신의 부모를 섬기며, 남의 아우된 자가 인의를 생각하여 자신의 형을 섬긴다면, 이것은 군신과 부자와 형제가 이익을 버리고 인의를 생각하면서 서로 대면하는 것이니, 이렇게 하고도 왕노릇을 하지 못하는 자는 없습니다. 어찌 기어코 이익을 말씀합니까?"(『맹자』「고자 하」)

宋牼將之楚, 孟子遇于石丘. 曰, "先生將何之?" 曰, "吾聞秦·楚構兵, 我將見楚王, 說而罷之. 楚王不悅, 我將見秦王說而罷之. 二王, 我將有所遇焉." 曰, "軻也請無問其詳, 願聞其指, 說之將何如?" 曰, "我將言其不利也." 曰, "先生之志則大矣, 先生之號則不可. 先生以利說秦·楚之王, 秦·楚之王悅於利, 以罷三軍之師, 是三軍之士樂罷而悅於利也. 爲人臣者懷利以事其君, 爲人子者懷利以事其父, 爲人弟者懷利以事其兄, 是君臣父子兄弟終去仁義, 懷利以相接, 然而不亡者, 未之有也. 先生以仁義說秦·楚之王, 秦·楚之王悅于仁義, 而罷三軍之師, 是三軍之士樂罷而悅于仁義也. 爲人臣者懷仁義以事其君, 爲人子者懷仁義以事其父, 爲人弟者懷仁義以事其兄, 是君臣父子兄弟去利, 懷仁義以相接也, 然而不王者, 未之有也. 何必曰利?"(『孟子』「告子 下」)

康17-18

송경(宋牼)은 『장자』「천하(天下)」편에 '견(鈃)'으로 되어 있는데, 옛날에는 음이 통용되었다. 장자는 그가 "공격을 금지하고 군대를 종식시키려고 하여[192] 천하를 두루 돌아다니면서 위로는 [군주를] 설득하고 아래로는 [백성들을] 가르치니, 비록 천하 사람들이 [그 주장을] 취하지 않더라도 억지로 떠들면서[193] 그만두지 않는다"[194]라고 말했으니, 이 내용과 합치한다. 근세에 서양에 있는 금병회(禁兵會)도 그에 비견된다. 『춘추』의리에서는 나라를 멸망시키는 것을 미워했고,[195] 상술(向戌)이 제후들을 서로 회합한 것을 좋게 여겼기 때문에[196] 맹자는 그 뜻을 칭찬한 것이다. 그 도가 천박하지만 그릇되지 않았기 때문에 맹자가 그것을 인정하면서 조금 바로잡아 준 것이다.

宋牼,『莊子』「天下」篇作'鈃', 古音通也. 莊子稱其"禁攻寢兵, 周行天下, 上說下敎, 雖天下不取, 强聒不舍", 與此合. 近世歐洲有禁兵會, 亦其比也. 於『春秋』之義, 疾滅國·善向戌相合, 故孟子稱其志也. 其道淺而不謬, 故孟子許之而少正之.

192_ 침병(寢兵)의 침(寢)은 그치거나 중지하다[止, 息]는 의미이다. 성현영은 식(息)으로 풀이했다.

193_ 강괄(强聒)은 힘써 억지로 떠드는 것으로, 쉬지 않고 계속 떠드는 것을 말한다.

194_『장자』「천하」편에 "宋鈃·尹文聞其風而悅之, … 見侮不辱, 救民之鬥, 禁攻寢兵, 救世之戰. 以此周行天下, 上說下敎, 雖天下不取, 强聒而不舍者也."라는 기록이 보인다.

195_『춘추』「환공」2년에 "무해가 군대를 거느리고 극나라를 침입했다[無駭帥師入極.]"라는 기사가 있는데,『공양전』에서 "무해는 어떤 사람인가? 전무해(展無駭)이다. 무엇 때문에 성씨(姓氏)를 기록하지 않았는가? 비판한 것이다. 무엇 때문에 비판했는가? 처음으로 다른 나라를 멸망시킨 것을 미워한 것이다.[無駭者何? 展無駭也, 何以不氏? 貶. 曷爲貶? 疾始滅也.]"라고 했다. 공광삼(孔廣森)의『춘추공양통의(春秋公羊通義)』에서는 이 부분에 대해 "군자는 군대를 이익 때문에 일으키는 것을 미워하기 때문에 읍을 탈취하는 것을 소악(小惡), 나라를 멸망시키는 것을 대악(大惡)으로 여긴다"라고 풀이했다.

196_『좌씨전』「양공」27년의 기록에 의하면, 송나라 상술(向戌)이 제후들 사이의 전쟁을 종식시켜 자신의 명성을 높이고자, 진(晉)·초(楚)·제(齊)·진(秦)나라의 허락을 받고, 또 약소국들에게 모두 통고하여 송나라에서 회합을 가졌다고 한다.

17-13-2

송견(宋鈃)이 말했다. "모욕을 당해도 치욕스럽지 않다는 것을 밝혀 사람들을 다투지 않게 할 수 있다.[197] 사람은 모두 모욕을 당하는 것을 치욕으로 여기기 때문에 다툰다. 모욕을 당해도 치욕스럽지 않다는 것을 알면 다투지 않을 것이다." 대응하여 말했다. "그렇다면 또한 사람의 감정이 모욕을 싫어하지 않는다고 생각하는가?" 대답했다. "싫어하더라도 치욕스럽게 여기지 않는다." 다음과 같이 말할 수 있다. "이와 같다면 결코 추구하는 바[198]를 얻지 못할 것이다. 대체로 사람들의 다툼은 반드시 자신이 증오하는 것을 핑계로 삼지, 자신이 치욕으로 여기는 것을 이유로 삼지 않는다. 지금 배우나 광대, 놀이꾼[199]이 모욕을 당하면서도 다투지 않는 것이 어찌[200] 모욕을 당해도 치욕스럽지 않다는 것을 알기 때문이겠는가? 그럼에도 다투지 않는 것은 증오하지 않기 때문이다. 지금 어떤 사람이 혹 하수구로 들어와서 돼지를 훔친다면[201] 칼이나 창을 들고 그를 쫓아가 죽이거나 상해를 입히는 것을 꺼리지 않을 것이다. 이것이 어찌 돼지를 잃는 것을 치욕으로 여기기 때문이겠는가? 그럼에도 다투기를 꺼려하지 않는 것은 증오하기 때문이다. 비록 모욕을 당하는 것을 치욕으로 여기더라도 증오하지 않으면 다투지 않으며, 비록 모욕을 당해도 치욕스럽지 않다고 여기더라도 증

197_ 『장자』 「천하」편에 송견에 대해 "모욕을 당해도 욕되게 여기지 않음으로써 백성들의 싸움을 구제하여 없애려고 했다[見侮不辱, 救民之鬥.]"라고 평가한 말이 보인다.

198_ 소구(所求)는 사람들을 다투지 않게 하는 것을 말한다.

199_ 배우(俳優)와 주유(侏儒)는 광대나 배우를 말하고, 압도(狎徒)는 놀이판에서 사람들을 흥겹게 하는 놀이꾼을 말한다.

200_ 거(鉅)는 거(詎)와 같은 글자로, 기(豈)의 의미이다. 왕염손이 기거(豈鉅)·기거(豈遽)·용거(庸鉅)·하거(何遽)는 모두 같은 의미라고 했다.

201_ 앙독(央瀆)은 하수를 흘러 보내는 도랑으로, 하수구를 말하며. 저체(豬彘)는 돼지이다.

오한다면 반드시 다툰다. 그렇다면 다투고 다투지 않는 것은 치욕으로 여기거나 치욕으로 여기지 않는 것에 달려 있지 않고, 바로 증오하거나 증오하지 않는 것에 달려 있는 것이다. 지금 송견은 사람들이 모욕을 증오한다는 것을 이해하지 못하면서 치욕으로 여기지 말라고 사람들을 설득하는 데 힘쓰고 있으니, 어찌 잘못이 심하지 않겠는가? 입을 급하게 놀리고 혀가 닳도록 떠들더라도[202] 여전히 무익할 것이다. 그것이 무익하다는 것을 알지 못한다면 무지한 것이며, 그것이 무익하다는 것을 알면서도 단지 그것으로 사람을 속이려고만 한다면 어질지 못한 것이다. 어질지 못하고 무지하다면 치욕이 이보다 더 큰 것은 없다. 장차 사람에게 유익한지를 생각해보면 [송견의 말들은] 모두[203] 사람에게 무익하니, 큰 치욕을 받고 물러날 뿐이다. 주장 중에서 이보다 더 병통이 큰 것은 없을 것이다." 송견이 말했다. "모욕을 당해도 치욕스럽지 않다." 대응하여 말했다. "대체로 의론은 반드시 중정(中正)의 기준[204]을 세운 이후에야 가능하다. 중정의 기준이 없으면 옳고 그름이 구분되지 않아서 변론과 논쟁이 결판나지 않는다. 따라서 듣기에 '천하의 큰 기준은 옳고 그름을 구분하는 경계이며, 본분과 직책, 명칭과 현상[205]이 생기는 것이니, 왕의 제도가 바로 그것이다'라고 한다. 따라서 모든 말하거나 의론하는 것, 사물을 보아서 명명(命名)하는 것[206]

202_ 금설폐구(金舌弊口)는 입을 다물고 말을 하지 않는 것을 말한다. 유월은 이 문장은 의미가 통하지 않기 때문에 금구폐설(金口弊舌)이 되어야 하며, 금(金)은 금(唫), 즉 입을 급하게 놀리는 것이고, 폐(弊)는 폐(敝), 즉 혀가 닳아서 없어지는 것이라고 했다. 여기에서는 유월의 주장에 따라 해석했다.

203_ 여(與)는 왕염손이 거(擧)와 같은 글자로, 모두[皆]라는 뜻이라고 했다.

204_ 융정(隆正)은 왕선겸이 중정(中正)과 같다고 했다. 이운구는 융(隆)은 존중되어야 할 원칙, 정(正)은 중심이 되는 정확한 기준이라고 하면서 융정(隆正)을 '표준'이라고 번역했다. 여기에서는 왕선겸의 주장에 따라서 '중정(中正)의 기준'이라고 풀이했다.

205_ 명상(名象)은 양경이 명(名)은 지명(指名), 즉 가리키는 명칭이며, 상(象)은 법상(法象), 즉 자연에서 일어나는 일체의 현상이라고 했다.

206_ 기명(期命)은 양경이 기(期)는 사물이 모이는 것, 명(命)은 사물을 명명(命名)하

은 성왕(聖王)을 법도로 삼지 않음이 없으며,[207] 성왕이 [사람을] 구분하는 것이 영예와 치욕 바로 그것이다."(『순자』「정론」)

子宋子曰, "明見侮之不辱, 使人不鬭. 人皆以見侮爲辱, 故鬭也. 知見侮之爲不辱, 則不鬭矣." 應之曰, "然則亦以人之情爲不惡侮乎?" 曰, "惡而不辱也." 曰, "若是, 則必不得所求焉. 凡人之鬭也, 必以其惡之爲說, 非以其辱之爲故也. 今俳優·侏儒·狎徒, 詈侮而不鬭者, 是豈鉅知見侮之爲不辱哉? 然而不鬭者, 不惡故也. 今人或入其央瀆, 竊其豬彘, 則援劍戟而逐之, 不避死傷. 是豈以喪豬爲辱也哉? 然而不憚鬭者, 惡之故也. 雖以見侮爲辱也, 不惡則不鬭, 雖知見侮爲不辱, 惡之則必鬭. 然則鬭與不鬭邪, 亡於辱之與不辱也, 乃在於惡之與不惡也. 夫今子宋子不能解人之惡侮, 而務說人以勿辱也, 豈不過甚矣哉? 金舌弊口, 猶將無益也. 不知其無益. 則不知, 知其無益也, 直以欺人則不仁. 不仁不知, 辱莫大焉. 將以爲有益於人邪, 則與無益於人也, 則得大辱而退耳. 說莫病是矣." 子宋子曰, "見侮不辱." 應之曰, "凡議必將立隆正然後可也. 無隆正, 則是非不分, 而辯訟不決. 故所聞曰, '天下之大隆, 是非之封界, 分職名象之所起, 王制是也.' 故凡言議期命, 是非以聖王爲師, 而聖王之分, 榮辱是也."(『荀子』「正論」)

康17-19

성왕은 공자이며, 왕의 제도는 공자의 법도이다. 공자의 법도에는 영예와 치욕[의 구분]이 있다.

聖王者, 孔子也, 王制者, 孔子之法也. 孔子之法有榮辱.

는 것이라고 했다.

207_ 시비(是非)는 왕인지가 막비(莫非)가 되어야 한다고 했다.

17-13-3

의리에 의한 영예[義榮]가 있고, 권세에 의한 영예[勢榮]가 있으며, 의리에 의한 치욕[義辱]이 있고, 권세에 의한 치욕[勢辱]이 있다. 의지가 잘 닦이고 덕행이 많으며 지려가 명석한 것은 영예가 속으로부터 나오는 것이니, 이것을 의리에 의한 영예라고 한다. 작위가 존귀하고 공물과 봉록이 많으며 형세가 왕성하여 위로는 천자나 제후가 되고, 아래로는 경상(卿相)과 사대부(士大夫)가 되는 것은 영예가 밖으로부터 이르는 것이니, 이것을 권세에 의한 영예라고 한다. 행동이 난잡하고 추하며,[208] 본분을 어기고 도리를 어지럽히며, 교만하고 포악하면서 이익을 탐내는 것은 치욕이 속으로부터 나오는 것이니, 이것을 의리에 의한 치욕이라고 한다. 모욕을 당하고 머리채를 잡혀서 맞으며, 몽둥이로 매질을 당하고 종지뼈를 잘리며, 목과 팔다리를 베이거나 찢기며, 밧줄로 묶이거나 재갈을 물리는 것[209]은 치욕이 밖으로부터 이르는 것이니, 이것을 권세에 의한 치욕이라고 한다. 이것이 바로 영예와 치욕의 두 가지 단면이다. 따라서 군자에게는 권세에 의한 치욕은 있을 수 있지만, 의리에 의한 치욕은 있을 수 없으며, 소인에게는 권세에 의한 치욕은 있을 수 있지만, 의리에 의한 영예는 있을 수 없다. 권세에 의한 치욕이 있더라도 요임금과 같은 사람이 되는 데는 지장이 없고, 권

208_ 유음(流淫)은 행동이 정도에 지나치고 어지러운 것이고, 오만(汙漫)은 행동이 추하고 욕된 것이다.

209_ 이리(詈侮)는 모욕을 당하는 것이고, 졸박(捽搏)은 머리채를 휘어잡고 때리는 것이다. 추태(捶笞)는 몽둥이로 때리고 매질하는 것이고, 빈각(臏脚)은 종지뼈를 도려내는 것이다. 참단(斬斷)은 목을 베고 팔다리를 자르는 것이고, 고책(枯磔)은 팔과 다리를 찢는 것을 말한다. 자미(藉靡)는 밧줄로 묶어서 포박하는 것이고, 설거(舌纆)는 양경이 그 뜻을 알 수 없다고 하고, 혹자의 말을 인용하여 설거(舌舉), 즉 이치에 막혀서 말이 궁색해지는 것으로, 이것도 수치라고 했다. 한편 이운구는 이것을 설역(舌繹)으로 보고, "수건으로 재갈을 물리는 것"이라고 풀이했다. 여기에서는 이운구의 해석에 따랐다.

세에 의한 영예가 있더라도 걸왕과 같은 사람이 되는 데는 지장이 없다. 의리에 의한 영예와 권세에 의한 영예는 오직 군자가 된 이후에야 함께 가질 수 있고, 의리에 의한 치욕과 권세에 의한 치욕은 오직 소인이 된 이후에야 함께 가질 수 있다. 이것이 영예와 치욕의 구분이다. 성왕은 이것을 법도로 삼고, 사대부는 이것을 도리로 삼으며, 관리는 이것을 수칙으로 삼고, 백성은 이것을 풍속으로 삼으니,[210] 만세토록 바꿀 수 없다. 지금 송견은 그렇지 않다.[211] 홀로 치욕적인 모습[212]을 자신[의 도]로 삼아서 하루아침에 [성왕의 법도를] 바꾸려고 하니, 그 주장은 결코 행해지지 못할 것이다. 비유하면 이것은 마치 뭉친 진흙으로 강이나 바다를 메우거나 작은 키로 태산을 머리에 이려고 하는 것과 같으니,[213] 넘어지거나 손발이 꺾이고 부러지는 일[214]이 순식간에 일어날 것이다. 송견을 좋아하는 몇 명의 제자들은 아마도 그것을 그만두는 것이 최선의 방법일 것이니, 장차 자신들의 몸을 해칠까 두렵다.

有義榮者, 有勢榮者, 有義辱者, 有勢辱者. 志意修, 德行厚, 知慮明, 是榮之由中出者也, 夫是之謂義榮. 爵列尊, 貢祿厚, 形勢勝, 上爲天子諸侯, 下爲卿相士大夫, 是榮之從外至者也, 夫是之謂勢榮. 流淫汙漫,[215] 犯分亂理, 驕暴貪利, 是辱之由中出者也, 夫是之謂義辱. 詈

210_ 성속(成俗)은 풍속으로 삼는다는 말이다. 왕염손은 성(成)은 위(爲)자와 같은 의미이며, 『순자』「예론」편에는 "官人以爲守, 百姓以成俗."으로 되어 있다고 했다.

211_ 안(案)은 앞뒤의 말을 이어주는 접속사인데, 이운구는 즉(則)자의 의미라고 했다.

212_ 굴용(詘容)은 비굴하고 치욕적인 모습이다.

213_ 전도(塼涂)는 진흙을 주물러서 뭉치는 것이며, 초요(焦僥)는 키가 3척 정도의 작은 사람, 또는 난장이가 산다는 나라 이름이다.

214_ 전질(蹎跌)은 넘어지는 것이고, 쇄절(碎折)은 손발이 꺾이고 부러지는 것이다.

215_ 만(漫)이 『순자』에는 만(僈)으로 되어 있는데, 양경이 만(漫)이 되어야 한다고 주장한 것에 따라 그대로 두었다.

侮捽搏, 捶笞臏脚, 斬斷枯磔, 藉靡舌纆, 是辱之由外至者也, 夫是之謂勢辱. 是榮辱之兩端也. 故君子可以有勢辱, 而不可以有義辱, 小人可以有勢榮, 而不可以有義榮. 有勢辱無害爲堯, 有勢榮無害爲桀. 義榮勢榮, 唯君子然後兼有之, 義辱勢辱, 唯小人然後兼有之. 是榮辱之分也. 聖王以爲法, 士大夫以爲道, 官人以爲守, 百姓以爲成俗, 萬世不能易也. 今子宋子案不然. 獨詘容爲己, 慮一朝而改之, 說必不行矣. 譬之是猶以塼涂[216]而塞江海也, 以焦僥而戴太山也, 蹎跌碎折, 不待頃矣. 二三子之善於子宋子者, 殆不若止之, 將恐得傷其體也.

송견이 말했다. "사람의 감정은 욕심이 적은데, 모두가 자신의 감정은 욕심이 많다고 여기니, 이것이 잘못이다. 따라서 그 무리를 거느리고, 그 담설을 변론하고, 그 적절한 비유를 분명하게 들어서, 장차 사람들에게 감정은 욕심이 적다는 것을 알도록 하려는 것이다." 대응하여 말했다. "그렇다면 또한 사람의 감정이란, 눈으로는 최상의 색[217]을 보려 하지 않고, 귀로는 최상의 소리를 들으려 하지 않으며, 입으로는 최상의 음식을 먹으려 하지 않고, 코로는 최상의 냄새를 맡으려 하지 않으며, 몸으로는 최상의 안일함을 추구하려 하지 않게 될 것이다. 이 다섯 가지 최상의 상태도 사람의 감정이 바라지 않는다고 생각하는가?" 대답했다. "사람의 감정은 그 최상의 상태를 바랄 뿐이다." 다음과 같이 말할 수 있다. "이와 같다면 그 주장은 결코 행해지지 못할 것이다. 사람의 감정이 이 다섯 가지 최상의 상태를 바라면서도 욕심이 많지 않다고 여기는 것은, 비유하면 마치 사람의 감정이 부귀하기를 바라면서도 재화를 바라지 않고, 미인을 좋아하면서도 서시(西施)를 미워하는 것과 같다. 옛날 사람은 그것이 그렇지 않다고

216_ 도(涂)가 『공자개제고』에는 도(塗)로 되어 있는데, 『순자』 원문에 따라 고쳤다.
217_ 기(綦)는 극도에 이른다는 뜻이다.

생각했다. 사람의 감정은 많은 것을 바라고 적은 것을 바라지 않는다고 생각했다. 따라서 상은 풍부하고 후하게 주고, 벌은 감소시켜 준다. 이것은 모든 왕들이 똑같이 행한 것이다. 따라서 최상의 현자는 천하를 봉록으로 받고, 그 다음의 현자는 한 나라를 봉록으로 받으며, 그 아래의 현자는 토지와 읍을 봉록으로 받고, 성실하고 정직한 백성은 의식을 온전하게 받는다. 지금 송견은 사람의 감정이 적은 것을 바라고 많은 것을 바라지 않는다고 여긴다. 그렇다면 선왕은 사람들이 바라지 않는 것을 상으로 주고, 사람들이 바라는 것을 벌로 준 것인가? 혼란이 이보다 더 큰 것이 없다. 지금 송견은 엄숙한 모습으로 자신의 주장을 스스로 좋아하여 제자들을 모으고 스승과 학생을 세우며 글[218]을 만들었다. 그렇지만 그 주장은 지극한 다스림을 지극한 혼란으로 만드는 것에 지나지 않으니, 어찌 잘못이 심하지 않겠는가!"(『순자』「정론」)

子宋子曰, "人之情欲寡, 而皆以己之情欲爲多, 是過也. 故率其群徒, 辯其談說, 明其譬稱, 將使人知情欲之寡也." 應之曰, "然則亦以人之情, 爲[219]目不欲綦色, 耳不欲綦聲, 口不欲綦味, 鼻不欲綦臭, 形不欲綦佚. 此五綦者, 亦以人情爲不欲乎?" 曰, "人之情欲是矣." 曰, "若是, 則說必不行矣. 以人之情爲欲此五綦者而不欲多, 譬之是猶以人之情爲欲富貴而不欲貨也, 好美而惡西施也. 古之人爲之不然. 以人之情爲欲多而不欲寡. 故賞以富厚, 而罰以殺損也. 是百王之所同也. 故上賢祿天下, 次賢祿一國, 下賢祿田邑, 原愨之民完衣食. 今子宋子以是之情爲欲寡而不欲多也. 然則先王以人之所不欲者賞, 而以人之所欲者罰邪? 亂莫大焉. 今子宋子嚴然而好說, 聚人徒, 立師

218_ 문곡(文曲)은 양경이 문장(文章)이라고 했고, 왕염손이 곡(曲)은 전(典)의 오자라고 했다.

219_ 위(爲)자 뒤에 『공자개제고』와 『순자』 원문에는 욕(欲)자가 있는데, 연문이라고 한 노문초의 주장에 따라 삭제했다.

學, 成文曲. 然而說不免於以至治爲至亂也, 豈不過甚矣哉!"(『荀子』「正論」)

康17-20

송견은 모욕을 당하는 것을 치욕스럽지 않다고 여겼으니, 불법(佛法)에서 치욕을 참고 견디는 것과 대략 동일하다. 누사덕(婁師德)의 타면자건(唾面自乾)[220]은 어른이 처세하는 행동이기는 하다. 그러나 영예와 치욕은 다스리는 법이 그로부터 말미암고, 사람의 도에서 떨어질 수 없는 것이다. 순자는 유학에 대한 책임을 떠맡았기 때문에 송견의 잘못이 크다는 이유로 그를 공격한 것이다.

宋鈃以見侮爲不辱, 與佛法忍辱略同. 婁師德唾面自乾, 未嘗非長者處世之行. 然榮辱爲治法所由, 人道未能去也. 荀子負荷儒學, 以其過高而攻之.

<이상 유가가 송견을 공격하다: *右儒攻宋鈃*>

220_ 타면자건(唾面自乾)은 다른 사람이 얼굴에 침을 뱉어도 닦지 않고 저절로 마르기를 기다린다는 말로, 모욕을 참고 견디면서 반항하지 않는 것을 비유한다. 이 내용은 『신당서(新唐書)』「누사덕전(婁師德傳)」에 보인다. 누사덕은 당나라 측천무후(則天武后)의 신하했는데, 그 성품이 따뜻하고 남에게 모욕을 당해도 흔들림이 없었다고 한다. 그의 동생이 대주자사(代州刺史)로 부임되어 갈 때, 누사덕이 처신의 방법에 대해 동생에게 묻자, 동생이 "다른 사람이 얼굴에 침을 뱉으면 그것을 그냥 닦으면 그만입니다"라고 대답했다. 그러자 누사덕은 "그것을 그냥 닦으면 그것은 화를 낸 상대의 기분을 거스르는 것이니, 그것이 자연스럽게 마르도록 그대로 둘 뿐이다"라고 훈계했다고 한다. 이 내용은 『십팔사략(十八史略)』에도 보인다.

14. 유가가 허자를 공격하다 [儒攻許子]

17-14-1[221]

신농씨(神農氏)의 말을 주장하는 허행(許行)이 초(楚)나라로부터 등(滕)나라로 갔는데, 문공(文公)을 방문하여 고하기를, "먼 지방에 있던 제가 군주께서 어진 정치를 행한다는 소문을 들었는데, 살 터전을 받아서 [등나라의] 백성이 되기를 원합니다"라고 했다. 문공이 그에게 거처를 주니, 그의 무리 수십 명이 모두 베로 만든 거친 옷을 입고, 짚신을 두드려서 만들고 깔자리를 짜서 그것을 팔아 양식을 공급했다. 진량(陳良)의 학생인 진상(陳相)이 자신의 아우인 진신(陳辛)과 함께 쟁기를 지고 송(宋)나라로부터 등나라로 가서, "군주께서 성인의 정치를 행한다는 소문을 들었는데, 이 또한 성인이시니, 성인의 백성이 되기를 원합니다"라고 말했다. 진상이 허행을 보고 크게 기뻐하여 자신이 배운 것을 다 버리고 그에게 배웠는데, 진상이 맹자를 보고 허행이 한 말을 다음과 같이 전했다. "등나라 군주는 진실로 어진 군주인데, 비록 그렇기는 하지만 아직 [성인의] 도에 대해서는 듣지 못했습니다. 어진 자는 백성들과 함께 밭을 갈아서 식량을 공급하고, 직접 밥을 지어 먹으면서 정치를 하는데, 지금 등나라에는 [군주의] 곡식 창고와 물건 창고가 있으니, 이것은 백성들을 괴롭혀서 그로써 스스로 배를 불리는 것입니다. 어찌 어질 수 있겠습니까?"

有爲神農之言者許行, 自楚之滕, 踵門而告文公曰, "遠方之人, 聞君行仁政, 願受一廛而爲氓." 文公與之處, 其徒數十人, 皆衣褐, 捆屨織

221_ 이하에서 인용한 『맹자』 「등문공 상」편의 첫 단락의 내용은 이 책의 제2권 제8절〈2-8-1〉에서 이미 인용했다. 자세한 주석은 앞의 내용을 참조 바람.

席, 以爲食. 陳良之徒陳相, 與其弟辛, 負耒耜而自宋之滕曰, "聞君行聖人之政, 是亦聖人也, 願爲聖人氓." 陳相見許行, 而大悅盡棄其學而學焉, 陳相見孟子, 道許行之言曰, "滕君則誠賢君也, 雖然, 未聞道也. 賢者, 與民幷耕而食, 饔飧而治, 今也, 滕有倉廩府庫, 則是厲民而以自養也. 惡得賢?"

맹자가 말했다. "허자(許子)는 반드시 곡식을 심은 뒤에 밥을 먹는가?" 대답했다. "그렇습니다." "허자는 반드시 삼베를 짠 뒤에 옷을 입는가?" "아닙니다. 허자는 베로 만든 거친 옷을 입습니다." "허자는 관을 쓰는가?" "관을 씁니다." "무슨 관을 쓰는가?" "흰 비단으로 만든 관을 씁니다." "스스로 그것을 짜는가?" "아닙니다. 곡식으로 그것을 바꿉니다." "허자는 어찌 스스로 그것을 짜지 않는가?" "농사일에 방해가 되기 때문입니다." "허자는 가마솥과 시루로 밥을 짓고,[222] 쇠로 만든 도구로 밭을 경작하는가?" "그렇습니다." "스스로 그것을 만드는가?" "아닙니다. 곡식으로 그것을 바꿉니다." [맹자가 말했다.] "곡식으로 기구[223]를 바꾸는 것은 옹기장이나 대장장이[224]에게 피해를 주지 않으니, 옹기장이나 대장장이 또한 자신이 만든 기구로 곡식을 바꾸는 것이 어찌 농부에게 피해를 주겠는가? 또한 허자는 어찌 옹기장이나 대장장이가 되어, 단지[225] 모든 기구를 자신의 집에서 취하여 사용하지 않는가? 어찌 복잡하게 수많은 장인들과 교역을 하는가? 어찌 허자는 번거로움을 꺼려하지 않는가?" 대답했다. "수많은 장인들의 일은 진실로 밭을

222_ 부증(釜甑)은 음식을 만드는 가마솥과 시루이다. 찬(爨)은 불을 때서 밥을 하는 것이다.

223_ 계기(械器)는 앞에서 언급한 가마솥이나 시루 등을 만든 기구를 말한다.

224_ 도야(陶冶)는 가마솥이나 시루, 쇠붙이 등을 만드는 자로, 옹기장이와 대장장이를 말한다.

225_ 사(舍)는 다만 또는 단지의 뜻이다. 『맹자집주』에 의하면, 이 사(舍)자를 도야사(陶冶舍)로 붙여서, 그릇이나 연장을 만드는 곳으로 해석하는 경우도 있다.

갈면서 또한 함께 할 수 없는 일입니다." "그렇다면 천하를 다스리는 일은 유독 밭을 갈면서 또한 함께 할 수 있단 말인가? 대인(大人)의 일이 있고, 소인(小人)의 일이 있다. 또한 한 사람의 몸에 수많은 장인들의 일이 구비되어 있으니, 만일 반드시 자기 스스로가 만든 이후에야 그것을 사용한다면, 이것은 천하 사람을 거느리고서 길거리에서 분주하게 일하게 하는 것이다.[226] 따라서 '어떤 사람은 마음을 수고롭게 사용하고, 어떤 사람은 힘을 수고롭게 사용하니, 마음을 수고롭게 사용하는 자는 남을 다스리고, 힘을 수고롭게 사용하는 자는 남에게 다스려진다'라고 했다. 남에게 다스려지는 자는 남을 먹여주고, 남을 다스리는 자는 남에게 얻어먹는 것이 천하에 통용되는 의리이다."

孟子曰, "許子必種粟而後食乎?" 曰, "然." "許子必織布然後衣乎?" 曰, "否. 許子衣褐." "許子冠乎?" 曰, "冠." 曰, "奚冠?" 曰, "冠素." 曰, "自織之與?"曰, "否. 以粟易之." 曰, "許子奚爲不自織?" 曰, "害於耕." 曰, "許子以釜甑爨, 以鐵耕乎?" 曰, "然." "自爲之與?" 曰, "否. 以粟易之." "以粟易械器者, 不爲厲陶冶, 陶冶亦以其械器易粟者, 豈爲厲農夫哉? 且許子何不爲陶冶, 舍皆取諸其宮中而用之? 何爲紛紛然與百工交易? 何許子之不憚煩?" 曰, "百工之事, 固不可耕且爲也." "然則治天下獨可耕且爲與? 有大人之事, 有小人之事. 且一人之身而百工之所爲備, 如必自爲而後用之, 是率天下而路也. 故曰, '或勞心, 或勞力, 勞心者治人, 勞力者治於人.' 治於人者, 食人, 治人者食於人, 天下之通義也."

[맹자가 말했다.] "요임금의 시대에는 천하가 아직 평정되지 않아서 홍수가 멋대로 흘러 천하에 범람하여[227] 초목이 크고 무성하며[228] 금수가

226_ 로(路)는 『맹자집주』에서 "길거리에서 분주하여 휴식할 시간이 없다"라는 의미라고 했다.

227_ 『서』「요전(堯典)」편에도 "넘실대는 홍수가 큰 폐해를 끼쳐서 산을 에워싸고 언

번식했다. 오곡이 성숙하지 못하고,[229] 금수가 사람을 핍박하여 짐승의 발자국과 새의 발자국이 난 길이 중국에 사방으로 흩어져 있으니, 요임금이 홀로 그것을 걱정하여 순임금을 등용하여 다스림을 펼치도록 했다. 순임금이 익(益)에게 불을 관장하도록 했는데,[230] 익이 산택(山澤)에 불을 질러 태우자, 금수들이 도망쳐서 숨어버렸다. 우임금이 아홉 하천[九河]을 소통시키고, 제수(濟水)와 탑수(漯水)를 흘러가게 하여[231] 바다로 들어가게 했으며, 여수(汝水)와 한수(漢水)의 물길을 트고, 회수(淮水)와 사수(泗水)의 물길을 빠지게 하여 장강(長江)으로 들어가게 하니,[232] 그런 이후에 중국에서는 곡식[을 길러서] 먹을 수 있었다. 이 당시에 우임금은 8년 동안 밖에 있으면서 자기 집의 문 앞을 세 번이나 지나갔지만 들어가지 못했으니, 비록 밭을 갈려고 했더라도 그럴 수 있었겠는가? 후직(后稷)이 백성들에게 농사를 가르쳐서 오곡을 심고 가꾸게 했는데,[233] 오곡이 잘 익자 백성들이 육성되었다. 인간에게는 도리가 있으니, 배부르게 먹고 따뜻하게 입으며, 편안히 거처하면서 가

덕을 넘어, 질펀하게 하늘까지 번져서 백성들이 한탄하고 있다"라는 기록이 보인다.

228_ 창무(暢茂)는 크고 무성하다는 뜻이다.

229_ 등(登)은 곡식이 자라서 익은 것을 말한다.

230_『서』「순전(舜典)」편에 의하면, 순임금이 익(益)을 산택(山澤)의 초목과 조수를 다스리는 우(虞)의 직책에 임명했다.

231_ 약(瀹)은 물길을 소통시켜서 흘러가게 한다는 말이다.

232_『서』「우공(禹貢)」편에 "우임금은 토지를 나누고 산을 따라서 나무를 제거하여 높은 산과 큰 하천을 정해 놓았다"라고 하고, 홍수를 다스리면서 하천을 정비한 과정을 상세하게 기록하고 있다. 구하(九河)는『서경집전』에서 인용한『이아(爾雅)』에 의하면, 도해(徒駭)·태사(太史)·마협(馬頰)·복부(覆釜)·호소(胡蘇)·간결(簡潔)·구반(鉤盤)·격진(鬲津), 그리고 황하(黃河)의 큰 물줄기[經流]이다.『맹자집주』에서는 간(簡)과 결(潔)을 각각 하나로 보고, 마지막의 황하의 큰 물줄기를 기록하지 않았다.

233_ 후직(后稷)은 순임금이 기(棄)에게 맡긴 벼슬이다.『서』「순전」편에 "순임금이 말했다. 기(棄)야! 백성들이 곤궁하고 굶주리고 있으므로 너를 후직(后稷)으로 삼으니, 이 백곡들을 파종하도록 하라"라는 기록이 보인다.

르침이 없으면 금수에 가까워진다. 성인은 그것을 근심했기 때문에 설(契)에게 사도(司徒)를 맡겨 인륜을 가르치도록 했다. 부모와 자식 사이에는 친함이 있고, 임금과 신하 사이에는 의리가 있으며, 남편과 아내 사이에는 분별이 있고, 어른과 어린이 사이에는 차례가 있으며, 친구 사이에는 믿음이 있어야 한다는 것이었다.[234] 요임금[235]이 '백성들을 위로하고 오게 하며, 바로잡아주고 곧게 펴주며, 도와주고 보조해주어, 스스로 자기의 본성을 얻도록 하고,[236] 또한 그에 따라서 진작하고 은혜를 베풀어 주어라'라고 했다. 성인이 백성을 걱정하는 것이 이와 같으니, 밭을 갈 겨를이 있겠는가?"

> "當堯之時, 天下猶未平, 洪水橫流, 氾濫於天下, 草木暢茂, 禽獸繁殖. 五穀不登, 禽獸逼人, 獸蹄鳥跡之道, 交於中國, 堯獨憂之, 擧舜而敷治焉. 舜使益掌火, 益烈山澤而焚之, 禽獸逃匿. 禹疏九河, 瀹濟·漯而注諸海, 決汝·漢, 排淮·泗而注之江, 然後中國可得而食也. 當是時也, 禹八年於外, 三過其門而不入, 雖欲耕, 得乎? 后稷敎民稼穡, 樹藝五穀, 五穀熟而民人育. 人之有道也, 飽食暖衣, 逸居而無敎, 則近於禽獸. 聖人有憂之, 使契爲司徒, 敎以人倫. 父子有親, 君臣有義, 夫婦有別, 長幼有序, 朋友有信. 放勳曰, '勞之來之, 匡之直之, 輔之翼之, 使自得之, 又從而振德之.' 聖人之憂民如此, 而暇耕乎?"

[맹자가 말했다.] "요임금은 순임금을 얻지 못한 것을 자신의 근심으로

234_ 사도(司徒)는 교육을 담당하는 관리이다. 『서』「순전」편에 "순임금이 말했다. 설(契)아! 백성들이 친목하지 않고, 부자·군신·부부·장유·붕우의 다섯 가지 등급이 순조롭지 않으므로 너를 사도(司徒)로 삼으니, 공경스럽게 다섯 가지 가르침을 펼치되, 너그럽게 하도록 하라"라는 기록이 보인다. 다섯 가지 가르침[五敎]이 바로 『맹자』에 보이는 다섯 가지이다.

235_ 방훈(放勳)은 원래 『서』「요전」편에서 요임금에 대해 "옛날 요임금을 상고해보면, 공적이 매우 크다[曰若稽古帝堯, 曰放勳.]"라고 칭송한 것에서 비롯되었는데, 여기에서는 요임금을 상징하는 말로 사용되었다.

236_ 『맹자집주』에서 "스스로 자기의 본성을 얻도록 하다"라고 풀이했다.

삼았고, 순임금은 우임금과 고요(皐陶)를 얻지 못한 것을 자신의 근심으로 삼았으니, 100이랑[畝]의 땅이 다스려지지 못한 것을 자신의 근심으로 삼는 자는 농부이다. 재물을 다른 사람에게 나누어주는 것을 은혜라고 말하고, 선(善)을 다른 사람에게 가르쳐 주는 것을 충심이라고 말하며, 천하 사람들을 위하여 인재를 얻는 것을 어짊이라고 말한다. 이 때문에 천하를 다른 사람에게 주기는 쉽지만, 천하를 위하여 인재를 얻기는 어렵다. 공자가 말했다. '위대하도다, 요임금의 임금노릇 하심이여! 오직 하늘이 위대한데, 오직 요임금이 이것을 본받았으니, [그 공덕이] 넓고 넓어서 백성들이 형용할 수가 없구나. 임금답도다, 순임금이여! 높고 높아서 천하를 소유하고도 관여하지 않았다'라고 했다.[237] 요임금과 순임금이 천하를 다스릴 때 어찌 그 마음을 쓴 것이 없겠는가? 또한 밭을 가는 데에는 쓰지 않았을 뿐이다."

"堯以不得舜爲己憂, 舜以不得禹・皐陶爲己憂, 夫以百畝之不易爲己憂者, 農夫也. 分人以財謂之惠, 敎人以善謂之忠, 爲天下得人者謂之仁. 是故以天下與人易, 爲天下得人難. 孔子曰, '大哉, 堯之爲君! 惟天爲大, 惟堯則之, 蕩蕩乎民無能名焉. 君哉, 舜也! 巍巍乎有天下而不與焉.' 堯・舜之治天下, 豈無所用其心哉? 亦不用於耕耳."

[맹자가 말했다.] "나는 중국[의 예의]를 사용해서 오랑캐를 변화시켰다는 말은 들었지만, 오랑캐에 의해 변화되었다는 말은 들어보지 못했다. 진량은 초(楚)나라 출신으로, 주공과 공자의 도를 좋아하여 북쪽으로 가서 중국에서 공부했는데, 북방의 학자들 중에 혹시라도 그보다 뛰어난 자가 없었으니, 그는 이른바 걸출한 선비이다. 그대의 형제가 수십 년 동안 그를 섬겼는데, 스승이 죽자 마침내 배반하는구나.[238] 옛

237_『논어』「태백」편에 "子曰, 巍巍乎, 舜禹之有天下也而不與焉. 子曰, 大哉, 堯之爲君也! 巍巍乎唯天爲大, 唯堯則之, 蕩蕩乎民無能名焉."이라는 기록이 보인다.

238_『맹자집주』에서 "진량은 중국의 예의를 사용해서 오랑캐를 변화시켰는데, 진상

날에 공자가 죽자, 3년이 지난 이후에 문인들이 짐을 꾸려서 돌아갈 적에 자공이 있는 곳으로 들어가서 읍을 하고, 서로 향해 보면서 곡을 했는데, 모두 목이 쉰 이후에야 돌아갔다. 자공은 돌아와서 무덤의 마당에 집을 짓고서 홀로 3년을 거처한 이후에 돌아갔다. 후일에 자하(子夏)와 자장(子張), 자유(子遊)가 유약(有若)이 공자와 닮았다는 이유로,[239] 공자를 섬기던 방식으로 그를 섬기고자 하여 증자에게 강요했는데, 증자가 다음과 같이 말했다. '안 된다. [공자의 덕은] 장강(長江)과 한수(漢水)의 물로 씻는 것과 같으며, 가을 햇볕으로 쪼이는 것과 같으니, 희고 희어서 거기에 더할 수가 없다'라고 했다.[240] 지금에 왜가리 소리와 같은 남쪽 오랑캐의 소리[241]를 내는 사람의 말이 선왕의 도가 아닌데, 자네는 자네 스승을 배반하고 그것을 배우니, 또한 증자와는 다르구나. 나는 깊은 골짜기에서 나와 높은 나무로 옮겨 앉는다는 말은 들었지만, 높은 나무에서 내려와서 깊은 골짜기로 들어간다는 말은 들어보지 못했다.[242] 「노송(魯頌)」에서 '오랑캐들을 이에 정벌하며, 형(荊)나라와 서(舒)나라를 이에 응징했다'라고 했다.[243] 주공도 오랑캐들을 정벌했는데, 자네는 이것을 배웠으니, 또한 제대로 변화되지 못한 것이다."

은 오랑캐에 의해 변화되었음을 말한 것이다"라고 했다.

239_ 『예기』「단궁 상」편에 "子游曰, '甚哉! 有子之言似夫子也.'"라는 말이 보인다.

240_ 『맹자집주』에서 다음과 같이 풀이했다. "장강과 한수는 물이 많으니, 깨끗하게 씻는다는 것을 말하고, 가을 햇볕은 건조하고 따가우니, 햇볕을 쬐어 말린다는 것을 말한다. 공자의 도덕이 밝게 드러나서 빛나고 깨끗하니, 유약이 모방할 수 있는 것이 아님을 말한 것이다." 추양(秋陽)은 음력 오뉴월의 뜨거운 햇볕인데, 주나라의 달력으로는 가을에 해당된다. 호호(皜皜)는 매우 희고 흰 모양이다.

241_ 격설(鴂舌)은 왜가리의 소리인데, 그 소리가 듣기에 좋지 않다고 한다. 남쪽 오랑캐의 말이 이와 유사하며, 허행이 하는 말을 비유한 것이다.

242_ 『시』「소아 · 벌목(伐木)」편에 "나무를 베는 소리가 쩡쩡하니, 새 울음소리가 재잘재잘하는데, 깊숙한 골짜기에서 나와 높은 나무로 옮겨 앉았도다[伐木丁丁, 鳥鳴嚶嚶, 出自幽谷, 遷于喬木.]"라는 말이 보인다.

243_ 『시』는 「노송(魯頌) · 비궁(閟宮)」편이다. 응(膺)은 물리친다는 뜻이다. 형(荊)은 초(楚)나라를 말하고, 서(舒)는 초나라의 주변에 있는 오랑캐 나라이다.

"吾聞用夏變夷者, 未聞變於夷者也. 陳良, 楚産也, 悅周公·仲尼之道, 北學於中國, 北方之學者, 未能或之先也, 彼所謂豪傑之士也. 子之兄弟, 事之數十年, 師死而遂倍之. 昔者孔子沒, 三年之外, 門人治任將歸, 入揖于子貢, 相向而哭, 皆失聲, 然後歸. 子貢反, 築室於場, 獨居三年然後歸. 他日, 子夏·子張·子遊以有若似聖人, 欲以所事孔子者事之, 强曾子, 曾子曰, '不可. 江·漢以濯之, 秋陽以暴之, 皜皜[244]乎不可尙已.' 今也南蠻鴂舌之人, 非先王之道, 子倍子之師而學之, 亦異于曾子矣. 吾聞出於幽谷, 遷于喬木者, 未聞下喬木而入于幽谷者. 「魯頌」曰, '戎狄是膺, 荊·舒是懲.' 周公方且膺之, 子是之學, 亦爲不善變矣."

[진상이 말했다.] "허자의 도를 따르면 시장의 물건 가격이 서로 다르지 않아서,[245] 나라 안에서 [물건의 가격이] 거짓이 없기 때문에 비록 어리석은 어린아이[246]를 시켜서 시장에 가서 [물건을 사도록 하더라도] 혹시라도 그를 속이지 못할 것입니다. 베나 비단은 길이가 같으면 가격이 서로 같고, 삼과 실, 생사(生絲)와 솜[247]은 무게가 같으면 가격이 서로 같으며, 오곡은 수량이 같으면 가격이 서로 같고, 신발은 크기가 같으면 가격이 서로 같을 것입니다."[248] [맹자가 말했다.] "물건이 똑같지 않은 것은 물건의 실정이니, [가격의 차이가] 혹은 서로 두 배나 다섯

244_ 호호(皜皜)가 『공자개제고』에는 호호(皓皓)로 되어 있는데, 『맹자』 원문에 따라 고쳤다.

245_ 가(賈)는 시장에서 파는 물건의 가격을 말한다. 불이(不貳)는 가격이 서로 다르지 않다는 의미이다.

246_ 오척(五尺)은 키가 아주 작은 것으로, 오척지동(五尺之童)은 아직 성인이 되지 않은 어리고 무지한 아이를 말한다.

247_ 마루사서(麻縷絲絮)는 삼과 실, 생사(生絲)와 솜을 말한다.

248_ 『맹자집주』에서 "허행은 시장에서 파는 물건은 정밀하거나 조잡함, 좋거나 나쁨을 따지지 않고, 길이와 무게, 수량과 크기로 가격을 매기려고 했다"라고 풀이했다.

배가 되고,[249] 혹은 서로 열 배나 백 배가 되며, 혹은 서로 천 배나 만 배가 된다. 자네는 이것을 나란히 동일하게 하려고 하니, 이것은 천하를 어지럽히는 것이다. 큰 신발과 작은 신발이 가격이 동일하다면 사람들이 어찌 큰 신발을 만들겠는가? 허자의 도를 따르면 서로 이끌어서 속이게 하는 것이니, 어떻게 국가를 다스릴 수 있겠는가?"(『맹자』「등문공 상」)

"從許子之道, 則市賈不貳, 國中無僞, 雖使五尺之童適市, 莫之或欺. 布帛長短同, 則賈相若, 麻縷絲絮輕重同, 則賈相若, 五穀多寡同, 則賈相若, 屨大小同, 則賈相若." 曰, "夫物之不齊, 物之情也, 或相倍蓰, 或相什伯, 或相千萬. 子比而同之, 是亂天下也. 巨屨小屨同, 賈人豈爲之哉? 從許子之道, 相率而爲僞者也, 惡能治國家?"(『孟子』「滕文公 上」)

康17-21

허행은 베로 만든 거친 옷을 입고 깔자리를 직접 짰으며, 고담준론을 하면서 농사일을 병행했으니, 그 도[의 실천]은 매우 힘들다. 본래는 묵학(墨學)이었는데 조금 변화시켜서 스스로 자기의 문호를 세우려고 한 자이다. 당시 교설의 창립이 분분했지만, 스스로 문호를 세운 자는 적었고, 핵심 요지를 만들어서 스스로 하나의 교설로 명명하려고 잠시 생각했을 뿐이다. 장자는 묵자가 거친 옷을 입고, 허름한 신발을 신으며, 밤낮으로 쉬지 않고 노동하여 스스로를 고생시키는 것이 최고라고 여겼으며, 그 도는 너무 각박하다고 말했는데,[250] 베로 만든 거친 옷을 입고 깔자리를 직접 짜는 것 또한 너무 각박하다. 농사를 함께 병행하는 것과 물건의 가격을 동일하게 하는 것은 [묵자의] 상동(尙同)의 남겨진 뜻이다. 따라서 허행은 반드시 묵자의 후학이며, [말한 것이] 모두

249_ 배사(倍蓰)는 2배와 5배를 말한다.

250_『장자』「천하」편에 보인다.

선왕을 거짓으로 가탁하여 힘써 공자와 힐난했기 때문에 맹자가 그를 강력하게 공격한 것이다.

許行被褐織席, 高談並耕, 其道甚苦. 蓋本爲墨學而稍變之, 欲自立門戶者. 當時創教紛紛, 少自立者, 輒思創宗旨以自名一教. 莊子謂墨者以裘褐爲衣, 以跂蹻爲服, 日夜不休, 以自苦爲極, 其道大觳, 被褐織席, 亦大觳矣. 並耕同賈, 則尙同之餘義. 故許行必墨氏後學, 皆假託先王, 力與孔子爲難, 故孟子極力攻之.

<이상 유가가 허자를 공격하다: 右儒攻許子>

15. 유가가 진중자를 공격하다 [儒攻陳仲子]

17-15-1

광장(匡章)이 말했다. "진중자(陳仲子)[251]는 어찌 참으로 청렴한 선비가 아니겠는가? 오릉(於陵)에 거처할 때, 3일 동안 먹지 못하여 귀에는 들리는 것이 없었고, 눈에는 보이는 것이 없었는데, [남에게 구차하게 구걸하지 않고] 우물가에 굼벵이가 반 이상을 파먹은 오얏 열매가 있자, 엉금엉금 기어가서 그것을 먹었는데, 세 번 삼킨 이후에야 귀에 들리는 것이 있었고, 눈에 보이는 것이 있었다."[252] 맹자가 말했다. "제(齊)나라의 선비 중에서 나는 반드시 진중자를 최고로 여긴다.[253] 비록 그렇지

251_ 진중자(陳仲子)은 제(齊)나라 사람인데, 전중(田仲) 또는 오릉중자(於陵仲子)라고도 한다.

252_ 조(螬)는 굼벵이이고, 포복(匍匐)은 엉금엉금 기어가는 것이며, 인(咽)은 삼키는 것이다.

만, 진중자가 어찌 청렴할 수 있겠는가? 진중자의 지조를 충족시키려면, 지렁이가 된 이후에야 가능할 것이다.[254] 저 지렁이는 위로는 마른 흙을 먹고 아래로는 누런 물을 마시니, 진중자가 거처하는 집은 백이가 지은 것인가? 아니면 또한 도척이 지은 것인가? 먹는 곡식은 백이가 심은 것인가? 아니면 또한 도척이 심은 것인가? 이것을 알 수 없도다."[255] [광장이] 말했다. "이것이 어찌 [그의 청렴함을] 해치겠습니까? 그가 몸소 신발을 짜고, 아내가 길쌈하여 옷감을 짜서[256] 곡식과 바꿉니다." [맹자가] 말했다. "진중자는 제(齊)나라에서 대대로 경(卿)의 벼슬을 맡는 집안 사람이다.[257] 형인 대(戴)가 합(蓋) 땅에서 많은 봉록을 받았는데,[258] 형의 봉록을 의롭지 못한 봉록이라고 여겨서 먹지 않았고, 형의 집을 의롭지 못한 집이라고 여겨서 거처하지 않았으며, 형을 피하고 어머니를 떠나서 오릉에 거처했다. 다른 날에 집으로 돌아가니, 어떤 사람이 그의 형에게 살아 있는 거위를 선물했는데, 진중자는 이마를 찌푸리면서[259] '이 꽥꽥거리는 거위[260]를 어디에 쓰려하는가?'라고 했다. 다른 날에 그 어머니가 이 거위를 잡아서 그에게 주어서 먹고

253_ 거벽(巨擘)은 엄지손가락인데, 가장 뛰어난 인물을 의미한다.

254_ 인(蚓)은 지렁이이다. 『맹자집주』에서는 "진중자는 청렴하다고 할 수 없으니, 만일 반드시 그의 지조를 충족시키려고 한다면 오직 지렁이처럼 세상에 요구하는 것이 없은 뒤에야 청렴하다고 할 수 있다"라고 했다. 즉 진중자가 집에 거처하고 곡식을 먹는 것은 모두 다른 사람에게 의지한 것이며, 혹시 그것들이 의리에 맞지 않는 경우가 있으면 결코 청렴하다고 할 수 없다는 것이다.

255_ 고양(槁壤)은 마른 흙덩이이고, 황천(黃泉)은 누렇고 흐린 물이다. 지렁이는 사람에게 의지하지 않고도 스스로 만족할 줄 안다. 이에 비해 진중자는 누군가가 지은 집과 심은 곡식에 의존하여 살기 때문에 만약 집과 곡식에 의리가 아닌 것이 있으면 지렁이보다 청렴하지 못한 것이다.

256_ 벽로(辟纑)는 길쌈하고 누여서 옷감을 짜는 것이다.

257_ 세가(世家)는 대대로 경(卿)의 벼슬을 맡는 집안을 말한다.

258_ 종(鍾)은 용량의 단위이며, 만종(萬鍾)은 많은 봉록을 받는다는 뜻이다.

259_ 빈축(頻顣)은 이마를 찌푸려서 불쾌감을 드러내는 것이다.

260_ 예예(鶃鶃)는 꽥꽥하면서 거위가 내는 소리이다.

있었는데, 형이 밖에서 돌아와 '이것은 꽥꽥거리는 거위의 고기이다' 라고 말하자, 밖으로 나가서 그것을 토해 버렸다. 어머니[가 만들었다는] 이유로 먹지 않고 아내[가 만들었다는] 이유로 먹으며, 형의 집[이라는] 이유로 거처하지 않고 오릉[이라는] 이유로 거처하니, 이러고도 여전히 그 [지조를 지키는] 종류에 충족될 수 있겠는가? 진중자와 같은 자는 지렁이가 된 뒤에야 그 지조를 충족시킬 수 있을 것이다."(『맹자』「등문공 하」)

> 匡章曰, "陳仲子, 豈不誠廉士哉? 居于陵, 三日不食, 耳無聞, 目無見也. 井上有李螬食實者過半矣, 匍匐往將食之, 三咽然後, 耳有聞, 目有見." 孟子曰, "于齊國之士, 吾必以仲子爲巨擘焉. 雖然, 仲子惡能廉? 充仲子之操, 則蚓而後可者也. 夫蚓上食槁壤, 下飮黃泉, 仲子所居之室, 伯夷之所築與? 抑亦盜蹠之所築與? 所食之粟, 伯夷之所樹與? 抑亦盜蹠之所樹與? 是未可知也." 曰, "是何傷哉? 彼身織屨, 妻辟纑, 以易之也." 曰, "仲子, 齊之世家也. 兄戴, 蓋祿萬鍾, 以兄之祿爲不義之祿而不食也, 以兄之室爲不義之室而不居也, 辟兄離母, 處於於陵. 他日歸, 則有饋其兄生鵝者, 己頻顣曰, '惡用是鶂鶂者爲哉?' 他日, 其母殺是鵝也, 與之食之, 其兄自外至, 曰, '是鶂鶂之肉也.' 出而哇之. 以母則不食, 以妻則食之, 以兄之室則弗居, 以于陵則居之, 是尙爲能充其類也乎? 若仲子者, 蚓而後充其操者也."(『孟子』「滕文公 下」)

康17-22

진중자도 당시에 교설을 창립한 사람이다. 그의 학문을 비록 볼 수는 없지만, 몸소 신발을 짜고 길쌈하여 옷감을 짠 것은 재용을 절약하고 고행한 것이며, 형을 피하고 어머니를 떠난 것은 인륜을 가볍게 여긴 것이니, 아마도 묵자의 풍격을 들은 자일 것이다. 순자는 [그의 행동이] 명성을 훔치는 것이라고 여겼으니,[261] 대체로 고행으로 남을 감동시키되 언론은 중시하지 않았기 때문이다. 공자의 도는 사람으로써 사람을 다스리되, 적당하게 하고 그친다. 진중자는 의리는 알지만 인(仁)을 알지 못하니, 그 근본을 잃어버렸다.

陳仲子亦當時創教之人. 其學雖不可見, 然織屨辟纑, 節用苦行, 避兄離母, 薄於人倫, 殆聞墨子之風者. 荀子以爲盜名, 大約以苦行動人而不尙言論也. 孔子之道, 以人治人, 可而止. 陳仲子知義而不知仁, 失其本矣.

17-15-2[262]

[어떤 사람들은] 감정이나 성질을 참고, 아주 멀리 세속을 떠나 고고하게 있으면서 진실로 남들과는 다르게 구별되는 것을 고귀하다고 여기기 때문에 큰 무리들과 맞추어서 큰 명분을 밝힐 수가 없다. 그렇지만 그 주장에는 근거가 있고 그 말에는 논리가 있어서 어리석은 대중들을 속이고 현혹시킬 수 있으니, 그들은 바로 진중(陳仲)과 사추(史鰌)이다. (『순자』「비십이자」)

忍情性, 綦谿利跂, 苟以分異人爲高, 不足以合大衆, 明大分. 然而其持之有故, 其言之成理, 足以欺惑愚衆, 是陳仲・史鰌也.(『荀子』「非十二子」)

261_ 『순자』「불구(不苟)」편에 다음과 같은 내용이 보인다. "남이 싫어하는 것은 나도 역시 그것을 싫어한다. 부귀한 자에게는 오만하게 대하고, 빈천한 자에게는 부드럽게 대하려고 하니, 이것은 사람의 본래 정서가 아니다. 이것은 간사한 사람이 장차 어지러운 세상에서 명성을 훔치려고 하는 것이다. 음험함이 이보다 더 큰 것은 없다. 따라서 '명성을 훔치는 것이 재화를 훔치는 것보다 못하다'고 하니, 전중(田仲)과 사추(史鰌)가 도둑보다 못한 것이다[人之所惡者, 吾亦惡之. 夫富貴者則類傲之, 夫貧賤者則求柔之, 是非人之情也. 是姦人將以盜名於晻世者也. 險莫大焉. 故曰, '盜名不如盜貨.' 田仲・史鰌不如盜也.]"

262_ 이하에서 인용한 『순자』「비십이자」편의 내용은 이 책의 제2권 제1절〈2-1-1〉에서 이미 인용했다. 자세한 주석은 앞의 내용을 참조 바람.

17-15-3

맹자가 말했다. "진중자는 의롭지 못한 방법으로 그에게 제나라를 준다면 받지 않을 것임을 사람들은 모두 믿고 있지만, 이것은 밥 한 그릇과 국 한 그릇을 버리는 의리이다. 사람에게는 [인륜보다] 더 큰 것이 없는데, [그에게는] 친척과 군신과 상하가 없으니, 작은 것을 큰 것이라고 믿는 것이 어찌 옳겠는가?"[263](『맹자』「진심 상」)

孟子曰, "仲子, 不義, 與之齊國而弗受, 人皆信之, 是舍簞食豆羹之義也. 人莫大焉, 亡親戚君臣上下. 以其小者信其大者, 奚可哉?"(『孟子』「盡心 上」)

康17-23

진중자의 핵심 교설은 비록 고찰할 수 없지만, 친척과 군신과 상하가 없다고 맹자가 공격했으니, 그의 이론은 불교와 대략 같으며, 다만 부인이 있었을 뿐이다. 그의 고행도 불교와 같기 때문에 천하를 감동시킬 수 있었다. 그러나 조(趙)나라 위후(威后)는 심지어 그를 죽이려고 했으니, 그에게는 군주가 없다고 생각했기 때문이다.[264] 공자의 도와는

263_ 『맹자집주』에서 "그가 형을 피하고 어머니를 떠나며, 군주의 봉록을 먹지 않아서 인도(人道)의 큰 윤리가 없으니, 죄가 이보다 클 수 없다. 어찌 작은 청렴을 큰 절개라고 믿는데도 그를 어질다고 할 수 있겠는가?"라고 했다.

264_ 위후(威后)는 조(趙)나라 효성왕(孝成王)의 어머니로, 혜문왕(惠文王)이 죽고 효성왕이 즉위하자 수렴청정을 했다. 『전국책』「제책 일(齊策 一)」의 「제나라 왕이 사신에게 조나라 위후를 문안하도록 한 일[齊王使使者問趙威后]」이라는 조목에 보이는 내용이다. 위후는 사신에게 제나라의 여러 인물에 대해 안부를 물었는데, 그 중에 진중자에 대해서는 다음과 같이 말했다. "오릉의 진중자는 아직도 살아 있는가? 그의 사람됨은 위로는 왕에게 신하노릇을 하지 않고, 아래로는 자기 집안도 다스리지 못하며, 중간으로는 제후들과 교제를 맺지 않고 있다. 이것은 백성들을 이끌고 무용한 데로 인도하고 있는 것인데, 어찌 지금까지 죽이지 않았는가?"

현격하게 다르기 때문에 맹자가 공격하지 않을 수 없었다.

仲子宗旨雖不可考, 而孟子攻其亡親戚君臣上下, 則其說與佛氏略同, 但有妻耳. 其苦行亦與佛同, 故能風動天下. 趙威后至欲殺之, 想以其無君也. 顯違孔子之道, 故孟子不得不攻之.

<이상 유가가 진중자를 공격하다: 右儒攻陳仲子>

16. 유가가 추자를 공격하다 [儒攻騶子]

17-16-1

추연(騶衍)은 나라를 소유한 자가 더욱더 음란하고 사치하여, 덕(德)을 숭상하기를 마치 「대아(大雅)」[의 군주들]과 같이, 자기 몸에 덕을 바르게 닦아서 혜택이 일반 백성들에게까지 미치지 못하는 것을 직접 보았다. 이에 음양(陰陽)이 사라지고 생겨나는 변화를 깊이 관찰하고, 괴이하고 황당한 변화 현상을 기록했다. 『종시(終始)』와 『대성(大聖)』이라는 책 10만여 글은 그 말이 너무 넓고 커서 황당하지만, 반드시 작은 사물에서 먼저 검증하고, 그것을 추론하고 확대시켜서 무한한 상태까지 이르렀다. [시대에 대한 기록은] 먼저 현재[전국시대]에 대해 서술하여 위로 황제(黃帝) 시대까지 올라갔는데, [그 내용은] 학자들이 공통으로 서술한 것이며, 대체로 시대의 흥성과 쇠퇴에 따라서 [기록했다.] 그것을 통해서 [각 시대의] 길흉의 조짐과 제도를 기재하고, 그것을 추론하고 멀리 확대시켜서 천지가 아직 생기기 전의 상태, 즉 고찰하여 근원을 찾을 수 없는 심원하고 오묘한 상태에까지 이르렀다. [사물에 대한 기록은] 먼저 중국의 유명한 산과 큰 강, 유명한 계곡과 금수, 해상과 육상의 식물, 사물들 중에서 진귀한 것을 나열하여 기록하고, 그것을 통해 추론해나가서 사람들이 볼 수 없는 바다 밖의 사물에까지 이르렀다. 하늘과 땅이 나누어진 이후로, 오덕(五德)이 순환하고, [각 왕조의] 정치는 각각 마땅함이 있었는데, [오덕의 순환과 왕조의 정치가] 이러저러하게 서로 부응한다는 것을 증명했다. 그는 유학자들이 말하는 중국(中國)은 천하를 81개 부분으로 나누었을 때 그중 1개 부분을 차지할 뿐이라고 했고, 중국을 '적현신주(赤縣神州)'라고 명명했다. 적현신주 안에는 자체로 구주(九州)가 있으며, 우(夏)임금이 정리한 구주(九州)가 바로 그것인데, 이것은 주(州)의 숫자에는 포함되지 않는다. 중국 이외에도 적현신주와 같은 것이 [적현신주를 포함해서] 9개나 되는데, 그것이 바로 구주이다. 거기에는 작은 바다가 [각각의 주를] 둘러싸고 있어서, 백성들과 금수가 서로 마주칠 수 없는 것이 마치 하나의 구역을 형성하고 있는 것과 같으니, 그것이 곧 하나의 주(州)이다. 이와 같은 것이 9개이며, 큰 바다가 그것의 밖을 둘러싸고 있는데, 그것이 하늘과 땅의 경계이다. 그가 기술한 내용은 모두 이와 같은 종류이다.[265] 그러나 그 귀결처는 반드시 인의(仁義)와 절약과 검소함, 군신과 상하 관계, 육친(六親)[266] 사이에 행해지는 일에 귀착되는데, 그 시작은 술잔을 띄울 만할 정도였을 뿐이다.[267](『사기』「맹자순경열전」)

265_ 이상에서 인용한 『사기』「맹자순경열전」의 내용은 이 책의 제3권 제10절 〈3-10-1〉에서 이미 인용했다. 자세한 주석은 앞의 내용을 참조 바람.

266_ 육친(六親)은 부자(父子)·형제(兄弟)·부부(夫婦)를 말한다. 『노자』 제18장에도 "大道廢有仁義, 慧智出有大僞, 六親不和有孝慈, 國家昏亂有忠臣."이라는 내용이 보인다.

267_ 람(濫)은 『사기색은』에서 남상(濫觴)의 뜻으로 풀이했는데, 남상은 술잔을 띄울 만한 작은 물로, 황하나 장강과 같은 큰 강도 그 근원은 매우 작다는 의미이다. 추연의 이론이 후대에 인의나 군신 등의 사이에서 행해지는 수많은 일들의 근원이나 기원이 된다는 뜻이다. 『순자』「자도(子道)」편에 "옛날 장강의 물은 민산에서 나왔다. 그것이 처음 흘러나올 때, 그 수원은 가히 술잔을 띄울 만했다[昔者江出於㟭山, 其始出也, 其源可以濫觴.]"라는 말이 보인다.

騶衍睹有國者益淫侈, 不能尙德, 若「大雅」整之于身, 施及黎庶矣. 乃深觀陰陽消息, 而作怪迂之變. 『終始』·『大聖』之篇十余萬言, 其語閎大不經, 必先驗小物, 推而大之, 至于無垠. 先序今, 以上至黃帝, 學者所共術, 大幷世盛衰. 因載其禨祥度制, 推而遠之, 至天地未生, 窈冥不可考而原也. 先列中國名山大川, 通谷禽獸, 水土所殖, 物類所珍, 因而推之, 及海外人之所不能睹. 稱引天地剖判以來, 五德轉移, 治各有宜, 而符應若茲. 以爲儒者所謂中國者, 于天下乃八十一分居其一分耳. 中國名曰'赤縣神州.' 赤縣神州內, 自有九州, 禹之序九州是也, 不得爲州數. 中國外如赤縣神州者九, 乃所謂九州也. 于是有裨海環之, 人民·禽獸莫能相通者, 如一區中者, 乃爲一州. 如此者九, 乃有大瀛海環其外, 天地之際焉. 其術皆此類也. 然要其歸, 必止乎仁義·節儉·君臣·上下·六親之施, 始也濫耳.(『史記』「孟子荀卿列傳」)

17-16-2

추연은 성인을 비난하고, 괴이하고 황당한 현상을 기록하여 육국(六國)의 군주들을 현혹시켜 자신의 주장을 받아들이게 했다. 이것이 바로 『춘추』에서 말한 "필부가 제후를 어지럽히고 현혹시킨다"라는 것이다.[268](『염철론』「논추」

鄒衍非聖人, 作怪誤,[269] 惑六國之君以納其說. 此『春秋』所謂"匹夫熒

268_ 『사기』「공자세가」에 "필부가 감히 제후를 어지럽히고 현혹시키니, 그 죄는 주살에 처하는 것이 마땅하다[匹夫而營惑諸侯者, 罪當誅.]"라는 말이 보인다. 이것은 노나라와 제나라가 협곡(夾谷)의 회담을 할 때, 제나라의 배우와 광대들이 공연한 것에 대해 공자가 한 말이다. 『공양전』「정공(定公)」 10년에 "夏, 公會齊侯于頰谷, 公至自頰谷."이라는 기록이 있는데, 하휴의 주에서도 "孔子曰, 匹夫而熒惑于諸侯者誅."라고 했다.

269_ 오(誤)는 『염철론교주』에서 장돈인(張敦仁)이 『사기』「맹자순경열전」에서 추연

惑諸侯"者也.(『鹽鐵論』「論鄒」)

<이상 유가가 추자를 공격하다: 右儒攻騶子>

17. 유가가 순우곤을 공격하다 [儒攻淳于髡]

17-17-1

순우곤(淳于髡)이 "남녀 사이에 주고받는 것을 직접 하지 않는 것이 예법입니까?"라고 묻자, 맹자가 "예법이다"라고 대답했다.[270] "제수씨가 물에 빠지면 손으로 그녀를 구원해야 합니까?"라고 묻자, 맹자가 대답했다. "제수씨가 물에 빠졌는데도 구원하지 않는다면 이것은 승냥이이니, 남녀 사이에 주고받는 것을 직접 하지 않는 것은 예법이고, 제수씨가 물에 빠졌으면 손으로 구원하는 것은 권도(權道)이다." "지금 천하가 혼란에 빠졌는데, 선생님이 구원하지 않는 것은 무엇 때문입니까?"라고 묻자, "천하가 혼란에 빠지면 도로써 구원하고, 제수씨가 물에 빠지면 손으로 구원하는 것이니, 자네는 손으로 천하를 구원하려고 하는가?"(『맹자』「이루 상」)

淳于髡曰, "男女授受不親, 禮與?" 孟子曰, "禮也." 曰, "嫂溺則援之以手乎?" 曰, "嫂溺不援, 是豺狼也. 男女授受不親, 禮也, 嫂溺援之以手者, 權也." 曰, "今天下溺矣, 夫子之不援, 何也?" 曰, "天下溺, 援之以道, 嫂溺, 援之以手, 子欲手援天下乎?"(『孟子』「離婁 上」)

에 대해 '作怪迂之變'이라고 말한 것에 근거하여, 우(迂)자가 되어야 한다고 했다.

270_『예기』「방기(坊記)」편에 "男女授受不親."이라는 기록이 보인다.

康17-24

순우곤은 당시 변론가들이 모여 있던 직하(稷下)의 문객이었으니, 혹 혜시(惠施)의 무리일 가능성이 있다. 남녀의 예법을 인용할 수 있었는데, 대체로 유가의 핵심을 조금 알아서 자사(子思)와 공명자(公明子)를 공격했으니,[271] 또한 이교도가 유가를 공격한 것이다.

淳于髡蓋當時辨者之囿, 稷下之客, 或惠施之徒歟. 能引男女之禮, 蓋稍知儒旨而攻子思·公明子, 則亦異敎攻儒者也.

<이상 유가가 순우곤을 공격하다: 右儒攻淳于髡>

18. 유가가 자막을 공격하다 [儒攻子莫]

17-18-1

자막(子莫)은 [양주와 묵적의] 중간 입장을 선택했으니,[272] 중간 입장을

271_『맹자』「고자 하」편에 순우곤이 "노(魯)나라 목공(繆公)의 시대에는 공의자(公儀子)가 정치를 담당했고, 자류(子柳)와 자사(子思)가 신하가 되었는데도 노나라의 쇠퇴함이 더욱 심했으니, 이처럼 현자는 나라에 무익합니다[魯繆公之時, 公儀子爲政, 子柳·子思爲臣, 魯之削也滋甚, 若是乎賢者之無益于國也.]"라고 한 말이 보인다. 『맹자』에는 '공의자(公儀子)'로 되어 있는데, 캉유웨이가 '공명자(公明子)'로 잘못 인용한 듯하다.

272_ 중간[中]이란 양주(楊朱)와 묵적(墨翟)이 주장하는 것의 중간을 말한다. 즉 이 내용 앞에서 맹자는 "양주는 위아(爲我)를 취했으니, 머리털 하나를 뽑아서 천하가 이롭게 되더라도 하지 않았다. 묵적은 겸애(兼愛)했으니, 이마를 갈아 없애서 발꿈치에 이를 정도로 노동을 하더라도 천하에 이로우면 그것을 실천했다[楊子, 取爲我, 拔一毛而利天下, 不爲也. 墨子, 兼愛, 摩頂放踵, 利天下, 爲之.]"라고 말했다. 『맹자집주』에서는 "양주와 묵적이 중도(中道)를 잃었다는 것을 알았기 때문에

선택하는 것이 도에는 가깝지만, 중간 입장을 선택하면서 권도(權道)가 없는 것은 한쪽 입장을 선택하는 것과 같다. 한쪽 입장을 선택하는 것을 싫어하는 것은 그것이 도를 해치기 때문이니, 한 가지를 들어서 실행하고 백 가지를 폐기하는 것이다.[273](『맹자』「진심 상」)

子莫執中, 執中爲近之, 執中無權, 猶執一也. 所惡執一者, 其賊道也, 擧一而廢百也.(『孟子』「盡心 上」)

康17-25

자막이 [양주와 묵적의] 중간 입장을 선택한 것은 공자에 가깝다. 그러나 그는 결국 별도로 하나의 교설을 창립하여 공자를 따르지 않았다. 맹자는 공자 문하의 무장(武將)[274]과 같은 사람이었기 때문에 그를 공격한 것이다.

子莫執中, 蓋與孔子近矣. 然彼究別創一教, 不從孔子. 孟子爲孔門禦侮, 故並攻之也.

<이상 유가가 자막을 공격하다: 右儒攻子莫>

둘 사이에서 판단하여 그 중간을 잡은 것이다[知楊墨之失中也. 故度於二者之間, 而執其中.]"라고 했다.

273_ 『맹자집주』에서 "위아(爲我)는 인(仁)을 해치고, 겸애(兼愛)는 의(義)를 해치며, 중간 입장을 선택하는 것은 시중(時中)을 해치니, 모두 한 가지를 들어서 실행하고 백 가지를 폐기하는 것이다"라고 풀이했다.

274_ 어모(禦侮)는 다른 사람이나 적의 업신여김을 방어한다는 말이다. 『시』「대아 · 면(緜)」편에 '予曰有禦侮.'라는 말이 있는데, 『시경집전』에서 "무신(武臣)이 적의 예봉을 꺾는 것을 어모(禦侮)라고 한다"라고 풀이하기도 했다. 따라서 무신(武臣)이나 무장(武將)의 의미로도 사용된다.

19. 유가가 백규를 공격하다 [儒攻白圭]

17-19-1

백규(白圭)가 말했다. "제가 치수하는 것은 우임금보다 낫습니다."[275] 맹자가 말했다. "자네가 지나치구나. 우임금의 치수는 물의 길을 따른 것이다. 이 때문에 우임금은 사해(四海)를 물을 받아들이는 골짜기로 삼았는데,[276] 지금 자네는 이웃 나라를 물을 받아들이는 골짜기로 삼았다. 물이 거슬러 흐르는 것을 큰물[277]이라고 하니, 큰물은 홍수이다. 어진 사람이 미워하는 것이니, 자네가 지나치구나."(『맹자』「고자 하」)

白圭曰, "丹之治水也, 愈于禹." 孟子曰, "子過矣. 禹之治水, 水之道也. 是故禹以四海爲壑, 今吾子以鄰國爲壑. 水逆行謂之洚水, 洚水者, 洪水也. 仁人之所惡也, 吾子過矣."(『孟子』「告子 下」)

17-19-2[278]

백규(白圭)가 "나는 20분의 1의 조세법을 시행하고자 하는데, 어떻습니까?"라고 물으니, 맹자가 "그대의 방법은 맥국(貉國) 오랑캐의 방법이다. 1만 가구가 있는 국가에서 한 사람이 질그릇을 생산하면 [모든 집이] 사용할 수 있는가?"라고 묻자, "사용할 수 없습니다. 그릇이 사용하

275_ 『맹자집주』에서 인용한 조씨(趙氏)에 의하면, 당시 제후국에 작은 홍수가 있었는데, 백규가 제방을 쌓아 물을 막아서 다른 나라로 물길을 돌렸다고 한다.

276_ 학(壑)은 물을 받아들이는 골짜기를 말한다.

277_ 강수(洚水)는 큰 비가 오거나 물이 역행해서 넘쳐흐르는 큰물을 말한다.

278_ 이하에서 인용한 『맹자』「고자 하」편의 내용은 이 책의 제3권 제9절 〈3-9-1〉에서 이미 인용했다. 자세한 주석은 앞의 내용을 참조 바람.

기에 부족합니다"라고 대답했다. 맹자가 말했다. "저 맥국 오랑캐는 오곡이 자라지 않고, 오직 기장만이 생산되니, 성곽(城郭)과 궁실(宮室), 종묘(宗廟)와 제사(祭祀)의 예법이 없고, 제후들과 예물을 주고받고 음식으로 대접하는 예법이 없으며, 관료 조직[百官]이나 담당 관리[有司]가 없다. 따라서 20분의 1[의 조세]만 시행하여도 충분하다. 지금 중국에 살면서 인륜을 버리고, 관료[君子]가 없다면 어떻게 가능하겠는가? 질그릇[의 생산]이 적다는 이유만으로도 나라를 다스릴 수 없는데, 하물며 관료[君子]가 없다면 가능하겠는가? [세금을] 요순의 도보다 가볍게 하려는 것은 큰 맥국 오랑캐[에 비하면] 작은 맥국 오랑캐이며, 요순의 도보다 무겁게 하려는 것은 걸왕(桀王)[에 비하면] 작은 걸왕이다."(『맹자』「고자 하」)

白圭曰, "吾欲二十而取一, 何如." 孟子曰, "子之道, 貉道也. 萬室之國, 一人陶, 則可乎?" 曰, "不可. 器不足用也." 曰, "夫貉, 五穀不生, 惟黍生之, 無城郭·宮室·宗廟·祭祀之禮, 無諸侯幣帛·饔飧, 無百官·有司. 故二十取一而足也. 今居中國, 去人倫, 無君子, 如之何其可也? 陶以寡, 且不可以爲國, 況無君子乎? 欲輕之于堯舜之道者, 大貉, 小貉也, 欲重之于堯舜之道者, 大桀, 小桀也."(『孟子』「告子 下」)

康17-26

『사기』를 고찰해보면,[279] 백규도 당시에 도술(道術)을 가지고 있던 자이

279_ 『사기』「화식열전(貨殖列傳)」에 다음과 같은 기록이 보인다. "백규는 주(周)나라 사람이다. 위문후(魏文侯) 때, 이극(李克)은 토지의 생산력을 극대화하는 데 힘썼는데, 백규는 시세의 변화를 즐겨 관찰했다. 따라서 남들이 버리면 자신은 사들이고, 남들이 취하면 자신은 팔았다. 음식은 변변찮게 먹고, 하고 싶은 것을 참고 견디며, 의복을 검소하게 입으면서 자기 밑에서 일하던 하인들과 고락을 함께했는데, 기회를 놓치지 않고 잡는 것은 사나운 짐승이나 새가 먹이를 낚아채듯이 했다. 따라서 '내가 생산 활동을 하는 것은 마치 이윤(伊尹)과 여상(呂尙)의 정치 계

다. 다만 재능이 천박했기 때문에 맹자가 그를 물리치는 것은 매우 쉬웠다.

以『史記』考之, 白圭亦當時有道術者. 但是粗才, 以孟子辟之固易易.

<이상 유가가 백규를 공격하다: 右儒攻白圭>

20. 이름 모를 모든 잡다한 교설을 순자가 공격한 점은 맹자와 동일하다 [皆不知名雜教, 荀子攻之, 與孟子同]

17-20-1

세속의 논자가 다음과 같이 말했다. "걸왕과 주왕이 천하를 소유하고 있었는데, 탕왕과 무왕이 그것을 찬탈했다." 이것은 그렇지 않다.(『순자』「정론」)

世俗之爲說者曰, "桀·紂有天下, 湯·武簒而奪之." 是不然.(『荀子』「正論」)

17-20-2

지금 세속의 논자가 걸왕과 주왕을 군주로 여기고, 탕왕과 무왕을 군주를 시해한 자로 여긴다. 그렇다면 이것은 백성의 부모를 비난하고, 백성이 원한을 맺고 있는 적을 어른으로 모시는 것이니,[280] 불상사가

획, 손자(孫子)와 오자(吳子)의 군대 운용, 상앙(商鞅)의 법률 시행과 같다'라고 했다."

280_ 주(誅)는 책망하고 비난한다는 뜻이고, 사(師)는 양경이 장(長)의 뜻이라고 했

이보다 더 큰 것은 없다. 천하를 통합하는[281] 자를 군주로 여긴다면 천하가 걸왕과 주왕에게 통합된 적은 없다. 그렇다면 탕왕과 무왕을 군주를 시해한 자로 여기는 것은 천하에서 논의된 적이 없었고, 단지 그들을 헐뜯으려는 것[282]일 뿐이다.(『순자』「정론」)

今世俗之爲說者, 以桀·紂爲君, 而以湯·武爲弑, 然則是誅民之父母而師民之怨賊也, 不祥莫大焉. 以天下之合爲君, 則天下未嘗合於桀·紂也. 然則以湯·武爲弑, 則天下未嘗有說也, 直墮[283]之耳.(『荀子』「正論」)

康17-27

『서(書)』에서는 "나를 어루만져주면 임금이고, 나를 학대하면 원수이다"라고 말했고,[284] 맹자는 "포악하고 잔인한 자를 [임금이라고 하지 않고] 한 명의 남자라고 한다"라고 말했다.[285] 그리고 『예(禮)』에서는 "시장에서 사람에게 형벌을 내릴 때는 대중들과 함께 그 사람을 버린다"라고 말했으니,[286] 백성들에게 해가 되는 자는 누구라도 모두 그를 주륙할 수가 있었다. 하늘이 백성을 만들고, 그들에게 임금을 세워서, 그들로 하여금 백성을 맡아 다스려 그 본성을 잃지 않도록 했다. 따라서 요임금과 순임금은 하늘의 복록(福祿)이 영원히 끊어지고 천하가 곤궁해지는 것에 조심조심 함으로써[287] 천명이 쉽게 받을 수 있는 것이 아니다.

281_ 합(合)은 민심을 모아서 천하를 통합하는 것이다.

282_ 타(墮)는 학의행이 훼(毁), 즉 헐뜯고 비난한다는 의미라고 했다.

283_ 타(墮)가 『공자개제고』에는 휴(隳)로 되어 있는데, 『순자』 원문에 따라 고쳤다.

284_ 『서』「태서 하(泰誓 下)」편에 보인다.

285_ 『맹자』「양혜왕 하」편에 보인다.

286_ 『예기』「왕제(王制)」편에 보인다.

287_ 『논어』「요왈」편에 "堯曰, 咨, 爾舜! 天之曆數在爾躬, 允執其中, 四海困窮, 天祿永終."이라는 말이 보인다.

님을 보여주었다. 이것은 공자의 매우 특별한 뜻인데, 학자들도 의혹을 가졌으며, 매번 세속의 논자들에 의해 거론되었다. 순자가 강력하게 그것을 물리치니, 맹자와 마찬가지이다. 또한 사마천의 『사기』를 살펴보면, 항우(項羽)는 「본기(本紀)」에 세우고, 진섭(陳涉)은 「세가(世家)」에 세움으로써 진(秦)나라 왕이 무도하여 사람들이 모두 그를 주살할 수 있었는데, 진섭과 항우가 가장 앞장서서 진나라를 멸망시켰기 때문에 진나라를 대신할 수 있다는 것을 보여주었다. 이 또한 한 명의 탕왕과 무왕이다. 다만 폭력으로써 폭력을 바꾸었기 때문에[288] 유종의 미를 거두지 못했을 뿐이다. 사마천이 그들을 위하여 「본기」와 「세가」를 세운 것이 바로 이러한 뜻이 아니겠는가?

『書』稱"撫我則后, 虐我則讐", 孟子稱"殘賊之人謂之一夫". 『禮』稱"刑人於市, 與衆共之", 則爲民賊者, 人人皆得而僇之也. 夫天生民而樹之君, 使司牧之, 勿失其性. 故堯·舜兢兢於天祿永終, 四海困窮, 以見天命之不易假也. 此爲孔子非常異義, 學者疑惑, 每爲世俗之說所動. 荀子力辟之, 與孟子同. 又按司馬遷『史記』立項羽爲「本紀」, 陳涉爲「世家」, 見秦王無道, 人人皆得而誅之, 而陳涉·項羽首先亡秦, 可以代秦. 是亦一湯·武也. 特以暴易暴, 故不終耳. 史公爲之立「本紀」·「世家」, 卽是意乎?

17-20-3

"요임금과 순임금이 선양했다"[289]라는 말은 헛된 말이다.[290] 이것은 천

288_ 『사기』「백이열전」에 백이와 숙제가 수양산에서 굶어 죽으면서 부른 노래 속에 "폭력으로써 폭력을 바꾸었는데, 그 잘못을 알지 못한다[以暴易暴兮, 不知其非矣.]"라는 구절이 있다. 『사기색은』에서 "무왕(武王)과 같은 폭력적인 신하로써 은나라 주왕(紂王)과 같은 폭력적인 군주를 바꾸었는데, 스스로 그 잘못을 알지 못한다"라고 했다.

289_ 천(擅)은 양경이 선(禪)과 같다고 했다. 선양(禪讓)은 천자의 자리를 덕이 있는

박한 자가 전한 말이며, 비루한 자가 주장한 말이다. 역순(逆順)의 도리, 작은 것과 큰 것, 그리고 당연함과 부당함[291]의 변화를 알지 못한 것이니, 천하의 큰 이치를 함께 언급할 수 없다.(『순자』「정론」)

夫曰"堯舜擅讓", 是虛言也. 是淺者之傳, 陋者之說也. 不知逆順之理, 小大至不至之變也, 未可與及天下之大理也.(『荀子』「正論」)

康17-28

맹자가 "[천자의 자리를] 하늘이 현자에게 주게 하면 현자에게 주고, 하늘이 자식에게 주게 하면 자식에게 주는 것이다"라고 했다.[292] 왕자는 하늘을 받들어 백성을 다스리니, 백성들의 마음의 향배를 살펴서 천명의 귀추를 징험하는 것이지, 사사로이 서로 전수하여 제멋대로 천하를 다른 사람에게 줄 수 없다. 따라서 당시에 자쾌(子噲)가 자지(子之)에게 연(燕)나라를 주어서 결국은 난리로 멸망하는 재앙을 초래했으니,[293] 천박하고 비루한 자가 주장에 유혹되었기 때문이다.

사람에게 물려주는 것을 말한다.

290_ 순자의 논리는 다음과 같다. 천자라는 자는 위치가 가장 존귀하여 천하에 대적할 자가 없기 때문에 자리를 누구에게도 물려줄 수 없고, 또 도덕이 완전하고 지혜가 명석하며, 백성들 중에 복종하지 않는 자가 없기 때문에 누구에게도 자리를 물려줄 수 없다고 주장했다.

291_ 양경이 대소(大小)는 천하와 한 나라, 지부지(至不至)는 당연함과 부당함이라고 했다.

292_ 『맹자』「만장 상」편에 보인다. 만장이 "사람들이 '우임금에 이르러 덕이 쇠퇴하여, 현자에게 자리를 물려주지 않고, 자식에게 물려주었다'라고 했는데, 그런 일이 있습니까?"라고 질문한 것에 대한 대답이다.

293_ 『사기』「연세가(燕世家)」에 의하면, 연나라의 왕인 자쾌(子噲)가 정승인 자지(子之)에게 나라를 양보하자 연나라가 크게 혼란스러워졌는데, 제(齊)나라가 그 틈을 노려 연나라를 정벌하여 크게 승리했다. 『맹자』「양혜왕 하」편에 "제나라 사람이 연나라를 정벌하여 크게 승리했다[齊人, 伐燕勝之.]"라는 내용이 보이고, 「공손추 하」편에도 "자쾌(子噲)도 다른 사람에게 연나라를 줄 수 없으며, 자지(子之)도 자쾌에게서 연나라를 받을 수 없다[子噲, 不得與人燕, 子之, 不得受燕於子噲.]"

孟子, "天與賢則與賢, 天與子則與子." 王者奉天治民, 視民心之向背而驗天命之所歸, 不得私相轉授, 擅以天下與人者. 故當時子噲授燕於子之, 卒啓亂亡之禍, 蓋爲淺陋者之說所惑焉.

17-20-4

지금 세속의 논자는 단주(丹朱)와 상(象)을 탓하지 않고, 요임금과 순임금을 비난하니, 어찌 잘못이 심하지 않겠는가?[294] 대체로 이것을 황당하고 괴이한 주장[295]이라고 한다.(『순자』「정론」)

今世俗之爲說者, 不怪朱・象而非堯・舜, 豈不過甚矣哉? 夫是之謂嵬說.(『荀子』「正論」)

康17-29

당시에 여러 교설들의 미언대의(微言大義)는 전부 입으로만 주장되고 있었기 때문에 순자는 그것을 '세속의 논자의 주장', '비루한 자의 주장', '이것을 황당하고 괴이한 주장이라고 함', '묵자의 주장', '간사한 사람의 주장'이라고 공격했으니, 공자의 주장이 아님이 분명하다.

當時諸教之微言大義, 全在口說, 故荀子攻之爲'世俗之說'・'陋者之說'・'是之謂嵬說'・'墨子之說'・'奸人之說', 則非孔子之說明矣.

라는 맹자의 말이 보인다.

294_ 요임금의 아들인 단주와 순임금의 이복동생인 상이 잔인무도한 것은 요임금과 순임금이 교화하지 못했기 때문이라는 주장이다. 이에 대해 순자는 "요임금과 순임금은 천하에서 교화를 그 보다 더 잘한 사람이 없다. 천자가 되어 천하를 다스리자, 모든 백성들이 떨쳐 일어나 복종하고 감화되어 따르지 않는 자가 없었다. 그런데도 단주와 상만은 홀로 교화가 되지 않았으니, 이것은 요임금과 순임금의 잘못이 아니라, 단주와 상의 허물이다"라고 했다.

295_ 외설(嵬說)은 황당하고 괴이한 주장을 말한다.

17-20-5[296]

세속의 논자가 다음과 같이 말했다. “옛날의 잘 다스려지던 시대에는 육형(肉刑)은 없었고, 상형(象刑)이 있었다. 검은 묵으로 얼굴에 물을 들이고, 낡은 갓끈을 매게 했으며, 궁형에는 회백색의 폐슬을 두르게 하고, 짚신이나 삼신을 신겼으며, 사형에는 적갈색에 가선을 두르지 않은 옷을 입혔다. 옛날의 잘 다스려지던 시대는 이와 같았다.” 이것은 그렇지 않다.(『순자』「정론」)

世俗之爲說者曰, “治古, 無肉刑而有象刑. 墨黥, 慅嬰, 共, 艾畢, 菲, 紃屨, 殺, 赭衣而不純. 治古如是.” 是不然.(『荀子』「正論」)

<이상 이름 모를 모든 잡다한 교설을 순자가 공격한 점은 맹자와 동일하다: 右皆不知名雜教, 荀子攻之, 與孟子同>

296_ 이하에서 인용한 『순자』「정론」편의 내용은 이 책의 제3권 제12절〈3-12-1〉에서 이미 인용했다. 자세한 주석은 앞의 내용을 참조 바람.

제18권 | 유가와 묵가가 가장 흥성하여 병칭되다

儒 · 墨最盛竝稱考

An Annotated Translation of "Confucius as a Reformer"

제18권 머리글

공자가 사상을 하나로 통일한 이후는 마치 한나라 고조와 명나라 태조가 온 천하를 통일하자[1] 모두가 다 신하가 된 것과 같았다.[2] 사람들은 공자가 교설을 창립한 제자백가의 한 사람이라는 것을 알지 못했으며, 공자와 동시대에 교설을 다투었던 거자(鉅子)[3]에 대해서는 더더욱 알지 못했다. 그러나 전국시대는 국가 중에서 이미 여러 군웅들이 함께 일어났지만 진(秦)나라와 초(楚)나라가 가장 강성했고, 교설 중에는 또한 제자백가들이 함께 경쟁했지만 유가와 묵가가 가장 성행했다. 그 당시에 교설의 전파는 각자가 자기의 역량을 헤아려서 각각 자신의 재능을 다했지만, 유(儒)와 묵(墨)이라는 두 글자가 천하에 가득차서 실제로는 천하를 양분하고 있었다. 맹자가 "양주와 묵적의 말이 천하에 가득하다"라고 하고,[4] 또 "천하의 말이 양주로 귀결되지 않으면 묵자로 귀결된다"라고 하며,[5] "묵자로부터 도피하면 반드시 양주로 돌아오고, 양주로부터 도피하면 반드시 유학으로 돌아올 것이다"[6]라고 했다. 노자와 양주의 학문도 마치 오(吳)나라와 촉(蜀)나라처럼 [유학과] 대등한 세력으로 병립하는 것처럼 보였다. 그런데 묵가의 학문은 온몸을 바쳐서 사람들을 구제하고,[7] 또 재능과 기예가 많아서 귀의한 사람들이 많

1_ 낭괄(囊括)은 자루에 넣고 주둥이를 동여맨다는 말로, 포괄하거나 통합, 통일한다는 뜻이다.

2_ 주신(主臣)은 신하가 임금 앞에서 황공하여 몸둘 바를 모르겠다는 뜻으로 쓰는 말이다.

3_ 거자(鉅子)는 묵가 집단의 우두머리로, 거자(巨子)라고도 한다. 대표적인 거자로는 맹승(孟勝)·전양자(田襄子)·복돈(腹䵍) 등이 있다.

4_ 『맹자』「등문공 하」편에 보인다.

5_ 『맹자』「등문공 하」편에 보인다.

6_ 『맹자』「진심 하」편에 보인다.

7_ 유수(濡首)는 본래 『역』「미제괘(未濟卦)」의 '음주유수(飮酒濡首)'에서 나온 말로, 머리를 적실 정도로 술을 마신다는 뜻이다. 여기에서는 온몸을 바쳐서 사람들을

았기 때문에 전국시대 말기에는 마침내 유가와 나란히 대립하여 마치 남조와 북조의 형세와 같았다. 그 당시에 노자와 양주의 학문은 겨우 후량(後梁)의 선제(宣帝) 소찰(蕭詧, 재위 555~562)과 같이 하나의 노선으로만 전해졌기 때문에 [유가나 묵가와 같은] 대국과 비교될 바가 아니었다. 유가와 묵가가 가장 성행한 이유를 따져보면, 어찌 인(仁)을 행하고 겸애를 실천했기 때문이 아니겠는가! 사람의 도리는 인(仁)에 의뢰하지 않음이 없으니, 본래 위아(爲我)의 개인주의에 비할 바가 아니다. 그런데 묵가의 도는 재용을 절약하고, 음악을 비판하며, 부자 사이의 은혜를 경시하고, 살아 있는 사람의 본성을 잃어 버렸으니, 그 도는 몸이 고목처럼 말라 죽을 정도로 너무 각박하며, 천하 사람들의 마음으로부터 이반되고, 천하 사람들이 감당하지 못하여[8] 모두가 공자에게 귀의하니, 어찌 성인의 도가 중화(中和)를 얻은 것이 아니겠는가? 묵가의 학문은 미미해졌지만, 노자의 학문은 위아(爲我)의 개인주의로써 한나라 시대에 은밀하게 행해져서 지금까지 사라지지 않았으니, 음(陰)의 도가 은밀하게 작용하기 때문이다. 그런데 한나라 사람들은 여전히 묵적을 공자와 병칭했다. 항우가 비록 패했지만, 한나라 사람들은 따로 「본기(本紀)」를 세웠으니, 어찌 겸애(兼愛)와 상동(尙同)이 남긴 업적이 아니겠는가? 대체로 교설 중에서 세상에 크게 빛나는 것은 인애(仁愛)에서 나오지 않은 것이 없으니, 진실되도다! 이제 유가와 묵가가 크게 성행한

구제한다는 의미로 풀이했다.

8_ 『장자』「천하(天下)」편에서 묵자에 대해 평가하면서 다음과 같이 말했다. "살아 있을 때는 힘들게 노동하고, 죽었을 때는 각박하게 장례지내니, 그 도가 너무 각박하다. 사람들을 우울하게 하고 사람들을 슬프게 하니, 그 도의 실천은 실행되기 어려울 것이며, 아마도 성인의 도가 될 수 없을 것이다. 그리고 천하의 인심과 위배되니, 천하의 사람들이 감당하지 못할 것이다. 묵자가 비록 혼자서는 감당할 수 있다고 하더라도 천하 사람들을 [강제로 실천하도록] 할 수 있겠는가? 천하 사람들로부터 이반되어 있으니, 왕도와는 거리가 멀다[其生也勤, 其死也薄, 其道大觳. 使人憂, 使人悲, 其行難爲也, 恐其不可以爲聖人之道. 反天下之心, 天下不堪. 墨子雖獨能任, 柰天下何? 離於天下, 其去王也遠矣.]"

조목을 고찰하고, 진나라와 한나라 사람들이 유가와 묵가를 대등하게 거론한 것을 덧붙여둔다.

孔子一統之後, 如漢高・明太囊括四海, 悉主悉臣. 人不知孔子爲創教諸子之一人, 更不知與孔子同時爭教之鉅子. 然在戰國時, 國旣諸雄並立, 而秦・楚爲强, 教亦諸子並爭, 而儒・墨最盛. 其時傳教各視其力, 各竭其才, 而儒・墨二字充滿天下, 實中分天下. 孟子謂"楊朱・墨翟之言盈天下", 又謂"天下之言, 不歸楊則歸墨". 又謂"逃墨必歸楊, 逃楊必歸儒". 老・楊之學, 似若爲吳・蜀之鼎立. 然墨學濡首救人, 又多才藝, 人多歸之, 當戰國末, 遂與儒並對立, 若南北朝. 于時老・楊之學, 僅如蕭詧一線之傳, 不足比於大國矣. 夫原儒・墨所以最盛者, 豈不以行仁兼愛哉! 人道莫不賴於仁, 固非爲我之私所可比矣. 然墨道節用・非樂, 薄父子之恩, 失生人之性, 其道枯槁[9]太觳, 離天下之心. 天下弗堪, 鹹歸孔子, 豈非聖人之道得中和哉? 墨學微, 而老學以爲我之私, 陰行漢世, 至今不廢, 則陰道隱緣之故. 然漢人尙以墨翟與孔子並稱. 項羽雖敗, 漢人獨立「本紀」, 豈非兼愛・尙同之遺烈耶? 凡教之光大於世者, 未有不出於仁愛, 諒哉! 今考儒・墨大盛之條, 及秦・漢人以儒・墨對擧者附焉.

1. 유가와 묵가가 가장 홍성하다 [儒・墨最盛]

18-1-1

공자와 묵자의 제자들과 무리들이 천하에 가득 차 있고, 모두 인의(仁

9_ 고(槁)가 『공자개제고』에는 고(稿)로 되어 있는데, 『장자』 원문의 '枯槁不舍也'라는 내용에 근거하여 고쳤다.

義)의 학술로 천하를 가르치고 이끌었다.[10](『여씨춘추』「유도」)

孔·墨之弟子徒屬充滿天下, 皆以仁義之術教導于天下.(『呂氏春秋』「有度」)

康18-1

공자와 묵자가 인(仁)으로써 교설을 세웠기 때문에 그 제자들과 무리들이 천하에 가득 찬 것은 거의 그럴 만한 이유가 있었던 것이다. 따라서 제자백가가 함께 출현했지만, 공자와 묵자가 유독 성행했는데, 묵자가 마침내 패배한 것이다. 큰 도가 행해지는 것이 어찌 아무렇게나 되겠는가? 유가는 전국시대에 비록 사상을 통일하지는 못했지만, 천하의 절반을 차지했다.

孔·墨以仁立教, 其弟子徒屬充滿天下, 殆有由也. 故諸子並出, 孔·墨獨盛, 而墨卒敗. 大道之行, 豈苟然哉? 儒于戰國雖未一統, 而半分天下矣.

18-1-2

세상에서 가장 두드러진 학파는 유가와 묵가이다. 유가에서 최고 시조[11]는 공구(孔丘)이고, 묵가의 최고 시조는 묵적(墨翟)이다. 공자가 죽은 이후로, 자장(子張)의 유가가 있고, 자사(子思)의 유가가 있으며, 안씨(顏氏)[12]의 유가가 있고, 맹씨(孟氏)의 유가가 있으며, 칠조씨(漆雕氏)[13]의 유

10_ 『회남자』「숙진훈(俶眞訓)」편에도 "공자와 묵자의 제자들은 모두 인의(仁義)의 학술로 세상을 가르치고 이끌었다. 그러나 너무 지쳐버려서 자기 몸도 오히려 실천하지 못하는데, 또한 남을 가르칠 수 있겠는가? 무엇 때문인가? 그 도가 폐기되었기 때문이다"라는 기록이 보인다.

11_ 소지(所至)는 이운구가 최상의 경지에 이른 일인자, 즉 시조를 가리킨다고 했다.

12_ 안씨(顏氏)는 공자의 제자인 안회(顏回)이다. 량치차오는 안회가 공자보다 먼저 죽었는데, 그의 학문을 전한 제자가 있었는지를 고찰할 수 없다고 했다.

가가 있고, 중량씨(仲良氏)[14]의 유가가 있으며, 손씨(孫氏)[15]의 유가가 있고, 악정씨(樂正氏)[16]의 유가가 있다. 묵자가 죽은 이후로, 상리씨(相里氏)[17]의 묵가가 있고, 상부씨(相夫氏)[18]의 묵가가 있으며, 등릉씨(鄧陵氏)[19]의 묵가가 있다.

> 世之顯學, 儒·墨也. 儒之所至, 孔丘也, 墨之所至, 墨翟也. 自孔子之死也, 有子張之儒, 有子思之儒, 有顔氏之儒, 有孟氏之儒, 有漆雕氏之儒, 有仲良氏之儒, 有孫氏之儒, 有樂正氏之儒. 自墨子之死也, 有相里氏之墨, 有相夫氏之墨, 有鄧陵氏之墨.

따라서 공자와 묵자 이후에 유가가 8개의 학파로 나누어졌고, 묵가는 3개의 학파로 분리되었다. [주장의] 취사선택이 서로 상반되거나 같지 않으면서 모두가 스스로를 공자와 묵자의 정통이라고 말한다. 공자와 묵자가 다시 살아날 수 없으니, 장차 누구에게 지금 세상의 학설을 판정하도록 할 수 있겠는가? 공자와 묵자가 모두 요(堯)·순(舜)에 대해서

13_ 칠조씨(漆雕氏)는 공자의 제자인 질조개(漆雕開)로, 칠조계(漆雕啓)로 쓰기도 한다.

14_ 중량씨(仲良氏)는 자세한 사적이 보이지 않는다. 진기유에 의하면, 노나라 사람인 중량자(仲梁子)로, 증자(曾子)와 자하(子夏) 두 학파를 함께 겸한 인물이라고 한다.

15 손씨(孫氏)는 고광기가 손경(孫卿)이라고 했는데, 순자(荀子)를 말한다. 한편 진기유는 손씨(孫氏)는 곧 공손니자(公孫尼子)라고 주장했다. 「현학」편이 유가를 비판하는 내용인데, 한비자가 자신의 스승인 순자를 비난할 정도는 아니었다는 이유이다.

16_ 악정씨(樂正氏)는 증자의 제자인 악정자춘(樂正子春)이다. 진기유에 의하면, 악정자춘은 효도로 유명했으며, 제(齊)나라에서 신뢰를 받은 큰 학자였다고 한다.

17_ 상리씨(相里氏)는 『장자』「천하」편에 묵가의 일파로 소개된 상리근(相里勤)이다.

18_ 상부씨(相夫氏)는 백부씨(伯夫氏)로 인용된 책도 있는데, 자세한 사적은 보이지 않는다.

19_ 등릉씨(鄧陵氏)는 『장자』「천하」편에 묵가의 일파로 소개된 등릉자(鄧陵子)이다.

말하지만, [주장의] 취사선택이 같지 않으면서 모두가 스스로를 요·순의 정통이라고 말한다. 요·순이 다시 살아날 수 없으니, 장차 누구에게 [요·순에 대한] 유가와 묵가의 진실성을 판정하도록 할 수 있겠는가? 은(殷)나라와 주(周)나라는 700여 년, 우(虞)나라와 하(夏)나라는 2,000여 년이 지난 상황에서도 유가와 묵가의 진실성도 판정할 수 없는데, 지금에서야 3,000년 전의 요·순의 법도를 살피고자 하니, 아마도 불가능할 것이다. 참고하여 검증할 자료도 없는데 반드시 그렇다고 단정하는 것은 어리석은 일이며, 반드시 그렇다고 판정할 수도 없는데, 그것을 근거로 삼는 것은 남을 속이는 일이다. 따라서 선왕(先王)을 드러내 밝히거나 근거로 삼아서 요·순[의 법도에 대해서] 기어코 판정하는 것은 어리석은 것이 아니면 남을 속이는 것이다. 어리석고 남을 속이는 학설과 잡다하게 뒤섞여서 서로 대립되는 행동을 현명한 군주는 수용하지 않는다. 묵자(墨者)의 장례 규정은 겨울에는 겨울옷을 입고, 여름에는 여름옷을 입으며, 오동나무 내관을 세 치의 두께로만 만들고, 복상을 3개월만 하는데, 세상[의 군주들]은 검소하다고 여겨서 그들을 예우한다. 유가는 집안을 파산시키면서 장례를 지내고, 3년 동안의 복상에 몸이 크게 훼손되어 지팡이에 의지해야 할 정도인데, 세상의 군주들은 효성스럽다고 여겨서 그들을 예우한다. 묵자의 검소함을 옳게 여기면 장차 공자의 사치함을 비난할 것이며, 공자의 효성스러움을 옳게 여기면 장차 묵자의 인정에 위배되는 행동을 비난할 것이다. 지금 효도와 인정에 위배되는 행동, 사치와 검소가 모두 유가와 묵가에 있는데도 군주는 그들을 함께 예우한다.[20](『한비자』「현학」)

故孔·墨之後, 儒分爲八, 墨離爲三. 取捨相反不同, 而皆自謂眞孔·墨. 孔墨不可復生, 將誰使定後世之學乎? 孔子·墨子俱道堯·舜, 而取舍不同, 皆自謂眞堯·舜. 堯·舜不復生, 將誰使定儒·墨之誠乎?

20_ 이상의 단락에서 인용한 『한비자』「현학」편의 내용은 이 책의 제5권 제5절 〈5-5-1〉에서 이미 인용했다. 자세한 주석은 앞의 내용을 참조 바람.

殷·周七百餘歲, 虞·夏二千餘歲, 而不能定儒·墨之眞, 今乃欲審堯·舜之道於三千歲之前, 意者其不可必乎. 無參驗而必之者, 愚也, 弗能必而據之者, 誣也. 故明據先王, 必定堯·舜者, 非愚則誣也. 愚誣之學, 雜反之行, 明主弗受也. 墨者之葬也, 冬日冬服, 夏日夏服, 桐棺三寸, 服喪三月, 世以爲儉而禮之. 儒者破家而葬, 服喪三年, 大毁扶杖, 世主以爲孝而禮之. 夫是墨子之儉, 將非孔子之侈也, 是孔子之孝, 將非墨子之戾也. 今孝戾·侈儉俱在儒·墨, 而上兼禮之.(『韓非子』「顯學」)

康18-2

한비자는 이사(李斯)와 함께 진시황을 섬겼고, 한나라와의 시간적 거리도 멀지 않기 때문에 제자백가 중에서 가장 후대의 인물이다.[21] 그 당시에 여전히 공자와 묵자가 현학(顯學)으로 병칭되었으니, 종파가 사방으로 흩어져서 그 무리들이 천하에 가득 찬 것이다. 그러데 공자의 학문은 8개의 학파가 있었고, 묵자의 학문은 단지 3개뿐이었다. 남송(南宋) 시대와 비교해보면, 주자(朱子)의 학문이 육상산(陸象山)에게 승리하자, 주자학이 마침내 성행했고, 원나라 연우(延祐) 연간(1311 1320)에는 마침내 과거의 과목으로 세워졌다. 공자[의 학문]은 한나라에 들어서 육경이 학궁에 세워지고, 과거의 시험 과목이 되었으니,[22] 사정이 서로

21_ 전(殿)은 군대가 행군할 때 가장 뒤에 서는 후군이다. 진나라와 한나라를 거치면서 법가나 유가에 의해 사상이 통일되기 이전에 활동했던 제자백가의 가장 후대의 인물이라는 의미이다.

22_ 갑과(甲科)는 한대의 시험 과목 중의 하나인데, 과거시험을 총칭하는 말이다. 사책(射策)은 시험에서 인재를 선발하는 방법 중의 하나인데, 시험관이 문제를 간책(簡冊)에 써서 갑과(甲科)와 을과(乙科)로 나누어 책상에 놓고, 응시자들이 임의로 문제를 선택하여 답안을 작성하도록 한다. 그런 다음 그 문제의 난이도와 답안 내용을 살펴서 우열을 정했다고 한다.

똑같다. 뒤의 시대를 살펴보면 앞의 시대를 추론할 수 있으니, 공자의 큰 도가 행해진 것도 그 단서를 고찰할 수 있다.

韓非與李斯同事始皇, 去漢不遠, 爲諸子之殿. 于時猶孔・墨並稱顯學, 蓋宗派散布, 徒屬滿天下. 然孔學有八家, 墨學僅三. 比之南宋, 朱子學徒勝於陸子, 而朱學遂行, 至於延佑遂立科擧. 孔子入漢, 六經立于學宮, 甲科射策, 事正相同. 鑒後可以推前. 孔子大道之行, 亦可考其端緒矣.

18-1-3

유학자들은 문장으로 법을 어지럽히고, 협객들은 무력으로 금령(禁令)을 위반하지만, 군주가 그들을 함께 예우했다.(『한비자』「오두」)

儒以文亂法, 俠以武犯禁, 而人主兼禮之.(『韓非子』「五蠹」)

18-1-4[23]

유학자나 협객은 군대의 노고도 없는데도 이름이 드러나고 영광을 누리는 자로 백성들 중에서도 부리지 못하는 자이니, 마치 인형과 같은 종류이다. 자갈밭이나 인형이 재앙이 되는 것은 알면서도, 상인과 관리, 유학자와 협객이 개간되지 않는 토지나 부리지 못하는 백성이 되는 것은 모르니, 이것은 그것들이 같은 종류의 사물이라는 것을 모르는 것이다.(『한비자』「현학」)

儒俠毋軍, 勞顯而榮者, 則民不使, 與象人同事也. 夫禍知磐石象人, 而不知禍商官儒俠爲不墾之地・不使之民, 不知事類者也.(『韓非子』「顯學」)

23_ 이하에서 인용한 『한비자』「현학」편의 내용은 이 책의 제14권 제3절〈14-3-26〉에서 이미 인용했다. 자세한 주석은 앞의 내용을 참조 바람.

康18-3

앞에서는 유가와 묵가를 말하고, 여기에서는 유가와 협객을 말했으니, 협객이 곧 묵가이다. 공자와 묵자는 성(姓)을 든 것이고, 유가와 협객은 교설의 명칭을 든 것이니, 실제로는 하나이다. 태사공도 "유학자들은 문장으로 법을 어지럽히고, 협객들은 무력으로 금령(禁令)을 위반한다"라고 말하고,[24] [『사기』 속에] 「유림열전(儒林列傳)」도 두었고, 다시 「유협열전(游俠列傳)」도 두었다. 당시에 묵가는 여전히 성행했기 때문에 두 전(傳)을 함께 기록했으니, 또한 유가와 묵가를 대등하게 든 것이다. 『회남자』에 "무술을 좋아한다고 협객이 아니며, 학문을 좋아한다고 유가가 아니다"[25]라고 말한 것도 그러하다. 태사공이 비록 "유가와 묵가에서는 협객을 배척하여 [자신들의 책에] 기록하지 않았다"라는 말을 했지만,[26] 아마도 협객은 묵가의 별파가 아닐까?

上稱儒・墨, 此稱儒・俠, 俠卽墨也. 孔・墨則擧姓, 儒・俠則擧敎名, 其實一也. 太史公云, "儒以文亂法, 俠以武犯禁." 有「儒林傳」, 復有「游俠傳」. 時墨者尙盛, 故二傳並錄, 亦對擧儒・墨也. 『淮南子』"喜武, 非俠也, 喜文, 非儒也", 亦然. 太史公雖有"儒・墨擯俠不載"之說, 疑俠爲墨之別派乎?

18-1-5

공자와 묵자는 벼슬자리에 있지 않은 신분이었지만,[27] 천자와 제후들

24_ 『사기』 「유협열전(游俠列傳)」에 "韓子曰, 儒以文亂法, 而俠以武犯禁."이라는 기록이 보인다.

25_ 『회남자』 「설산훈(說山訓)」편에 보인다.

26_ 『사기』 「유협열전」에 "儒・墨皆排擯不載. 自秦以前, 匹夫之俠, 湮滅不見, 余甚恨之."라는 기록이 보인다.

27_ 진기유는 이 문장의 앞에 "湯武, 千乘也."와 "桀紂, 天下也."가 있는 것에 근거하

이 선비를 불러들이려고 이들과 다툴 수가 없었다. 이로써 본다면, 신분이 존귀하고 부유함이 크다고 하더라도 선비를 불러들이기에는[28] 부족하다.(『여씨춘추』「불침」)

孔・墨, 布衣之士也, 萬乘之主, 千乘之君, 不能與之爭士也. 自此觀之, 尊貴富大, 不足以來士矣.(『呂氏春秋』「不侵」)

康18-4

공자와 묵자의 제자들과 무리들이 천하에 가득 차 있어서 셀 수가 없었기 때문에 천자라도 그들과 다툴 수가 없었다. 나라의 주인으로서도 다툴 수가 없었으니, 그것이 성대하게 유행한 것을 상상할 수 있다.

孔・墨徒屬充滿天下, 不可數計, 故萬乘之主莫能與之爭. 以國主不能與爭, 其盛大流行可想.

18-1-6

공자는 노담(老聃)과 맹소기(孟蘇夔), 그리고 정숙(靖叔)에게 배웠다.[29] 노나라 혜공(惠公)이 재양(宰讓)으로 하여금 천자에게 천지에 지내는 교제(郊祭)와 조상에 지내는 묘제(廟祭)의 거행을 요청하도록 했는데, 평왕(平王)[30]은 사각(史角)을 사신으로 보냈다. 그러자 혜공이 그를 노나라에 머물도록 하여 그의 후손[31]이 노나라에 있게 되었으며, 묵자는 이들에게

여, 지사(之士) 두 글자는 연문이라고 했다.

28_ 래(來)는 고유가 불러들이다[致]는 뜻이라고 했다.

29_ 고유가 "세 사람은 모두 도를 체득한 사람으로서, 또한 공자에게 영향을 끼친 사람이다"라고 했다. 맹소기(孟蘇夔)와 정숙(靖叔)은 자세한 사적이 보이지 않는다. 진기유는 맹소기가 맹공작(孟公綽)일 것이라고 했다.

30_ 원문에는 환왕(桓王)으로 되어 있는데, 『여씨춘추교석』에서 양옥승(梁玉繩)이 혜공은 평왕(平王) 48년에 죽었기 때문에 환왕과는 서로 만나지 못했다고 했다.

서 배웠다. [공자와 묵자] 이 두 선비는 작위가 없으면서도 남을 출세하게 했고, 상이나 복록이 없으면서도 사람을 이롭게 했으니, 천하에서 출세하여 영광을 누린 사람을 거론할 때 반드시 이 두 선비를 일컫는다. 모두 죽은 지 오래되었지만, 따르는 무리들이 더욱더 많아지고, 제자들이 더욱더 많아져서 천하에 가득 찼다. 왕공과 대인들이 그러한 추세에 따라 그들을 출세시키고, 자제들을 사랑하는 자들이 그들을 좇아서 배우도록 하니, 정해진 시기가 없이 끊어지지 않고 이어졌다. 자공(子貢)·자하(子夏)·증자(曾子)는 공자에게 배웠는데, 전자방(田子方)[32]은 자공에게 배웠고, 단간목(段干木)은 자하에게서 배웠으며, 오기(吳起)는 증자에게 배웠다.[33] 금골려(禽滑氂)[34]는 묵자에게 배웠는데, 허

31_ 『한서』「예문지」에 "묵가의 부류는 대체로 사당을 지키는 관리 출신[淸廟]이다"라는 기록이 보인다. 청묘(淸廟)는 본래 "於穆淸廟, 肅雝顯相."으로 시작되는 『시』「주송(周頌)」의 편명이다. 『시경집전』에서 "주공(周公)이 이미 낙읍(洛邑)을 완성하여 제후들에게 조회를 받고, 따라서 그들을 거느리고서 문왕에게 제사지내는 노래이다"라고 했다. 일반적으로는 주나라 문왕을 제사지내던 사당을 말하는데, 여기에서는 선조에 대한 제사뿐만 아니라 상제(上帝)의 제사와 제후의 조회, 양로(養老)와 존현(尊賢)의 예법 등 정치와 교육 전반을 시행하던 곳이다. 이러한 장소를 하(夏)나라에서는 세실(世室), 은(殷)나라에서는 중옥(重屋), 주(周)나라에서는 명당(明堂) 또는 청묘(淸廟)라고 했다. 주나라의 사관(史官)인 윤씨(尹氏), 즉 사일(史佚)이 이 직책을 맡고 있었는데, 그는 묵가의 시조로 일컬어진다.

32_ 전자방(田子方)은 『여씨춘추』「중언(重言)」편의 고유 주에 의하면, 자공에게서 배웠는데, 현명한 사람과 어진 사람을 숭상하고 예의를 귀하게 여겼으며, 위문후(魏文侯)와 교유했다고 한다. 『장자』「전자방(田子方)」편에서는 동곽순자(東郭順子)를 스승으로 삼았다고 기록되어 있다.

33_ 『사기』「오기열전」에 "오기는 증자를 섬겼는데, 거처한 지 얼마 후에 오기의 어머니가 죽었는데도 그가 돌아가지 않았다. 그러자 증자가 그를 천박하여 여겨서 그와 절교했다"라는 기록이 보인다. 한편 『사기』「유림열전」에는 "전자방(田子方)과 단간목(段干木), 오기(吳起)와 금골리(禽滑釐) 등의 부류는 모두 자하(子夏)의 무리에게 수업을 받고, 왕자의 스승이 되었다"라는 기록이 보인다.

34_ 금골려(禽滑氂)는 묵자의 제자인 금골리(禽滑釐)이다. 춘추시대 위(魏)나라 사람으로, 처음에는 유가에 입문하여 자하(子夏)에게서 수학했는데, 이후 묵자에게 가르침을 받고 묵자의 학문에 전념했다고 전해진다. 『묵자』에는 금골리와 묵자의 문답이 기록되어 있고, 『장자』「천하」편에도 금골리에 대한 기록이 일부 남아 있

범(許犯)[35]은 금골려에게 배웠고, 전계(田繫)[36]는 허범에게 배웠다. 공자와 묵자의 후학들 중에 천하에서 출세하여 영광을 누린 자가 많아 이루 다 헤아릴 수가 없으니, 모두가 물들어서 영향을 받은 것이 정당함을 얻은 것이다.(『여씨춘추』「당염」)

孔子學于老聃·孟蘇·夔靖叔. 魯惠公使宰讓請郊廟之禮于天子, 桓王使史角往. 惠公止之, 其後在於魯, 墨子學焉. 此二士者, 無爵位以顯人, 無賞祿以利人, 擧天下之顯榮者, 必稱此二士也. 皆死久矣, 從屬彌衆, 弟子彌豊, 充滿天下. 王公大人從而顯之, 有愛子弟者隨而學焉, 無時乏絶. 子貢·子夏·曾子學于孔子, 田子方學于子貢, 段干木學于子夏, 吳起學于曾子. 禽滑嫠學於墨子, 許犯學於禽滑嫠, 田繫學于許犯. 孔·墨之後學, 顯榮於天下者衆矣, 不可勝數, 皆所染者得當也.(『呂氏春秋』「當染」)

康18-5

당시에 공자와 묵자 두 학파의 무리들이 천하에 가득 찼기 때문에 한비자는 두 학파를 현학(顯學)이라고 여겼다.[37] 왕공과 대인들, 자제들을 사랑하는 자들이 모두 그 학문을 따랐다고 하니, 여불위(呂不韋)가 살던 당시에는 두 교단의 사람이 천하를 반으로 나누어 차지하고 있었던 것이다. 당시 공자가 비록 사상을 하나로 통일하지 못했고, 묵가가 가로막고 있었지만, 그래도 또한 이미 반을 차지했으니, 교설의 전파가 지극히 빨랐던 것이다! 묵자는 공자보다 수십 년 뒤의 사람인데도 무리

다.

35_ 허범(許犯)은 묵자의 후학으로 알려져 있으나, 자세한 사적은 보이지 않는다.

36_ 전계(田繫)는 묵자의 후학으로 알려져 있으나, 자세한 사적은 보이지 않는다.

37_ 현학(顯學)은 당시 가장 크게 드러난 학파인 유가와 묵가를 말한다. 『한비자』「현학(顯學)」편은 두 학파의 주장에 대한 비판을 주요 내용으로 하고 있다.

들이 천하의 반을 차지했으니, 속도가 더욱 빠른 것이다. 진정 유교의 강력한 적이었다. 대체로 묵자는 매우 용맹했기 때문에 전파가 지극히 빨랐던 것이다.

當時孔·墨二家徒屬彌滿天下, 故韓非以二家爲顯學. 王公大人愛子弟皆從之學, 蓋呂氏時, 兩敎之人中分天下矣. 時孔子雖未一統, 有墨梗之, 亦已得半, 傳敎亦極速哉! 墨子後孔子數十年, 而徒屬半天下, 則尤速矣. 眞儒敎之勁敵也. 蓋墨子悍甚, 故傳極速.

18-1-7

혜앙(惠盎)[38]이 송(宋)나라 상왕(康王)[39]을 만났는데, 강왕이 발을 구르고 헛기침을 하면서[40] 조급하게 물었다. "과인이 좋아하는 것은 용감하면서도 힘이 있는 것[에 관한 일]이며, 인의(仁義)에 대해 말하는 것[41]을 좋아하지 않소. 손님께서는 장차 무엇으로 과인을 가르쳐주려고 하는가?" 혜앙이 대답했다. "신은 여기에 하나의 도가 있는데, 가령 사람이 용감하여 그것을 찌르더라도 들어가지 않고, 사람이 힘이 있어 그것을 때리더라도 맞지 않습니다. 대왕께서는 어찌 유독 이것에 관심을 두지 않습니까?" 송나라 왕이 말했다. "좋다. 이것이 비로 과인이 듣고 싶었던 것이다." 혜앙이 말했다. "그런데 찔러도 들어가지 않고 때려도 맞지 않는 것은 [아무리 용감하면서도 힘이 있더라도] 이미 모욕을 당한 것과 같습니다. 신은 여기에 하나의 도가 있는데, 가령 사람이 아무

38_ 혜앙(惠盎)은 장담이 혜시(惠施)의 일족이라고 했다.

39_ 강왕(康王)은 『여씨춘추』의 고유와 진기유에 의하면, 송나라 증손인 벽공(辟公)의 아들로, 이름은 언(偃)이다. 즉위한 지 11년에 국호를 제멋대로 만들고 왕을 참칭했다. 후에 제(齊)나라 민왕(湣王)이 정벌하여 멸망시켰다.

40_ 접족(蹀足)은 애가 타서 발을 구른다는 뜻이고, 경해(謦欬)는 헛기침을 한다는 뜻이다.

41_ 위(爲)는 진기유가 위(謂)와 같다고 했다.

리 용감하더라도 감히 찌르지 못하고, 사람이 아무리 힘이 있더라도 감히 때리지 못합니다. 그런데 감히 하지 못하는 것은 [찌르거나 때릴] 의지조차 없는 것은 아닙니다. 신은 여기에 하나의 도가 있는데, 사람에게 아예 그 의지조차 없게 만듭니다. 그러나 그 의지조차 없게 만드는 것은 남을 사랑하고 이롭게 하려는 마음은 아직 없습니다. 신은 여기에 하나의 도가 있는데, 천하의 남자와 여자들에게 즐겁게 모두가 남을 사랑하고 이롭게 하려고 하지 않음이 없도록 만드는 것입니다. 이것은 용감하면서도 힘이 있는 것보다 더 나으며, 네 가지 단계[四累][42] 중에서 최상입니다. 대왕께서는 어찌 유독 이것에 관심을 두지 않습니까?" 송나라 왕이 말했다. "이것이 바로 과인이 얻고 싶었던 것이다." 혜앙이 대답했다. "공자와 묵자가 바로 그러한 사람입니다. 공자와 묵자는 다스리는 땅이 없으면서도 임금이 되었고,[43] 맡은 관직이 없으면서도 우두머리가 되었습니다. 천하의 남자와 여자들 중에서 목을 길게 빼고 발꿈치를 들고서 자신들을 편안하고 이롭게 해주기를 바라지 않는 사람이 없었습니다. 지금 대왕께서는 만승(萬乘)의 군주이므로 진실로 [공자와 묵자와 같은] 뜻을 가진다면, 곧 사방의 국경 안에서 그 이로움을 모두 얻을 수 있을 것입니다. 그것은 공자나 묵자보다 훨씬 더 낫습니다."(『열자』「황제」)

惠盎見宋康王, 康王蹀足謦欬疾言曰, "寡人之所說者, 勇有力也, 不說爲仁義者也. 客將何以敎寡人?" 惠盎對曰, "臣有道於此, 使人雖勇, 刺之不入, 雖有力, 擊之弗中. 大王獨無意耶?" 宋王曰, "善. 此寡人之所欲聞也." 惠盎曰, "夫刺之不入, 擊之不中, 此猶辱也. 臣有道於此,

42_ 사루(四累)는 앞에서 말한 네 가지 단계를 말한다. 첫 번째 단계는 찔러도 들어가지 않고 때려도 맞지 않는 단계. 두 번째 단계는 감히 찌르지 못하고 감히 때리지 못하는 단계. 세 번째 단계는 사람에게 아예 의지조차 없게 만드는 단계. 네 번째 단계는 천하의 남자와 여자들에게 즐겁게 모두가 남을 사랑하고 이롭게 하려고 하지 않음이 없도록 만드는 단계이다.

43_ 무지이위군(無地而爲君)은 진기유가 소왕(素王)을 의미한다고 했다.

使人雖有勇弗敢刺, 雖有力弗敢擊. 夫弗敢, 非無其志也. 臣有道於此, 使人本無其志也. 夫無其志者, 未有愛利之心也. 臣有道於此, 使天下丈夫・女子莫不歡然皆欲愛利之. 此其賢于勇有力也, 四累之上也. 大王獨無意邪?" 宋王曰, "此寡人之所欲得也." 惠盎對曰, "孔・墨是已. 孔丘・墨翟, 無地而爲君, 無官而爲長. 天下丈夫・女子莫不延頸擧踵而願安利之. 今大王, 萬乘之主也, 誠有其志, 則四境之內皆得其利矣. 其賢于孔・墨也遠矣."(『列子』「黃帝」)

康18-6

천하의 남자와 여자들이 모두 공자와 묵지를 알았고, 모두 목을 길게 빼고 발꿈치를 들고서 자신들을 편안하고 이롭게 해주기를 생각했으니, 이른바 "천하가 귀속되어 돌아가는 것을 왕(王)이라고 한다"라는 것이다.[44] 따라서 "다스리는 땅이 없으면서도 임금이 되었다"라고 말했다. 공자와 묵자[의 학문]은 당시 천하에 크게 행해져 아래로 여인과 어린아이에게까지 미치고, 먼 변방 지역에서도 우러러보며 따르지 않는 사람이 없었으니,[45] 그들의 제자 무리들이 성대하게 전파했기 때문

44_ 이 말은 『설문해자』 권일상(卷一上)에서 '왕(王)'자를 풀이한 말이다. "天下所歸往也. 董仲舒曰, 古之造文者, 三畫而連其中, 謂之王. 三者, 天地人也, 而參通之者, 王也. 孔子曰, 一貫三爲王." 『설문해자』에서 인용한 동중서의 말은 『춘추번로』 「왕도통삼(王道通三)」편에 보이는데, 그 내용은 다음과 같다. "옛날에 글자를 만든 사람이 가로로 나란히 세 개의 획을 그리고, 그 가운데에 세로로 선을 그어 연결하여, 그것을 왕(王)이라는 글자라고 했다. 가로로 나란히 세 개의 획을 그린 것은 하늘과 땅, 사람이며, 그 가운데에 세로로 선을 그어 연결한 것은 그 세 가지의 도를 소통시키는 것이다. 하늘과 땅, 사람의 중간을 찾아 관통시켜 세 가지를 소통시켰으니, 왕자가 아니면 어찌 이것을 담당할 수 있겠는가?[古之造文者, 三畫而連其中, 謂之王. 三畫者, 天地與人也, 而連其中者, 通其道也. 取天地與人之中以爲貫, 而參通之, 非王者庸能當是?]" 한편 『백호통의』 「호(號)」편에도 이와 유사한 내용이 보인다.

45_ 수방절역(殊方絕域)은 중앙에서 멀리 떨어진 변방 지역을 말하며, 경종(景從)은

이 아니겠는가!

天下丈夫女子皆知孔・墨, 皆延頸擧踵而思安利孔・墨, 所謂"天下歸往謂之王." 故曰"無地而爲君也." 孔・墨當時大行於天下, 下逮於婦孺, 殊方絶域莫不景從, 非其徒屬盛傳之故哉!

18-1-8

혜앙(惠盎)이 송나라 강왕(康王)을 만났는데, 강왕이 발을 구르고 헛기침을 하면서 조급하게 물었다. "과인이 좋아하는 것은 용감하면서도 힘이 있는 것[에 관한 일]이며, 인의(仁義)에 대해서는 말하지 말라. 손님께서는 장차 무엇으로 과인을 가르쳐주려고 하는가?" 혜앙이 대답했다. "신은 여기에 하나의 도가 있는데, 가령 사람이 용감하여 그것을 찌르더라도 들어가지 않고, 사람이 힘이 있어 그것을 때리더라도 맞지 않습니다. 대왕께서는 어찌 유독 이것에 관심을 두지 않습니까?" 왕이 말했다. "좋다. 이것이 바로 과인이 듣고 싶었던 것이다." 혜앙이 말했다. "그런데 찔러도 들어가지 않고 때려도 맞지 않는 것은 [아무리 용감하면서도 힘이 있더라도] 이미 모욕을 당한 것과 같습니다. 신은 여기에 하나의 도가 있는데, 가령 사람이 아무리 용감하더라도 감히 찌르지 못하고, 사람이 아무리 힘이 있더라도 감히 때리지 못합니다. 대왕께서는 어찌 유독 이것에 관심을 두지 않습니까?" 왕이 말했다. "좋다. 이것이 바로 과인이 알고 싶었던 것이다." 혜앙이 말했다. "그런데 감히 찌르거나 때리지 못하는 것은 [찌르거나 때릴] 의지조차 없는 것은 아닙니다. 신은 여기에 하나의 도가 있는데, 사람에게 아예 그 의지조차 없게 만듭니다. 왕께서는 어찌 유독 이것에 관심을 두지 않습니까?" 왕이 말했다. "좋다. 이것이 바로 과인이 원하던 것이다." 혜앙이

우러러보면서 따른다는 뜻이다.

말했다. “그러나 그 의지조차 없게 만드는 것은 남을 사랑하고 이롭게 하려는 마음은 아직 없습니다. 신은 여기에 하나의 도가 있는데, 천하의 남자와 여자들에게 즐겁게 모두가 남을 사랑하고 이롭게 하려고 하지 않음이 없도록 만드는 것입니다. 이것은 용감하면서도 힘이 있는 것보다 더 나으며, 네 가지 단계 중에서 최상입니다. 대왕께서는 어찌 유독 이것에 관심을 두지 않습니까?” 왕이 말했다. “이것이 바로 과인이 얻고 싶었던 것이다.” 혜앙이 대답했다. “공자와 묵자가 바로 그러한 사람입니다. 공자와 묵자는 다스리는 땅이 없으면서도 임금이 되었고, 맡은 관직이 없으면서도 우두머리가 되었습니다. 천하의 남자와 여자들 중에서 목을 길게 빼고 발꿈치를 들고서 자신들을 편안하고 이롭게 해주기를 바라지 않는 사람이 없었습니다. 지금 대왕께서는 만승(萬乘)의 군주이므로 진실로 [공자와 묵자와 같은] 뜻을 가진다면, 곧 사방의 국경 안에서 그 이로움을 모두 얻을 수 있을 것입니다. 그것은 공자나 묵자보다 훨씬 더 낫습니다.” 송나라 왕이 아무런 응답도 하지 못했다. 혜앙이 빠른 걸음으로 나가자, 송나라 왕은 좌우 신하들에게 말했다. “말솜씨가 뛰어나구나. 손님이 말로써 과인을 설복시켰구나.”(『여씨춘추』「순설」)

惠盎見宋康王, 康王蹀足謦欬疾言[46]曰, “寡人之所說者勇有力, 而無爲仁義者. 客將何以教寡人?” 惠盎對曰, “臣有道於此, 使人雖勇, 刺之不入, 雖有力, 擊之弗中. 大王獨無意耶?” 王曰, “善. 此寡人所欲聞也.” 惠盎曰, “夫刺之不入, 擊之不中, 此猶辱也. 臣有道於此, 使人雖有勇弗敢刺, 雖有力不敢擊. 大王獨無意耶?” 王曰, “善. 此寡人之所欲知也.” 惠盎曰, “夫不敢刺不敢擊, 非無其志也. 臣有道於此, 使人本無其志也. 大王獨無意耶?” 王曰, “善, 此寡人之所願也.” 惠盎曰, “夫無其志也, 未有愛利之心也. 臣有道於此, 使天下丈夫 · 女子莫不

46_ 이 문장이 『공자개제고』와 『여씨춘추』의 옛 판본에는 ‘惠盎見宋康成公, 而謂足謦速疾言.’으로 되어 있는데, 필원의 교정에 따라 고쳤다.

歡然皆欲愛利之. 此其賢于勇有力也, 居四累之上. 大王獨無意耶?" 王曰, "此寡人之所欲得." 惠盎對曰, "孔·墨是也. 孔丘·墨翟, 無地爲君, 無官爲長. 天下丈夫·女子莫不延頸擧踵而願安利之. 今大王, 萬乘之主也, 誠有其志, 則四境之內皆得其利. 其賢于孔·墨也遠矣." 宋王無以應. 惠盎趨而出, 宋王謂左右曰, "辨矣. 客之以說服寡人也."(『呂氏春秋』「順說」)

康18-7

남자와 여자들이 모두 공자와 묵자를 편안하고 이롭게 여기니, 당시에 교설에 설복한 자가 상당히 광범위했던 것이다. 근세에는 제생(諸生)[47] 이외에는 사당에 들어가서 공자를 참배하지 못하니, 하물며 여자가 가능하겠는가? 심히 옛날의 뜻이 아니다.

丈夫女子皆願安利孔·墨, 則當時服敎者無所不遍矣. 近世自諸生外, 不得入廟謁孔子, 況女子乎? 甚非古義也.

18-1-9

혜앙이 대답했다. "공자와 묵자가 바로 그러한 사람입니다. 공자와 묵자는 다스리는 땅이 없으면서도 임금이 되었고, 맡은 관직이 없으면서도 우두머리가 되었습니다. 천하의 남자와 여자들 중에서 목을 길게 빼고 발꿈치를 들고서 자신들을 편안하고 이롭게 해주기를 바라지 않는 사람이 없었습니다. 지금 대왕께서는 만승(萬乘)의 군주이므로 진실로 [공자와 묵자와 같은] 뜻을 가진다면, 곧 사방의 국경 안에서 그 이로움을 모두 얻을 수 있을 것입니다. 그것은 공자나 묵자보다 훨씬 더

47_ 제생(諸生)은 명나라와 청나라 때 성(省)에서 시행하는 각종 시험을 거쳐, 부(府)·주(州)·현(縣)의 학교에 입학한 여러 생원들을 말한다.

낫습니다."(『회남자』「도응훈」)

惠盎對曰, "孔・墨是已. 孔丘・墨翟, 無地而爲君, 無官而爲長. 天下丈夫女子莫不延頸擧踵而願安利之者. 今大王, 萬乘之主也, 誠有其志, 則四境之內皆得其利矣. 此賢于孔・墨也遠矣."(『淮南子』「道應訓」)

康18-8

이 글은 『열자』「황제」편이나 『여씨춘추』「순설」편에서 혜앙의 이야기를 인용한 것과 같다. 공자와 묵자의 교설이 성대하게 전파된 것에 대해 증거를 갖추어 보여주고 있다.

此與『列子』「黃帝」・『呂氏春秋』「順說」篇引惠盎之說同. 孔・墨之敎盛傳, 具見佐證.

18-1-10[48]

따라서 유학자는 장차 사람에게 두 가지를 모두 얻도록 하는 자이며, 묵자는 장차 사람에게 두 가지를 모두 잃도록 하는 자이다. 이것이 바로 유가와 묵가의 구분이다.(『순자』「예론」)

故儒者將使人兩得之者也, 墨者將使人兩喪之者也. 是儒・墨之分也.(『荀子』「禮論」)

康18-9

순자는 공자 문하의 후학이며, 경전을 전수한 대유인데, 그의 책에서 묵자의 교설을 공격한 것은 맹자보다 훨씬 더 직설적이다. 그런데도

48_ 이하에서 인용한 『순자』「예론」편의 내용은 이 책의 제16권 제2절〈16-2-5〉에서 이미 인용했다. 자세한 주석은 앞의 내용을 참조 바람.

여전히 유가와 묵가를 대등하게 거론하고 있으니, 당시에 묵가의 학문이 유학과 도를 양분하여 크게 떨쳤다[49]는 것을 알 수 있다.

荀子爲孔門後學, 傳經大儒, 其書攻墨子之敎, 直過於孟子. 而猶以儒·墨對擧, 則當時墨學與儒分道揚鑣, 可知矣.

18-1-11

공자와 묵자, 영월(寧越)[50] 등은 모두 벼슬자리에 있지 않은 선비들이었는데, 천하에 대해 사고하여 선왕들의 학술만한 것이 없다고 여겼기 때문에 밤낮으로 그것을 배웠다. 배움에 이로움이 있는 것은 하지 않은 것이 없었고, 배움에 이롭지 않음이 있으면 하려고 하지 않았다. 듣자하니, 공자와 묵자는 낮에는 학문을 익히고 학습했고, 밤에는 문왕(文王)과 주공(周公) 단(旦)을 [꿈속에서] 직접 만나서 물어보았다고 한다.[51](『여씨춘추』「박지」)

孔·墨·寧越, 皆布衣之士也, 慮於天下, 以爲無若先王之術者, 故日夜學之. 有便於學者, 無不爲也, 有不便於學者, 無肯爲也. 蓋聞孔丘·墨翟, 晝日諷誦習業, 夜親見文王·周公旦而問焉.(『呂氏春秋』「博志」)

康18-10

전국시대 이후에는 폭넓게 듣고 성실하게 배우는 자들은 반드시 공자와 묵자라는 이름을 가장 첫 자리에 언급했고, 제자백가는 인정하지 않았다고 하니, 그 이름이 함께 거론된 것이 이와 같았다. 대체로 공자

49_ 양표(揚鑣)는 크게 떨쳤다는 말이다.

50_ 영월(寧越)은 고유가 중모(中牟) 사람으로, 도술을 터득한 선비라고 했다.

51_ 『논어』「술이」편에 "子曰, '甚矣! 吾衰也. 久矣! 吾不復夢見周公.'"이라는 말이 보인다.

와 묵자는 모두 학문과 제도로써 남들보다 뛰어났고, 제자백가들은 대부분 공허한 말뿐이었으니, 비교할 대상이 아니었다. 시대에 시의적 절함이라는 측면에서 묵자가 공자보다는 못하다. 그러나 순자가 맹자보다 낫고 주희가 육구연보다 낫지만, 후인들은 모두 순자와 맹자를 함께 거론하고, 주희와 육구연을 대등하게 거론하니, [공자와 묵자의 관계는] 바로 이와 같다. 뒤의 시대를 살펴봄으로써 앞의 시대를 아는 것이 가장 뛰어난 근거가 될 수 있을 것이다.

戰國以還, 稱博聞勤學者, 必以孔・墨爲稱首, 而諸子不與焉, 其並名如此. 蓋孔子・墨子, 皆以學問制度勝人, 諸子多空虛, 非其比也. 雖宜於時者, 墨不如孔. 而荀勝孟, 朱勝陸, 後人皆荀・孟並稱, 朱・陸對擧, 正與此同. 觀後以知前, 最足勝據者矣.

18-1-12

지금 유가와 묵가는 모두 선왕(先王)을 거론하면서 천하를 두루 사랑하니, 마치 부모[가 자식을 사랑하듯이] 백성들을 보았다.[52](『한비자』「오두」)

今儒・墨皆稱先王, 兼愛天下, 則視民如父母.(『韓非子』「五蠹」)

康18-11

유가와 묵가를 병칭하면서 그들이 "모두 선왕을 거론하면서 천하를 두루 사랑했다"라고 말하니, 유가와 묵가가 크게 행해진 까닭을 알 수 있다. 즉 선왕을 거론했기 때문에 옛날에는 효과가 있었고, 천하를 두

52_ 진기유는 이 문장의 아래에 "今先王之愛民不過父母之愛子"가 있는 것에 근거하여, 이 문장은 "視民如父母之愛子"가 되어야 하며, 지금은 '之愛子' 세 글자가 빠져 있다고 했는데, 여기에는 이 주장에 근거하여 해석했다. 한편 왕선신은 '視民'이 '民視'가 되어야 한다고 주장하기도 했다.

루 사랑했기 때문에 백성들이 모두 [유가와 묵가를] 흠모한 것이다. 이것이 많은 백성들이 감화된 까닭이니,[53] 제자백가들이 견줄 수 없는 것이다.

儒・墨並稱而謂之"皆稱先王, 兼愛天下", 可知儒・墨所以大行者. 惟稱先王, 則于古有徵, 惟兼愛, 則生民共慕. 此所以萬流向風, 而諸子不能比之也.

18-1-13

자장(子張)이 말했다. "옛날에 걸왕(桀王)과 주왕(紂王)은 존귀하기로는 천자가 되고, 부귀하기로는 천하를 소유했지만, 지금 노비나 도적[54]에게 '너는 행동이 걸주(桀紂)와 같다'라고 말하면 부끄러워하는 얼굴빛을 띠는 자도 있고, 승복하지 못하는 마음을 가진 자도 있으니, [걸주는] 소인들도 천하게 여기기 때문이다. 공자와 묵자는 곤궁하기로는 필부였지만, 지금 재상에게 '그대의 행동은 공자나 묵자와 같다'라고 말하면, 용모를 고치고 얼굴빛을 바꾸면서 자신은 부족한 사람이라고 말하니, [공자와 묵자는] 선비들이 진실로 귀하게 여기기 때문이다. 따라서 세력으로는 천자라고 하더라도 반드시 존귀한 것은 아니며, 곤궁하기로는 필부라고 하더라도 반드시 미천한 것은 아니다. 존귀함과 비천함의 구분은 행동의 선악에 달려 있다."(『장자』「도척」)

子張曰, "昔者桀・紂貴爲天子, 富有天下, 今謂臧聚曰, '汝行如桀・紂', 則有怍色, 有不服之心者, 小人所賤也. 仲尼・墨翟, 窮爲匹夫, 今爲宰相曰, '子行如仲尼・墨翟', 則變容易色, 稱不足者, 士誠貴也.

53_ 만류(萬流)는 많은 백성을 의미한다. 향풍(向風)은 바람을 향한다는 말로, 다른 사람의 인품이나 학문에 감화되어 우러러 흠모한다는 뜻이다.

54_ 장취(臧聚)는 노비와 도적을 말한다. 성현영이 장(臧)은 장획(臧獲), 즉 노비라고 했고, 취(聚)는 도적 소인이라고 했다.

故勢爲天子，未必貴也，窮爲匹夫，未必賤也．貴賤之分，在行之美惡.”(『莊子』「盜蹠」)

康18-12

당시에 입만 열면 곧 공자와 묵자를 말했는데, 사람마다 모두 공경하고 심복하면서 자신이 그들만 못하다고 스스로 말하니, 그들이 인심 속으로 파고들어간 것이 지극하구나!

當時開口輒稱孔·墨, 人人敬服, 自謂不如, 其所以入人心者, 至矣!

18-1-14

이 때문에 천하가 크게 어수선해지자 유가와 묵가가 모두 생겨나게 되었다.[55] [삼황오제가] 처음 시작할 때는 나름대로의 질서가 있었지만,[56] 지금은 [이와 같은 혼란스러운 상황으로] 결론이 나버렸으니, 그대가 무슨 말을 할 수 있겠는가?[57](『장자』「천운」)

是以天下大駭, 儒·墨皆起. 其作始有倫, 而今乎婦, 女何言哉?(『莊子』「天運」)

55_ 이 글은 공자가 노자를 만나서 예(禮)에 대한 이야기를 나눈 이후, 제자인 자공(子貢)을 소개하여 자공과 노자가 삼황오제의 정치에 대해 나눈 이야기이다. 삼황오제가 천하를 다스렸기 때문에 그 결과 천하가 혼란스러워졌다는 것이 노자가 자공에게 한 이야기의 핵심이다.

56_ 륜(倫)은 곽상과 성현영 등이 리(理)라고 했고, 천구잉이 질서[倫序]라고 했다.

57_ 기존의 주석에는 '今乎婦女, 何言哉.'로 구두가 끊어져 있고, '부녀(婦女)'에 대해서는 여러 가지 해석이 있다. 안병주는 "처첩(妻妾)의 도리가 아님이 없다"는 주득지(朱得之)의 주장과 "지금의 행위는 장부이면서 부녀자의 도리를 가지고 있는 것"이라는 왕선겸의 주장을 수용하여, "지금에 와서는 부녀자들의 시끄러운 다툼이 되고 말았다"라고 해석했다. 여기에서는 천구잉이 인용한 해동(奚侗)의 주장에 따라 해석했다. 해동은 이 문장을 '今乎婦, 女何言哉.'로 구두를 끊고, '부(婦)'자는 '귀(歸)'의 잘못이고, '여(女)'자는 아래 문장과 이어서 자공(子貢)을 가리킨다고 했다.

18-1-15

옛날에[58] 순임금은 사해(四海) 밖을 복종시키려고 하다가 성공하지 못했는데, 이미 충분히 제왕[의 업적]은 이루었다. 우임금은 제왕의 업적을 이루려고 하다가 성공하지 못했는데, 이미 충분히 사해 안에서 왕노릇을 했다. 탕임금과 무왕은 우임금을 계승하려고 하다가 성공하지 못했는데, 이미 충분히 사통팔달하는 모든 지역에서 왕노릇을 했다. [춘추시대의] 다섯 패자(五伯)는 탕임금과 무왕을 계승하려고 하다가 성공하지 못했는데, 이미 충분히 제후들의 우두머리가 되었다. 공자와 묵자는 큰 도를 세상에 실행하려고 하다가 성공하지 못했는데, 이미 충분히 현달과 영광을 이루었다. 대체로 대의(大義)가 성공하지 못하더라도 이미 자기 스스로를 이룸이 있기 때문에 힘써 큰 목표에 종사하는 것이다.(『여씨춘추』「무대」)

昔有舜欲服海外而不成, 既足以成帝矣. 禹欲帝而不成, 既足以王海內矣. 湯·武欲繼禹而不成, 既足以王通達矣. 五伯欲繼湯·武而不能成, 既足以爲諸侯長矣. 孔·墨欲行大道於世而不成, 既足以成顯榮矣. 夫大義之不成, 既有成已, 故務事大.(『呂氏春秋』「務大」)

康18-13

공자와 묵자가 요임금과 우임금, 탕임금과 무왕을 계승했다고 여긴 것은 공자와 묵자가 모두 천자의 일을 했기 때문이니, 이른바 세상에 큰 도를 실행했다는 것이다.

以孔·墨繼舜·禹·湯·武, 蓋以孔·墨皆爲天子之事, 所謂行大道於世也.

58_ 석유(昔有)는 허유휼이 석자(昔者)가 되어야 한다고 했다.

18-1-16

우임금이 옷을 벗은 채로 사는 나라[裸國]에 갈 때는 옷을 벗고 그 나라에 들어갔다가 옷을 입고 나왔으니,[59] 이치를 따른 것이다. 묵자가 형(荊), 즉 초(楚)나라 임금을 만날 때는 비단옷을 입고 생황을 불었으니,[60] 이치를 따른 것이다. 공자는 미자하(彌子瑕)를 통해서 이부인(釐夫人)을 만났으니,[61] 이치를 따른 것이다. 탕임금과 무왕은 혼란한 세상을 만나고, 고생하는 백성들을 대면했을 때, 의로움을 드날리고, 공적을 이루었으니, 이치를 따른 것이다.(『여씨춘추』「귀인」)

禹之裸國, 裸入衣出, 因也. 墨子見荊王, 錦衣吹笙, 因也. 孔子道彌子瑕見釐夫人, 因也. 湯・武遭亂世, 臨苦民, 揚其義, 成其功, 因也.(『呂氏春秋』「貴因」)

59_ 진기유는 "이것은 우임금이 나국의 풍속에 따라서 옷을 벗고 그 나라에 들어갔고, 그 나라를 나올 때는 중국으로 들어가려고 했기 때문에 옷을 입고 나왔다는 말이다"라고 했다. 『여씨춘추』「구인(求人)」편에 우임금이 현자를 얻기 위하여 사방의 모든 나라를 돌아다녔는데, 남쪽에 옷을 벗은 채로 사는 사람들의 나라[裸民之處]에도 찾아갔다는 기록이 보인다.

60_ 진기유에 의하면, 『묵자』「공수(公輸)」편에 공수반(公輸盤)이 구름사다리로 송나라를 공격하려고 하자, 묵자가 초나라 혜왕(惠王)을 설득하여 송나라를 구하려고 한 내용이 보인다. 초나라 혜왕은 외형이 아름다운 것을 좋아했기 때문에 묵자가 비록 검소함을 좋아하고 음악을 비판하지만, 비단옷을 입고 생황을 불면서 초나라 혜왕을 만난 것이다.

61_ 도(道)는 유월이 유(由)의 의미라고 했다. 리부인(釐夫人)은 양옥승(梁玉繩)이 위(衛)나라 영공(靈公)의 부인인 남자(南子)의 시호라고 했다. 『논어』「옹야((雍也)」편에 "子見南子, 子路不說. 夫子矢之曰, 予所否者, 天厭之, 天厭之."라는 기록이 보인다. 한편 『염철론』「논유(論儒)」편에도 다음과 같은 기록이 보인다. "『예(禮)』에 '남녀 사이에는 직접 물건을 주고받지 않으며, 술잔을 주고받지 않는다'라고 했다. 그런데 공자가 위(衛)나라에 갔을 때, 아첨하는 신하인 미자하(彌子瑕)를 통해 위나라 영공(靈公)의 부인을 만났는데, 자로가 좋아하지 않았다. 미자하는 아첨하는 신하이기 때문에 공자가 그를 통한 것은 옳지 않다. 남녀 사이에는 서로 왕래하지 않는데, 공자는 영공의 부인인 남자(南子)를 만났으니, 예법이 아니다."

康18-14

공자가 미자하(彌子瑕)를 통한 일은 비록 거짓이지만, 당시 사람들이 일을 논하고 이치를 설명할 때, 혹은 공자와 묵자를 단독으로 거론하고, 혹은 공자와 묵자를 삼대의 성왕과 함께 거론했으니, 공자와 묵자를 존중하는 것이 이와 같았다.

孔子道彌子瑕事雖謬, 然當時人論事說理, 或單擧孔·墨, 或以孔·墨與三代聖王同擧, 其尊之如此.

18-1-17

공구(孔丘)와 묵적(墨翟)은 앞선 성인의 학술을 닦고, 육예(六藝)의 논의에 능통하여 입으로는 성인의 말을 진술하고, 몸으로는 성인의 뜻을 실천했는데, 그 뜻을 흠모하고 교화[62]를 좇아서 그들의 제자가 된 자는 수십 명에 지나지 않았다. 만약 그들이 천자의 지위에 있었다면, 천하는 온통[63] 유가나 묵가였을 것이다.(『회남자』「주술훈」)

孔丘·墨翟, 修先聖之術, 通六藝之論, 口道其言, 身行其志, 慕義從風, 而爲之服役者, 不過數十人. 使居天子之位, 則天下徧爲儒·墨矣.(『淮南子』「主術訓」)

康18-15

이 문장으로 말한다면, 단지 『시』·『서』·『예』·『악』만이 삼대의 옛 명칭이 아니라, 『역』과 『춘추』도 그러하다. 곤(坤)과 건(乾)의 뜻, 그리고 손질하지 않은 『춘추』는 본래 묵자도 공유하던 것인데, 오직 손질

62_ 고유가 풍(風)은 화(化)라고 했다. 화(化)는 교화(敎化)라는 뜻이다.

63_ 고유가 편(徧)은 진(盡)이라고 했다.

하여 바로잡은 것이 같지 않을 뿐이다.

以此言之, 不獨『詩』·『書』·『禮』·『樂』爲三代舊名, 『易』·『春秋』亦然. 坤·乾之義, 不修『春秋』, 固墨子所同者也, 惟刪定不同耳.

18-1-18

공자의 제자는 70명이고, 후학의 무리[64]는 3천 명이니, 그들은 모두 집에 들어와서는 효행을 실천하고 나가서는 공경스러운 태도를 보였으며, 그들의 말은 예악제도[文章][65]를 이루었고, 행동은 모범[66]이 되었으니, 가르침에 의한 결과이다. 묵자의 제자들[67]은 180명인데, 모두 불구덩이에 나아가고 칼날을 밟게 할 수 있어서 죽음에 직면해서도 뒷걸음치지 않았으니,[68] 교화에 의한 결과이다.(『회남자』「태족훈」)

孔子弟子七十, 養徒三千, 人皆入孝出悌, 言爲文章, 行爲儀表, 敎之

64_ 양도(養徒)는 교육을 받은 제자들을 뜻한다. 본문에서는 문맥상 후학의 무리로 번역했다.

65_ 문장(文章)은 예악(禮樂) 제도를 뜻한다. 『예기』「대전(大傳)」편에는 "문장(文章)을 고찰하고, 정삭(正朔)을 수정한다"라는 기록이 있는데, 이에 대한 정현의 주에서는 "문장은 예법(禮法)"이라고 풀이했고, 『순자집해』에서 손희단은 "문장은 예악제도(禮樂制度)"라고 풀이했다. 또한 『논어』「태백(泰伯)」편에도 "높고 높은 그 공적을 이룸이여! 찬란하게 그 문장(文章)을 이루었도다!"라는 기록이 있는데, 이에 대해 『논어집주』에서도 "문장은 예악법도"라고 풀이했다.

66_ 의표(儀表)는 사람의 외관이나 자태 등을 뜻하며, 법식(法式)을 뜻하기도 한다. 또한 법식에 따라 자신의 몸가짐을 바로잡는 것 또한 의표이다. 여기에서는 다른 사람에게 행동의 모범이 되었다는 말이다.

67_ 복역(服役)은 제자(弟子)와 같은 말이다. 『장자』「어부(漁父)」편에 그 용례가 보인다.

68_ 환종(還踵)은 몸을 사리며 뒷걸음치거나 도망친다는 뜻이다. 『한서』「조조전(鼂錯傳)」에 "상을 후하게 내려서 권면하고, 형벌을 엄중하게 내려서 위엄을 세운다면 죽음에 직면해서도 환종(還踵)하지 않는다"라는 기록이 보인다. 안사고의 주에서 "이때의 환(還)자는 선(旋)자로 풀이하니, 환종(還踵)이라는 것은 그 발걸음을 돌린다는 뜻이다"라고 했다.

所成也. 墨子服役者百八十人, 皆可使赴火蹈刃, 死不還踵, 化之所致也.(『淮南子』「泰族訓」)

18-1-19

공자와 묵자의 제자들은 모두 인의(仁義)의 학술로 천하를 가르치고 이끌었다.(『회남자』「숙진훈」)

孔 · 墨之弟子, 皆以仁義之術教導於世.(『淮南子』「俶眞訓」)

18-1-20

주나라 왕실이 쇠퇴하여 왕도가 폐기되자, 유가와 묵가가 비로소 [각자의] 도를 펼쳐놓고 토론했고, 무리를 나누어서 논쟁했다.(『회남자』「숙진훈」)

周室衰而王道廢, 儒 · 墨乃始列道而議, 分徒而訟.(『淮南子』「俶眞訓」)

<이상 유가와 묵가가 가장 흥성하다: 右儒 · 墨最盛>

2. 유가와 묵가가 병칭되다 [儒 · 墨幷稱]

18-2-1

낮은 행실로는 걸왕(桀王)과 도척(盜跖)이 있고, 높은 행실로는 증삼(曾參)과 사추(史鰌)가 있는데,[69] 유가와 묵가가 모두 동시에 일어났다.(『장자』「재유」)

下有桀·跖, 上有曾·史, 而儒·墨畢起.(『莊子』「在宥」)

18-2-2[70]

군자라는 사람은 유가와 묵가의 스승과 같은 사람도 본래 시비를 가지고 서로 공격하는데,[71] 하물며 지금의 일반 사람들은 어떠하겠는가?(『장자』「지북유」)

君子之人, 若儒·墨者師, 故以是非相𩟄也, 而況今之人乎?(『莊子』「知[72]北遊」)

18-2-3

장자가 말했다. "그렇다면 유가와 묵가, 양주(楊朱)와 공손룡(公孫龍)[73] 네 학파, 그리고 당신[74]을 합쳐서 다섯 학파가 되니, 과연 어느 학파가 옳은가?"(『장자』「서무귀」)

莊子曰, "然則儒·墨·楊·秉四, 與夫子爲五, 果孰是邪?"(『莊子』「徐無鬼」)

18-2-4

따라서 유가와 묵가의 시비 논쟁이 있는 것은 상대가 그르다고 여긴

69_ 성현영이 "걸왕과 도척이 소인의 행실은 행한 것이 낮은 행실[下]이 되고, 증삼과 사추가 군자의 행실을 행한 것이 높은 행실[上]이 된다"라고 했다.

70_ 이 내용은 공자가 안회의 물음에 대답한 말이다.

71_ 제(𩟄)는 곽상이 화(和)의 의미라고 했는데, 천구잉이 서로 공격한다는 뜻이라고 한 풀이를 따랐다.

72_ 지(知)가 『공자개제고』에는 빠져 있는데, 보충해서 기록했다.

73_ 병(秉)은 성현영이 공손룡(公孫龍)의 자라고 했다.

74_ 이것은 장자와 혜시(惠施)의 문답이다. 여기에서 부자(夫子)는 혜시를 가리킨다.

것을 옳다고 여기고, 상대가 옳다고 여긴 것을 그르다고 여기기 때문이다.(『장자』「제물론」)

故有儒·墨之是非, 以是其所非而非其所是.(『莊子』「齊物論」)

18-2-5

그런데[75] 유가와 묵가의 무리들은 애초부터 차꼬와 수갑을 찬 죄수들[76] 사이에서 왔다갔다 하면서 옷소매를 걷어 올린 채 활개치고 다니니,[77] 아,[78] 심하구나! 그들은 부끄러움도 없고 수치심도 알지 못한다.(『장자』「재유」)

而儒·墨乃始離跂攘臂乎桎梏之間, 意, 甚矣哉! 其無愧而不知恥也.(『莊子』「在宥」)

18-2-6

유학자는 거짓된 말을 하고, 묵가는 차별 없이 두루 사랑하니, 다섯 가지 윤리[五紀]와 여섯 가지 인륜 관계[六位][79]가 장차 구별이 있겠는가?(『장

75_ 이 문장의 앞에 "지금 세상에는 참수형을 당한 자가 서로 베개를 베고 누워 있을 정도로 많고, 형틀을 차고 있는 사람이 서로 밀칠 정도로 많으며, 형벌로 죽은 자들이 서로 바라볼 정도로 많다"라는 말이 보인다. 이러한 상황에서 유가와 묵가의 무리들이 하는 행동에 대한 비판이다.

76_ 질곡(桎梏)은 사지를 속박하는 형벌 도구로, 차꼬와 수갑을 찬 죄수들을 말한다.

77_ 이기(離跂)는 발꿈치를 들고 힘쓰는 모양이고, 양비(攘臂)는 옷소매를 걷어 올리고 득의(得意)한 모습이다. 안병주는 "뛰어다니며 팔을 걷어붙이며 뽐낸다"라고 해석했다.

78_ 의(意)는 불평이 있거나 분개할 때 지르는 소리로, 희(噫)와 같은 뜻이다. 희(噫)자로 고쳐서 기록한 판본도 있다.

79_ 유월이 오기(五紀)는 오륜(五倫), 육위(六位)는 육기(六紀)라고 했다. 육기(六紀)는 여섯 가지의 인륜 관계로, 『백호통의』「삼강육기(三綱六紀)」편에 의하면, 제부(諸父)·형제(兄弟)·족인(族人)·제구(諸舅)·사장(師長)·붕우(朋友)를 말한다.

자』「도척」)

儒者僞辭, 墨者兼愛, 五紀六位, 將有別乎?(『莊子』「盜跖」)

18-2-7

묵자는 두루 사람을 사랑하는 것[兼]을 귀하게 여겼고, 공자는 군주[公][80]를 귀하게 여겼다.(『시자』「광택」)

墨子貴兼, 孔子貴公.(『尸子』「廣澤」)

18-2-8

재앙의 시작은 마치 작은 불꽃이나 그루터기에서 돋은 새싹처럼[81] 작아서 멈추기가 쉽다. 그러나 그것이 큰일에서 작용하는 데 미치면 비록 공자와 묵적과 같은 현명한 사람이라도 구제할 수가 없다.(『시자』「귀언」)

夫禍之始也, 猶熛火蘖足也, 易止也. 及其措於大事, 雖孔子・墨翟之賢, 弗能救也.(『尸子』「貴言」)

康18-16

당시에 성스럽고 지혜롭다고 일컬을 만한 사람 중에, 공자와 묵자라는 사람이 있다는 것을 사람들은 모두 알고 있었다. 따라서 일에 대해 논의할 때 그들을 거론함으로써 이치를 밝힌 것이다.

80_ 공(公)은 『신역시자독본』에서 『이아(爾雅)』「석고(釋詁)」편의 풀이와 『논어』에 보이는 공자의 사상 등을 근거로, 군주(君主)라는 뜻이라고 했다.

81_ 표화(熛火)는 불꽃이나 화염을 말하며, 얼족(蘖足)은 그루터기에서 돋은 싹이나 뿌리를 말한다.

于時稱聖智者, 人人皆知有孔子·墨子. 故論事輒擧以喩理焉.

18-2-9

공자는 인(仁)을 귀하게 여겼고, 묵자는 두루 사랑함[兼]을 귀하게 여겼다.(『여씨춘추』「불이」)

孔子貴仁, 墨子貴兼.(『呂氏春秋』「不二」)

18-2-10

널리 학문을 익히고, 말을 잘하고 지혜로운 것이 공자나 묵자와 같더라도, 공자나 묵자가 농사를 짓지 않으면 국가에 무슨 도움이 되겠는가?(『한비자』「팔설」)

博習辯智如孔·墨, 孔·墨不耕耨, 則國何得焉?(『韓非子』「八說」)

18-2-11

[진섭(陳涉)은] 공자나 묵자와 같은 현명함이 있는 것도 아니다.(『신서』「과진」)

非有仲尼·墨翟之賢.(『新書』「過秦」)

18-2-12

유가가 되어 마을에서 걸터앉고, 묵가가 되어 조가(朝歌)에서 생황을 분다.[82](『회남자』「설산훈」)

82_ 고유가 다음과 같이 말했다. "유가는 예의를 숭상하기 때문에 마을에서 걸터앉아 있는 것은 잘못이며, 묵가는 검소함을 숭상하고 음악을 좋아하지 않기 때문에

爲儒而踞里閭, 爲墨而朝吹竽.(『淮南子』「說山訓」)

18-2-13

무술을 좋아한다고 협객이 아니며, 학문을 좋아한다고 유가가 아니다.(『회남자』「설산훈」)

喜武, 非俠也, 喜文, 非儒也.(『淮南子』「說山訓」)

18-2-14

지금 새로이 성인의 글을 가져다가 거기에 공자와 묵자라는 명칭을 붙여두면, 그들의 제자들 중에 삼가고 공경스럽게[83] 전수받는 자들이 반드시 많을 것이다.[84] 따라서 미인이라는 것은 반드시 서시(西施)와 같은 종류만이 아니며, 통달한 선비라는 것은 반드시 공자나 묵자와 같은 종류만이 아니다. 생각 속에 사물에 대해 훤하게 통달한 것이 있기 때문에 책을 만들어 그 생각을 밝힘으로써 [후대의] 지혜로운 자를 위하여 준비한 것이다.[85](『회남자』「수무훈」)

조가(朝歌)라는 현(縣)의 이름만을 듣고도 그곳에 들어가지 않았다. 따라서 생황을 부는 것은 잘못이다." 「설산훈」편에 "묵자는 음악을 비난했기 때문에 조가(朝歌)라는 읍에 들어가지 않았다[墨子非樂, 不入朝歌之邑.]"라는 기록이 보인다. 즉 읍의 이름에 노래[歌]라는 글자가 있다는 이유로 그 읍에는 들어가려고 하지 않았다는 말이다. 여기에서는 유가와 묵가의 이러한 행동은 마치 발자국을 없애려고 눈 속을 달리거나, 물에 빠진 사람을 건지면서 젖지 않기를 바라는 것과 같은 행동으로, 당연히 행해야 할 것을 틀렸다고 비난하고, 오히려 틀린 것을 행하는 것이라고 비난했다.

83_ 구지(句指)는 삼가고 공경하는 모양을 뜻한다.

84_ 고유는 "공자나 묵자라는 명성에 눈이 멀어서 후학들에게 공자나 묵자의 글이라고 전수를 하지만, 실질적으로 이것이 공자나 묵자의 저작이 아니라는 사실을 알지 못한다"라고 풀이했다.

85_ 왕염손은 고유의 주에 따라 이 문장을 "책을 만들어 일을 밝힌 것은 후대에 자기

今取新聖人書, 名之孔·墨, 則弟子句指而受者, 必衆矣. 故美人者, 非必西施之種, 通士者, 不必孔·墨之類. 曉然意有所通於物, 故作書以喩意, 以爲知者也.(『淮南子』「修務訓」)

18-2-15

이러한 때[86]에 품이 큰 옷을 입고 넓은 허리띠를 두른 채,[87] 유가와 묵가에 대해 말하는 자는 불초한 자로 여겨졌다. 사나운 난리가 극복되고 천하가 크게 안정된 상태에 이르게 되면, 문왕(文王)의 사업을 계승하고 무왕(武王)의 공적을 세워서,[88] 땅과 백성을 소유한 천자의 지위에 올라[89] 유씨(劉氏)의 모관(貌冠)[90]을 만들고, 추노(鄒魯)[91] 지역의 유가와 묵가를 모두 모아서 앞선 성인들이 남긴 가르침을 소통시켰다.[92](『회남자』「범론훈」)

를 알아줄 자를 위하여 준비한 것이다"라고 풀이하여, 유의(喩意)의 의(意)자를 사(事)자의 잘못이라고 보았다. 이에 대해 양수달은 의(意)자가 옳다고 주장했는데, 여기에서는 글자 그대로 풀이했다.

86_ 이 앞의 내용에 의하면, 이러한 때란 한나라 유방과 천하의 영웅호걸들이 모두 일어나 천하의 패권을 다투면서 목숨을 걸고 싸우던 시대로, 무(武)를 숭상하는 시대이다.

87_ 풍의박대(豐衣博帶)는 품이 큰 옷에 폭이 넓은 띠로, 유생의 옷차림이다. 포의박대(褒衣博帶)라고도 한다.

88_ 고유가 "문왕이 천명을 받은 사업과 무왕이 무도한 자를 주살한 공적을 계승했다"라고 풀이했다.

89_ 도적(圖籍)은 지도와 호적으로, 땅과 백성을 소유한 천자가 된다는 의미이다.

90_ 모관(貌冠)은 고유에 의하면, 한고조 유방이 신풍(新豐)이라는 땅에서 나는 대나무 껍질로 만든 관이다. 위모관(委貌冠) 또는 유씨관(劉氏冠)이라고도 한다.

91_ 추(鄒)는 맹자의 고향이고 노(魯)는 공자의 고국인 노나라를 말하는데, 일반적으로 추노지사(鄒魯之士)는 유가(儒家)를 통칭하는 말이다.

92_ 한나라가 천하를 통일한 이후에는 문(文)을 숭상하는 시대이기 때문에, 이 시대에는 오히려 무(武)을 내세우는 자들이 의심을 받고, 유가나 묵가의 형태가 존중을 받았다는 의미이다.

當此之時, 豐衣博帶而道儒・墨者, 以爲不肖. 逮至暴亂已勝, 海內大定, 繼文之業, 立武之功, 履天子之圖籍, 造劉氏之貌冠, 總鄒魯之儒・墨, 通先聖之遺教.(『淮南子』「泛論訓」)

18-2-16

지금 유가와 묵가는 삼대(三代)의 문왕(文王)과 무왕(武王)을 찬양하면서도 실천하지는 않으니, 이것은 실천하지 않는 것을 말로만 떠드는 것이다.(『회남자』「범론훈」)

今儒・墨者稱三代文・武而弗行, 是言其所不行也.(『淮南子』「泛論訓」)

18-2-17

공자와 묵자는 두루 통달했지만, 산간에 거처하는 사람과 함께 외진 산림 지역[93]이나 험한 지역을 들어갈 수는 없었다.[94](『회남자』「주술훈」)

孔・墨博通, 而不能與山居者入榛薄險阻也.(『淮南子』「主術訓」)

18-2-18

오기(吳起)와 장의(張儀)는 지혜가 공자나 묵자보다 못하면서 만승(萬乘)의 군주와 다투었으니, 이것이 수레에 사지를 묶어 찢겨서 죽는 형벌을 받은 이유이다.[95](『회남자』「주술훈」)

93_ 진박(榛薄)은 초목이 무성하게 엉켜 있는 외진 산림 지역을 말한다.

94_ 이 내용의 앞부분에서는 도의 근본인 무위를 얻으면 어떠한 만물과 응해도 막힘이 없지만, 사람의 지혜에만 맡기면 다스림을 이루기가 어렵다고 주장한다. 이 부분은 그에 대한 예로 제시한 것이다. 결국 사물에 대한 사람의 지혜는 매우 천박한 수준이 될 수밖에 없다는 것이다.

95_『회남자집석』의 여러 주석에 의하면, 장의가 사지가 찢어져서 죽는 형벌을 받았

吳起・張儀智不若孔・墨, 而爭萬乘之君, 此其所以車裂支解也.(『淮南子』「主術訓」)

18-2-19

3년의 상례는 사람이 미치지 못하는 것을 억지로 하도록 하면서 거짓됨으로써 [그렇게 하도록] 사람의 감정을 부추긴다. 3개월의 복상은 슬픔을 끊어버려서 그 감정을 야박하게 만드는 것이다. 유가와 묵가는 사람의 감정 변화 과정에 근원하지 않고, 힘써 서로 상반되는 제도를 시행한다.[96](『회남자』「제속훈」)

夫三年之喪, 是强人所不及也, 而以僞輔情也. 三月之服, 是絶哀而迫切之性也. 夫儒・墨不原人情之終始, 而務以行相反之制, 五縗之服.(『淮南子』「齊俗訓」)

18-2-20

대부가 말했다. "추연(鄒衍)은 근세의 유가와 묵가가 하늘과 땅의 광대함과 밝고 넓은 도에 대해 알지 못한다고 비난했다."(『염철론』「논추」)

大夫曰, "鄒子疾晩世之儒・墨, 不知天地之弘, 昭曠之道."(『鹽鐵論』「論鄒」)

다는 기록이 없기 때문에 이것은 소진(蘇秦)이나 상앙(商鞅)을 잘못 적은 것이라고 했다. 앞에서 다룬『회남자』「무칭훈(繆稱訓)」편에서도 오기와 상앙이 그 형벌을 받고 죽었다고 기록되어 있다.

96_ 사람의 감정상 3개월은 너무 짧다고 여기고, 3년은 너무 길다고 여기기 때문에 유가와 묵가의 제도는 감정의 측면에서 서로 상반된다. 따라서 그 감정의 변화 과정에 맞추어 상례 제도를 시행해야 한다는 말이다.

18-2-21

유가와 묵가는 속으로는 욕심을 내면서도 겉으로는 공경하는 자세를 보이며, 이리저리 돌아다니면서 유세를 하는데, 매우 바쁘게 서두르지만[97] 또한 뜻을 이룬 적이 없다.(『염철론』「훼학」)

儒·墨內貪外矜, 往來遊說, 栖栖然亦未爲得也.(『鹽鐵論』「毁學」)

康18-17

유가와 묵가가 크게 성행했기 때문에 외부의 사람들이 그들을 헐뜯은 것이다.

儒·墨大盛, 故外人毁之.

18-2-22

산동(山東) 지역의 유가와 묵가들은 모두 장강(長江)과 회수(淮水) 사이에 모여서 강론하고 의론하여 논의를 모았다.(『염철론』「조조」)

山東儒·墨咸聚于江·淮之間, 講議集論.(『鹽鐵論』「晁錯」)

康18-18

장강과 회수 사이에서 [유가와 묵가가] 크게 성행했으니, 중원 지역은 상상할 수 있다. 비록 회남왕(淮南王)이 초빙하여 불러들였기 때문이기도 하지만, 또한 유가와 묵가가 확대되어 시행된 것을 볼 수 있다.

江·淮大盛, 則中原可想. 雖淮南王招致之故, 亦可見儒·墨之推行矣.

97_ 서서(棲棲)는 바쁘게 서두르는 모양이다. 『논어』「헌문(憲問)」편에 "丘, 何爲是栖栖者與?"라는 말이 보인다.

18-2-23

진승(陳勝)이 크게 진노하여 용맹함을 떨쳐 천하에서 [진나라를 멸망시키는] 일을 가장 먼저 시작했다.[98] 그 방법은 비록 흉포했지만, 유가나 묵가들 중에서 혹 그 일에 간여한 것은 왕도정치를 행할 왕이 없어진 지 오래되었다고 여겼기 때문이다. 도가 꽉 막혀서 행해지지 않은 것이 공자로부터 그 당시까지 이르렀는데, 진(秦)나라는 다시 그것을 더욱 엄중하게 금지시켰기 때문에 진승을 통해서 분노를 풀려고 했던 것이다.[99](『염철론』「포현」)

陳王赫然奮爪牙, 爲天下首事. 道雖凶, 而儒·墨或幹之者, 以爲無王久矣. 道擁遏不得行, 自孔子以至於茲, 而秦復重禁之, 故發憤于陳王也.(『鹽鐵論』「褒賢」)

18-2-24

옛날 노나라에서는 계손씨의 말을 듣고 공자를 내쫓았으며,[100] 송나라에서는 자염(子冉)의 말을 믿고 묵적을 내쫓았다. 공자나 묵자와 같은 뛰어난 변론으로도 스스로 화를 면할 수 없었다.[101](『신서』「잡사」)

98_『사기』「진섭세가(陳涉世家)」에 "진승은 비록 이미 죽었지만, 그가 배치하고 파견한 제후왕들과 장상(將相)들이 마침내 진나라를 멸망시켰으니, 진섭에 의해서 일이 처음 시작된 것이다"라는 기록이 보인다.

99_『사기』「유림열전」과 「공자세가」 등을 보면, 진나라 말기에 분서갱유와 함께 유학이 끊어지려는 상황에서 진섭이 왕이 되자, 당시 유학자들 중에 진섭을 찾아가서 그의 신하가 된 자들이 많았다. 특히 공자의 8세손인 공갑(孔甲)은 진섭의 박사가 되었다가 진섭과 함께 죽었다고 한다.

100_『논어』「미자」편에 "齊人歸女樂, 季桓子受之, 三日不朝, 孔子行."이라는 기록이 보인다.

101_『사기』「추양열전(鄒陽列傳)」에 "昔者, 魯聽季孫之說而逐孔子, 宋信子罕之計而囚墨翟. 夫以孔墨之辯, 不能自免於讒諛而二國以危."라는 기록이 보인다. 『사기』에 보이는 자한(子罕)과 자염(子冉)이 동일한 인물인지는 알 수 없다. 『사기색은』

昔魯聽季孫之說逐孔子, 宋信子冉之計逐墨翟. 夫以孔·墨之辯, 而不能自免.(『新序』「雜事」)

18-2-25

유가의 종주(宗主)는 공자이고, 묵가의 비조(鼻祖)는 묵적(墨翟)이다.(『논형』「안서」)

儒家之宗, 孔子也, 墨家之祖, 墨翟也.(『論衡』「案書」)

康18-19

왕충은 후한시대 사람인데도 여전히 공자와 묵자의 종파를 알고 있어서 그들을 대등하게 거론했다.

王仲任, 後漢時, 尙知儒·墨之宗派, 而對擧之.

18-2-26

설령 지금 시대에 [어떤 사람이] 도를 말하는 것이 공자나 묵자보다 심오하다고 하더라도, 그 명성은 그들과 함께 나란히 설 수 없다.[102](『논형』「제세」)

使當今說道深于孔·墨, 名不得與之同立.(『論衡』「齊世」)

에 의하면, 『좌씨전』「양공」 29년에 송나라의 사성(司城) 자한(子罕)이라는 인물이 나오는데, 성은 악(樂)이고 이름은 희(喜)이며, 송나라의 어진 신하라고 한다. 그런데 「양공」 29년은 공자의 나이가 겨우 8세 때였기 때문에 묵적이 자한과는 비슷한 연배가 될 수 없다.

102_ 왕충은 당시의 세태가 직접 본 것을 천시하고 전해들은 것을 귀하게 여긴다고 비판했다.

18-2-27

위로는 공자와 묵자의 무리들로부터 아래로는 순자와 맹자의 무리들에 이르기까지 가르침이 반드시 후세에 남겨지는 문장[103]으로 된 것은 무엇 때문인가?(『논형』「대작」)

上自孔·墨之黨, 下至荀·孟[104]之徒, 教訓必作垂文, 何也?(『論衡』「對作」)

18-2-28

공자와 묵자의 책은 계손씨(季孫氏)과 맹손씨(孟孫氏)[105]가 읽으려고 하지 않았다.(『논형』「자기」)

孔·墨之籍, 季孟不肯讀.(『論衡』「自紀」)

康18-20

공자와 묵자의 제자들은 본래 대부분이 출신이 미천한 선비였지만,[106] 당시의 귀족들은 어려서부터 그들을 따랐으니, 반드시 학자를 기다린 이후에야 서로 학문을 이룰 수가 있었기 때문이다.

孔·墨弟子固多寒士, 當時貴人自少從之, 必俟學者, 乃能相以成學也.

18-2-29

벼슬에 나아가지 않을 때는 몸에 세 가지 피해를 입게 되고, 이미 등용

103_ 수문(垂文)은 가르침이나 계도 등의 내용으로 후세에 남겨진 문장을 말한다.

104_ 순맹(荀孟)이 『공자개제고』에는 맹순(孟荀)으로 되어 있는데, 『논형』 원문에 따라 고쳤다.

105_ 계맹(季孟)은 『논형교석』에서 노나라의 계손(季孫)과 맹손(孟孫)이라고 했다.

106_ 한사(寒士)는 출신이 미천한 선비를 말한다.

되었을 때는 몸에 세 가지 해로움을 입게 된다.[107] 비록 공자와 묵자라 하더라도 스스로 그 피해와 해로움을 면할 수 없으며, 안회(顔回)와 증삼(曾參)이라 하더라도 몸을 보전할 수 없다.(『논형』「누해」)

夫未進也, 身被三累, 已用也, 身蒙三害. 雖孔子·墨翟不能自免, 顔回·曾參不能全身也.(『論衡』「累害」)

康18-21

왕충은 묵자의 단점과 오류를 알았고, 또 후한시대에 살았기 때문에 공자를 높이고 숭상한 것이 지극했다고 말할 수 있다. 그런데도 입만 열면 여전히 공자와 묵자를 함께 인용했다. 대체로 풍속이 이이지는 것은 입에서 나오는 그대로 곧 이르게 되니, 마치 지금의 시골구석에서 과거시험을 말할 때 여전히 7편을 말하고, 관직을 논할 때 여전히 오부(五府)[108]를 말하여 명나라 때 남겨진 이야기가 그대로 이어지고 있는 것과 같기 때문이다.

王仲任能知墨翟之短謬, 且生在東漢, 宗尙孔子, 可謂至矣. 而開口猶孔·墨並引. 蓋風俗所沿, 順口輒及, 猶今鄕曲稱考試猶言七篇, 論職官猶言五府, 沿明之遺說故也.

107_ 왕충은 벼슬하지 않고 마을에 있을 때나 벼슬자리에 나아가 관직에 있을 때 자신의 재능이나 행동과는 상관없이 외부로부터 닥치는 피해와 해로움이 각각 세 가지씩 있다고 했다. 삼루(三累)는 첫째, 친구관계에서 서로 미워하고 비난하는 것. 둘째, 재능이 뛰어난 자가 영화를 누리고 재주가 없는 자가 원망하는 것. 셋째, 관계가 소원해져서 원한이 생기고 서로 비난하는 것이다. 삼해(三害)는 첫째, 상급 관리가 현명하지 못해서 다른 사람이 자신을 비난하는 말을 믿고 받아들이는 것. 둘째, 하급 관리의 행실이 좋지 못하면 그가 원한을 품고 비방하여 죄를 받게 되는 것. 셋째, 상급 관리를 보좌하는 관리가 행실이 좋지 못하여 그들에게 미움을 받게 되면 그들이 상급관리에게 비방하게 되는 것이다.

108_ 오부(五府)는 한대 이후에 설치된 다섯 관청을 말한다.

18-2-30

지금 묵가는 유가를 비난하고, 유가는 묵가를 비난한다.[109](『논형』「박장」)

今墨家非儒, 儒家非墨.(『論衡』「薄葬」)

18-2-31[110]

따라서 공자는 매우 바쁘게 돌아다녔고, 묵자는 서두르면서 안정되지 못했으니, 더 나아가 공자나 묵자와 동일한 일을 하지 않고, 도리어 황제나 노자와 지조를 같이 하는 것은 현명한 것이 아니다.(『논형』「정현」)

是以孔子棲棲, 墨子遑遑, 不進與孔・墨合務, 而還與黃・老同操, 非賢也.(『論衡』「定賢」)

18-2-32

묵가의 의론에서는 사람의 죽음에는 운명이 없다고 생각하고, 유학자의 의론에서는 사람의 죽음에는 운명이 있다고 생각한다.(『논형』「명의」)

墨家之論, 以爲人死無命, 儒家之議, 以爲人死有命.(『論衡』「命義」)

109_ 이 내용에 이어지는 부분에서 왕충은 "각각 주장하는 것이 있기 때문에 괴리되어 일치하지 않고, 장례 등의 일처리가 같아지기 어렵기 때문에 두 학파가 쟁론한다"라고 했다.

110_ 왕충은 공자와 묵자가 매우 바쁘게 돌아다니면서 안정되지 못했지만, 이러한 현자들은 세상을 걱정하고 구제했기 때문에 노담의 무리인 도인과는 다르다고 했다. 따라서 "마음이 깨끗하고 욕심이 없으며, 뜻이 벼슬자리에 있지 않으며, 진실로 몸을 보존하고 본성을 기르고자 하는 것을 현명하다고 여기는가? 이것은 노담의 무리이다. 도인(道人)과 현자(賢者)가 부류를 달리하는 것은 [현자는] 고난 속에서 세상을 걱정하고 백성을 구제한다는 점이다"라고 말했다. 이하에서 인용한 『논형』「정현」편의 내용은 이 책의 제17권 제7절〈17-7-2〉에서 이미 인용했다. 자세한 주석은 앞의 내용을 참조 바람.

18-2-33

따라서 도천(盜泉)[111]과 조가(朝歌) 지역에 공자와 묵자가 가지 않은 것은 그 명칭을 싫어하여 자기의 마음을 따른 것이다.(『신감』「속혐」)

故盜泉·朝歌, 孔·墨不由, 惡其名也, 順其心也.(『申鑒』「俗嫌」)

<이상 유가와 묵가가 병칭되다: 右儒·墨並稱>

111_ 도천(盜泉)은 산동(山東)에 있었다는 샘의 이름이다. 공자가 그 이름을 싫어하여 목이 말라도 그 물을 마시지 않았다고 한다. 『역사(繹史)』나 『수경주(水經注)』 등에서 인용한 『시자(尸子)』에 "孔子至於勝母縣, 暮矣而不宿, 過於盜泉, 渴矣而不飮, 惡其名也."라는 기록이 보인다.

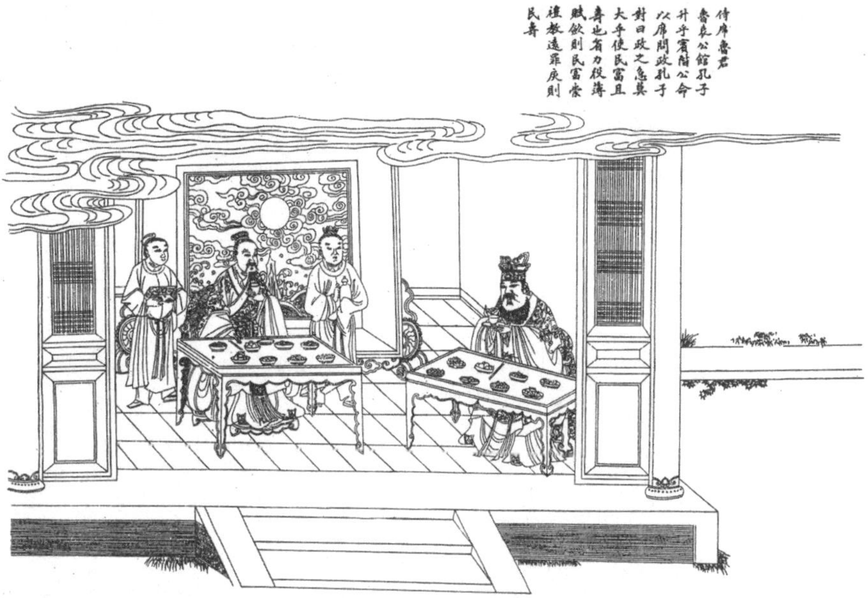

제19권 | 노나라 전체가 유교를 따르다

魯國全從儒教考

An Annotated Translation of "Confucius as a Reformer"

제19권 머리글

빛의 운행은 속도가 가장 빠르지만, 반드시 가까운 곳에서 먼 곳으로 이르는 것은 당연한 추세이다. 가령 해와 달이 비추는 것과 서리와 이슬이 내리는 것이 대지가 크거나 작거나 멀거나 가깝거나 한결 같듯이, 군주의 교화[1]가 대지에 고루 미치겠지만, 반드시 중국 지역에 먼저 시행될 것이다. 예를 들어 초(楚)나라와 위(魏)나라, 제(齊)나라와 진(秦)나라가 모두 박사(博士)를 세우고, 한나라와 오랑캐 등 천하[2]가 모두 육경(六經)을 통달했지만, 반드시 노(魯)나라에서 먼저 시행된 것과 같다. 정현(鄭玄)의 경학(經學), 주자(朱子)와 왕양명(王陽明)의 이학(理學)은 모두 수십 년만에 천하에 두루 퍼졌으니, 지 석가모니(釋迦牟尼, B.C.563?~B.C.483?)가 카필라(Kapilavastu)에서, 마호메트(Mahomet, 570~632)가 메카(Mecca)에서 퍼져나갔던 것도 그와 마찬가지이다.[3] 천산(天山)이 만 리로 펼쳐져 있는데, 동쪽으로 달려가서는 갈석산(碣石山)[4]이 되고, 바다를 건너 태산(泰山)으로 솟아오르니,[5] 푸르고 푸름이 끝이 없고, 성스럽고 신비로

1_ 성교(聲敎)는 군주가 덕으로 백성을 교화하는 것을 말한다. 『서』 「우공(禹貢)」편에 "북쪽과 남쪽에 이르러 군주의 교화가 온 사방에 다 미쳤다[朔南暨聲教, 訖于四海.]"라는 말이 보인다.

2_ 사표(四表)는 사방의 매우 먼 곳으로, 천하를 의미한다. 『서』 「요전(堯典)」편에 "광채가 사방에 입혀지고 상하에 이르렀다[光被四表, 格于上下.]"라는 말이 보인다.

3_ 고타마(Gautama, 瞿曇)는 석가모니(釋迦牟尼)가 속세에 있을 때의 성(姓)으로, 부처를 의미한다. 카필라(Kapilavastu, 迦維衛)는 가유라위(迦維羅衛)의 준말로, 가유(迦維) 또는 가비나(迦毘羅) 등으로 표기되며, 석가모니의 탄생지이다. 마호메트(Mahomet, 摩訶末, 570~632)는 이슬람교의 창시자이며, 메카(Mecca, 麥加)는 마호메트의 탄생지로, 이슬람교의 성지이다.

4_ 갈석산(碣石山)은 하북성(河北省) 창려현(昌黎縣)의 서북쪽에 있다. 『서』 「우공」편에 "오른쪽으로 갈석산을 끼고서 황하로 들어간다[夾右碣石, 入于河.]"라는 말이 보인다.

5_ 태대(泰岱)는 대태(岱泰)·대종(岱宗)이라고 하며, 산동성(山東省) 중부에 있는 태산(泰山)을 말한다.

운 기운이 왕성하여 구름이 일고 비가 퍼붓는다.[6] 공자가 살았던 곳이 멀지 않고, 공자가 살았던 때와 매우 가까웠기 때문에 [노나라] 전체가 유교를 일삼았다. 비록 끊임없는 전쟁 속에서도[7] 음악 소리가 끊이지 않으니, 어찌 성인의 큰 교화가 아니겠는가![8]

光之行也最速, 必自近而至遠者, 勢也. 將使日月所照, 霜露所墜, 大小遠近若一, 聲敎遍於大地, 必先行于諸夏. 將使楚・魏・齊・秦咸立博士, 漢夷四表咸誦六經, 必先行于魯國. 康成經學, 朱・王理學, 皆數十年而遍天下, 彼瞿曇之于迦維衛, 摩訶末之于麥加猶然. 天山萬里, 東走碣石, 渡海而起泰岱, 靑靑未了, 聖神崛興, 雲滃雨滂. 其居不遠, 其時甚近, 擧國而爲儒. 雖戎馬生郊, 而弦歌不絶, 豈非聖人之大化哉!

1. 노나라 사람들이 유교를 따른 것에 대한 통론
[魯人從儒通論]

19-1-1

노(魯)나라 사람들은 모두 유교로 가르쳤다.(『사기』「유협열전」)

魯人皆以儒敎.(『史記』「遊俠列傳」)

6_ 운옹우발(雲滃雨滂)은 구름이 짙게 끼고, 비가 쏟아지는 것이다.

7_ 융마생교(戎馬生郊)는 군마의 새끼가 변경에서 태어난다는 말로, 전쟁이 끊이지 않음을 비유한다. 『노자』 제46장에 "天下無道, 戎馬生於郊."라는 말이 보인다.

8_ 『사기』「유림열전」에 다음과 같은 기록이 보인다. "及高皇帝誅項籍, 擧兵圍魯, 魯中諸儒尙講誦習禮樂, 弦歌之音不絶, 豈非聖人之遺化, 好禮樂之國哉!"

19-1-2

노(魯)나라에서는 유학자의 예법에 따르고, 공자의 학술을 실행했다.[9] (『회남자』「제속훈」)

魯國服儒者之禮, 行孔子之術.(『淮南子』「齊俗訓」)

<이상 노나라 사람들이 유교를 따른 것에 대한 통론: 右魯人從儒通論>

2. 공자가 성인의 명예를 얻자 국내외에서 모두 칭송하다 [孔子負聖人之譽, 中外皆稱之]

19-2-1

달항(達巷)[10] 지역의 사람이 말했다. "위대하도다. 공자여! 박학하여 이름을 붙일 것이 없다."[11](『논어』「자한」)

9_ 『장자』「전자방(田子方)」편에도 "노나라 전체가 유학자의 복장을 입은 사람들이다[擧魯國而儒服.]"라는 애공(哀公)의 말이 보인다.

10_ 달항(達巷)은 노나라에 있는 지역 단위인 당(黨)의 이름이다.

11_ 이 구절은 "박학했지만, 이름을 이룰 만한 특별한 기예가 없구나"라는 것이 전통적인 해석이다. 주자는 "그 학문이 넓음을 찬미하면서도 하나의 기예로 이름을 이루지 못했음을 애석하게 여긴 것이다"라고 풀이했다. 그런데 캉유웨이가 이 구절을 공자의 위대성을 칭송하는 글로 인용했기 때문에 그 의도에 맞추어 해석했다. 『공자개제고』 제12권 제2절의 「공자가 요·순을 본보기로 삼다[孔子法堯·舜]〉라는 조목에서도 『논어』「태백(泰伯)」편의 "공자가 말했다. 위대하도다, 요임금의 임금됨이여! 높고 크도다, 오직 하늘이 가장 위대한데, 요임금만이 그것을 본받았으니, 넓고 넓어서 백성들이 거기에 이름을 붙일 수가 없었다[子曰, 大哉, 堯之爲君也! 巍巍乎, 惟天爲大, 唯堯則之, 蕩蕩乎, 民無能名焉.]"라는 구절을 자료로 제시하고, 그 아래에 다음과 같이 해설을 달고 있다. "[달항(達巷)] 마을의 사람이 '위대

達巷黨人曰, "大哉孔子! 博學而無所成名."(『論語』「子罕」)

19-2-2

태재(大宰)[12]가 자공(子貢)에게 물었다. "공자는 성자(聖者)인가? 어찌 그리도 능력이 많은가?" 자공이 말했다. "선생님은 진실로 자기 마음대로 하도록 하늘이 인정한 성인일 것이며,[13] [거기에다가] 또 능력이 많습니다."(『논어』「자한」)

大宰問于子貢曰, "夫子聖者與? 何其多能也?" 子貢曰, "固天縱之將聖, 又多能也."(『論語』「子罕」)

19-2-3

진(陳)나라 대부가 노나라에 빙문을 와서, 개인적으로 숙손씨(叔孫氏)를 만났다. 숙손씨가 말했다. "우리나라에 성인이 있습니다." [진나라 대부가] 말했다. "공구가 아닙니까?" [숙손씨가] 대답했다. "맞습니다."(『열자』「중니」)

陳大夫聘魯, 私見叔孫氏. 叔孫曰, "吾國有聖人." 曰, "非孔丘邪?" 曰,

하도다. 공자여! 이름을 붙일 것이 없다'라고 말한 것은 공자가 요임금을 말한 것과 마찬가지이다. 순자와 열자는 모두 오제(五帝)는 정치가 전해지지 않고, 요임금은 전해지는 정치가 없다고 말했으니, 누가 이름을 붙일 수 있겠는가?[黨人稱'大哉. 孔子! 無所成名', 與孔子稱堯同. 荀子 · 列子皆謂五帝不傳政, 堯無政傳, 安能名之?]"

12_ 태재(大宰)는 관직명인데, 『논어집주』에서 오(吳)나라 사람인지 송(宋)나라 사람인지 알 수 없다고 했다. 캉유웨이는 오나라 사람으로 이해했다.

13_ 종(縱)은 『논어집주』에서 풀어놓다[肆], 즉 일정하게 양을 정할 수 없다는 의미라고 했다. 천종(天縱)은 하늘이 그 사람이 마음대로 하게 풀어놓았다는 뜻으로, 성인이나 제왕이 태어날 때부터 훌륭함을 의미한다. 장(將)은 거의 그럴 것이라는 추측과 겸손의 의미이다.

"是也."(『列子』「仲尼」)

<이상 공자의 명예를 얻자, 오나라 태재와 노나라 숙손씨, 진나라 대부의 말에서 알 수 있듯이, 국내외에서 모두 그와 같이 칭송하다: 右孔子負聖人之譽, 吳太宰·魯叔孫·陳大夫所言, 中外皆稱之如此>

3. 공자가 노나라에서 관리가 되어 도를 행하다 [孔子爲吏行道于魯]

19-3-1

공자가 장차 사구(司寇)가 되려 하자, 심유씨(沈猶氏)가 감히 아침에 그의 양에게 물을 먹여 [팔지] 않았고, 공신씨(公愼氏)는 음란한 그의 처를 내쫓았고, 신궤씨(愼潰氏)는 국경을 넘어 이사를 갔으며, 노나라에서 소와 말을 파는 자들은 가격을 속여 팔지 않았는데,[14] 이것은 [공자가] 반드시 사신의 몸을 바르게 하여 그들을 대면했기 때문이나.[15] [공자가] 길

14_『공자가어(孔子家語)』 권1에 "初, 魯之販羊有沈猶氏者, 常朝飮其羊以詐市人, 有公愼氏者, 妻淫不制, 有愼潰氏奢侈踰法, 魯之鬻六畜者飾之以儲價. 及孔子之爲政也, 則沈猶氏不敢朝飮其羊, 公愼氏出其妻, 愼潰氏越境而徙, 三月則鬻牛馬者不儲價."라는 내용이 보인다. 심유씨는 노나라 사람으로 일찍이 양에게 물을 먹여 무게를 무겁게 해서 팔았던 자이며, 공신씨의 처는 음란한 여자였고, 신궤씨는 사치가 매우 심한 자였다고 한다.

15_『순자집해』에서 유태공(劉台拱)은 "공자가 장차 사구(司寇)가 되려고 하자, 노나라 사람들이 일찍이 스스로를 바르게 하여 공자를 기다렸다"라고 하여, 몸을 바르게 하여 대면한 주체를 노나라 사람들로 보고 있다. 그러나 왕염손은 '蚤正以待之'와 아래 문장의 '孝弟以化之'는 모두 공자를 가리켜서 말한 것이라고 했다. 만약 노나라 사람들이 일찍이 자신들을 바르게 하여 기다렸다고 한다면 아래 문장과 어울리지 않는다고 반박했다.

당(闕堂)[16]에 있을 때, 궐당의 자제들은 그물로 잡은 사냥물을 분배하면서 부모가 있는 자들이 더 많이 가져갔는데,[17] 이것은 효제(孝弟)로써 그들을 교화시켰기 때문이다.(『순자』「유효」)

仲尼將爲司寇, 沈猶氏不敢朝飮其羊, 公慎氏出其妻, 慎潰氏逾境而徙, 魯之粥牛馬者不豫賈, 必蚤正以待之也. 居于闕黨, 闕黨之子弟罔不必分, 有親者取多, 孝弟以化之也.(『荀子』「儒效」)

19-3-2

공자가 노나라에 처음 등용되었을 때, 노나라 사람들은 뒤에서 몰래 비난하면서,[18] "평상복을 입고 있으면서 또 예복을 입었다면 예복을 벗어서 던져버려도 잘못이 없고, 예복을 입고 있으면서 또 평상복을 입었다면 평상복을 던져버려도 잘못이 없다"라고 했다.[19] 등용된 지 3

16_ 궐당(闕堂)은 궐리(闕里)라고도 하며, 공자가 살던 노나라의 한 지명이다.

17_ 양경은 "궐당의 자제들이 있고 없음을 균등하게 나누지 않음이 없었고, 균등하게 나눈 것 중에서 부모가 있는 자가 많은 것을 취했다"라고 했다. 그런데 유태공은 『신서(新序)』 권1의 "畋漁分, 有親者取多. 罔罟分, 有親者取多."라는 문장이 이 글과 같은 내용이라고 보고, 원나라 때의 판각본에 '罔不必分'으로 되어 있는 것은 '필(必)'자가 쓸데없이 들어간 것이라고 했다. 왕염손은 송나라 여본(呂本)과 전본(錢本)이 모두 '罔不分'으로 되어 있으며, 불(不)은 곧 부(罘)자라고 했다. 즉 망(罔)과 마찬가지로 그물을 의미한다고 했다.

18_ 예(鷖)는 진기유가 예(翳)의 이체자라고 했다. 예송(翳誦)은 뒤에서 몰래 비난하고 헐뜯는 것을 말한다. 즉 "공자가 노나라 사구가 되어 재상의 일을 섭정하자, 그 위세가 온 나라에 떨쳐졌기 때문에 백성들이 감히 공개적으로 비난하지 못하고 비밀리에 비난했다"라고 풀이했다.

19_ 미구(麛裘)는 어린 사슴의 털가죽으로 만든 갖옷으로, 당시에 평상복으로 입었다. 필(韠)은 조복(朝服)이나 제복(祭服)을 입을 때 두르는 폐슬(蔽膝)인데, 특별할 일이 있을 때 입는 예복을 의미한다. 진기유는 다음과 같이 풀이했다. "평상복과 예복은 함께 입지 못하기 때문에 평상복을 입으면 예복은 던져버리고 입지 않아도 잘못이 없다. 이것은 예복으로 공자를 비유하여, 공자가 비록 선하지만 당시의 시의적절한 모습과는 서로 맞지 않기 때문에 던져버려도 잘못이 없다고 말한 것이다." 예복에 비유되는 공자와 평상복에 비유되는 자신들이 서로 조화를 이룰

년이 지나자, 남자들은 도로의 오른편으로 걷고 여자들은 도로의 왼편으로 걸었으며, 재물이 땅에 떨어져 있어도 백성들 중에 그것을 줍는 자가 없었다.(『여씨춘추』「락성」)

孔子始用於魯, 魯人鷖誦之曰, "麛裘而韠, 投之無戾, 韠而麛裘, 投之無郵." 用三年, 男子行乎塗右, 女子行乎塗左, 財物之遺者, 民莫之擧.(『呂氏春秋』「樂成」)

19-3-3

공자가 노나라의 사구(司寇)가 되었을 때, 길에서는 떨어진 물건을 줍지 않고, 시장에서는 가격을 속이지 않았으며,[20] 농부와 어부는 모두 어른에게 [이익을] 양보하고, 반백이 된 노인이 짐을 등에 지거나 머리에 이지 않았으니,[21] 법으로 이룰 수 있는 것이 아니다.(『회남자』「태족훈」)

孔子爲魯司寇, 道不拾遺, 市賈不豫賈, 田漁皆讓長, 而斑白不負戴, 非法之所能致也.(『淮南子』「泰族訓」)

19-3 4[22]

후읍(郈邑)은 숙손씨(叔孫氏)의 식읍(食邑)이고, 비읍(費邑)은 계손씨(季孫氏)

수 없다는 것을 말한 것이다.

20_ 예가(豫賈)는 속여서 가격을 높이 매기는 것이다.

21_ 『회남자』「남명훈(覽冥訓)」편에도 이와 유사한 내용이 보인다. "옛날에 황제가 천하를 다스릴 때에는 … 농부는 논밭의 경계를 침범하지 않았고, 어부는 고기가 모이는 물굽이를 다투지 않았으며, 길에서는 떨어진 물건을 줍지 않았고, 시장에서는 가격을 속이지 않았으며, 성곽의 성문은 닫아걸지 않았고, 읍에는 도적이 없었으며, 비천한 떠돌이들도 서로 재물을 양보했고, 개와 돼지도 배가 불러서 먹었던 음식을 길에 토해낼 정도로, 화내면서 다툴 마음이 없었다."

22_ 『춘추』「정공」 12년의 "叔孫州仇帥師墮郈."와 "季孫斯·仲孫何忌·帥師墮費."에 대한 하휴의 주이다.

의 식읍이다. 두 대부의 가신과 관리들이 자주 반란을 일으켜서 그것을 근심하다가, 그 문제로 공자에게 물었는데, 공자가 대답했다. "가신이 국가의 운명을 장악하고, 채지(采地)의 우두머리[23]가 자주 반란을 일으키는 것은 읍에 견고한 성벽과 해자가 있고, 채지에 보관된 갑옷과 무기가 있는 것을 방치했기 때문입니다." 계손씨가 그 말을 좋게 여겨서 비읍의 성벽을 허물었다.[24](『공양전』「정공 12년」『해고』)

郈, 叔孫氏所食邑, 費, 季氏所食邑. 二大夫宰吏數叛, 患之, 以問孔子, 孔子曰, "陪臣執國命, 采長數叛者, 坐邑有城池之固, 家有甲兵之藏故也." 季氏說其言而墮之.(『公羊傳』「定公十二年」『解詁』)

19-3-5

노나라에 심유씨(沈猶氏)라는 자가 있었는데, 아침에 양에게 물을 먹여 뱃속을 채워서 시장 사람들을 속였고, 공신씨(公愼氏)의 처는 음란했으며, 신궤씨(愼潰氏)는 사치스럽고 교만했으며, 노나라에서 소와 말을 파는 자들은 가격을 속여 팔았다. 공자가 장차 사구(司寇)가 되려 하자, 심유씨가 감히 아침에 그의 양에게 물을 먹여 [팔지] 않았고, 공신씨는 그의 처를 내쫓았으며, 신궤씨는 국경을 넘어 이사를 갔고, 노나라에서 소와 말을 파는 자들은 가격을 속여 팔지 않았는데, 이것은 [공자가] 반드시 자신의 몸을 바르게 하여 그들을 대면했기 때문이다. 이미 사구가 되고 나서는 계손씨와 맹손씨가 후읍(郈邑)과 비읍(費邑)의 성벽을 허물었으며, 제나라 사람들이 빼앗았던 노나라의 땅을 돌려주었으니,[25]

23_ 채장(采長)은 경대부의 봉읍인 채지(采地)의 우두머리를 말한다.

24_ 『사기』「공자세가」에 이와 관련된 내용이 보인다.

25_ 노나라 정공(定公) 30년에 제나라와 협곡(夾谷)의 회담에서 옛날 제나라에게 빼앗겼던 세 개의 읍을 돌려받은 일을 말한다. 자세한 내용은 『사기』「공자세가」에 보인다.

자신의 몸을 바르게 한 것이 쌓여서 이룬 결과이다.(『신서』「잡사 일」)

魯有沈猶氏者, 旦飮羊飽之以欺市人, 公愼氏有妻而淫, 愼潰氏奢侈驕佚, 魯氏之鬻牛馬者善豫賈. 孔子將爲魯司寇, 沈猶氏不敢朝飮其羊, 公愼氏出其妻, 愼潰氏逾境而徙, 魯之鬻馬牛不豫賈, 布正以待之者也. 旣爲司寇, 季孟墮郈·費之城, 齊人歸所侵魯之地, 由積正之所致也.(『新序』「雜事 一」)

<이상 공자가 관리가 되어 스스로 그 도를 행하다: 右孔子爲吏自行其道>

4. 노나라 사람들이 모두 공자의 교설에 복종하다 [魯人盡服孔子之敎]

19-4-1

가을 8월, 애공(哀公)이 제(齊)나라 후작, 주(邾)나라 자작과 함께 [제나라의] 고(顧) 땅에서 맹약을 맺었다. 제나라 사람이 [이전에 제나라 평공(平公)이] 머리를 조아린 일[26]을 책망하면서 다음과 같이 노래를 불렀다. "노나라 사람의 과실[27]을 수년이 지나도 깨닫지 못해서 우리에게 멀리 [이 맹약에] 오도록 만들었네.[28] [노나라는] 오직 유가(儒家)의 책만을

26_『좌씨전』「애공」17년에 노나라 애공과 제나라 평공이 몽(蒙) 땅에서 회맹할 때의 일이다. 당시 상견례를 하면서 제나라 평공은 머리를 조아려서 인사했는데, 노나라 애공은 단지 절만 해서 제나라 사람들이 크게 화를 낸 일을 말한다.

27_ 고(皐)는 잘못이나 과실을 말한다. 두예의 주에서는 '지연시켜서 미루다[緩]'는 뜻으로 보고, "노나라 사람들이 답례를 지연시켜 수년 동안 제나라에서 머리를 조아린 것에 대한 답례를 할 줄 모른다"라고 풀이했는데, 역시 의미가 통한다.

28_ 고도(高蹈)는 두예의 주에서 '먼 곳으로 간다[遠行]'로 풀이했다. 즉 우리로 하여

[근거로 삼기 때문에] 두 나라의 근심이 되었다네."[29](『좌씨전』「애공」 21년)

秋八月, 公及齊侯·邾子盟于顧. 齊人責稽首, 因歌之曰, "魯人之皐, 數年不覺, 使我高蹈. 唯其儒書, 以爲二國憂."(『左氏傳』「哀公」 二十一年)

康 19-1

당시에 공자의 책을 '유서(儒書)'라고 불렀는데, 마치 지금 '불서(佛書)'·'도장(道藏)'이라고 부르는 것과 같이, 교설[의 명칭]으로 이름을 붙인 것이다. 노나라 사람들이 모두 유교를 따르면서 스스로 우쭐해했기 때문에 제나라 사람들이 근심했다. 유서(儒書)가 당시에 성행한 사실은 비록 위서인 『좌씨전』에서도 그 이야기를 기록하여 전하고 있다.

當時稱孔子書爲'儒書', 如今曰稱"佛書"·"道藏", 以教名之. 魯人皆從儒教, 自尊, 故齊人憂之. 儒書之盛於當時, 雖僞『左』亦傳其說也.

19-4-2[30]

노(魯)나라 사람 중에 아침에 대상(大祥) 제사를 지내고, 그날 저녁에 노래를 부른 자가 있었는데, 자로가 그를 비웃었다. 공자가 말했다. "자로야, 네가 다른 사람의 잘못을 책망하는 것이 너무 지나친 듯하구나! 삼년상을 치른 것도 아주 오랜 시간이 아니겠느냐!"(『예기』「단궁 상」)

魯人有朝祥而莫歌者, 子路笑之. 夫子曰, "由, 爾責于人, 終無已夫! 三年之喪, 亦已久矣夫!"(『禮記』「檀弓 上」)

금 멀리 이 맹약에 오도록 했다는 말이다. 신동준의 번역본에서는 "화를 못 참아 펄쩍 뛰게 만들다"라고 번역하기도 했다.

29_ 이국(二國)은 제(齊)나라와 주(邾)나라를 말한다. 두예의 주에서 "노나라는 주(周)나라의 예법에만 근거해서 머리를 조아린 것에 대한 답례를 하려고 하지 않았기 때문에 제(齊)나라와 주(邾)나라에게 멀리까지 오도록 했다"라고 풀이했다.

30_ 이하에서 인용한 『예기』「단궁 상」편의 내용은 이 책의 제13권 제6절〈13-6-1〉에서 이미 인용했다. 자세한 주석은 앞의 내용을 참조 바람.

康19-2

공자가 살아 있을 때 제도를 창립했는데, 노나라 사람들이 이미 그 교설을 따라서 삼년상을 시행했다.

孔子生時創制, 魯人已從其教, 行三年之喪.

19-4-3[31]

경공이 노침(路寢)에서 제사를 지내고 있었는데, 곡소리가 들려 양구거(梁丘據)에게 물었다. [양구거가] 대답했다. "노나라 공자의 무리입니다. 그 어미니가 죽어서 삼년상을 치르고 있기 때문에 곡하면서 우는 것이 매우 슬픈 것입니다."(『묵자』「일문」)

景公祭路寢, 聞哭聲, 問梁丘據. 對曰, "魯孔子之徒也. 其母死, 服喪三年, 哭泣甚哀."(『墨子』「佚文[32]」)

19-4-4

복자천(宓子賤)이 단보(亶父)를 다스리게 되었는데, 노나라 임금이 [자신을] 참소하는 말을 듣고서 자신에게 자기의 정치술을 시행할 수 없도록 할까 염려했다.[33] 물러나서 떠나려고 할 때, 측근의 문서 기록관[34] 두 사람을 요청하여 그들과 함께 단보에 이르렀다. 고을의 아전들이

31_ 이하에서 인용한『묵자』「일문」편의 내용은 이 책의 제9권 제8절〈9-8-4〉에서 이미 인용했다. 자세한 주석은 앞의 내용을 참조 바람.

32_ 문(文)이『공자개제고』에는 자(子)로 되어 있는데,『묵자』원문에 따라 고쳤다.

33_ 복자천(宓子賤)은 고유가 공자의 제자인 복자제(宓子齊)라고 했다. 진기유에 의하면, 단보(亶父)는『한비자』와『사기』등에는 단보(單父)로 되어 있고, 참인(讒人)은『공자가어』에 참언(讒言)으로 되어 있다.

34_ 근리(近吏)는 측근에서 문서를 기록하는 관리이다.『공자가어』에는 근사(近史)로 되어 있다.

모두 모여 있을 때, 복자천은 기록관 두 사람에게 문서를 기록하도록 했다. 기록관들이 기록하려고 하자, 복자천은 그들의 곁에서 때때로 팔꿈치를 끌어당겨서 흔들었다.[35] 기록관들이 글씨를 잘 쓰지 못하자, 복자천은 그 때문에 화를 내었다. 기록관들은 매우 걱정하여 사직하고 돌아가기를 요청하자, 복자천은 "그대들의 글씨가 매우 좋지 못하니, 그대들은 서둘러 돌아가시오"라고 말했다. 두 기록관이 돌아와서 임금에게 보고하면서, "복자천 [곁에서는] 글을 기록할 수가 없습니다"라고 말하니, 임금이 "무엇 때문인가?"라고 물었다. 기록관이 "복자천은 저희들에게 글을 기록하도록 시키고, 때때로 저희들의 팔꿈치를 끌어당겨 흔들고는 글씨가 좋지 못하자 크게 화를 냈습니다. 아전들이 모두 복자천을 비웃으니, 이것이 바로 저희들이 사직하고 떠난 이유입니다." 노나라 임금이 크게 탄식하면서 다음과 같이 말했다. "복자천은 이 일로 과인의 불초함을 간했구나. 과인이 복자천을 혼란스럽게 만들어[36] 그에게 자신의 정치술을 시행하지 못하도록 만든 것이 반드시 여러 번 있었다. 두 사람이 아니었다면 과인이 실수를 저지를 뻔했다." 마침내 아끼던 신하를 파견하여 단보에 명령을 내리면서 복자천에게 다음과 같이 고했다. "지금 이후로 단보는 과인의 소유가 아니라 그대의 소유이다. 단보에 유리한 것이 있으면 그대가 결정하여 시행하고, 5년마다 그 요점만을 보고하라." 복자천이 삼가 명령을 받들어 자신의 정치술을 단보에 시행할 수 있게 되었다. 3년이 지난 후에, 무마기(巫馬旗)가 거친 베로 만든 옷과 헤진 갖옷을 입고서 단보에 가서 교화를 관찰했다.[37] 밤에 물고기를 잡는 자를 보았는데, 그는 물고기를 잡으면

35_ 철요(掣搖)는 끌어당겨서 흔드는 것이고, 주(肘)는 팔꿈치이다.

36_ 난자(亂子)는 도홍경이 난복자(亂宓子)가 되어야 한다고 했다.

37_ 무마기(巫馬旗)는 자세한 사적은 보이지 않고, 자가 자기(子旗)라고 하고, 『여씨춘추』「찰현(察賢)」편에는 단보땅을 다스린 인물이라고 기록되어 있다. 따라서 진기유는 그가 단보에 가서 교화를 관찰한 것은 아마도 그곳의 정치를 이어서 맡고자 해서가 아닌가 추측했다. 단갈(短褐)은 진기유가 수갈(裋褐)과 같으며, 거친

놓아주었다. 무마기가 “고기잡이는 물고기를 잡기 위한 것인데, 지금 그대는 잡으면 놓아주니, 어째서인가?”라고 물으니, 그가 대답했다. “복자천은 사람들이 작은 물고기를 잡는 것을 원하지 않으니, 놓아준 것은 작은 물고기입니다.” 무마기가 돌아가서 공자에게 고했다. “복자천의 덕이 지극합니다. 백성에게 [남이 보지 않는] 밤에도 실천하도록 하니, 마치 바로 옆에 엄한 형벌을 두고 있는 것과 같습니다. 감히 묻건대 복자천은 어떻게 이러한 경지에 이를 수 있었습니까?” 공자가 말했다. “내가 일찍이 그에게 ‘이 마음속이 성실하면 저 밖으로 드러난다’라고 말했는데,[38] 복자천은 단보에서 이러한 정치술을 틀림없이 시행했을 것이다.”[39](『여씨춘추』「구비」)

宓子賤治亶父, 恐魯君之聽讒人, 而令己不得行其術也. 將辭而行, 請近吏二人于魯君, 與之俱至於亶父. 邑吏皆朝, 宓子賤令吏二人書. 吏方將書, 宓子賤從旁時掣搖其肘. 吏書之不善, 則宓子賤爲之怒. 吏甚患之, 辭而請歸. 宓子賤曰, “子之書甚不善, 子勉歸矣.” 二吏歸報於君, 曰, “宓子不得爲書.” 君曰, “何故?” 吏對曰, “宓子使臣書, 而時掣搖臣之肘, 書惡而有甚怒. 吏皆笑宓子, 此臣所以辭而去也.” 魯君太息而歎曰, “宓子以此諫寡人之不肖也. 寡人之亂子, 而令宓子不得行其術, 必數有之矣. 微二人, 寡人幾過.” 遂發所愛, 而令之亶父, 告宓子曰, “自今以來, 亶父非寡人之有也, 子之有也. 有便於亶父者, 子決爲之矣, 五歲而言其要.” 宓子敬諾, 乃得行其術于亶父. 三年, 巫馬旗短褐, 衣弊裘, 而往觀化于亶父. 見夜漁者, 得則舍之. 巫馬期問焉, 曰, “漁爲得也, 今子得而舍之, 何也?” 對曰, “宓子不欲人之取小魚也, 所舍者小魚也.” 巫馬旗歸告孔子, 曰, “宓子之德至矣. 使民闇行, 若有嚴刑於旁. 敢問宓子何以至於此?” 孔子曰, “丘嘗與之言曰,

베로 만든 옷이라고 했다.

38_『대학』「전 6장」에 “此謂誠於中, 形於外. 故君子必愼其獨也.”라는 말이 보인다.

39_『회남자』「도응훈(道應訓)」편에도 같은 내용이 보인다.

'誠乎此者刑乎彼.' 宓子必行此術于亶父也."(『呂氏春秋』「具備」)

康19-3

[『예기』] 「왕제(王制)」편에서 "새와 짐승, 물고기와 자라 중에 죽이기에 적당하지 않는 것은 시장에서 팔지 못한다"라고 했고, 『회남자』 「주술훈(主術訓)」편에서 "선왕의 법"이라고 말하면서 "물고기가 한 척의 크기가 되지 않으면 잡을 수 없다"라고 했다. 「왕제」는 공자의 제도이며, 선왕의 법은 공자의 법이다. 복자천이 단보를 다스릴 때, 고기잡이가 작은 물고기를 잡지 않았으니, 그는 공자의 도를 거의 실천한 것이 아니겠는가?

「王制」"禽獸魚鱉不中殺, 不鬻於市." 『淮南子』 「主術訓」言"先王之法", "魚不長尺不得取." 「王制」者, 孔子之制也, 先王之法者, 孔子之法也. 宓子賤治亶父, 漁者不取小魚, 其殆能行孔子之道也歟?

19-4-5

노나라의 법에는 노나라 사람 중에 [다른] 제후국에서 다른 사람의 첩이 된 자를 재물을 주고 첩을 면하게 해줄 경우, 국고에서 돈을 지불해 준다.(『회남자』「도응훈」)

魯國之法, 魯人爲人妾于諸侯, 有能贖之者, 取金於府.(『淮南子』「道應訓」)

19-4-6

공자를 노나라의 곡부성(曲阜城) 북쪽의 사수(泗水)[40]에서 장례를 지냈는

40_ 사수(泗水)는 산동성(山東省) 사수현(泗水縣)에서 발원하여 회수(淮水)로 흘러드는 강이다. 공자가 수수(洙水)와 사수(泗水) 두 강 사이에서 제자들을 모아서 가

데, 제자들이 모두 3년간 복상했다. 3년 동안의 심상(心喪)이 끝나자, 서로 작별하고 떠났는데, 곡을 하면서 각자 다시금 애도를 다했고, 어떤 제자는 다시 더 머물기도 했다. 오직 자공(子貢)만이 무덤 옆에 여막을 짓고, 6년이 지난 후에 떠났다. 이후에 제자들과 노나라 사람들이 무덤가로 가서 사는 자가 100여 가구가 되었기 때문에 공자 마을[孔里]이라고 명명했다. 노나라에서는 대대로 전해지면서 새해에는 공자의 무덤에서 제사를 지냈는데, 많은 유생들도 공자의 무덤가에서 예법을 강론하고 향음례(鄕飮禮)와 대사례(大射禮)를 거행했다. 공자의 무덤은 1경(頃)[41] 정도의 크기였기 때문에 공자가 살던 집과 제자들이 머물던 방을 후세에 사당으로 만들어 공자의 의관과 거문고, 수레와 책을 보관했는데, 한나라에 이르는 200여 년간이나 그대로 보관되었다.(『사기』「공자세가」)

孔子葬魯城北泗上, 弟子皆服三年. 三年心喪畢, 相訣而去, 則哭, 各復盡哀, 或復留. 唯子貢廬於冢上, 凡六年然後去. 弟子及魯人往從冢而家者, 百有餘室, 因命曰孔里. 魯世世相傳, 以歲時奉祠孔子冢, 而諸儒亦講禮鄕飮大射於孔子冢. 孔子冢大一頃, 故所居堂弟子內, 後世因廟藏孔子衣冠琴車書, 至於漢, 二百餘年不絶.(『史記』「孔子世家」)

19-4-7[42]

장자가 노나라 애공(哀公)을 만났는데, 애공이 말했다. "노나라에는 유

르쳤기 때문에 후에는 수사(洙泗)가 공자 또는 유가를 상징하는 말로 사용되었다. 『예기』「단궁 상(檀弓 上)」편에 "吾與女事夫子於洙泗之間."이라는 말이 보인다.

41_ 일경(一頃)은 춘추시대에 땅의 넓이를 재는 단위로, 100무(畝)에 해당된다. 1무는 약 55평이며, 1경은 약 54만평 정도의 크기이다.

42_ 이하에서 인용한 『장자』「전자방」편의 내용은 이 책의 제7권 제5절〈7-5-7〉에서 이미 인용했다. 자세한 주석은 앞의 내용을 참조 바람.

학자가 많은데, 선생의 도술을 공부하는 자는 적습니다." 장자가 "노나라에는 유학자가 적습니다"라고 말하자, 애공이 "노나라 전체가 유학자의 복장을 입은 사람들인데, 어째서 적다고 말합니까?"라고 말했다. (『장자』「전자방」)

莊子見魯哀公, 哀公曰, "魯多儒士, 少爲先生方者." 莊子曰, "魯少儒." 哀公曰, "擧魯國而儒服, 何謂少乎?"(『莊子』「田子方」)

19-4-8

노나라에 가서, 공자의 묘당(廟堂), 수레와 의관, 예기(禮器)를 보았고, 제생들이 수시로 그 묘당에서 예절을 익히고 있었다.[43](『사기』「공자세가」)

適魯, 觀仲尼廟堂, 車服禮器, 諸生以時習禮其家.(『史記』「孔子世家」)

<이상 노나라 사람들이 모두 공자의 교설에 복종하다: 右魯人盡服孔子之教>

康19-4

일의 효과는 앞서서 이르니, 대체로 도는 반드시 [그 사람의] 고향에서 행해지고, 교설은 반드시 [고향의] 근처에서 일어난다. 불교가 카필라(Kapilavastu)에서 먼저 행해졌고, 모세(Moses)가 가나안(Canaan)과 유대(Judea)에서 먼저 행해졌으며, 마호메트(Mahomet)가 메카(Mecca)에서 먼저 행해진 것은 모두 자연스러운 이치이다

事效至先, 蓋道必行於鄕, 敎必起於近. 佛教先行於迦維釋族, 摩西先行于迦南·猶太, 摩訶末先行于麥加, 皆自然之理也.

43_ 사마천이 노나라의 공자 묘당(廟堂)에 갔을 때, 공자의 후학들이 묘당에 수시로 와서 예법을 익히는 것을 보고서 한 말이다.

5. 노나라에서 공자의 자손 · 제자 · 후학을 존경하다
[魯尊敬孔子子孫 · 弟子 · 後學]

19-5-1

옛날에 노나라 목공(繆公)은 자사(子思)의 곁에 [자신의 성의를 전달할] 사람이 없으면 자사를 편안하게 하지 못하여 [자사가 떠날까 염려했다.][44](『맹자』「공손추 하」)

昔者, 魯繆公無人乎子思之側, 則不能安子思.(『孟子』「公孫丑 下」)

19-5-2

목공이 자사에게 자주 문안 인사를 올리고, 자주 삶은 고기[45]를 주었다.(『맹자』「만장 하」)

繆公之於子思也, 亟問, 亟餽鼎肉.(『孟子』「萬章 下」)

19-5-3

목공이 자주 자사를 만나면서 "옛날에 제후국의 군주가 선비와 사귀었으니, 어떻습니까?"라고 하자, 자사가 기뻐하지 않으면서 말했다. "옛날 사람의 말에 '섬긴다'고 말할지언정 어찌 '사귄다'고 말하겠습니

44_ 『맹자집주』에서 "목공은 자사를 존경하고 예우하여 항상 사람을 시켜 모시고 보살피게 하여, 그 곁에서 자신의 성의를 전달해야만 자사가 편안하게 머물 것으로 생각했다"라고 했다.

45_ 정육(鼎肉)은 삶은 고기를 말한다.

까?"(『맹자』「만장 하」)

繆公亟見於子思曰, "古千乘之國以友士, 何如?" 子思不悅, 曰, "古之人有言曰'事之'云乎, 豈曰'友之'云乎?"(『孟子』「萬章 下」)

19-5-4

노나라 목공의 시대에는 공의자(公儀子)가 정치를 담당했고, 자류(子柳)와 자사(子思)가 신하가 되었다.[46](『맹자』「고자 하」)

魯繆公之時, 公儀子爲政, 子柳・子思爲臣.(『孟子』「告子 下」)

19-5-5

공의자(公儀子) 휴(休)는 노나라의 박사로, 재능이 뛰어나서 노나라의 재상이 되었다.(『사기』「순리열전」)

公儀休者, 魯博士也, 以高弟爲魯相.(『史記』「循吏列傳」)

19-5-6

남궁경자(南宮敬子)[47]가 안탁취(顔涿聚)[48]에게 말했다. "계손씨(季孫氏)는 공자의 제자들을 식객으로 길렀는데, 조복(朝服)을 입고 함께 있는 자가

46_ 공의자(公儀子)는 『사기』「순리열전(循吏列傳)」에 의하면, 이름은 휴(休)이고, 노나라의 박사로, 뛰어난 재능과 덕망으로 노나라의 재상이 되었다고 한다. 자류(子柳)는 세류(泄柳)라는 인물로, 구체적인 사적은 보이지 않는다. 『염철론』「상자(相刺)」편에도 "昔魯繆公之時, 公儀爲相, 子思・子柳爲之卿."이라는 기록이 보인다.

47_ 남궁경자(南宮敬子)는 공자의 제자인 남궁경숙(南宮敬叔)으로, 노나라의 귀족이다.

48_ 안탁취(顔涿聚)는 공자의 제자로서 제나라에 가서 벼슬한 사람이다. 이름은 경(庚)이고, 탁취(涿聚)는 자이다.

수십 명이나 되었다."(『한비자』「외저설 좌하」)

南宮敬子問顔涿聚曰, "季孫養孔子之徒, 所朝服與坐者以十數."(『韓非子』「外儲說 左下」)

19-5-7

노나라에서 악정자(樂正子)에게 정치를 담당하도록 하고자 했다.(『맹자』「고자 하」)

魯欲使樂正子爲政.(『孟子』「告子 下」)

<이상 노나라에서 공자의 자손·제자·후학을 존경하여 특별한 예법을 더해 높이다: 右魯能尊敬孔子之子孫·弟子·後學, 加崇異禮>

6. 노나라의 유생들이 전국·진·한나라 시대에 가장 흥성하다 [魯儒生戰國·秦·漢尤盛]

19-6-1[49]

송(宋)나라 양리화자(陽里華子)가 중년의 나이에 건망증에 걸렸다. 아침에 손에 넣은 것은 저녁이면 잊어버렸고, 저녁에 남에게 준 것은 아침이면 잊어버렸으며, 길 위에서는 갈 곳을 잊어버리고, 방 안에서는 앉는 것도 잊어버렸다. 지금은 앞선 일을 기억하지 못하고, 나중에는 지금의 일을 기억하지 못했다. 온 집안이 그것을 고통스럽게 여겨서 점

49_ 이하에서 인용한 『열자』「주목왕」편의 내용은 이 책의 제15권 제2절〈15-2-24〉에서 이미 인용했다. 자세한 주석은 앞의 내용을 참조 바람.

쟁이를 찾아가 점을 쳐 보았지만 효험이 없었고, 무당을 찾아가 빌어도 보았지만 병세가 그치지 않았으며, 의원을 찾아가 치료했지만 병세가 낫지 않았다. 노(魯)나라의 유생 중에 그 병을 고칠 수 있다고 스스로 나서는 자가 있자, 화자(華子)의 처자식들이 모아둔 재산의 반을 가지고 그에게 처방을 요청했다. 그러자 유생이 말했다. "이 병은 본래 점괘에 의해 효험을 볼 수 있는 것도 아니고, 기도에 의해 빌 수 있는 것도 아니며, 약물에 의해 치료할 수 있는 것도 아닙니다. 내가 그의 마음을 변화시키고, 그의 생각을 변화시키려고 시도해 본다면 아마도 나을 수 있을 것입니다!" 이에 시험삼아 옷을 벗기자 옷을 찾았고, 굶기자 음식을 찾았으며, 가두어두자 밝은 곳을 찾았다. 유생이 기뻐하면서 그의 자식에게 말했다. "병은 나을 수 있습니다. 그런데 나의 처방은 세상에 비밀리에 전해진 것이기 때문에 다른 사람에게 알려줄 수 없습니다. 좌우의 사람들을 물러나게 하고, 홀로 병자와 함께 7일 동안 방 안에 거처하려고 합니다." 그 말을 따랐다. 그가 어떻게 치료했는지 알 수 없으나, 몇 년 동안의 병이 하루아침에 모두 사라져 버렸다. 그런데 화자는 정신이 들자마자 곧바로 크게 화를 내면서 부인을 내쫓고 자식들을 벌주었으며, 창을 들고 유생을 내쫓았다. 송나라 사람들이 그를 붙잡아서 그 이유를 물으니, 화자가 대답했다. "이전에 내가 건망증이 걸렸을 때는 훤하게 트여서 천지가 있는지 없는지조차 느끼지 못했다. 그런데 지금 갑자기 지나간 과거가 기억나니, 지난 수십 년 사이의 존망과 득실, 애락과 호오 등의 온갖 생각들이 어지럽게 일어났다. 나는 장래의 존망과 득실, 애락과 호오가 이처럼 내 마음을 혼란스럽게 할까 두려우니, 잠시라도 다시 잊어버리는 것이 가능하겠는가?"(『열자』「주목왕」)

宋陽里華子, 中年病忘. 朝取而夕忘, 夕與而朝忘, 在塗則忘行, 在室則忘坐. 今不識先, 後不識今. 闔室毒之. 謁史而蔔之, 弗占, 謁巫而禱之, 弗禁, 謁醫而攻之, 弗已. 魯有儒生, 自媒能治之. 華子之妻子,以居産之半請其方. 儒生曰, "此固非卦兆之所占, 非祈請之所禱, 非藥石之所攻. 吾試化其心, 變其慮, 庶幾其瘳乎!" 於是試露之而求衣, 饑之而求食, 幽之而求明. 儒生欣然告其子曰, "疾可已也. 然吾之方密傳世, 不以告人. 試屛左右, 獨與居室七日." 從之. 莫知其所施爲也, 而積年之疾, 一朝都除. 華子旣悟, 乃大怒, 黜妻罰子, 操戈逐儒生. 宋人執而問其以, 華子曰, "囊吾忘也, 蕩蕩然不覺天地之有無. 今頓識旣往, 數十年來存亡得失, 哀樂好惡, 擾擾萬緖起矣. 吾恐將來之存亡得失·哀樂好惡之亂吾心如此也, 須臾之忘, 可復得乎?"(『列子』「周穆王」)

康19-5

이것은 비록 열자가 자기의 학문을 스스로 서술한 내용이지만, 노나라에 유생이 많았고, 유생들의 학술이 풍부하여 천하에서 학술을 추구하는 자들은 반드시 노나라의 유생 중에서 구했다는 것도 또한 알 수 있다.

此雖列子自述其學, 而魯多儒生, 儒生多術, 天下求學術者必于魯儒, 亦可見矣.

19-6-2

예전에 형제 세 사람이 있었는데, 제(齊)나라와 노(魯)나라 지역에 유학을 가서 한 스승 밑에서 공부를 했고, 인의(仁義)의 도를 깨우치고 고향으로 되돌아왔다.(『열자』「설부」)

昔有昆弟三人, 游齊·魯之間, 同師而學, 進仁義之道而歸.(『列子』「說符」)

19-6-3

예를 들어 전자방(田子方)과 단간목(段干木), 오기(吳起)와 금골리(禽滑釐) 등의 부류는 모두 자하(子夏)의 무리에게 학문을 전수받아서 왕자의 스승이 되었다.[50] 이 당시에는 유독 위문후(魏文侯)만이 학문을 좋아했다. 그 이후에 세상은 점점 쇠퇴하여[51] 진시황(秦始皇)에 이르러서는 전국시대의 상황에서 천하가 모두 다투면서 유교의 학술은 이미 배척되었다. 그러나 제나라와 노나라 사이에서는 학자들이 유독 사라지지 않았다. 제나라의 위왕(威王)과 선왕(宣王)의 시대에는 맹자와 순자와 같은 무리들이 모두 공자의 학업을 받들어 새롭게 윤색함으로써 학문을 당시의 세상에 크게 드러냈다.(『사기』「유림열전」)

如田子方·段幹木·吳起·禽滑厘之屬, 皆受業于子夏之倫, 爲王者師. 是時獨魏文侯好學. 後陵遲以至於始皇, 天下並爭于戰國, 儒術旣絀焉. 然齊·魯之間, 學者獨不廢也. 于威·宣之際, 孟子·荀卿之列, 咸遵夫子之業而潤色之, 以學顯於當世.(『史記』[52]「儒林列傳」)

康19-6

제나라와 노나라에서 학자들이 사라지지 않았으니, 유교의 학술이 위에서는 스스로 배척되었지만, 아래에서는 스스로 행해진 것이다. 마치 원나라 시대의 학자들과 같으니, 어찌 성행하지 않겠는가!

齊·魯學者不廢, 則儒術自絀于上而自行於下. 若元世之學者矣, 豈

50_ 『여씨춘추』「당염(當染)」편에는 "전자방(田子方)은 자공에게 배웠고, 단간목(段干木)은 자하에게서 배웠으며, 오기(吳起)는 증자에게 배웠고, 금골려(禽滑骨)는 묵자에게 배웠다"라는 기록이 보인다.

51_ 능지(陵遲)는 비스듬한 언덕이 완만하게 이어지는 것으로, 점점 쇠퇴한다는 뜻이다.

52_ 기(記)가 『공자개제고』에는 론(論)으로 되어 있는데, 고쳐서 기록했다.

不盛乎!

19-6-4

진섭(陳涉, ?~B.C.208)이 왕이 되자, 노나라의 여러 유학자들이 공자 집안의 제사용 그릇[禮器][53]을 가지고 진왕(陳王)에게 가서 귀의했다. 이때에 [공자의 8세손인] 공갑(孔甲)은 진섭의 박사가 되었다.[54](『사기』「유림열전」)

陳涉之王也, 而魯諸儒持孔子之禮器往歸陳王. 於是孔甲爲陳涉博士.(『史記』「儒林列傳」)

康19-7

진섭에게 귀의한 자들 중에 여러 유학자들이 있었으니, 노나라의 유학자들이 매우 성행했던 것이다. 이들은 모두 진나라 분서(焚書) 이전의 책을 읽은 자들이니, 선진시대에 유교 학술이 성행했다는 것을 알 수 있다.

歸陳涉者有諸儒, 則魯儒甚盛矣. 此皆讀秦焚以前之書者, 足見先秦儒術之盛也.

19-6-5

한나라 고조(高祖)가 항우를 주살하고, 군대를 동원하여 노나라 지역을

53_ 예기(禮器)는 제사용 그릇인데, 당시 공자 집안의 사람들이 제사를 지낼 때 사용하던 제기(祭器)를 말한다.

54_『염철론』「포현(褒賢)」편에도 "제(齊)와 노(魯) 지역에서 홀(笏)을 허리띠에 꽂은 유가와 묵가의 무리들은 길이가 긴 옷을 입었는데, 길이가 긴 옷은 관리들이 입는 옷이다. 그들은 공자 집안의 제사용 그릇[禮器]과 『시(詩)』·『서(書)』를 짊어지고 가서 예물을 바치고 신하가 되었다. 그리고 공갑(孔甲)은 진섭의 박사가 되어 끝내 진섭과 함께 죽어서 천하의 웃음거리가 되었다"라는 기록이 보인다.

포위했을 때, 노나라 안에서는 여러 유학자들이 여전히 예악(禮樂)을 강론하거나 암송하고 익혔으며, 음악 소리가 끊이지 않았다. 어찌 성인이 남긴 교화가 아니겠으며, 예악을 좋아하는 나라가 아니겠는가? (『사기』「유림열전」)

及高皇帝誅項籍, 擧兵圍魯, 魯中諸儒尙講誦習禮樂, 弦歌之音不絶. 豈非聖人之遺化, 好禮樂之國哉?(『史記』「儒林列傳」)

19-6-6

제나라와 노나라 사이에서 학문에 대한 [연구는] 옛날부터 자연스러운 풍토였다. 따라서 한나라가 흥기한 이후에 여러 유학자들이 비로소 그 경전의 학문[55]을 연구하고, 대사례와 향음례를 강습할 수 있었다. 숙손통(叔孫通, ?~?)[56]은 한나라의 예법과 의례를 만들었기 때문에 태상(太常)이 되었다. 여러 학생들과 제자들 중에서 그것을 함께 제정한 자들은 모두 가장 먼저 등용되었다.(『사기』「유림열전」)

夫齊·魯之間于文學, 自古以來, 其天性也. 故漢興而後, 諸儒始得修其經藝, 講習大射鄕飮之禮. 叔孫通作漢禮儀, 因爲太常. 諸生弟子共定者, 鹹爲選首.(『史記』「儒林列傳」)

55_ 경예(經藝)는 유가의 육경을 포함하여 경서를 연구하는 학문으로, 경학(經學)과 같은 말이다.

56_ 숙손통(叔孫通)은 전한시대 노국(魯國) 설(薛) 땅 사람이다. 항량(項梁)과 항우(項羽)를 섬기다가 후에 유방(劉邦)에게 가서 박사를 지냈다. 유방이 황제를 칭하자, 숙손통은 유방에게 노(魯)의 제생과 제자들을 뽑아 함께 조정의 의례를 세울 것을 건의했다. 고조(高祖) 7년(B.C.200)에 장락궁(長樂宮)이 완성되어 제후와 여러 신하들의 조하(朝賀)를 조정의 의례절차에 따라 하자 엄숙하지 않은 사람이 없었다고 한다. 후에 태자태부(太子太傅)가 되었다.

康19-8

[노나라 지역의] 성을 포위했을 때, 여전히 예악(禮樂)을 강론하거나 암송하고 익혔으며, 음악 소리가 끊이지 않았으니, 하물며 전쟁이 크게 안정된 이후에는 어떠했겠는가? 공자의 교설이 사람들에게 깊이 파고 들었을 것이다. '제유(諸儒)'라고 말했으니, 분서갱유(焚書坑儒)에도 아무런 탈이 없이[57] 공자의 교설이 크게 유행했다는 것을 알 수 있다.

圍城之際, 猶誦習弦歌不輟, 況干戈大定後哉? 孔子之敎, 入人深矣. 謂之'諸儒', 可見坑焚無恙, 孔敎大行.

19-6-7

제나라와 노나라의 수도에서 학술을 강론했으며, 공자의 유풍을 살펴보고, 추(鄒)와 역(嶧)[58]이라는 지역에서 거행된 향사례(鄕射禮)를 참관했다.(『사기』「태사공자서」)

講業齊·魯之都, 觀孔子之遺風, 鄕射鄒·嶧.(『史記』「太史公自序」)

康19-9

제나라와 노나라에서 공자의 교설을 가장 먼저 시행하여, 태사공이 어렸을 때[59]에는 당연히 더욱더 성행했는데, 향사례가 특히 성행했던 것이다.

57_ 무양(無恙)은 아무런 탈이나 재앙이 없다는 말이다.

58_ 추(鄒)는 주루(侏婁)라고도 불리는 산동지역의 소국으로, 노나라의 속국이었다. 역(嶧)은 산 이름인데, 지금의 산동성 추현(鄒縣) 일대의 지역이다.

59_ 「태사공자서」의 기록에 의하면, 사마천의 나이가 20세였을 때, 전국을 돌아다니면서 유람했는데, 제나라와 노나라 지역을 탐방한 것도 이때의 일이다.

齊·魯先行孔子之教, 至史公少年當益盛, 鄕射之禮尤盛行者.

19-6-8

그리고 추(鄒)나라와 노(魯)나라는 수수(洙水)와 사수(泗水)의 주변 지역으로, 여전히 주공(周公)의 유풍이 남아 있어서 세속에서는 유학을 좋아하고, 예법이 잘 갖추어져 있었다.(『사기』「화식열전」)

而鄒·魯濱洙·泗, 猶有周公遺風, 俗好儒, 備於禮.(『史記』「貨殖列傳」)

康19-10

태사공이 추나라와 노나라에서는 유학을 좋아하고 예법이 잘 갖추어져 있다고 말했으니, 추나라와 노나라는 당시에 유교가 지극히 성행했던 것이다.

太史公稱鄒·魯好儒備禮, 蓋鄒·魯于時儒敎極盛矣.

19-6-9

한나라 5년에 천하가 이미 병합되자, 제후들이 공동으로 정도(定陶)에서 한왕(漢王)을 황제로 추대하고, 숙손통(叔孫通)이 그 의례의 명령을 완성했다. 고조는 진나라의 까다로운 의례와 법도를 모두 없애서 간단하고 쉽게 만들었다. 그런데 많은 신하들이 술을 마시면서 공적을 다투었고, 술에 취하여 혹은 함부로 소리를 지르거나, 검을 뽑아서 기둥을 내려치기도 하니, 고조가 그것을 근심했다. 숙손통은 황제가 그것을 심하게 싫어한다는 것을 알고서 황제에게 말했다. "대체로 유학자들은 나아가서 취하는 일은 함께하기가 어렵지만, 이루어놓은 업적을 지키는 일은 함께할 수가 있습니다. 신은 노나라의 유생들을 불러서

신의 제자들과 함께 조정의 의례를 세우기를 원합니다." 고조가 말했다. "어려움이 없겠는가?" 숙손통이 말했다. "오제(五帝)는 음악을 다르게 만들었고, 삼왕(三王)은 예법을 동일하게 만들지 않았습니다. 예법이라는 것은 시대와 인정에 따라서 그 형식을 만드는 것입니다. 따라서 하·은·주의 예법은 덜어내거나 더한 내용[損益]을 알 수 있다는 것[60]은 서로 중복되지 않았음을 말하는 것입니다. 신은 옛날의 예법과 진나라의 의례를 가려 뽑아서 함께 섞어서 한나라의 예법을 완성하기를 원합니다." 고조가 말했다. "시험삼아서 만들되, 알기 쉽도록 하고, 내가 행할 수 있는지를 헤아려서 만드시오." 이에 숙손통은 사람을 보내서 노나라의 유생 30여 명을 불러오도록 했다. 노나라에서는 두 명의 유생이 가려고 하지 않으면서 말했다. "당신이 섬긴 자가 또한 10명의 군주인데, 모두 면전에서 아첨하여 친애와 존귀한 지위를 얻었습니다. 지금 천하가 막 안정되어 죽은 사람은 아직 장례지내지도 못했고, 부상당한 사람은 아직 움직이지도 못하는데, 또 예악을 세우려고 합니다. 예악이 세워지는 것은 덕을 100년 동안 쌓은 이후에야 일으킬 수 있는 것이니, 우리는 차마 할 수가 없습니다. 당신이 하려는 일은 옛법에 부합되지 않으니, 우리들은 갈 수 없소. 당신은 돌아가시오. 우리들을 욕되게 하지 마시오!" 숙손통은 웃으면서 "그대들은 진실로 비천한 유학자들이다. 시대의 변화를 알지 못하는구나!"라고 하고, 마침내 불러들인 30명의 유생들과 서쪽으로 가서 황제 좌우의 학문하는 자와 자기의 제자 100여 명과 함께 교외에 의례를 연습하는 장소를 만들어 놓고[61] 1개월 남짓 연습했다. 숙손통이 "폐하께서 시험삼아 살펴봐도

60_ 손익(損益)은 문화나 제도 등의 단점을 덜어내고 장점을 더한다는 말로, 공자의 제도 개혁의 방법론을 말한다. 『논어』「위정(爲政)」편에 "子曰, 殷因於夏禮, 所損益, 可知也, 周因於殷禮, 所損益, 可知也. 其或繼周者, 雖百世, 可知也."라는 기록이 보인다.

61_ 『사기색은』에서 위소는 "줄을 치는 것을 면(綿)이라고 하고, 표지를 세우는 것을 절(蕝)이라고 한다"라고 했고, 『사기집해』에서 여순은 "줄을 쳐놓고 연습하는 장

괜찮겠습니다"라고 하자, 고조가 나가서 살펴보고 예식을 거행하도록 하면서, "나도 이 의례를 잘 할 수 있겠다"라고 말하고, 여러 신하들에게 익히도록[62] 명령했다.(『사기』「유경숙손통열전」)

漢五年已並天下, 諸侯共尊漢王爲皇帝于定陶, 叔孫通就其儀號. 高帝悉去秦苛儀法爲簡易. 群臣飮酒爭功, 醉或妄呼, 拔劍擊柱, 高帝患之. 叔孫通知上益厭之也, 說上曰, "夫儒者難與進取, 可與守成. 臣願征魯諸生, 與臣弟子共起朝儀." 高帝曰, "得無難乎?" 叔孫通曰, "五帝異樂, 三王不同禮. 禮者, 因時世人情, 爲之節文者也. 故夏·殷·周之禮, 所因損益可知者, 謂不相復也. 臣願頗采古禮與秦儀雜就之." 上曰, "可試爲之, 令易知, 度吾所能行爲之." 於是叔孫通使征魯諸生三十餘人. 魯有兩生不肯行, 曰, "公所事者且十主, 皆面諛以得親貴. 今天下初定, 死者未葬, 傷者未起, 又欲起禮樂. 禮樂所由起, 積德百年而後可興也, 吾不忍爲. 公所爲不合古, 吾不行. 公往矣. 無汙我!" 叔孫通笑曰, "若眞鄙儒也. 不知時變." 遂與所征三十人西, 及上左右爲學者, 與其弟子百余人, 爲綿蕞野外, 習之月餘. 叔孫通曰, "上可試觀." 上卽觀, 使行禮, 曰, "吾能爲此."乃令群臣習肄.(『史記』「劉敬叔孫通列傳」)

康19-11

이 30여 명의 사람들은 숙손통의 요청으로 징발되어 예악을 제정했으니, 반드시 모두가 나이가 많고 덕망이 있는 유학자로서 재능과 학식이 뛰어나며,[63] 숙손통이 그 명성을 듣고 공경하여 존경한 자들이다.

소"라고 했다. 즉 면절(綿蕞)은 의례를 연습한다는 뜻으로, 조정의 의례나 전장제도를 제정하거나 정리하는 것을 말한다.

62_ 이(肄)는 습(習)과 같은 의미이다.

63_ 기유(耆儒)는 나이가 많고 덕망이 있는 유학자이고, 영박(英博)은 재능이 뛰어나

요청에 응하지 않은 유학자의 경우는 그 수가 매우 많아서,[64] 거의 헤아릴 수 없다는 것을 알 수 있다.

此三十餘人爲叔孫所請, 征定禮樂, 必皆耆儒英博, 爲叔孫聞名敬服者. 若其未征之儒, 多如牛毛, 殆不可計可知.

19-6-10

만석군(萬石君)[65]의 집안은 효도와 근신으로 군국(郡國)에서 소문이 났는데, 제나라와 노나라 지역의 유학자들 중에서 품행이 성실하고 소박한[66] 자들도 모두 스스로 거기에는 미치지 못한다고 여겼다.(『사기』「만석군열전」)

萬石君家以孝謹聞乎郡國, 雖齊·魯諸儒質行, 皆自以爲不及也.(『史記』「萬石君列傳」)

康19-12

제나라와 노나라라는 명칭을 사용했으니, 제나라와 노나라의 많은 유학자들이 품행이 고결하다는 것을 알 수 있다.

以齊·魯爲名, 齊·魯之多儒高行可知.

고 학식이 풍부한 것이다.

64_ 우모(牛毛)는 매우 숫자가 많음을 비유한다.

65_ 만석군(萬石君)은 봉록이 1만석이라는 말로, 석분(石奮)이라는 사람과 그의 네 아들인 석건(石建)·석갑(石甲)·석을(石乙)·석경(石慶)이 한나라 경제(景帝) 때 관직이 모두 2,000석(石)의 지위에 올랐기 때문에 경제가 석분을 이렇게 불렀다고 한다.

66_ 질행(質行)은 품행이 성실하고 소박한 것이다.

19-6-11

현량(賢良)인 무릉현(茂陵縣) 출신의 당생(唐生)과 문학(文學)인 노(魯)지역 출신의 만생(萬生) 등의 무리 60여 명의 사람들이 모두 궁궐에 모여서 육예(六藝)의 가르침[67]을 펼치고, 태평(太平)의 근원을 논의했다. [그중에서] 지혜로운 자는 자신이 사고한 것을 밝히고, 어진 자는 자신이 베풀 것을 밝혔으며, 용감한 자는 자신의 과단성을 드러내었고, 변론이 뛰어난 자는 자신의 언사를 진술했다.(『염철론』「잡론」)

賢良茂陵唐生·文學魯萬生之倫六十餘人, 咸聚闕廷, 舒六藝之諷, 論太平之原. 知者贊其慮, 仁者明其施, 勇者見其斷, 辯者陳其詞.(『鹽鐵論』「雜論」)

康19-13

정림(亭林) 고염무(顧炎武, 1613~1682)는 후한시대의 풍속(風俗)과 기절(氣節)이 아름다웠던 것은 광무제(光武帝)·명제(明帝)·장제(章帝)가 유학을 드러내 밝힌 공적으로 말미암은 것이라고 말했다.[68] 그런데 소제(昭帝)와 선제(宣帝) 시기에 유생들이 어사대부와 대항하여 변론하면서 수없이 꺾여도 굽히지 않고[69] 선도(善道)를 사수했다는 것을 어찌 알겠는가? 따라서 공자의 은택이 추(鄒)와 노(魯) 지역의 풍속을 좋게 만들었다는 것

67_ 풍(諷)은 『염철론교주』에서 『한서』의 교정에 따라 풍(風)으로 고쳤는데, 여기에서도 풍(風)의 의미로 해석했다.

68_ 『일지록(日知錄)』 권13 「주말풍속(周末風俗)」편에 "蓋自春秋之後, 至東京而其風俗稍復乎古, 吾是以知光武·明·章果有變齊至魯之功, 而惜其未純乎道也."라는 기록과 「양한풍속(兩漢風俗)」편에 "夫以經術之治, 節義之防, 光武·明·章數世爲之而未足毁."라는 기록이 보인다.

69_ 백절불요(百折不撓)는 백절불굴(百折不屈)과 같은 말로, 수없이 꺾여도 굽히지 않고, 의지가 강한 것을 말한다.

을 알 수 있다.

顧亭林謂後漢風俗氣節之美, 由光武·明·章表章之功. 豈知昭·宣之時, 諸生能與御史大夫抗辨, 百折不撓, 守死善道? 故知孔子之澤·鄒·魯之風長矣.

<이상 노나라의 유생들이 전국·진·한나라 시대에 가장 흥성하다: 右魯之儒生戰國·秦·漢時尤盛>

제20권 | 유교가 천하에 두루 전파되어 전국·진·한나라 시대에 가장 흥성하다

儒教遍傳天下戰國·秦·漢時尤盛考

An Annotated Translation of "Confucius as a Reformer"

제20권 머리글

전국(戰國)시대 칠웅(七雄)[1]의 쟁패, 유방(劉邦)과 항우(項羽)의 전쟁은 마치 미친개들[2]이나 두 마리 뱀의 싸움과 같았으니, 도리와는 무슨 관계가 있겠는가? 옛날에는 말을 싸움 붙이거나 닭을 싸움 붙이거나 사람을 싸움 붙이는 풍속이 있었고, 진나라 때에는 소를 싸움 붙이는 풍속이 있었다. 한꺼번에 소리를 지르는 시장바닥은 마치 미친 듯했고, 온갖 깃발과 악기 소리에 미혹되어,[3] 온통 그것에 대해 즐겨 말했기 때문에[4] 이 당시에는 유교의 학술이 배척되었다고 생각한다. 그러나 그 당시를 고찰해보면[5] 유학자의 의관을 입고 교설을 전수하는 자가 천하에 가득했으며, 천하를 가득 채운 유학자들이 천하에서 유세하면서 돌아다니거나 가르치면서 인도할 줄만 알았지, 봉록이나 작위를 구하거나 군주를 선택하지 않고, 오직 교설을 행하는 것만을 일로 삼았다. 이르는 곳마다 그 나라의 임금과 재상에게 쉬지 않고 설교하고,[6] 그 나라의 선비와 백성들을 인도하며, 박사를 세우고 학교[7]를 열었는데, 비록 분서갱유를 겪더라도 후회하지 않을 정도로 활동했으니, 이것이 바로 유교가 세상에 널리 퍼진 이유일 것이다![8] 후학들은 이루어놓은 성과를

1_ 칠웅(七雄)은 전국시대에 패권을 잡았던 강대국으로, 진(秦)·제(齊)·초(楚)·연(燕)·한(韓)·위(魏)·조(趙)나라를 말한다.

2_ 제구(猘狗)는 미친 개로, 난폭한 무리를 비유한다.

3_ 정기(旌旗)는 싸움 장소에 걸어둔 온갖 깃발을 말한다. 금고(金鼓)는 군중(軍中)에서 사용하는 금속 악기와 북이다. 여기에서는 싸움의 시작이나 끝을 알리거나 흥을 돋우는 데 사용하는 악기를 말한다.

4_ 진진(津津)은 넘칠 정도로 가득한 모양이나 즐거운 모양이다. 락도(樂道)는 즐겨 이야기하는 것이다.

5_ 이고(夷考)는 살펴보거나 고찰한다는 뜻이다. 『맹자』「진심 하」편에 "夷考其行而不掩焉者也."라는 말이 보인다.

6_ 강괄(强聒)은 쉬지 않고 떠들어대는 것이다. 『장자』「천하(天下)」편에 "雖天下不取, 强聒而不舍者也."라는 말이 보인다.

7_ 횡사(黌舍)는 교사(校舍), 즉 학교를 말한다.

물려받았기 때문에 앞선 철인들이 교설을 전파한 노고를 알지 못하고, 겨우 문호를 닫아걸고 몸을 깨끗하게 하는 것만을 일로 삼으니, 그들이 공자가 아첨했다고 비웃는 것도 당연하다. 불초자들은 봉록과 지위에만 고심하여 국가를 가질 줄은 알면서도 교설을 가질 줄은 모르니, 쇠퇴하지 않으려고 하더라도 되겠는가? [나는] 남몰래 두려움을 느꼈기 때문에 춘추전국시대와 진한시대의 공자의 제자와 후학들이 교설을 전파한 일을 드러내어 이 책에 기록하여, 후세의 유학자들에게 본받을 바를 알도록 했다.

七雄爭, 劉·項戰, 如猘狗二蛇之鬭, 何關理道哉? 古有鬥馬·鬥鷄·鬭人俗, 大秦有鬭牛. 一哄之市若狂, 迷于旌旗金鼓, 津津樂道之, 以爲是時也, 儒術絀焉. 夷考其時, 服儒衣冠傳敎者充塞天下, 彌滿天下, 得遊行敎導於天下, 不知祿爵, 不擇人主, 惟以行敎爲事. 所至强聒其君相, 誘導其士民, 立博士, 開黌舍, 雖經焚坑不悔, 此儒敎所由光被哉! 後生受其成, 不知前哲傳敎之苦, 僅以閉戶潔身爲事, 其嗤孔子爲佞也固宜. 其不肖者困於祿位, 知有國而不知有敎, 欲不微也得乎? 竊用恐懼, 著春秋·戰國·秦·漢時孔子弟子後學傳敎之故, 著於篇, 俾後儒知所法焉.

1. 공자의 제자와 후학들이 천하에 널리 유교를 전파하다 [孔子弟子·後學遍傳儒敎於天下]

20-1-1

공자와 묵자의 제자들과 무리들이 천하에 가득 차 있고, 모두 인의(仁

8_ 광피(光被)는 세상에 널리 퍼진다는 말이다.

義)의 학술로 천하를 가르치고 이끌었다.[9](『여씨춘추』「유도」)

孔·墨之弟子徒屬充滿天下, 皆以仁義之術敎導于天下.(『呂氏春秋』「有度」)

康20-1

공자의 제자와 무리들이 천하에 가득 차 있었다고 했으니, 헤아릴 수 없이 많았다는 것을 알 수 있다. 이것은 공자가 세상을 뜬 이후에 교설이 크게 행해진 확정적인 증거이다. 오직 묵자가 양분하여 교설을 세웠기 때문에 아직 하나로 통일되지 않았을 뿐이다.

孔子弟子徒屬充滿天下, 則多有無量數可知. 此爲孔子身後, 敎大行之鐵證. 惟墨子與分立, 未能一統耳.

20-1-2

공자와 묵자의 제자와 무리들은 모두 인의(仁義)의 학술로 천하를 가르치고 이끌었다.(『회남자』「숙진훈」)

孔·墨之弟子皆以仁義之術敎導於世.(『淮南子』「俶眞訓」)

20-1-3

공자가 죽은 이후, 70명의 제자들은 흩어져서 제후들에게 유세했는데, 크게는 사부(師傅)나 경상(卿相)[10]이 되었고, 작게는 사대부를 도와서 가르치는 사람이 되었으며, 혹은 은거하여 나타나지 않는 자도 있었다.

9_ 『회남자』「숙진훈(俶眞訓)」편에도 "공자와 묵자의 제자들은 모두 인의(仁義)의 학술로 세상을 가르치고 이끌었다. 그러나 너무 지쳐버려서 자기 몸도 오히려 실천하지 못하는데, 또한 남을 가르칠 수 있었겠는가? 무엇 때문인가? 그 도가 폐기되었기 때문이다"라는 기록이 보인다.

10_ 경상(卿相)은 정무를 총괄하는 대신을 말한다.

따라서 자로(子路)는 위(衛)나라에 거처했고, 자장(子張)은 진(陳)나라에 거처했으며, 담대자우(澹臺子羽)[11]는 초(楚)나라에 거처했고, 자하(子夏)는 서하(西河)에 거처했으며, 자공(子貢)은 제(齊)나라에서 일생을 마쳤다. 예를 들어[12] 전자방(田子方)과 단간목(段干木), 오기(吳起)와 금골리(禽滑釐) 등의 부류는 모두 자하(子夏)의 무리에게 학문을 전수받아서 왕자의 스승이 되었다. 이 당시에는 유독 위문후(魏文侯)만이 학문을 좋아했다. 그 이후에 세상은 점점 쇠퇴하여 진시황(秦始皇)에 이르러서는 전국시대의 상황에서 천하가 모두 다투면서 유교의 학술은 이미 배척되었다. 그러나 제나라와 노나라 사이에서는 학자들이 유독 사라지지 않았다. 제나라의 위왕(威王)과 선왕(宣王)의 시대에는 맹자와 순자와 같은 무리들이 모두 공자의 학업을 받들어 새롭게 윤색함으로써 학문을 당시의 세상에 크게 드러냈다.(『사기』「유림열전」)

自孔子卒後, 七十子之徒, 散游諸侯, 大者爲師傅卿相, 小者友敎士大夫, 或隱而不見. 故子路居衛, 子張居陳, 澹臺子羽居楚, 子夏居西河, 子貢終於齊. 如田子方・段幹木・吳起・禽滑厘之屬, 皆受業于子夏之倫, 爲王者師. 是時獨魏文侯好學. 後陵遲以至於始皇, 天下並爭于戰國, 儒術旣絀焉. 然齊・魯之間, 學者獨不廢也. 于威・宣之際, 孟子・荀卿之列, 咸遵夫子之業而潤色之, 以學顯於當世.(『史記』「儒林列傳」)

20-1-4

담대멸명(澹臺滅明)은 무성(武城) 사람이고, 자가 자우(子羽)이며, 공자보

11_ 담대자우(澹臺子羽)는 노나라 무성(武城) 사람으로, 성이 담대(澹臺)이고, 자우(子羽)는 자이다. 이름은 멸명(滅明)이다.

12_ 이하에서 인용한 『사기』「유림열전」의 내용은 이 책의 제19권 제6절 〈19-6-3〉에서 이미 인용했다. 자세한 주석은 앞의 내용을 참조 바람.

다 39세 어렸다. 생긴 모습이 매우 추악했는데, 그가 공자를 섬기려고 했을 때 공자는 재주가 천박할 것이라고 여겼다.[13] 이미 가르침을 받고 난 이후에는 물러나서 행실을 닦았는데, 길을 다닐 때는 지름길을 가지 않고, 공적인 일이 아니면 경대부를 만나지 않았다.[14] 남쪽으로 유세를 가서 장강(長江)에 이르렀을 때,[15] 따르는 제자들이 300명이나 되었으며, 취하거나 주는 행동, 떠나거나 나아가는 행동이 적절하게 갖추어져 있어서 제후들에게 명성을 떨쳤다.(『사기』 「중니제자열전」)

澹臺滅明, 武城人, 字子羽, 少孔子三十九歲. 狀貌甚惡, 欲事孔子, 孔子以爲材薄. 旣已受業, 退而修行, 行不由徑, 非公事不見卿大夫. 南游至江, 從弟子三百人, 設取予去就, 名施乎諸侯.(『史記』 「仲尼弟子列傳」)

20-1-5

세상에서 가장 두드러진 학파는 유가와 묵가이다.(『한비자』 「현학」)

世之顯學, 儒·墨也.(『韓非子』 「顯學」)

13_ 『한비자』 「현학(顯學)」편에는 그의 용모에 대해 이 기록과는 다르게 묘사하고 있다. "담대자우(澹臺子羽)는 군자다운 용모 때문에 공자가 기대하고 제자로 취했는데, 함께 오랫동안 거처하니 행동이 그 용모와 걸맞지 않았다[澹臺子羽, 君子之容也, 仲尼幾而取之, 與處久而行不稱其貌.]"

14_ 『논어』 「옹야(雍也)」편에 자유(子游)가 담대멸명에 대해, "길을 다닐 때 지름길을 가지 않고, 공적인 일이 아니면 일찍이 저의 집에 온 적이 없다[行不由徑, 非公事, 未嘗至於偃之室也.]"라고 평가한 내용이 보인다.

15_ 『사기색은』에 의하면, 오국(吳國)의 동남쪽에 담대호(澹臺湖)라는 곳이 있는데, 담대멸명의 유적지가 있는 곳이라고 한다. 따라서 남쪽으로 유세한 지역은 오나라 지역임을 알 수 있다.

20-1-6[16]

공자가 죽은 이후로, 자장(子張)의 유가가 있고, 자사(子思)의 유가가 있으며, 안씨(顔氏)의 유가가 있고, 맹씨(孟氏)의 유가가 있으며, 칠조씨(漆雕氏)의 유가가 있고, 중량씨(仲良氏)의 유가가 있으며, 손씨(孫氏)의 유가가 있고, 악정씨(樂正氏)의 유가가 있어서 유가가 8개의 학파로 나누어졌다.(『한비자』「현학」)

自孔子之死也, 有子張之儒, 有子思之儒, 有顔氏之儒, 有孟氏之儒, 有漆雕氏之儒, 有仲良氏之儒, 有孫氏之儒, 有樂正氏之儒, 儒分爲八.(『韓非子』「顯學」)

<이상 공자의 제자와 후학들이 천하에 널리 유교를 전파하다: 右孔子弟子·後學遍傳儒敎於天下>

2. 천하가 모두 공자를 숭상하고 유교에 복종하다 [天下皆尊慕孔子服從儒敎]

20-2-1[17]

공자는 노담(老聃)과 맹소기(孟蘇夔), 그리고 정숙(靖叔)에게 배웠다. 노나라 혜공(惠公)이 재양(宰讓)으로 하여금 천자에게 천지에 지내는 교제(郊

16_ 이하에서 인용한 『한비자』「현학」편의 내용은 이 책의 제18권 제1절〈18-1-2〉에서 이미 인용했다. 자세한 주석은 앞의 내용을 참조 바람.

17_ 이하에서 인용한 『여씨춘추』「당염」편의 내용은 이 책의 제18권 제1절〈18-1-6〉에서 이미 인용했다. 자세한 주석은 앞의 내용을 참조 바람.

祭)와 조상에 지내는 묘제(廟祭)의 거행을 요청하도록 했는데, 평왕(平王)은 사각(史角)을 사신으로 보냈다. 그러자 혜공이 그를 노나라에 머물도록 하여 그의 후손이 노나라에 있게 되었으며, 묵자는 이들에게서 배웠다. 이 두 선비〈고유(高誘) 주: 두 선비는 공자와 묵적을 가리킨다.〉는 작위가 없으면서도 남을 출세하게 했고, 상이나 복록이 없으면서도 사람을 이롭게 했으니, 천하에서 출세하여 영광을 누린 사람을 거론할 때 반드시 이 두 선비를 일컫는다. 모두 죽은 지 오래되었지만, 따르는 무리들이 더욱더 많아지고, 제자들이 더욱더 많아져서 천하에 가득 찼다. 왕공과 대인들이 그러한 추세에 따라 그들을 출세시키고, 자제들을 사랑하는 자들이 그들을 좇아서 배우도록 하니, 정해진 시기가 없이 끊어지지 않고 이어졌다.(『여씨춘추』「당염」)

孔子學于老聃·孟蘇·夔靖叔. 魯惠公使宰讓請郊廟之禮于天子, 桓王使史角往. 惠公止之, 其後在於魯, 墨子學焉. 此二士者〈高誘注: 二士指孔子·墨翟.〉無爵位以顯人, 無賞祿以利人, 擧天下之顯榮者, 必稱此二士也. 皆死久矣, 從屬彌衆, 弟子彌豊, 充滿天下. 王公大人從而顯之, 有愛子弟者隨而學焉, 無時乏絶.(『呂氏春秋』「當染」)

20-2-2[18]

공자와 묵자의 후학들 중에는 천하에서 출세하여 영광을 누린 자가 많아 이루 다 헤아릴 수가 없으니, 모두가 물들어서 영향을 받은 것이 정당함을 얻은 것이다.(『여씨춘추』「당염」)

孔·墨之後學, 顯榮於天下者衆矣, 不可勝數, 皆所染者得當也.(『呂氏春秋』「當染」)

18_ 이하에서 인용한 『여씨춘추』「당염」편의 내용은 이 책의 제18권 제1절〈18-1-6〉에서 이미 인용했다. 자세한 주석은 앞의 내용을 참조 바람.

20-2-3

자장(子張)은 노(魯)나라의 비천한 집안 출신이었고, 안탁취(顔涿聚)는 양보(梁父)의 큰 도둑이었는데,[19] 공자에게서 배웠다. 단간목(段干木)은 진(晉)나라의 유명한 말거간꾼이었는데,[20] 자하(子夏)에게서 배웠다. 고하(高何)와 현자석(縣子石)은 제(齊)나라의 폭력배로,[21] 시골구석에서도 지탄을 받았는데,[22] 묵자에게서 배웠다. 색로삼(索盧參)은 동방의 큰 협잡꾼이었는데,[23] 금골려(禽滑黎)에게 배웠다. 이 여섯 사람은 형벌로 주륙되고 죽임으로 치욕을 받아야 할 사람인데, 지금은 단지 형벌로 주륙되고 죽임으로 치욕을 받는 것을 모면했을 뿐만 아니라, 배움을 통해서 천하의 명사나 뛰어난 사람이 됨으로써 수명대로 살았으며, 왕공과 대인들이 그들에게 복종하면서 예우했다.(『여씨춘추』「존사」)

子張, 魯之鄙家也, 顔涿聚, 梁父之大盜也, 學於孔子. 段干木, 晉國

19_ 안탁취(顔涿聚)는 공자의 제자로서 제나라에 가서 벼슬한 사람이다. 이름은 경(庚)이고, 탁취(涿聚)는 자이다. 양보(梁父)는 산동성 태안(泰安) 동남쪽에 있는 산 이름으로, 양보(梁甫)라고도 불린다.

20_ 단간목(段干木)은 자세한 사적은 보이지 않는데,『사기』「유림열전」에 "전자방(田子方)과 단간목(段干木), 오기(吳起)와 금골리(禽滑釐) 등의 부류는 모두 자하(子夏)의 무리에게 수업을 받고, 왕자의 스승이 되었다"라는 기록이 보인다. 장(駔)은 말의 흥정을 부치는 말거간꾼을 말한다.

21_ 고하(高何)와 현자석(縣子石)은 묵자의 제자로 알려져 있으나, 자세한 기록은 보이지 않는다.『묵자』「경주(耕柱)」편에 나오는데,『묵자한고』에서 "『여씨춘추』「존사」편에 현자석(縣子石)이라는 인물이 기록되어 있는데, 묵자에게 배웠다고 하니, 이 인물이 바로 여기에서 말하는 현자석(縣子碩)이다"라고 했다. 한편 소시학은 "『예기』「단궁」편에 현자쇄(縣子瑣)라는 인물이 나오는데, 이 인물이 현자석(縣子碩)인 듯하지만, 고증할 방법이 없다"라고 했다.

22_ 향곡(鄕曲)은 향리(鄕里), 즉 후미진 시골구석이나 벽촌을 말한다. 지(指)는 손가락질을 받는 것으로, 지탄을 받는 것을 말한다.

23_ 색로삼(索盧參)은 묵자의 후학으로 알려져 있으나, 자세한 사적은 보이지 않는다.『여씨춘추교석』에서 고유가 거(鉅)는 대(大), 즉 크다는 의미이고, 교(狡)는 활(滑), 즉 교활하다는 의미라고 했다.

之大駔也, 學于子夏. 高何・縣子石, 齊國之暴者也, 指於鄉曲, 學於子墨子. 索盧參, 東方之巨狡也, 學于禽滑黎. 此六人者, 刑戮死辱之人也, 今非徒免于刑戮死辱也, 由此爲天下名士顯人, 以終其壽, 王公大人從而禮之.(『呂氏春秋』「尊師」)

康20-2

『논어』에서 "가르침은 있되 부류가 없다"[24]라고 했다. 비천한 집안 출신과 도둑, 말거간꾼이 모두 큰 현인이 되었으니, 또한 성인의 문하가 매우 커 전혀 꺼리지 않아서 심지어 이러한 사람들도 받아들였다는 것을 알 수 있다.

『論語』稱"有教無類". 鄙家盜駔, 皆爲大賢, 亦可見聖門甚大, 無所容心, 至斯受耳.

20-2-4[25]

공자와 묵자는 다스리는 땅이 없으면서도 임금이 되었고, 맡은 관직이 없으면서도 우두머리가 되었다. 천하의 남자와 여자들 중에서 목을 길게 빼고 발꿈치를 들고서 자신들을 편안하고 이롭게 해주기를 바라지 않는 사람이 없었다.(『여씨춘추』「순설」)

孔丘・墨翟, 無地爲君, 無官爲長. 天下丈夫女子莫不延頸擧踵而願安利之.(『呂氏春秋』「順說」)

24_ 『논어』「위령공」편에 보인다.

25_ 이하에서 인용한 『여씨춘추』「순설」편의 내용은 이 책의 제18권 제1절〈18-1-8〉에서 이미 인용했다. 자세한 주석은 앞의 내용을 참조 바람.

20-2-5[26]

공자와 묵자는 다스리는 땅이 없으면서도 임금이 되었고, 맡은 관직이 없으면서도 우두머리가 되었다. 천하의 남자와 여자들 중에서 목을 길게 빼고 발꿈치를 들고서 자신들을 편안하고 이롭게 해주기를 바라지 않는 사람이 없었다.(『열자』「황제」)

孔丘・墨翟, 無地而爲君, 無官而爲長. 天下丈夫女子莫不延頸擧踵而願安利之.(『列子』「黃帝」)

20-2-6

공자와 묵자는 다스리는 땅이 없으면서도 임금이 되었고, 맡은 관직이 없으면서도 우두머리가 되었다. 천하의 남자와 여자들 중에서 목을 길게 빼고 발꿈치를 들고서 자신들을 편안하고 이롭게 해주기를 바라지 않는 사람이 없었다.(『회남자』「도응훈」)

孔丘・墨翟, 無地而爲君, 無官而爲長. 天下丈夫女子莫不延頸擧踵而願安利之者.(『淮南子』「道應訓」)

20-2-7

공자는 송곳을 꽂을 만큼의 작은 땅도 없었지만,[27] 진실로 마음에 뜻을 둠에 의리에 맞게 하고, 몸소 실천함에 더욱더 의리에 맞게 하며,[28] 언

26_ 이하에서 인용한 『열자』「황제」편의 내용은 이 책의 제18권 제1절〈18-1-7〉에서 이미 인용했다. 자세한 주석은 앞의 내용을 참조 바람.

27_ 치추(置錐)는 송곳을 세워서 꽂는다는 말로, 아주 작은 땅을 비유한다.

28_ 양경이 "뜻과 몸을 세우고 행동으로 실천하는 것을 모두 의리로써 했다"라고 풀이했다.

어에 의리를 드러내었다.[29] [의리의 실행이] 성공한 날에 천하에 감추어져 있지 않고,[30] 명성이 후세까지 드리워진 것이다.(『순자』「왕패」)

仲尼無置錐之地, 誠義乎志意, 加義乎身行, 箸之言語. 濟之日, 不隱乎天下, 名垂乎後世.(『荀子』「王霸」)

20-2-8[31]

공구(孔丘)와 묵적(墨翟)은 앞선 성인의 학술을 닦고, 육예(六藝)의 논의에 능통하여 입으로는 성인의 말을 진술하고, 몸으로는 성인의 뜻을 실천했는데, 그 뜻을 흠모하고 교화를 좇아서 그들의 제자가 된 자는 수십 명에 지나지 않았다. 만약 그들이 천자의 지위에 있었다면, 천하는 온통 유가나 묵가였을 것이다.(『회남자』「주술훈」)

孔丘·墨翟, 修先聖之術, 通六藝之論, 口道其言, 身行其志, 慕義從風, 而爲之服役者, 不過數十人. 使居天子之位, 則天下徧爲儒·墨矣.(『淮南子』「主術訓」)

20-2-9

자사(子思)의 어머니가 위(衛)나라에서 죽자,[32] 유약(柳若)이 자사에게 말

29_ 저(箸)는 저(著)와 같은 말로, 드러낸다는 뜻이다. 양경이 "의리를 언어에 드러낸다는 뜻으로, 논설이 모두 의리를 밝히는 것을 말한다"라고 풀이했다.

30_ 제(濟)는 완성한다는 뜻이다. 양경에 의하면, 의리로써 성공한 날, 즉 공자가 의리를 실행한 것이 완성된 이후에는 그것이 천하에 매우 밝게 드러나서 숨길 수가 없다는 것이다.

31_ 이하에서 인용한 『회남자』「주술훈」편의 내용은 이 책의 제18권 제1절〈18-1-17〉에서 이미 인용했다. 자세한 주석은 앞의 내용을 참조 바람.

32_ 『예기정의』 정현의 주에서 "재가한 어머니이니, 남편의 성이 서씨(庶氏)"라고 했다. 당시 자사의 어머니는 남편인 백어(伯魚)가 죽자, 위(衛)나라 서씨(庶氏)에게 재가한 상태였다.

했다. “선생님은 성인의 후손입니다. 사방에서 선생님이 장례를 치르는 예법을 지켜볼 것이니, 선생님은 어찌 신중하지 않을 수 있겠습니까?”[33](『예기』「단궁 상」)

子思之母死于衛. 柳若謂子思曰, “子, 聖人之後也. 四方於子乎觀禮, 子蓋愼諸?”(『禮記』「檀弓 上」)

<이상 천하가 모두 공자를 숭상하고 유교에 복종하다: 右天子皆尊慕孔子服從儒教>

3. 유교가 전국시대에 성행하다 [儒教盛行于戰國]

20-3-1

왕등(王登)[34]이 중모(中牟) 땅의 장관이 되었을 때, 양주(襄主)에게 다음과 같이 상주했다. “중모에는 중장(中章)과 서기(胥己)라는 선비가 있는데, 그 몸이 매우 잘 수양되어 있고, 그 학문이 매우 박학합니다. 임금께서는 어찌 그들을 등용하지 않습니까?” 양주가 말했다. “그대가 그들을 만나보아라. 내가 장차 중대부(中大夫)로 삼을 것이다.” 재상[35]이 간언하

33_ 『예기』「단궁 상」편의 다른 곳에 다음과 같은 기록이 보인다. “자사의 어머니가 위나라에서 죽어서 자사에게 부고가 왔는데, 자사가 자신의 사당에서 곡을 했다. 문인이 다가와서 ‘서씨(庶氏)에게 재가한 어머니가 죽었는데, 어찌 공씨(孔氏)의 사당에서 곡을 합니까?’라고 했다. 자사가 ‘내가 잘못했구나, 내가 잘못했구나’라고 하고, 마침내 다른 방에서 곡을 했다.” 『예기정의』 정현의 주에 의하면, 당시 자사의 어머니는 남편인 백어(伯魚)가 죽자, 위(衛)나라 서씨(庶氏)에게 재가한 상태였다. 재가한 어머니는 사당과는 친족의 관계를 단절한다고 한다.

34_ 왕등(王登)은 『한비자신교주』에서 고광기가 임등(任登)이 되어야 한다고 했는데, 여기에서는 원문에 따라 그대로 두었다.

여 말했다. “중대부는 진(晉)나라의 중요한 자리입니다. 지금 공로가 없는데도 벼슬을 받는 것은 진나라 신하들이 생각하는 뜻이 아닙니다. 임금께서는 그들에 대해 귀로 듣기만 하고 아직 눈으로 보지는 못하지 않았습니까?” 양주가 말했다. “내가 왕등을 등용할 때 이미 귀로 듣고 눈으로 보았다. 왕등이 등용한 사람을 또 귀로 듣고 눈으로 본다면 이것은 귀로 듣고 눈으로 보는 일이 결코 그치지 않을 것이다.” 왕등이 어느 날 두 명의 중대부를 만나보고, 그들에게 농지와 택지를 주었다. 그러자 중모의 사람들 중에서 농사일을 버리고, 택지와 밭을 팔아서 학문을 하는 자를 좇아 공부하는 자가 고을의 절반이나 되었다.(『한비자』「외저설 좌상」)

王登爲中牟令, 上言於襄主曰, “中牟有士曰中章·胥己者, 其身甚修, 其學甚博. 君何不擧之?” 主曰, “子見之. 我將爲中大夫.” 相室諫曰, “中大夫, 晉重列也. 今無功而受, 非晉臣之意. 君其耳而未之目耶?” 襄主曰, “我取登, 旣耳而目之矣. 登之所取, 又耳而目之, 是耳目人絶無已也.” 王登一日而見二中大夫, 予之田宅. 中牟之人棄其田耘, 賣宅圃而隨文學者邑之半.(『韓非子』「外儲說 左上」)

康20-3

몸이 수양되고 학문이 박학한 것은 유학자의 학문이다. 이것을 보면 공자의 학문이 당시에 이미 크게 유행했다는 것을 알 수 있다.

身修學博, 是儒者之學也. 觀此, 知孔子之學當時已大行矣.

20-3-2

자하(子夏)는 서하(西河)의 교수(敎授)로 있으면서 위문후(魏文侯)[36]의 스승

35_ 상실(相室)은 국정을 맡은 최고 관리인 재상을 말한다.

이 되었다.(『사기』「중니제자열전」)

子夏居西河敎授, 爲魏文侯師.(『史記』「仲尼弟子列傳」)

20-3-3

맹상군(孟嘗君)이 민자(閔子)에게 배우기를 요청하여 수레를 몰고 가서 민자를 모셔오도록 했다. 그러자 민자가 다음과 같이 말했다. "예법에는 학생이 와서 배우는 경우는 있어도 선생님이 가서 가르치는 경우는 없습니다.[37] 선생님을 불러서 배우면 제대로 배울 수가 없으며, 선생님이 가서 가르치면 군주를 교화시킬 수 없습니다. 군주는 제대로 배울 수 없는 자가 될 것이며, 신은 교화시킬 수 없는 자가 될 것입니다." 이에 맹상군이 말했다. "공경스럽게 분부를 따르겠습니다." 다음날 옷을 걷어 올리고 직접 가서[38] 수업을 받기를 요청했다. 『시』에서 "날마다 나아가고 달마다 전진한다"라고 했다.[39](『한시외전』 권3)

孟嘗君請學于閔子, 使車往迎閔子. 閔子曰, "禮有來學, 無往敎. 致師而學, 不能禮, 往敎則不化君也. 君所謂不能學者也, 臣所謂不能化者也." 於是孟嘗君曰, "敬聞命矣." 明日, 袪衣請受業. 『詩』曰, "日就月將."(『韓詩外傳』 卷三)

20-3-4

옛날 노(魯)나라 목공(繆公)의 시대에는 공의자(公儀子)가 재상이었고, 자

36_ 위문후(魏文侯)는 전국시대 초기 위(魏)나라의 군주로, 오기(吳起)·이극(李克)·자하(子夏)·전자방(田子方)·단간목(段干木) 등의 인재를 초빙하여 위나라를 부흥시킨 인물이다.

37_ 『예기』「곡례 상(曲禮 上)」편에 "禮聞來學, 不聞往敎."라는 말이 보인다.

38_ 거의(袪衣)는 옷을 걷어 올린다는 말로, 자신이 직접 나서서 갔다는 의미이다.

39_ 『시』「주송(周頌)·경지(敬之)」편에 "날마다 나아가고 달마다 전진하여, 학문이 계속 밝혀져 밝게 빛남이 있다[日就月將, 學有緝熙于光明.]"라는 내용이 보인다.

사(子思)와 자원(子原)이 경(卿)이었다.[40](『염철론』「상자」)

昔魯繆公之時, 公儀爲相, 子思・子原[41]爲之卿.(『鹽鐵論』「相刺」)

20-3-5

공의자(公儀子) 휴(休)는 노나라의 박사로, 재능이 뛰어나서 노나라의 재상이 되었다.(『사기』「순리열전」)

公儀休者, 魯博士也, 以高弟爲魯相.(『史記』「循吏列傳」)

康20-4

이것을 보면 노나라에 박사가 있었다는 것을 알 수 있다. 『맹자』에 "노나라 목공(繆公)의 시대에는 공의자(公儀子)가 정치를 담당했다"[42]라고 한 것이 바로 이 사람이다.

觀此, 可見魯有博士. 『孟子』, 魯繆公之時, 公儀子爲相. 卽是其人.

40_ 공의자(公儀子)는 『사기』「순리열전(循吏列傳)」에 의하면, 이름은 휴(休)이다. 노나라의 박사로, 뛰어난 재능과 덕망으로 노나라의 재상이 되었다고 한다. 자원(子原)은 자류(子柳) 또는 세류(泄柳)라는 인물로, 구체적인 사적은 보이지 않는다. 『맹자』「고자 하(告子 下)」편에 제(齊)나라의 변론가인 순우곤(淳于髡)의 다음과 같은 말이 실려 있다. "노나라 목공(繆公)의 시대에는 공의자(公儀子)가 정치를 담당했고, 자류(子柳)와 자사(子思)가 신하가 되었는데도 노나라의 쇠퇴함이 더욱 심했으니, 이처럼 현자는 나라에 무익합니다[魯繆公之時, 公儀子爲政, 子柳・子思爲臣, 魯之削也滋甚, 若是乎賢者之無益于國也.]" 이것은 공의자와 자류, 자사 등 유학자들의 무능함에 빗대어 맹자를 비난한 것이다. 『맹자집주』에서는 "순우곤은 맹자가 노나라를 떠나지 않더라도 결코 훌륭한 일을 하지 못했을 것이라고 비난한 것이다"라고 풀이했다.

41_ 자원(子原)은 『염철론교주』에서는 자류(子柳)로 고쳐서 기록되어 있다.

42_ 『맹자』「고자 하」편에 "魯繆公之時, 公儀子爲政, 子柳・子思爲臣."이라는 기록이 보인다.

20-3-6

공계성(公季成)[43]이 위문후(魏文侯)에 말했다. "전자방(田子方)은 비록 현명한 사람이지만 땅을 소유한 군주는 아닌데, 임금께서는 항상 그와 예법을 동등하게 합니다. 가령 전자방보다 더 현명한 사람이 있다면, 임금께서는 또 어떻게 그에게 예법을 더 올려서 대우하시겠습니까?" 위문후가 말했다. "전자방과 같은 사람은 네가 비난할 수 있는 대상이 아니다. 전자방은 어진 사람이다. 어진 사람은 나라의 보물이며, 지혜로운 선비는 나라의 그릇이며, 널리 통달한 선비는 나라의 존엄한 사람이다. 따라서 나라에 어진 사람이 있으면 군신이 다투지 않게 되며, 나라에 지혜로운 선비가 있으면 사방의 이웃 제후들에 의한 근심이 없게 되며, 나라에 널리 통달한 선비가 있으면 임금이 존귀해진다. 진실로 네가 비난할 수 있는 대상이 아니다." 공계성은 스스로 교외로 물러나서, 3일 동안 죄를 인정하고 벌을 줄 것을 요청했다.(『신서』「잡사 제4」)

公季成謂魏文侯曰, "田子方雖賢人, 然而非有土之君也, 君常與之齊禮. 假有賢于子方者, 君又何以加之?" 文侯曰, "如子方者, 非成所得議也. 子方, 仁人也. 仁人也者, 國之寶也, 智士也者, 國之器也, 博通士也者, 國之尊也. 故國有仁人, 則君臣不爭, 國有智士, 則無四鄰諸侯之患, 國有博通之士, 則人主尊. 固非成之所議也." 公季成自退於郊, 三日請罪.(『新序』「雜事 第四」)

20-3-7

맹상군(孟嘗君)이 백규(白圭)에게 물었다. "위문후의 명성은 환공(桓公)보다 나은데도 공적은 오백(五伯)[44]에 미치지 못하니, 무엇 때문입니까?"

43_ 공계성(公季成)은 위문후의 아우인 위성자(魏成子)로, 이름은 성(成)이다.

44_ 오백(五伯)은 춘추시대의 다섯 패자인 오패(五霸)를 말한다.

백규가 대답했다. "위문후는 자하(子夏)를 스승으로 삼았고, 전자방(田子方)을 친구로 삼았으며, 단간목(段干木)을 공경했으니, 이것 때문에 명성이 환공보다 나은 것입니다. 그러나 재상을 선발할 때,[45] '계성자(季成子)와 적황(翟黃) 중에서 누가 괜찮은가?'라고 했으니,[46] 이것 때문에 공적이 오백에 미치지 못하는 것입니다. 개인적인 애정으로 공적인 일을 방해하고, 직책에 있는 자가 자기의 일을 감당하지 못했기 때문에 공적이 사라진 것입니다. 그런데도 명성이 크게 드날린 것은 세 명의 선비가 그를 보좌했기 때문입니다. 만약 그 세 명을 재상으로 삼았다면 왕자의 공적이 이루어졌을 것이니, 어찌 다만 패자의 공적뿐이겠습니까!"(『신서』「잡사 제4」)

孟嘗君問于白圭曰, "魏文侯名過於桓公, 而功不及五伯, 何也?" 白圭對曰, "魏文侯師子夏, 友田子方, 敬段干木, 此名之所以過於桓公也. 卜相則曰, '成與黃孰可?' 此功之所以不及五伯也. 以私愛妨公擧, 在職者不堪其事, 故功廢. 然而名號顯榮者, 三士翊之也. 如相三士, 則王功成, 豈特霸哉!"(『新序』「雜事 第四」)

20-3-8

위문후가 단간목의 동네를 지나면서 예의를 표시하자,[47] 그 마부가 "임금께서는 무엇 때문에 예의를 표시합니까?"라고 물었다. 문후가 말했다. "여기가 단간목의 동네가 아니냐? 단간목은 현명한 사람이니, 내가 어찌 감히 예의를 표시하지 않을 수 있겠는가? 또 내가 들으니,

45_ 복상(卜相)은 재상이 될 만한 인물을 선발하는 것이다.

46_ 『신서』「잡사 제4」편에 위문후가 자신의 아우인 계성자와 친구인 적황 중에서 누구를 재상으로 선발해야 할지 결정을 하지 못하고, 이극(李克)에게 자문한 내용이 보인다.

47_ 식(軾)은 수레 앞에 손으로 잡거나 의지할 수 있게 만든 가름대이다. 이것을 잡고 몸을 굽혀 예의를 표시한다.

단간목은 자기의 덕을 과인의 자리와도 바꾸려고 하지 않는다고 하니, 내가 어찌 그에게 교만하게 굴 수 있겠는가?[48] 단간목은 덕이 넓고 과인은 땅이 넓으며,[49] 단간목은 의리가 풍부하고 과인은 재물이 풍부하다. 땅은 덕만 못하고, 재물은 의리만 못하니, 과인은 마땅히 그 사람을 섬겨야 하는 것이다." 마침내 백만금의 봉록을 내려주고, 때때로 그를 찾아가 자문을 구했다. 나라 사람들이 모두 기뻐하면서 서로 함께 노래를 불렀다. "우리 임금이 올바른 것을 좋아하여 단간목을 공경하셨네. 우리 임금님이 충성스러운 것을 좋아하여 단간목을 높이셨네." 얼마 지나지 않아서 진(秦)나라가 군대를 일으켜서 위나라를 공격하고자 했는데, 사마당(司馬唐)[50]이 진나라 임금에게 간언했다. "단간목은 현명한 사람이고, 위나라에서 그를 예우하고 있다는 것을 천하에서 듣지 못한 사람이 없는데, 군대를 동원해서는 안 되는 것이 아닙니까?" 진나라 임금도 그렇다고 여겨서, 이에 군대를 거두어들이고 공격하지 않았다.(『신서』「잡사 제5」)

魏文侯過段干木之閭而軾, 其僕曰, "君何爲軾?" 曰, "此非段幹木之閭乎? 段干木, 蓋賢者也, 吾安敢不軾? 且吾聞段干木未嘗以己易寡人也, 吾安敢高之? 段干木光乎德, 寡人光乎地, 段干木富乎義, 寡人富乎財. 地不如德, 財不如義, 寡人當事之者也." 遂致祿百萬, 而時往問之. 國人皆喜, 相與誦之. 曰, "吾君好正, 段干木之敬. 吾君好忠, 段干木之隆." 居無幾何, 秦興兵欲攻魏, 司馬唐且諫秦君曰, "段干木, 賢者也, 而魏禮之, 天下莫不聞, 無乃不可加兵乎?" 秦君以爲然, 乃案

48_ 『여씨춘추』「기현(期賢)」편에도 이 내용과 똑같은 기록이 보이는데, 역(易)자를 고유가 "자기의 덕을 과인의 자리와 바꾸려고 하지 않는다"라고 풀이했다. 그리고 고(高)자는 교(驕)로 되어 있다.

49_ 광(光)은 『여씨춘추』 고유의 주에서 광(廣)과 같은 의미라고 했다.

50_ 사마당(司馬唐)은 진(秦)나라의 대부인데, 여기의 차(且)자는 『여씨춘추』에서 노문초가 후인들이 잘못 덧붙인 것이라고 했다. 또한 위나라 사람 중에 당차(唐且)라는 사람이 있는데, 여기의 진나라 사람은 그 사람이 아니라고 했다.

兵而輟不攻.(『新序』「雜事 第五」)

20-3-9

신이 이극(李克)을 추천하여 위(魏)나라가 크게 다스려졌다.[51](『설원』「신술」)

臣進李克而魏國大治.(『說苑』「臣術」)

20-3-10

위문후는 이에 곡식 100종(鐘)[52]을 풀어서 장주(莊周)의 집에 보내주었다.[53](『설원』「선세」)

文侯於是乃發粟百鐘, 送之莊周之室.(『說苑』「善說」)

51_ 이 말은 위나라의 적황(翟黃)이 한 말이다. 이 문장 앞의 내용을 살펴보면, 전자방(田子方)이 적황을 만나러 갔는데, 화려한 수레를 타고 가는 적황과 만났다. 전자방이 이와 같이 많은 봉록을 받을 수 있었던 이유를 묻자, 적황은 이극(李克)과 오기(吳起) 등이 다섯 명의 인재를 추천하자, 임금이 자신에게 작록을 두 배나 높여 주었다고 했다.

52_ 종(鐘)은 용량의 단위인데, 일반적으로 6곡(斛) 4두(斗), 즉 64말을 1종(鐘)이라고 한다.

53_ 이 문장 앞의 내용을 살펴보면, 당시 장주가 가난하여 위나라에 식량을 꾸러 갔는데, 위문후가 백성들이 곡식을 바치면 갖다 주겠다고 했다. 그러자 장자는 붕어의 예를 들면서 위문후를 설득하여 식량을 얻을 수 있었다. 즉 장주가 위나라로 오는 길에 고인 물속의 붕어가 살려달라고 했는데, 장주는 자신이 초나라 왕을 만나서 강수(江水)와 회수(淮水)의 물길을 터서 붕어에게 물길을 끌어오도록 허락을 받겠다고 했다. 그러자 붕어는 지금 생명이 쟁반이나 옹기 속의 작은 물에 달려 있는데, 거창하게 강수와 회수를 끌어다 물을 대준다고 하니, 그때가 되면 마른 생선 가게에서나 자신을 찾으라고 말했다. 장주는 이러한 비유를 들어서 자신에게는 지금 당장 조금의 양식이 필요한 것이라고 설득하여 양식을 얻을 수 있었다고 한다.

康20-5

장주는 전자방의 제자이니, 또한 유학자이다. 자하와 전자방, 오자(吳子)는 모두 위문후가 스승이나 벗으로 삼은 자들인데, 장주에게도 다시 곡식 100종을 풀어서 보내주니, 그가 유학자를 존경하는 것이 또한 지극하다.

莊周爲田子方弟子, 則亦儒者也. 子夏 · 田子方 · 吳子, 皆爲文侯所師友, 乃于莊周復發粟百鐘送之, 其尊儒亦至矣.

20-3-11

맹자가 말했다. "군자의 은택도 다섯 세대가 지나면 끊어져 버리고, 소인의 은택도 다섯 세대가 지나면 끊어져 버린다. 나는 공자의 문도가 되지는 못했지만, 나는 다른 사람에게 듣고서 공자를 본받고 배웠다."[54](『맹자』「이루 하」)

孟子曰, "君子之澤, 五世而斬, 小人之澤, 五世而斬. 予未得爲孔子徒也, 予私淑諸人也."(『孟子』「離婁 下」)

20-3-12

그런데 맹가(孟軻)는 당(唐) · 우(虞) · 삼대(三代)의 덕을 조술했기 때문에 가서 유세한 곳의 실정과는 부합되지 않았다. 물러나 만장(萬章) 등의 문도들과 함께 『시』와 『서』를 정리하고, 공자의 뜻을 조술하여 『맹자』

54_ 사숙(私淑)은 직접 가르침을 받지는 못했지만, 마음속으로 그 사람을 존경하며, 본받고 배우거나 따르는 것을 말한다. 『맹자집주』에서는 숙(淑)은 선(善)과 같은 말로, "공자의 도를 남으로부터 얻어 듣고서 사사로이 나의 몸을 선하게 했다"는 의미라고 했다.

7편을 지었다.(『사기』「맹자순경열전」)

而孟軻乃述唐·虞·三代之德, 是以所如者不合. 退而與萬章之徒, 序『詩』·『書』, 述仲尼之意, 作『孟子』七篇.(『史記』「孟子荀卿[55]列傳」)

20-3-13

등정공(滕定公)이 죽자, 세자(世子)가 연우(然友)[56]에게 말했다. "예전에 맹자가 송(宋)나라에서 나에게 말한 적이 있는데, 내 마음에서 끝내 잊을 수가 없다. 지금 불행하게도 큰일을 당했으니, 내가 그대를 시켜 맹자에게 물어본 뒤에 장례식을 거행하고자 한다." 연우가 추(鄒) 땅으로 가서 맹자에게 물었는데, 맹자가 말했다. "또한 좋지 않겠는가! 부모의 상은 진실로 최선을 다해야 한다. 증자(曾子)가 '살아 계실 때 예로써 섬기고, 돌아가셨을 때 예로써 장례를 지내며, 예로써 제사를 지내면 효도라고 할 수 있다'라고 했으니,[57] 제후의 예법은 내가 아직 배우지 않았지만, 비록 그렇다고 하더라도 내가 들어본 적은 있다. 삼년상에 거친 삼베로 만든 상복을 입고,[58] 죽[59]을 먹는 것은 천자로부터 일반 백성에 이르기까지 삼대가 공통으로 시행했다." 연우가 되돌아와서 보고하여 삼년상으로 결정하자, 부형(父兄)과 백관(百官)이 모두 하고자 하지 않으면서, "우리의 종주국인 노(魯)나라 선군도 이것을 행하지 않았고, 우리 선군 또한 이것을 행하지 않았으니, 그대의 몸에 이르러서 그것을 뒤집는 것은 안 됩니다. 또 전해지는 기록에 '장례와 제사는 선조를

55_ 경(卿)이 『공자개제고』에는 자(子)로 되어 있는데, 『사기』 원문에 따라 고쳤다.

56_ 연우(然友)는 『맹자집주』에 의하면, 당시 세자의 사부(師傅)이다.

57_ 이 내용은 『논어』「위정(爲政)」편에 보이는 공자의 말이다. 「위정」편에는 "子曰, 生事之以禮, 死葬之以禮, 祭之以禮."까지만 기록되어 있다. 『맹자집주』에서 주자는 이 내용은 증자가 공자의 말을 외어서 문인들에게 말해준 것이라고 했다.

58_ 자(齊)는 상복을 말하고, 소(疏)는 거친 삼베를 말한다.

59_ 전죽(飦粥)은 된죽을 말한다.

따른다'라고 했으니, 우리에게도 전수받은 예법이 있습니다"라고 했다. [세자가] 연우에게 말했다. "내가 다른 날에 학문을 한 적이 없고, 말달리기와 칼쓰기를 좋아했는데, 지금 부형과 백관이 나를 만족스럽게 여기지 않으니,[60] 큰일에 [예법을] 다하지 못할까 걱정된다. 그대는 나를 위하여 맹자에게 물어보아라." 연우가 다시 추(鄒) 땅으로 가서 맹자에게 물었는데, 맹자가 말했다. "그렇다. 다른 것으로 찾아서는 안 된다.[61] 공자가 '임금이 죽으면 총재(冢宰)에게 명령을 듣는다'라고 했으니,[62] 죽을 마시고, 얼굴색이 매우 검게 변한 상태로,[63] 상주의 자리에 나아가 곡을 하면 백관과 담당 관리들이 감히 슬퍼하지 않는 자가 없는 것은 윗사람이 솔선수범했기 때문이다. 윗사람이 좋아함이 있으면 아랫사람은 반드시 그보다 더 심함이 있는 것이다. [공자가] '군자의 덕은 바람이고, 소인의 덕은 풀이니, 풀 위에 바람이 불면 풀은 반드시 눕는다'[64]라고 했으니, 이것은 세자에게 달려 있다." 연우가 되돌아와서 보고하자, 세자가 "그렇다. 이것은 진실로 나에게 달려 있다"라고 말하고, 5개월 동안 여막에 거처하면서 명령과 경계의 말이 없었다. 그러자 백관과 종족 사람들이 "예를 안다"라고 했으며, 장례식을 치를 때에 이르러서는 사방에서 와서 구경했는데, 슬픈 얼굴색과 애통한 곡소리에 조문객들이 크게 만족스러워 했다.(『맹자』「등문공 상」)

60_ 불아족(不我足)은 『맹자집주』에서 "내가 하는 일을 그들의 뜻에 만족스럽게 여기지 않는다"라고 풀이했다.

61_ 『맹자집주』에서 "연(然)은 나를 만족스럽게 여기지 않는다는 말이 옳다는 것이다. 다른 것으로 찾아서는 안 된다는 것은 마땅히 자기 자신에게 책임을 물어야 한다는 것이다. 즉 단지 세자 스스로가 그 슬픔을 다함에 달려 있을 뿐이라고 말한 것이다"라고 풀이했다.

62_ 『논어』「헌문」편에 "군주가 죽으면 모든 관료들은 자기의 직책을 총괄하여 총재(冢宰)에게 3년 동안 명령을 들었다[君薨, 百官總己, 以聽于塚宰三年.]"라는 공자의 말이 보인다. 총재(冢宰)는 육경(六卿)의 우두머리를 말한다.

63_ 철죽(歠粥)은 죽을 마시는 것이며, 심묵(深墨)은 얼굴색이 매우 검게 변한 것이다.

64_ 『논어』「안연」편에 보인다.

滕定公薨, 世子謂然友曰, "昔者, 孟子嘗與我言于宋, 于心終不忘. 今也不幸至于大故, 吾欲使子問于孟子, 然後行事." 然友之鄒問于孟子, 孟子曰, "不亦善乎! 親喪, 固所自盡也. 曾子曰, '生事之以禮, 死葬之以禮, 祭之以禮, 可謂孝矣.' 諸侯之禮, 吾未之學也, 雖然, 吾嘗聞之矣, 三年之喪, 齊疏之服, 飦粥之食, 自天子達于庶人, 三代共之." 然友反命, 定爲三年之喪, 父兄百官皆不欲曰, "吾宗國魯先君莫之行, 吾先君亦莫之行也, 至于子之身而反之, 不可. 且志曰, '喪祭從先祖.' 曰吾有所受之也." 謂然友曰, "吾他日未嘗學問, 好馳馬試劍, 今也父兄百官不我足也, 恐其不能盡于大事. 子爲我問孟子." 然友復之鄒問孟子, 孟子曰, "然. 不可以他求者也. 孔子曰, '君薨, 聽於冢宰.' 歠粥, 面深墨, 卽位而哭, 百官有司莫敢不哀, 先之也. 上有好者, 下必有甚焉者矣. '君子之德, 風也, 小人之德, 草也, 草上之風必偃.' 是在世子." 然友反命. 世子曰, "然. 是誠在我." 五月居廬, 未有命戒. 百官族人, 可謂曰, '知.' 及至葬, 四方來觀之, 顔色之戚, 哭泣之哀. 弔者大悅.(『孟子』「滕文公 上」)

20-3-14

등문공(滕文公)이 나라를 다스리는 것에 대해 묻자, 맹자가 말했다. "농시는 느슨하게 할 수가 없으니, 『시』에서 '낮에는 네가 가서 띠풀을 베고, 밤에는 네가 새끼를 꼬아서 빨리 그 지붕을 이어 놓아야만, 비로소 온갖 곡식을 파종하게 된다네'라고 했습니다.[65] 백성들이 살아가는 도리로 삼는 것은 일정한 생산이 있는 자는 일정한 마음이 있고, 일정한

65_ 『시』「빈풍(豳風) · 칠월(七月)」편에 보인다. 우(于)는 『시경집전』에서 가서 취한다[往取]는 뜻이라고 했다. 모(茅)는 띠풀, 삭도(索綯)는 새끼줄을 꼰다는 뜻이다. 『맹자집주』에서 "농사가 지극히 중요하니, 군주가 그것을 느슨하게 여겨서 소홀히 해서는 안 됨을 말한 것이다"라고 했다.

생산이 없는 자는 일정한 마음이 없습니다. 만약 일정한 마음이 없으면 방탕하고 사치스러운 짓을 하지 않음이 없을 것입니다. 죄에 빠진 이후에야 그에 따라서 형벌을 준다면 이것은 백성을 그물질하는 것입니다. 어찌 어진 사람이 자리에 있으면서 백성을 그물질하는 짓을 할 수 있겠습니까? 이 때문에 현명한 군주는 반드시 공손하고 검소하며 아랫사람을 예우하여 백성들에게 세금을 취하는 것에 제한을 두는 것입니다. 양호(陽虎)[66]가 '부유함을 추구하면 어질지 못하게 되며, 어짊을 실천하면 부유하지 못하게 된다'라고 했습니다. 하후씨(夏后氏)는 50무(畝)에 공법(貢法)을 사용했고, 은(殷)나라 사람은 70무(畝)에 조법(助法)을 사용했으며, 주(周)나라 사람은 100무(畝)에 철법(徹法)을 사용했으니, 그 실제는 모두 10분의 1입니다.[67] 철(徹)은 통한다는 뜻이고, 조(助)는 돕는다는 뜻입니다. 용자(龍子)[68]가 말했습니다. '토지를 다스리는 것은 조법보다 좋은 것이 없고, 공법보다 좋지 않은 것이 없으니, 공법이란 몇 년간의 중간치를 비교하여 일정한 세금으로 삼는 것이다. 풍년에는 곡식이 이리저리 흩어져 있어서[69] 세금을 많이 거두어도 가혹한 짓

66_ 양호(陽虎)는 노나라 계손씨(季孫氏)의 가신인 양화(陽貨)이다.

67_ 공(貢)은 하나라의 세법인 공법(貢法)으로, 『맹자집주』에 의하면, 한 명의 가장이 토지 50무(畝)를 받고, 가장마다 5무(畝)의 수입을 계산하여 세금을 바치게 한 제도이다. 조(助)는 은나라의 세법인 조법(助法)이다. 『맹자집주』에서 "상(商)나라 사람이 처음으로 정전(井田)의 제도를 만들었는데, 630무(畝)의 토지를 구획하여 아홉 구획으로 만들었으니, 한 구역은 70무(畝)였다. 한가운데는 공전(公田)이 되고, 그 밖은 여덟 집에게 각각 한 구역을 사전(私田)으로 주었다. 공전을 공동으로 경작하게 하고, 사전에서는 세금을 내지 않게 했다. 한편 『시경집전』에서는 "공전(公田)은 사방 1리(里)가 정(井)이니, 정은 900무(畝)이다. 그 가운데는 공전이고, 나머지는 8개 가구가 모두 100무씩을 사전(私田)으로 소유하고, 공동으로 공전을 경작한다"라고 풀이했다. 철(徹)은 주나라 때 조세법인 철법(徹法)이다. 매년 수확의 10분의 1을 징수하는 십일(什一)의 정전법을 말한다.

68_ 용자(龍子)는 조기의 주에서 옛날의 현인이라고 했는데, 자세한 사적은 보이지 않는다. 『상서대전(尙書大傳)』과 『공총자(孔叢子)』에 '자룡자(子龍子)'라는 인물이 보인다.

69_ 낭려(狼戾)는 곡식이 남아돌아서 이리저리 흩어져 있는 것을 말한다.

이 되지 않는데도 세금을 적게 거두고, 흉년에는 그 토지에 비료를 주어 북돋우기에도 부족한데도 반드시 일정한 세금을 꽉 채워서 거둔다. 백성의 부모가 된 입장에서 백성으로 하여금 원망하는 눈빛으로[70] 한 해가 끝날 때까지 힘들게 노동해도 자기 부모를 봉양할 수 없도록 하고, 또한 빚을 내어 세금에 보태도록 하여[71] 늙은이와 아이들을 죽여서 도랑에서 굴러다니게 한다면, 어찌 백성의 부모라고 할 수 있겠는가?' 대대로 주는 봉록은 등나라가 본래부터 시행하고 있습니다. 『시』에서 '우리 공전(公田)에 비가 내려서 마침내 우리 사전(私田)에 미친다'라고 했으니,[72] 조법(助法)에 공전(公田)이 포함되어 있습니다. 이를 통해 본다면 비록 주나라라고 하더라도 또한 조법을 사용했습니다.[73] 상(庠)·서(序)·학(學)·교(校)를 설치하여 백성들을 가르쳤으니, 상(庠)은 봉양한다는 의미이고, 교(校)는 가르친다는 의미이며, 서(序)는 활을 쏜다는 의미입니다.[74] 하나라에서는 교(校)라고 했고, 은나라에서는 서(序)라고 했으며, 주나라에서는 상(庠)이라고 했는데, 학(學)은 삼대가 명칭을 공유했으니, 이것은 모두 인륜을 밝히는 것이었습니다. 인륜이 위에서 밝으면 백성들은 아래에서 친하게 지냅니다. 왕자가 일어나면 반드시 등나라에 와서 본보기로 삼을 것이니, 이것은 바로 왕자의 스

70_ 혜혜(盻盻)는 조기의 주에서는 쉬지 않고 부지런히 힘쓰는 모양이라고 했고, 『맹자집주』에서는 원망스럽게 보는 모양이라고 했다.

71_ 칭대(稱貸)는 빚을 내는 것으로, 세금을 낼 돈이 부족하여 빚을 내어 보충하는 것이다.

72_ 『시』「소아(小雅)·대전(大田)」편에 보인다.

73_ 『맹자집주』에 의하면, 당시에 조법이 모두 폐지되어 전적이 남아 있지 않았고, 오직 이 시가 있어서 주나라도 조법을 쓴 것을 볼 수 있었기 때문에 『맹자』에서 이것을 인용했다고 풀이했다.

74_ 상(庠)·서(序)·교(校)는 조기의 주에 의하면, 『의례』와 『주례』, 『좌씨전』 등에서 모두 향리(鄕里)에 있는 학교의 명칭으로 사용했다. 『맹자집주』에서도 "상(庠)은 노인을 봉양하는 것을 의의로 삼고, 교(校)는 백성을 가르치는 것을 의의로 삼고, 서(序)는 활쏘기를 익히는 것을 의의로 삼으니, 모두 지방 학교[鄕學]이다. 학(學)은 국학(國學)이다"라고 했다.

승이 되는 것입니다. 『시』에서 '주나라가 비록 옛 나라이지만, 그 천명은 새로워졌도다'라고 했으니,[75] 이것은 문왕(文王)을 말한 것입니다. 그대가 힘써 행한다면, 또한 그대의 나라를 새롭게 할 수 있을 것입니다."

滕文公問爲國, 孟子曰, "民事不可緩也. 『詩』云, '晝爾于茅, 宵爾索綯, 亟其乘屋, 其始播百穀.'民之爲道也, 有恆産者有恒心, 無恆産者無恒心. 苟無恒心, 放辟邪侈, 無不爲矣. 及陷乎罪, 然後從而刑之, 是罔民也. 焉有仁人在位, 罔民而可爲也? 是故賢君必恭儉禮下, 取於民有制. 陽虎曰, '爲富不仁矣, 爲仁不富矣.' 夏后氏五十而貢, 殷人七十而助, 周人百畝而徹, 其實皆什一也. 徹者徹也, 助者藉也. 龍子曰, '治地莫善於助, 莫不善於貢. 貢者, 校數歲之中以爲常. 樂歲, 粒米狼戾, 多取之而不爲虐, 則寡取之, 凶年, 糞其田而不足, 則必取盈焉. 爲民父母, 使民盻盻然將終歲勤動, 不得以養其父母, 又稱貸而益之, 使老稚轉乎溝壑, 惡在其爲民父母也?' 夫世祿, 滕固行之矣. 『詩』云, '雨我公田, 遂及我私.' 惟助爲有公田. 由此觀之, 雖周亦助也. 設爲庠序學校以敎之, 庠者養也, 校者敎也, 序者射也. 夏曰校, 殷曰序, 周曰庠, 學則三代共之, 皆所以明人倫也. 人倫明於上, 小民親於下. 有王者起, 必來取法, 是爲王者師也. 『詩』云, '周雖舊邦, 其命維新.' 文王之謂也. 子力行之, 亦以新子之國."

[등문공이] 필전(畢戰)[76]을 시켜서 정전법에 대해 물었는데, 맹자가 대답했다. "그대의 군주가 장차 인정(仁政)을 시행하고자 그대를 선택하여 시켰으니, 그대는 반드시 노력해야 할 것이다. 인정(仁政)은 반드시 토지의 경계를 다스리는 것으로부터 시작되니,[77] 경계를 다스리는 것이

75_ 『시』「대아(大雅)·문왕(文王)」편에 보인다.

76_ 필전(畢戰)은 자세한 사적이 보이지 않는데, 조기 주에서 등나라의 신하라고 했다.

올바르지 않으면 정전이 균등하지 않고, 봉록[78]이 공평하지 않게 된다. 이 때문에 폭군과 탐관오리들은 반드시 그 경계를 다스리는 것을 태만하게 하니, 경계를 다스리는 것이 이미 올바르게 되면 토지를 나누어주고 봉록을 제정해주는 일은 앉아서도 정할 수 있다. 등나라는 국토가 좁고 작지만, 거기에는 장차 정치를 할 군자(君子)가 될 사람이 있고, 농사를 지을 야인(野人)이 될 사람이 있을 것이니, 군자가 없으면 야인을 다스릴 수 없고, 야인이 없으면 군자를 먹여 살릴 수 없다. 청컨대 교외의 들판에서는 9분의 1의 세금을 거두어서 조법을 시행하고, 교외의 안쪽 지역에서는 10분의 1의 세금을 거두어서 스스로 세금을 바치게 하도록 하라.[79] 경(卿) 이하는 반드시 규전(圭田)[80]이 있으니, 규전은 50무(畝)이다. 그 이외의 남자[餘夫]에게는 25무를 준다.[81] 죽거나 이사할 때 마을을 벗어나지 않으니, 마을의 토지에서 정(井)을 공동으로 경작하는 자들이 나가고 들어올 때 서로 짝이 되며, 마을을 지키거나 망을 볼 때 서로 도우며, 병이 났을 때 서로 부축하고 잡아준다면 백성들이 친목하게 될 것이다. 사방 1리가 정(井)이니, 정(井)은 900무이

77_ 경계(經界)는 농지를 구획하여 경계를 정확하게 나누는 것이다. 『맹자집주』에서는 "땅을 다스리고 토지를 나누어서 도랑과 길, 흙을 쌓거나 나무를 심어서 구분하는 경계를 구획하는 것을 말한다"라고 했다.

78_ 곡록(穀祿)은 봉록을 말한다. 조기의 주에 의하면, 옛날에는 곡식으로 봉급을 주었기 때문에 곡식에는 봉록의 의미가 포함되어 있다고 한다.

79_ 야(野)는 교외에서 농사를 짓는 들판이고, 국중(國中)은 교외의 안쪽에 있는 지역이다. 『맹자집주』에서 야(野)는 도(都)와 비(鄙)의 땅이고, 국중(國中)은 향(鄕)과 수(遂)의 땅이라고 했다.

80_ 규전(圭田)은 경대부와 사(士)에게 주던 토지로, 거기에서 나오는 곡식으로 제사를 지내도록 했다. 규(圭)는 조기의 주에서 '깨끗하다[潔]'는 뜻이라고 했다. 『예기』「왕제(王制)」편에 의하면, 규전에 대해서는 세금을 징수하지 않는다.

81_ 여부(餘夫)는 한 집안의 남자 가운데 법으로 정한 토지를 받는 사람 이외의 사람을 말한다. 『맹자집주』에서 인용한 정자(程子)는 "1부(夫)는 위로 부모가 있고, 아래로 처자식이 있어서 다섯 식구와 여덟 식구를 비율로 토지 100무를 받는다. 만일 아우가 있으며 이 사람이 여부(餘夫)이다. 나이 16세에 별도로 토지 25무를 받고, 그가 장성하여 가정을 꾸린 이후에 다시 100무의 토지를 받는다"라고 했다.

며, 그 중앙이 공전(公田)이다. 여덟 가구는 모두 100무를 사전(私田)으로 받는데, 공전을 공동으로 가꾸어 공전의 일이 다 끝난 이후에 감히 사전의 일을 하니, 이것은 야인(野人)을 [군자와] 구별한 것이다. [이것이 그 대략적인 내용이니] 이것을 원활하게 운용하는 것은 군주와 그대에게 달려 있다."(『맹자』「등문공 상」)

使畢戰問井地, 孟子曰, "子之君將行仁政, 選擇而使子, 子必勉之. 夫仁政必自經界始, 經界不正, 井地不均, 穀祿不平. 是故暴君汙吏必慢其經界, 經界旣正, 分田制祿, 可坐而定也. 夫滕壤地褊小, 將爲君子焉, 將爲野人焉, 無君子莫治野人, 無野人莫養君子. 請野, 九一而助, 國中什一使自賦. 卿以下必有圭田, 圭田五十畝. 餘夫二十五畝. 死徙無出鄕, 鄕田同井, 出入相友, 守望相助, 疾病相扶持, 則百姓親睦. 方里而井, 井九百畝, 其中爲公田. 八家皆私百畝, 同養公田, 公事畢, 然後敢治私事, 所以別野人也. 若夫潤澤之, 則在君與子矣."(『孟子』「滕文公 上」)

康20-6

공자의 도는 인(仁)일 뿐이다. 인(仁)은 부모에서 시작되기 때문에 효도와 공경은 인(仁)을 실천하는 근본이다.[82] 인(仁)은 천하에서 끝이 나기 때문에 정전(井田)은 인(仁)의 끝이다. 군주 중에서 공자의 도를 가장 먼저 따른 자는 위문후이고, 등문공이 그 다음이다. 두 군주는 진실로 현명한 군주일 것이다! 후세에 공자의 도를 행할 수 있게 된 것은 두 군주에게 공적이 있으니, 마땅히 공자의 사당에 배향해야 할 자들이다.

孔子之道, 仁而已矣. 仁始于父母, 故孝弟爲仁之本. 仁極於天下, 故井田爲仁之極. 國君首從孔子之道者, 魏文侯爲先, 滕文公次之. 二

82_ 『논어』「학이」편에 "君子, 務本, 本立而道生, 孝弟也者, 其爲仁之本與."라는 말이 보인다.

君誠賢主哉! 後世得行孔子之道, 二君有功焉, 宜配享孔廟者也.

20-3-15

진량(陳良)[83]은 초(楚)나라 출신으로, 주공과 공자의 도를 좋아하여 북쪽으로 가서 중국에서 공부했는데, 북방의 학자들 중에 혹시라도 그보다 뛰어난 자가 없었다.[84](『맹자』「등문공 상」)

陳良, 楚産也, 悅周公・仲尼之道, 北學於中國, 北方之學者, 未能或之先也.(『孟子』「滕文公 上」)

20-3-16

맹자가 말했다. "묵자로부터 도피하면 반드시 양주(楊朱)로 돌아오고, 양주로부터 도피하면 반드시 유학으로 돌아올 것이다. 돌아오면 이에 그들을 받아줄 뿐이다."(『맹자』「진심 하」)

孟子曰, "逃墨必歸于楊, 逃楊必歸于儒. 歸, 斯受之而已矣."(『孟子』「盡心 下」)

康20-7

당시 70명의 후학들이 도를 전한 것이 매우 융성했기 때문에 양주와 묵자의 무리들 중에 도피하여 유학으로 돌아오는 자가 많았다.

當時七十子後學傳道甚盛, 楊・墨之徒多有逃而來歸者.

83_ 진량(陳良)은 초나라의 유자(儒者)로 알려져 있는데, 자세한 사적은 보이지 않는다.

84_ 『맹자집주』에 의하면, 진량은 중국의 예의를 사용해서 오랑캐를 변화시켰다고 한다.

20-3-17

제나라 선왕(宣王)은 유학자를 칭찬하고 학문을 존중하여 맹자와 순우곤(淳于髡)[85]과 같은 무리들이 상대부의 봉록을 받았고, 직책은 맡지 않은 채 국사를 논의했다. 대체로 제나라의 직하(稷下)에 있었던 선생이 천여 명이나 되었다.[86](『염철론』「논유」)

齊宣王褒儒尊學, 孟軻・淳于髡之徒, 受上大夫之祿, 不任職而論國事. 蓋齊稷下先生, 千有餘人.(『鹽鐵論』「論儒」)

20-3-18

맹자(孟子)와 순경(荀卿)은 유학을 공부한 선비이다.(『전국책』 유향 서)

孟子・荀卿, 儒術之士.(『戰國策』 劉向 序)

20-3-19

우결(牛缺)은 상지(上地) 땅에 살고 있던 큰 유학자이다.[87] 한단(邯鄲)으로 내려가다가[88] 우사(耦沙)라는 곳에서 도적을 만났다. 도적들이 그의 전

85_ 순우곤(淳于髡)은 성이 순우(淳于)이고, 이름이 곤(髡)으로, 제(齊)나라의 변론가이다.

86_ 『사기』「전경중완세가(田敬仲完世家)」에 "宣王喜文學游說之士, 自如騶衍・淳于髡・田駢・接予・愼到・環淵之徒七十六人, 皆賜列第, 爲上大夫, 不治而議論. 是以齊稷下學士復盛, 且數百千人."이라는 기록과 「맹자순경열전(孟子荀卿列傳)」에 "自騶衍與齊之稷下先生, 如淳于髡・愼到・環淵・接子・田駢・騶奭之徒, 各著書言治亂之事, 以干世主, 豈可勝道哉!"라는 기록이 보인다. 직하(稷下)는 제나라의 성문인 직문(稷門)의 아래라는 뜻으로, 유세하던 학사들을 여기에 모아서 학관을 만들었기 때문에 지어진 이름이다. 직하가 산의 이름이라고 하는 주장도 있다.

87_ 우결(牛缺)은 전국시대 후기 진(秦)나라 사람이다. 상지(上地)는 진기유에 의하면, 상군(上郡)이라고도 하는데, 원래는 조(趙)나라에 속해 있다가 후에 위(魏)나라, 그리고 진(秦)나라 혜문왕(惠文王) 때 처음으로 진나라에 편입되었다고 한다.

대 속 물건을 요구하자 그것을 주었고, 그의 수레와 말을 요구하자 그것을 주었으며, 옷과 이불을 요구하자 그것을 주었다. 우결은 걸어서 떠났는데,[89] 도적들이 서로 다음과 같이 말했다. "저 사람은 천하에서 이름난 사람인데, 지금 이와 같이 그를 욕되게 했으니, 저 사람은 반드시 만승(萬乘)의 군주에게 나를 일러바칠 것이다. 만승의 군주는 반드시 온 나라를 동원하여 나를 주살할 것이니, 나는 결코 살 수 없을 것이다. 그를 추격하여 죽임으로써 그 자취를 없애버리는 것이 나을 것이다."(『여씨춘추』「필기」)

牛缺居上地, 大儒也. 下之邯鄲, 遇盜于耦沙之中. 盜求其橐中之載, 則與之, 求其車馬, 則與之, 求其衣被, 則與之. 牛缺出而去, 盜相謂曰, "此天下之顯人也, 今辱之如此, 此必愬我于萬乘之主. 萬乘之主必以國誅我, 我必不生. 不若相與追而殺之, 以滅其跡."(『呂氏春秋』「必己」)

康20-8

당시에 유교를 배운 자들이 이와 같이 엄청나게 넓게 퍼져 있었기 때문에 비록 도직이라고 하더라도 그들의 현명함을 두려워했으니, 그 교설이 흥성한 것은 당연하다.

當時學儒者超曠如此, 雖盜亦畏其賢, 宜其教之盛也.

우결은 상지 땅의 큰 유학자인데, 한단으로 내려갔다면 조(趙)나라 사람 중에서 유교를 따르면서 큰 명성이 있던 자이다. 또한 당시에는 오

88_ 황하를 기준으로 볼 때, 상지(上地)는 상류에 있고, 한단(邯鄲)은 하류에 있기 때문에 내려간다는 표현을 사용한 것이다.

89_ 출(出)은 도홍경이 보(步)자의 잘못이라고 했다. 즉 수레와 말을 도적에게 빼앗겼기 때문에 걸어서 떠났다는 뜻이다.

직 순경(荀卿)만이 큰 유학자로 불릴 수 있었으니, 그렇다면 우결의 학문적 성취를 상상할 수 있다. 그렇지 않다면 또한 진량(陳良)의 무리일 것이다.

牛缺爲上地大儒, 下之邯鄲, 則趙人從儒教而有盛名者. 且當時惟荀卿得稱大儒, 然則牛缺之成就可想. 否亦陳良之儔也.

20-3-20

제(齊)나라 선왕(宣王)이 광천(匡倩)에게 "유학자는 장기를 두는가?"라고 묻자, 광천이 "두지 않습니다"라고 대답했다. 왕이 "무엇 때문인가?"라고 묻자, 광천이 대답했다. "장기를 둘 때는 올빼미 말[梟][90]을 귀중하게 여기는데, 이길 경우에는 반드시 올빼미 말을 죽이니, 올빼미 말을 죽이는 것은 귀중한 것을 죽이는 것입니다. 유학자들은 이것이 의리를 해친다고 여기기 때문에 장기를 두지 않습니다." 또 "유학자는 주살로 새를 잡는가?"라고 묻자, 광천이 대답했다. "잡지 않습니다. 주살은 아래에서 위를 두렵게 하는 것이니, 이것은 아래에서 군주를 해치는 것입니다. 유학자는 이것이 의리를 해친다고 여기기 때문에 주살로 새를 잡지 않습니다." 또 "유학자는 거문고를 타는가?[91]"라고 묻자, 광천이 대답했다. "타지 않습니다. 거문고는 가는 줄로 큰 소리를 내고, 굵은 줄로 작은 소리를 내니, 이것은 크고 작음이 순서가 뒤바뀐 것이며, 귀하고 천함이 위치가 뒤바뀐 것입니다. 유학자는 이것이 의리를 해친다고 여기기 때문에 거문고를 타지 않습니다." 선왕은 "좋구나"라고 말했다. 공자가 말했다. "백성들을 아랫사람에게 아첨하도록 만드는 것보다는 차라리 백성들을 윗사람에게 아첨하도록 만드는 것이 더 낫다."[92](『한비자』「외저설 좌하」)

90_ 효(梟)는 이운구가 "올빼미 눈을 새겨 넣은 장기 말의 일종"이라고 했다.

91_ 고(鼓)는 이운구가 탄(彈)과 같다고 했다. 즉 거문고를 타는 것이다.

齊宣王問匡倩曰, “儒者博乎?” 曰, “不也.” 王曰, “何也?” 匡倩對曰, “博貴梟, 勝者必殺梟, 殺梟者, 是殺所貴也. 儒者以爲害義, 故不博也.” 又問曰, “儒者弋乎?” 曰, “不也. 弋者從下畏于上者也, 是從下傷君也. 儒者以爲害義, 故不弋.” 又問, “儒者鼓瑟乎?” 曰, “不也. 夫瑟以小弦爲大聲, 以大弦爲小聲, 是大小易序, 貴賤易位. 儒者以爲害義, 故不鼓也.” 宣王曰, “善.” 仲尼曰, “與其使民諂下也, 寧使民諂上.”(『韓非子』「外儲說 左下」)

康20-9

당시 전국시대의 유교가 천하에 성행하여 유학자를 하나의 특이한 교설을 배우는 특이한 사람으로 여겼고, 계율이 매우 엄격했기 때문에 이러한 질문을 한 것이다. 광천의 대답이 혹은 까닭이 있어서 말한 것이지만, 어떤 경우는 당시의 유교가 계율을 지키는 것이 매우 엄격하여, 미치 송나라 유학자들처럼 엄중하고 근엄했다. 이 때문에 천하를 변화시키고 움직일 수 있었던 것인가?

當時戰國之儒敎盛行天下, 以儒者爲一異敎異人, 戒律甚嚴, 故有此問. 匡倩所答, 或有爲而言, 或是時儒敎持戒更嚴, 如宋儒之嚴謹. 故能變動天下歟?

20-3-21

오기(吳起)가 [초(楚)나라] 도왕(悼王)을 섬길 때, 사사로운 일로 공적인 일을 해치지 않도록 했고, 참언으로 충성을 덮어 가리지 않도록 했으며, 말은 구차하게 영합하는 것을 취하지 않았고, 행동은 구차하게 꾸미는

92_ 진기유가 인용한 옛 주석에서 “아랫사람에게 아첨하는 것은 곧 붕당을 짓는 것이고, 윗사람에게 아첨하는 것은 곧 존경하는 것이다”라고 풀이했다.

모습을 취하지 않았으며, 의리를 행할 뿐 비난이나 명예를 돌아보지 않았다.(『전국책』「진책」)

吳起事悼王, 使私不害公, 讒不蔽忠, 言不取苟合, 行不取苟容, 行義不顧毁譽.(『戰國策』「秦策」)

康20-10

오기는 증자의 제자로, 비록 잘못된 행동은 있었지만, 일찍이 유학자의 도리를 들었기 때문에 그의 행동이 이와 같이 취할 만했다.

吳起爲曾子弟子, 雖有失行, 而曾聞儒者之道, 故其行可取如是.

20-3-22

연(燕)나라 장군이 [제(齊)나라] 요성(聊城)[93]을 공격하여 함락시키자, 어떤 사람이 그를 [연왕에게] 참언했다. 연나라 장군은 주살될까 두려워서 마침내 요성을 지키면서 감히 연나라로 돌아가지 못했다. 당시 전단(田單)[94]이 요성을 1년 남짓 공격했는데, 병사들이 많이 죽었지만 요성은 함락되지 않았다. 노련(魯連)[95]이 이에 글을 지어, 그것을 화살에 묶어 성 안으로 쏘아 연나라 장군에게 보냈다.[96] 연나라 장군은 "명령을 공경히 따르겠습니다"라고 말하고, 군대를 해산하고, 화살통을 거

93_ 요성(聊城)은 지금의 산동성(山東省)에 있는 제(齊)나라의 읍이다.

94_ 전단(田單)은 제나라 양왕(襄王)의 신하인 안평군(安平君)이다. 『순자』「의병(議兵)」편에 "제나라의 전단(田單), 초(楚)나라의 장교(莊蹻), 진(秦)나라의 위앙(衛鞅), 연(燕)나라의 목기(繆蟣)는 모두 세속에서 말하는 용병술(用兵術)이 뛰어난 자들이다"라는 기록이 보인다. 『사기』「전단열전(田單列傳)」에 자세한 사적이 보인다.

95_ 노련(魯連)은 제나라의 선비인 노중련(魯仲連)이다.

96_ 『전국책』 원문에는 이 다음에 노련이 보낸 글의 전문이 실려 있는데, 『공자개제고』에서는 그 부분은 인용하지 않았다.

꾸로 매고[97] 물러갔다.[98] 따라서 제나라의 포위를 풀고 백성들의 죽음을 구제한 것은 바로 노중련(魯仲連)이 설득했기 때문이다.(『전국책』「제책」)

燕將攻下聊城, 人或讒之. 燕將懼誅, 遂保守聊城不敢歸. 田單攻之歲餘, 士卒多死, 而聊城不下. 魯連乃書, 約之矢以射城中, 遺燕將. 燕將曰, "敬聞命矣." 因罷兵到讀而去. 故解齊國之圍, 救百姓之死, 仲連之說也.(『戰國策』「齊策」)

20-3-23

노중련(魯仲連)이 맹상군(孟嘗君)에게 말했다. "군(君)께서는 선비를 좋아하지 않습니다."[99](『전국책』「제책」)

魯仲連謂孟嘗君曰, "君好士未也."[100](『戰國策』「齊策」)

20-3-24

13년, 제후들이 군대를 일으켜 제(齊)나라를 공격했다. 제나라 왕이 그 소식을 듣고 크게 두려워하여 여러 신하들과 대부들을 소집하여 말했다. "좋은 계책이 있으면 내가 그것을 받아들이겠다." 그러자 박사 순우곤(淳于髡)은 하늘을 쳐다보고 크게 웃을 뿐 대답하지 않았다.[101](『설

97_ 도독(到讀)은 도독(倒韇)과 같은 말로, 화살통을 거꾸로 맨다는 말로, 싸울 의사가 없다는 것을 표시하는 것이다.

98_『사기』「노중련추양열전」의 기록은 이 내용과는 다르다. 연나라 장군은 노중련의 이 글을 읽고서 사흘 동안이나 울면서 결정하지 못했다고 한다. 즉 연나라로 돌아가는 것과 제나라에 항복하는 것, 어느 것을 선택하든 재앙을 피할 수는 없기 때문이었다. 결국은 스스로 목숨을 끊음으로써 요성이 전단에 의해 함락되었다고 한다.

99_ 노중련은 맹상군이 미녀와 말들은 비단옷을 입히고 좋은 음식을 먹이면서 선비들은 좋아하지 않기 때문에 끝까지 함께 교유하는 선비가 없다고 비판했다.

100_『전국책』 원문에는 '君好士之未也'로 되어 있다.

원』「존현」)

十三年, 諸侯擧兵以伐齊. 齊王聞之, 惕然而恐, 召其群臣大夫告曰, “有智爲寡人用之.” 於是博士淳于髡仰天大笑而不應.(『說苑』「尊賢」)

康20-11

『한서』에서 가산(賈山)은 위문후(魏文侯)의 박사라고 했고,[102] 『사기』「순리열전(循吏列傳)」에서 공의자(公儀子) 휴(休)는 노나라의 박사라고 했으며,[103] 『한서』「복승전(伏勝傳)」에서 복생(伏生)은 본래 진(秦)나라의 박사라고 했으니,[104] 공자의 도가 이미 위나라와 노나라, 진나라에서 행해졌던 것이다. 여기에서 '박사 순우곤'이라고 말했으니, 제나라에서도 박사를 세워서 공자를 존중했던 것이다.

『漢書』, 賈山之祖爲魏文侯博士. 『史記』「循吏傳」, 公儀休者, 魯之博士也. 『漢書』「伏勝傳」, 伏生故爲秦博士, 則孔子之道, 已行于魏·魯·秦之國矣. 此云'博士淳于髡', 齊亦立博士而尊孔子矣.

101_ 『설원』의 기록에 의하면, 순우곤이 웃기만 하고 대답하지 않자, 제나라 왕이 화를 내면서 그 이유를 물었다. 그러자 순우곤은 제사를 지내는 사람이 귀신에게 바치는 제물은 적으면서 요청하는 것이 많다면 그것이 우스운 일이라고 대답했다. 이에 제나라 왕은 그를 상경(上卿)으로 삼아서 1천금과 수레 1백승을 주고, 제후들과 담판을 지으라고 명령했다. 제후들은 이 소식을 듣고 감히 제나라를 공격할 엄두를 내지 못했다고 한다.

102_ 『한서』「가산전(賈山傳)」에 “賈山, 潁川人也. 祖父祛, 故魏王時博士弟子也.”라는 기록이 보인다. 『한서』의 기록에는 박사(博士)가 아니라 박사의 제자라고 되어 있다. 위(魏)는 안사고가 육국(六國) 시대의 위(魏)라고 했다.

103_ 『사기』「순리열전(循吏列傳)」에 “公儀休者, 魯博士也, 以高弟爲魯相.”이라는 기록이 보인다. 그리고 『맹자』「고자 하」편에도 “노나라 목공(繆公)의 시대에는 공의자(公儀子)가 정치를 담당했다”라는 기록이 보인다.

104_ 복생(伏生)은 전한시대 제남(濟南) 사람으로, 이름은 승(勝)이다. 『사기』「유림열전」에서도 진(秦)나라 때의 박사라고 기록되어 있다. 『상서대전(尙書大傳)』이라는 저술이 있으며, 『상서』를 한나라 시대에 전수한 인물로 일컬어진다.

20-3-25

따라서 상군(商君)은 왕도(王道)로써 효공(孝公)에게 유세했는데, 받아들여지지 않자 곧 나라를 부강하게 하는 방법으로써 유세하여 마침내 공적을 이루었다.[105] 추연(鄒衍)은 유가의 학술로써 세상의 군주들에게 등용되기를 구했는데, 받아들여지지 않자 곧 [음양(陰陽)의] 변화와 [오덕(五德)의] 종시(終始)에 대한 논의로써 유세하여 마침내 명성을 떨쳤다. (『염철론』「논유」)

故商君以王道說孝公, 不用, 卽以强國之道, 卒以就功. 鄒子以儒術干世主, 不用, 卽以變化始終之論, 卒以顯名.(『鹽鐵論』「論儒」)

康20-12

상군과 추연은 본래 유가의 후학인데, 단지 조금 곡학아세했을 뿐이다.

商君 · 鄒衍, 固儒家後學也, 但稍曲學阿世耳.

20-3-26

위혜왕(魏惠王)[106]이 죽고, 장례식의 날짜가 다가오는데, 하늘에서 눈이 크게 내려서 소의 눈높이까지 쌓였다.[107] 많은 신하들 중 대부분이 태

105_ 『사기』「상군열전(商君列傳)」에 의하면, 상앙이 효공을 만나서 유세할 때, 처음에는 오제(五帝)의 도리, 두 번째는 삼왕(三王)의 도리를 진언했는데, 두 번 모두 효공이 받아들이지 않았다. 마지막으로 오패(五霸)의 도리로 나라를 부강하게 만드는 방법을 진언하자 마침내 받아들여졌다고 한다.

106_ 위혜왕(魏惠王)은 고유에 의하면, 맹자가 만나본 양혜왕(梁惠王)이다. 진(秦)나라가 위(魏)나라를 침략하자 위나라는 도읍을 대량(大梁)으로 옮겼는데, 이때부터 양혜왕(梁惠王)이라고 불렀다.

자에게 간언했다. "눈이 이와 같이 심하게 내렸는데도 장례식을 거행한다면 백성들이 틀림없이 매우 싫어할 것이며, 나라의 비용도 아마도 충분하지 못할 것이니, 청컨대 기한을 늦추어 날짜를 다시 정하십시오." 태자가 말했다. "자식이 된 자가 백성들의 노고와 나라의 비용을 이유로 선왕의 장례식을 거행하지 않는 것은 의롭지 못한 것이다. 그대들은 다시는 거론하지 마시오."(『여씨춘추』「개춘」[108])

魏惠王死, 葬有日矣, 天大雨雪, 至於牛目. 群臣多諫于太子者曰, "雪甚如此而行葬, 民必甚疾之, 官費又恐不給, 請弛期更日." 太子曰, "爲人子者, 以民勞與官費用之故, 而不行先王之葬, 不義也. 子勿復言."(『呂氏春秋』「開春」)

20-3-27

위(魏)나라에 늙은 유학자가 있었는데, 제양군(濟陽君)과 사이가 좋지 않았다. 식객 중에 이 늙은 유학자와 사적으로 원한을 가진 자가 있었는데, 늙은 유학자를 공격하여 죽임으로써 제양군에게 잘 보이려고 했다. "저는 그가 제양군과 사이가 좋지 않다고 생각했기 때문에 군을 위하여 그를 죽였습니다." 제양군은 제대로 살펴보지 않았기 때문에[109] 그에게 상을 주었다. 일설에 다음과 같은 이야기가 있다. 제양군에게 어린 서자(庶子)가 있었는데, 인정을 받지 못하여 제양군에게 사랑을 받고자 하는 자였다. 제(齊)나라에서 늙은 유학자를 시켜 마리산(馬梨山)

107_ 고유에 의하면 『전국책』「위책(魏策)」에는 이 문장 다음에 "또한 잔도(棧道)를 만들어 장례를 지내려고 했다[且爲棧道而葬.]"라는 구절이 더 있다고 한다.

108_ 개춘(開春)이 『공자개제고』에는 개춘론(開春論)으로 되어 있는데, 『여씨춘추』 원문에 따라 고쳤다.

109_ 『한비자집석』에서 왕선신이 "객이 본래 사적인 원한이 있다는 것을 제대로 살피지 않았다는 것을 말한다"라고 했다. 즉 제대로 전후 사정을 살폈다면 그에게 상을 주지 않고, 오히려 벌을 주었을 것이다.

에서 약초를 캐도록 했는데, 제양군의 어린 서자는 공적을 세우고자 하여 제양군에게 가서 만나보고 말했다. "제나라가 늙은 유학자를 시켜 마리산에서 약초를 캐도록 했는데, 명목상으로는 약초를 캐는 것이지만, 실제로는 군의 나라를 염탐하는 것입니다. 군이 그를 죽이면[110] 제나라에서 군에게 죄를 물을 것이니,[111] 청컨대 제가 그를 죽이겠습니다." 군이 말했다. "좋다." 이에 다음 날 그를 성의 외곽진 곳에서 잡아서 죽이니,[112] 제양군이 도리어 그를 친근하게 대했다.[113](『한비자』「내저설 하」[114])

魏有老儒而不善濟陽君. 客有與老儒私怨者, 因攻老儒殺之, 以德于濟陽君. 曰, "臣爲其不善君也, 故爲君殺之." 濟陽君因不察而賞之. 一曰, 濟陽君有少庶子, 有不見知, 欲入愛於君者. 齊使老儒掘藥于馬梨之山. 濟陽少庶子欲以爲功, 入見於君, 曰, "齊使老儒掘藥于馬梨之山, 名掘藥也, 實間君之國. 君殺之, 是將以濟陽君抵罪于齊矣, 臣請刺之." 君曰, "可." 於是明日得之城陰而刺之, 濟陽君還益親之.(『韓非子』「內儲說 下」)

110_ 왕선겸은 '살지(殺之)' 앞에 '불(不)'자가 들어가야 의미가 통한다고 했다. 그런데 이 주장대로 '불(不)'자를 넣어서 해석하면, 제양군이 그를 죽이지 않으면 제나라에서 죄를 물을 것이라는 해석이 되어, 오히려 의미가 더 통하지 않는다. 제양군이 직접 죽이면 제나라의 문책을 받지만, 자신이 죽이면 제양군은 아무런 문책을 받지 않을 것이라는 의미로 이해하는 것이 더 좋을 듯하다.

111_ 저죄(抵罪)는 지은 죄에 상응하는 벌을 받는다는 말로, 죄를 물어서 벌을 준다는 뜻이다.

112_ 성음(城陰)은 이운구가 성의 북쪽이라고 했는데, 여기에서는 글자 그대로 어두워서 잘 보이지 않는 외곽진 곳으로 해석했다.

113_ 왕선신은 익(益)자가 연문이라고 했다. 즉 제양군이 애초부터 어린 서자를 친근하게 대하지 않았는데, '이전 보다 더욱[益]'이라는 말은 성립할 수 없다는 것이다. 여기에서도 이 주장에 따라 이 글자를 생략하고 해석했다.

114_ 『공자개제고』 원문에는 '내저(內儲)'라고만 되어 있는데, 『한비자』 원문에 따라 보충했다.

20-3-28

자어(子魚)[115]는 전국시대에 태어나서 전쟁 속에서 성장했지만,[116] 홀로 선왕의 도를 즐겨서 강습을 게을리하지 않았다.(『공총자』「독치」)

子魚生於戰國之世, 長於兵戍之間, 然獨樂先王之道, 講習不倦.(『孔叢子』「獨治」)

20-3-29

가산(賈山)의 조부인 거(祛)는 옛날 위왕(魏王) 때 박사제자(博士弟子)였다.(『한서』「가산전」)

賈山祖父祛, 故魏王時博士弟子也.(『漢書』「賈山傳」)

20-3-30

이 당시에 제후들에게는 변사(辯士)들이 많았는데, 순경(荀卿)과 같은 무리들은 글을 지어서 천하에 퍼뜨렸다.(『사기』「여불위열전」)

是時諸侯多辯士, 如荀卿之徒, 著書布天下.(『史記』「呂不韋列傳」)

20-3-31

제(齊)나라 양왕(襄王)[117] 때에 순경(荀卿)은 최고의 스승이 되었다. 제나

115_ 자어(子魚)는 『공총자』의 저자로 알려진 한나라 때의 공부(孔鮒)의 자로, 공자의 8세손이다. 자갑(子甲) 또는 공갑(孔甲)으로도 불린다. 『사기』「유림열전(儒林列傳)」에 의하면, 진섭(陳涉)이 왕위에 오르자, 노나라의 모든 유생들이 공자의 예기(禮器)를 가지고 가서 그에게 귀의했고, 또 공자의 8세손인 공갑(孔甲)은 진섭의 박사가 되어, 그와 일생을 함께 했다고 한다.[陳涉之王也, 而魯諸儒持孔氏之禮器往歸陳王. 於是孔甲爲陳涉博士, 卒與涉俱死.]

116_ 병수(兵戍)는 군대에서 국경을 지키는 일을 했다는 말로, 전쟁 속에서 성장했다는 의미이다.

라에서는 여전히 열대부(列大夫)[118]의 결원을 보충했는데, 순경은 세 번이나 좨주(祭酒)[119]가 되었다. 제나라 사람 중에 어떤 이가 순경을 모함하자 초(楚)나라로 갔는데, 춘신군(春申君, ?~B.C.238)[120]이 그를 난릉(蘭陵)[121]의 현령(縣令)으로 삼았다. 춘신군이 죽자 순경도 그만두고, 그대로 난릉에 자리를 잡고 살았다. 이사(李斯)가 제자가 되었는데, 얼마 지나지 않아서 진(秦)나라의 재상이 되었다.(『사기』「맹자순경열전」)

齊襄王時, 而荀卿最爲老師. 齊尙修列大夫之缺, 而荀卿三爲祭酒焉. 齊人或讒荀卿, 乃適楚, 而春申君以爲蘭陵令. 春申君死而荀卿廢, 因家蘭陵. 李斯嘗爲弟子, 已而相秦.(『史記』「孟子荀卿列傳」)

20-3-32

식객이 춘신군(春申君)에게 다음과 같이 유세했다. "탕(湯)임금은 박(亳) 땅을 가지고 [천자가 되었고], 무왕(武王)은 호(鄗) 땅을 가지고 [천자가 되었는데], 모두 100리도 되지 않는 땅을 가지고 천하를 소유했습니다.[122] 지금 순자(荀子)[123]는 천하의 현인에 지나지 않는데, 군께서는 그

117_ 양왕(襄王)은 『사기색은』에 의하면, 이름이 법장(法章)이고, 민왕(湣王)의 아들이다. 거(莒)나라 사람들이 세워준 임금이다.

118_ 열대부(列大夫)는 일곱 번째 등급에 해당되는 작위 이름으로, 공대부(公大夫) 또는 칠대부(七大夫)라고도 한다.

119_ 좨주(祭酒)는 잔치 때 술을 부어 신에게 제사지내는 의식을 맡은 최고 어른인데, 『사기색은』에 의하면, 예식(禮食)이나 음주(飮酒)에서는 반드시 그 자리에서 가장 높은 사람 한 명만이 강신 의식을 맡기 때문에 그것을 관직의 명칭으로 삼은 것이다.

120_ 춘신군(春申君)은 전국시대 말기 초나라의 재상인 황헐(黃歇)이라는 인물이다. 변설에 매우 능했으며, 맹상군(孟嘗君)·평원군(平原君)·신릉군(信陵君)과 함께 전국사공자(戰國四公子) 또는 사군(四君)으로 불린다.

121_ 난릉(蘭陵)은 『사기정의』에 의하면, 동해부(東海郡)에 속한 현(縣)의 이름이다.

122_ 박(亳)은 탕임금이 은나라의 도읍으로 정한 땅으로, 박(薄)이라고도 한다. 호(鄗)는 무왕이 주나라의 도읍으로 정한 땅으로 호(鎬) 또는 호(滈)라고도 한다. 『순

에게 100리나 되는 땅의 권세를 주었습니다. 저는 그것이 군에게는 불편한 일이라고 여기는데, 어떻습니까?" 춘신군이 말했다. "맞는 말이오." 이에 사람을 시켜 순자에게 벼슬에서 물러나게 했다. 순자가 조나라로 가자, 조나라에서는 그를 상경(上卿)으로 삼았다. 그런데 다른 식객이 또 춘신군에게 말했다. "옛날에 이윤(伊尹)이 하나라를 떠나서 은나라로 들어가자 은나라는 흥성하고 하나라는 망했으며, 관중(管仲)이 노나라를 떠나서 제나라로 들어가자 노나라는 약해지고 제나라는 강해졌습니다. 대체로 현자가 있는 곳은 그 나라의 군주도 존귀해지지 않은 적이 없고, 그 나라도 번영하지 않은 적이 없었습니다. 지금 순자는 천하의 현인인데도 군께서는 어찌 그를 거절했습니까?" 춘신군이 또 말했다. "맞는 말이오." 이에 사람을 시켜 조나라에서 순자를 모셔오도록 했는데, 순자는 글을 써서 사절했다.(『전국책』「초책」)

客說春申君曰, "湯以亳, 武王以鄗, 皆不過百里以有天下. 今孫子, 天下賢人也, 君籍之以百里之勢. 臣竊以爲不便於君, 何如?" 春申君曰, "善." 於是使人謝孫子. 孫子去之趙, 趙以爲上卿. 客又說春申君曰, "昔伊尹去夏入殷, 殷王而夏亡, 管仲去魯入齊, 魯弱而齊强. 夫賢者之所在, 其君未嘗不尊, 國未嘗不榮也. 今孫子, 天下賢人也, 君何辭之?" 春申君又曰, "善." 於是使人請孫子于趙, 孫子爲書謝.(『戰國策』「楚策」)

20-3-33

[송나라] 원왕(元王, ?~B.C.517)[124]이 깜짝 놀라 잠에서 깨어나 박사 위평(衛平)[125]을 불러 자신의 꿈에 대해 물었다.[126](『사기』「귀책열전」)

자』「정론(正論)」편에 "湯居亳, 武王居鄗, 皆百里之地也."라는 기록이 보인다.

123_ 손자(孫子)는 순자(荀子)를 말한다. 한나라 선제(宣帝) 유순(劉詢)의 이름을 휘하여 손자라고 했다.

124_ 원왕(元王)은 송나라의 원공(元公) 자좌(子佐)이다.

元王惕然而悟, 乃召博士衛平而問之.(『史記』「龜策列傳」)

康20-13

이것을 통해 말한다면, 초나라도 박사를 세웠다.

由是言之, 楚亦立博士矣.

<이상 유교가 전국시대에 성행하다: 右儒敎盛行于戰國>

4. 유교가 진나라 시대에 성행하다 [儒敎盛行于秦]

20-4-1

책을 소장하고 담론을 익히며, 무리들을 모아서 학문을 익히고 의론하면[127] 세상의 군주들은 반드시 그들을 따라서 예우하면서, "현명한 선비를 존경하는 것은 선왕의 도이다"라고 말한다.(『한비자』「현학」)

藏書策, 習談論, 聚徒役, 服文學而議說, 世主必從而禮之, 曰, "敬賢士, 先王之道也."(『韓非子』「顯學」)

20-4-2

유학자의 복장을 한 학자와 칼을 찬 검객은 많지만, 농사를 짓고 전쟁

125_ 위평(衛平)은 자세한 사적은 보이지 않는다. 『사기색은』에서는 단지 송나라 원군(元君)의 신하라고만 했다.

126_ 송나라 원왕이 신귀(神龜) 한 마리를 얻어서 그것으로 점을 친 일이 있는데, 이 내용은 그 전에 원왕의 꿈에 나타난 신귀(神龜)에 대해 위평에게 묻는 장면이다.

127_ 진기유는 이것이 유가와 묵가의 무리들을 가리킨다고 했다.

에 참여하는 병사는 적다.[128](『한비자』「문변」)

儒服帶劍者衆, 而耕戰之士寡.(『韓非子』「問辨」)

康20-14

이것을 보면 유교가 진나라에서 크게 유행했기 때문에 '많다[衆]'고 말했다는 것을 알 수 있다.

觀此可知儒敎大行于秦, 故謂之'衆'.

20-4-3

이사(李斯)와 포구자(包丘子)[129]는 모두 순경(荀卿)을 섬겼다.(『염철론』「훼학」)

李斯與包丘子俱事荀卿.(『鹽鐵論』「毁學」)

20-4-4

이사(李斯)는 육예(六藝)의 핵심을 알았다.(『사기』「이사열전」)

斯知六藝之歸.(『史記』「李斯列傳」)

20-4-5

진(秦)나라의 시황제(始皇帝)는 천하를 병탄한 다음, 모든 신하들을 불러

128_ 경전(耕戰)은 농업과 전쟁을 말한다. 상앙과 한비자 등의 법가에서는 이 두 가지에 의지해야만 국가를 흥기시킬 수 있다고 주장했다.

129_ 포구자(包丘子)는 한나라 초기에 『시(詩)』를 전수한 인물로 알려져 있는데, 부구백(浮丘伯) 또는 포구(鮑丘)라고도 한다. 『한서』「초원왕전(楚元王傳)」에 "초원왕이 어릴 때 노나라의 목생(穆生)·백생(白生)·신공(申公)과 함께 부구백(浮丘伯)에게 『시』를 배웠다. 부구백은 순경(孫卿)의 문인이다"라는 기록이 보인다.

서 다음과 같이 의론했다. "옛날에 오제(五帝)는 어진 사람에게 자리를 선양했고, 삼왕(三王)은 대대로 자리를 계승했는데, 어느 것이 옳은가? 장차 그대로 하겠다." 박사 70명이 대답하지 못했다.(『설원』「지공」)

秦始皇帝旣呑天下, 乃召群臣而議, 曰, "古者五帝禪賢, 三王世繼, 孰是? 將爲之." 博士七十人未對.(『說苑』「至公」)

康20-15

생각건대, 진나라는 무력으로 천하를 얻었지만, 박사를 세워서 공자의 경전을 존중했을 뿐만 아니라, 또한 박사가 많게는 70명까지 이르렀으니, 공자의 학문이 또한 융성했던 것이다.

案, 秦以武力得天下, 然能立博士, 以尊孔子之經, 且多至七十人, 孔子之學亦盛矣.

20-4-6

신들[130]이 삼가 박사들과 다음과 같이 논의했습니다. "고대에는 천황(天皇), 지황(地皇), 태황(泰皇)[131]이 있었는데, 태황이 가장 존귀합니다. 신들이 감히[132] 존호(尊號)를 올리려고 하니, 왕(王)을 태황(泰皇)이라고 하고, 명(命)을 제(制)라고 하며, 령(令)을 조(詔)라고 하고, 천자가 자기 스스로를 부를 때는 짐(朕)이라고 합니다."[133](『사기』「진시황본기」)

130_ 「진시황본기」의 기록에 의하면, 이 말을 한 사람은 승상 왕관(王綰), 어사대부 풍겁(馮劫), 정위(正尉) 이사(李斯) 등이다.

131_ 『사기색은』에서 태황(泰皇)은 인황(人皇)에 해당된다고 했다.

132_ 매사(昧死)는 죽음을 무릅쓰거나 죽을 죄를 함부로 범한다는 뜻이다. 신하들이 상주문에 경외의 표시로 사용하는 말이다.

133_ 『사기집해』에서 채옹(蔡邕)이 다음과 같이 말했다. "제서(制書)는 황제가 만든 명령으로, 그 문장을 제(制)라고 한다. 조(詔)는 고한다[告]는 뜻으로, 조서(詔書)

臣等謹與博士議曰, "古有天皇, 有地皇, 有泰皇, 泰皇最貴. 臣等昧死上尊號, 王爲泰皇, 命爲制, 令爲詔, 天子自稱曰朕."(『史記』「秦始皇本紀」)

20-4-7

진시황 34년(B.C.213), 함양궁(咸陽宮)에서 연회를 베풀었는데,[134] 박사(博士) 복야(僕射)[135] 주청신(周靑臣) 등이 시황제의 위엄과 덕을 칭송했다.[136] (『사기』「이사열전」)

始皇三十四年, 置酒咸陽宮, 博士僕射周靑臣等頌稱始皇威德.(『史記』「李斯列傳」)

20-4-8

박사인 제(齊)나라 사람 순우월(淳于越)이 나아가 말했다. "신이 듣건대, 은나라와 주나라의 왕조 천여 년 동안, 자제(子弟)와 공신들을 봉하여 스스로의 버팀목과 보좌로 삼았다고 합니다. 지금 폐하께서 천하를 소유했지만, 자제들은 평민의 신분이니, 전상(田常)[137]이나 진(晉)나라 육경(六卿)[138]과 같은 신하들이 갑자기 나타난다면 황제를 보좌할 신하

를 말한다. 제(制)와 조(詔)는 삼대에는 없었고, 진나라 때 처음 생겼다."

134_ 치주(置酒)는 술자리를 벌인다는 말로, 연회를 베푼다는 의미이다.

135_ 복야(僕射)는 진나라 때 궁사(弓射)를 주관하던 관리이다. 고대에는 무관(武官)을 중시하여 활의 명수에게 이 일을 관장하게 했다고 한다.

136_ 『사기』「진시황본기」에도 "皇置酒咸陽宮, 博士七十人前爲壽, 僕射周靑臣進頌."이라는 기록이 보인다.

137_ 전상(田常)은 진항(陳恒)으로, 제나라의 대신(大臣)이었다. B.C.481년에 제나라 간공(簡公)을 죽이고 제나라 평공(平公)을 옹립하여 제나라에서 전권(專權)을 행사했다.

138_ 육경(六卿)은 춘추시대 진(晉)나라의 경(卿)으로, 범씨(范氏)·중항씨(中行

가 없을 것이니, 어떻게 구원할 수 있겠습니까? 옛것을 본받지 않고 오래 지속될 수 있는 일에 대해서는 들어본 적이 없습니다.”(『사기』「진시황본기」)

博士齊人淳于越進曰, “臣聞殷 · 周之王千餘歲, 封子弟功臣自爲枝輔. 今陛下有海內, 而子弟爲匹夫, 卒有田常六卿之臣, 無輔拂, 何以相救哉? 事不師古而能長久者, 非所聞也.”(『史記』「秦始皇本紀」)

20-4-9

28년(B.C.219), 진시황이 동쪽의 군현(郡縣)으로 행차하다가 추역산(鄒嶧山)에 올라 비식을 세웠는데, 노(魯) 지역의 여러 유생들과 의론하여 진(秦)나라의 덕을 칭송하는 말을 비석에 새기고, 봉선(封禪)과 산천에 지내는 망제(望祭)의 일을 의론했다.[139](『사기』「진시황본기」)

二十八年, 始皇東行郡縣, 上鄒嶧山, 立石, 與魯諸儒議刻石頌秦德, 議封禪望祭山川之事.(『史記』「秦始皇本紀」)

20-4-10

유생들은 진나라가 『시』와 『서』를 불태우고, 문학(文學)들을 죽인 것을 증오했다.(『사기』「봉선서」)

諸儒疾秦焚『詩』·『書』, 誅僇文學.(『史記』「封禪書」)

氏) · 지씨(智氏) · 한씨(韓氏) · 위씨(魏氏) 등이다. 이들의 분쟁에 의해 진나라가 멸망했다.

139_ 봉선(封禪)은 천자가 천지(天地)에 제사를 지내는 큰 의식이다. 봉(封)은 태산(泰山) 위에 제단을 짓고 제사를 지내서 하늘의 공에 보답하는 것이고, 선(禪)은 태산 아래의 양보산(梁父山)에 터를 닦고 제사를 지내서 땅의 은혜에 보답하는 것이다. 망제(望祭)는 명산대천을 바라보면서 지내는 제사이다.

20-4-11

이에 제(齊)나라와 노(魯)나라의 유생과 박사 70명을 징발하여 태산(泰山) 아래에 이르렀는데, 유생들이 혹 다음과 같이 의론했다. "옛날에 봉선(封禪)은 포거(蒲車)[140]를 이용했는데, 산의 흙과 돌, 풀과 나무를 해치는 것을 싫어했기 때문입니다. 땅은 청소하여 제사를 지내고 자리는 풀로 만든 자리[141]를 사용했는데, 그 예법을 따르기가 쉬웠다는 것을 말해줍니다." 시황제는 이러한 의론들이 각각 모순되거나 달라서 시행하기 어렵다는 것을 깨달았으며, 이 때문에 유생들을 배척했다.[142] 유생들은 배척되어 봉선의 예법에 참여할 수 없게 되었는데, 진시황이 [태산에 올랐다가] 비바람을 만났다는 소식을 듣자 그를 비난했다.(『사기』「봉선서」)

於是徵從齊·魯之儒生博士七十人, 至乎泰山下, 諸儒生或議曰, "古者封禪, 爲蒲車, 惡傷山之土石草木. 掃地而祭, 席用苴稭, 言其易遵也." 始皇聞此議各乖異, 難施用, 由此黜儒生. 諸儒旣黜, 不得與封禪之禮, 聞始皇遇風雨, 卽譏之.(『史記』「封禪書」)

20-4-12

박사가 말했다.[143] "물의 신(神)은 볼 수가 없지만, 큰 물고기나 교룡(蛟

140_ 포거(蒲車)는 수레바퀴를 부들로 감싸서 덜컹거리지 않도록 한 수레로, 포륜(蒲輪)이라고도 한다. 황제가 봉선을 할 때나 은사(隱士)를 초빙할 때 사용했다.

141_ 저개(苴稭)는 풀로 만든 자리로, 제사 때 제물을 진열하기 위해 사용했다.

142_『사기』「봉선서」에는 이 문장 뒤에 다음과 같은 문장이 더 있다. "而遂除車道, 上自泰山陽至巓, 立石頌秦始皇帝德, 明其得封也. 從陰道下, 禪於梁父. 其禮頗采太祝之祀雍上帝所用, 而封藏皆祕之, 世不得而記也. 始皇之上泰山, 中阪遇暴風雨, 休於大樹下."

143_ 당시 진시황은 방사들에게 봉래산의 선약(仙藥)을 찾아오도록 했다. 그때 진시황이 꿈에서 바다의 신과 싸웠는데, 마치 사람의 형상과 같았다고 한다. 그래서

龍)으로 징후를 삼습니다. 지금 황제께서 신에게 기도하고 제사지내면서[144] 대비하고 조심했는데도 이러한 악한 신이 나타났으니, 마땅히 그것을 제거해야만 선한 신을 불러들일 수 있습니다."(『사기』「진시황본기」)

博士曰, "水神不可見, 以大魚蛟龍爲候. 今上禱祠備謹, 而有此惡神, 當除去, 而善神可致."(『史記』「秦始皇本紀」)

20-4-13

박사로 하여금「선진인시(仙眞人詩)」를 짓도록 했다.[145](『사기』「진시황본기」)

使博士爲「仙眞人詩」.(『史記』「秦始皇本紀」)

20-4-14

박사관(博士官)에서 주관하는 서적이 아닌, 천하에서『시』와『서』및 제자백가의 말을 기록한 책을 감히 소장하고 있는 자들은 그 책들을 모두 지방관에게 바쳐서 불태우게 하십시오.[146](『사기』「진시황본기」)

非博士官所職, 天下敢有藏『詩』·『書』百家語者, 悉詣守尉雜燒之.(『史記』「秦始皇本紀」)

그것을 점몽가에게 물어보았는데, 박사가 이렇게 대답한 것이다.

144_ 도사(禱祠)는 도사(禱祀)와 같은 말로, 신에게 기도하고 제사를 지내는 것이다.

145_ 진시황 36년(B.C.213)에 운성(隕星)이 떨어졌는데, 누군가가 그 돌에 진시황이 죽는다는 글을 새겼다. 그러자 진시황은 그 주변에 거주하던 사람들을 모두 죽이고 그 돌을 불태운 다음, 박사를 시켜 이 시를 짓게 하고, 천하를 시찰할 때 항상 악사들에게 연주하고 노래하도록 했다고 한다.

146_ 이것은 진시황 34년(B.C.213)에 승상 이사(李斯)가 황제에게 올린 의견의 일부이다. 이 의견이 수용되어 분서갱유가 진행되었다.

20-4-15

진시황이 [후생(侯生)과 노생(盧生)이] 도망쳤다는 소식을 듣자,[147] 크게 노하여 말했다. "내가 이전에 천하의 책들을 거두어들여 쓸모가 없는 책들을 모두 제거하고, 수많은 문학(文學)과 방술사(方術士)들을 소집하여 태평한 세상을 일으키려고 했다."(『사기』「진시황본기」)

始皇聞亡, 乃大怒曰, "吾前收天下書, 不中用者盡去之, 悉召文學方術士甚衆, 欲以興太平."(『史記』「秦始皇本紀」)

20-4-16

[진시황이 말했다.] "함양(咸陽)에 있는 유생들을 내가 사람을 시켜 몰래 살펴보니,[148] 어떤 자는 요망한 말로써 백성들을 혼란스럽게 만들었다." 이에 어사를 시켜서 유생들을 모두 조사하자 유생들이 서로서로 고발하니,[149] 법령을 위반한 사람 460여 명을 치죄하여 모두 함양에 묻어버렸다.(『사기』「진시황본기」)

"諸生在咸陽者, 吾使人廉問, 或爲妖言以亂黔首." 於是使御史悉案問諸生. 諸生傳相告引, 乃自除犯禁者四百六十餘人, 皆坑之咸陽.(『史記』「秦始皇本紀」)

20-4-17

진시황의 장자인 부소(扶蘇)가 간언했다.[150] "천하가 처음으로 안정되었

147_ 당시 진시황을 모시고 있던 사람 중에 한(韓)나라의 식객인 후생(侯生)과 연(燕)나라 사람인 노생(盧生)이 진시황의 폭정을 비방하면서 도망친 사건 때문에 진시황이 크게 격노한 사건이다.

148_ 염문(廉問)은 남이 모르게 그 사정을 염탐하고 살피는 것이다.

149_ 고인(告引)은 죄상을 적발하여 고발하는 것이다. 즉 유생들이 서로서로 고발했다는 말이다.

지만, 먼 지방의 백성들은 화합되지 않았으며, 유생들은 모두 공자[의 사상]을 암송하고 본받고 있는데, 지금 황제께서 법을 엄중하게 시행하여 그들을 제재하니, 저는 천하가 불안정하게 될까 두렵습니다. 황제께서는 잘 살펴주십시오."(『사기』「진시황본기」)

始皇長子扶蘇諫曰, "天下初定, 遠方黔首未集, 諸生皆誦法孔子, 今上皆重法繩之, 臣恐天下不安. 唯上察之."(『史記』「秦始皇本紀」)

康20-16

어떤 사람은 박사들이 겨우 고금의 사실들만을 이해하는 자들이라고 의심하니, 그들이 모두 공자[의 사상]을 암송하고 본받았다는 것을 어찌 알겠는가?

或疑博士僅掌通古今, 豈知其皆誦法孔子乎?

20-4-18

숙손통(叔孫通)은 설(薛)[151] 땅 사람인데, 진(秦)나라 때 문학(文學)으로 부름을 받았고, 박사로 등용되는 명을 기다리고 있었다.[152](『사기』「유경숙손통열전」)

叔孫通者, 薛人也, 秦時以文學徵, 待詔博士.(『史記』「劉敬叔孫通列傳」)

150_ 앞에서 인용한 갱유(坑儒) 사건이 발생한 이후에 부소가 간언한 말이다. 이 간언에 진시황은 격노하여 그를 북쪽 상군(上郡)으로 파견하여 몽염(蒙恬)을 감시하도록 쫓아버렸다.

151_ 설(薛)은 『사기색은』에 의하면, 노국(魯國)에 속한 현의 이름이다.

152_ 대조(待詔)는 한나라 때의 벼슬 이름이다. 징사(徵士)로서 정식 관직이 없는 사람은 공거(公車)에서 명을 기다리고[待詔公車], 그중 뛰어난 사람은 금마문에서 명을 기다렸다가[待詔金馬門] 자문에 응했던 일에서 유래한 명칭이다.

20-4-19

2세 황제 [호해(胡亥, B.C.230~B.C.207)]가 박사와 유생들을 불러서 물었다. "초(楚) 땅에서 변방지역을 수비했던 병사들이 기(蘄) 땅을 공격하고 진(陳) 땅으로 진입했는데, 공들은 어떻게 생각하는가?" 박사와 유생 30여 명이 앞으로 나와서 말했다. "신하는 장차 반역하려는 마음을 품어서는 안 되며, 장차 반역하려는 마음을 품으면 곧 반역이니, 죽을 죄로써 용서할 수가 없습니다."[153] 이에 숙손통에게 비단 20필과 옷 한 벌을 하사하고, 박사로 임명했다.(『사기』「유경숙손통열전」)

二世召博士諸儒生問曰, "楚戍卒攻[154]蘄蘄入陳, 於公如何?" 博士諸生三十餘人前曰, "人臣無將, 將卽反, 罪死無赦." 乃賜叔孫通帛二十匹, 衣一襲, 拜爲博士.(『史記』「劉敬叔孫通列傳」)

20-4-20

장창(張蒼, ?~B.C.152)[155]은 양무(陽武) 사람이다. 도서(圖書)와 음률, 역법을 좋아했다. 진(秦)나라 때 어사가 되어 궁궐에서 사방의 문서 기록을 주관했다.[156](『한서』「장창열전」)

153_『사기』「유경숙손통열전」에는 이 내용 다음에 숙손통의 주장이 기록되어 있는데, 여기에는 빠져 있다. 숙손통은 현재는 천하가 안정되어 있기 때문에 반란은 있을 수가 없고, 그들은 단지 하찮은 도적에 불과할 뿐이기 때문에 전혀 걱정할 필요가 없다고 2세 황제를 안심시켰다. 당시에 발생한 사건은 산동(山東) 등지에서 시작된 진승(陳勝)의 반란이다.

154_ 공(攻)자가 『공자개제고』에는 빠져 있는데, 『사기』 원문에 따라 보충했다.

155_ 장창(張蒼)은 진나라 때 어사였으며, 한나라 초기에 북평후(北平侯)에 봉해졌고, 후에 승상(丞相)이 되었다.

156_『사기집해』에서 여순은 "진나라 때 주하사(柱下史)를 두었는데, 장창은 어사가 되어 그 일을 주관했다. 혹자는 사방의 문서를 주관했다고 했다"라고 했고, 안사고는 "장창은 진나라 때 주하어사(柱下御史)가 되어, 천하의 도서(圖書)나 장부를 밝게 익혔으니, 사방의 문서를 주관했다는 것이 그것이다. 주하(柱下)는 대궐의

張蒼, 陽武人也, 好書律曆. 秦時爲御史, 主柱下方書.(『漢書』「張蒼列傳」)

20-4-21

자어(子魚)가 위(衛)나라에 거처할 때, 장이(張耳) · 진여(陳餘)[157]와 서로 친하게 지냈다. 장이와 진여는 위(魏)나라의 유명한 선비인데, 진(秦)나라가 위(魏)나라를 멸망시키고 장이와 진여를 찾자, 두려워서 도망쳤다. 때마침 진승(陳勝)과 오광(吳廣)이 진(陳)나라에서 군대를 일으켜 진(秦)나라를 치려고 했는데, 진여가 진(陳)나라 왕에게 말했다. "지금 기필코 천하를 안정시켜 왕후(王侯)의 자리를 얻고자 한다면, 그 방법은 현명한 사람을 스승으로 삼고 지혜로운 사람을 벗으로 삼는 것보다 더 좋은 것이 없습니다. 공자의 후손이 지금 위(魏)나라에 있는데, 난세에 살면서도 그 행동을 바르게 하고 조상의 사업을 잘 닦아서 시대의 변화에 흔들리지 않습니다. 그 부친은 위나라에서 재상을 했는데, 성인의 도리로써 전국시대의 위나라를 보좌하고 이익을 보고도 지조를 바꾸지 않았으니, 명성이 제후들에게 자자했으며, 대대로 가법을 가지고 있습니다. 그 사람의 통달한 재수는 천하의 일을 맡기에 충분하고, 해박한 지식은 아직 드러나지 않은 일을 미리 헤아리기에 충분합니다. 반드시 이런 사람을 받들어야 천하에 적이 없을 것입니다." 진나라 왕이 크게 기뻐하여, 사신을 파견하여 천금을 주고 거기에 비단을 더해 주었으며, 수레 3승을 보내 초빙했다. 장이는 또한 사람을 보내 자어에게 말했다. "천하의 일은 이미 간파할 수 있습니다. 지금 진(陳)나라

기둥 아래에 있는 것이니, 지금의 황제를 모시고 서 있는 어사와 같다"라고 했다. 즉 주하사(株下史)는 대궐의 기둥 옆에서 황제를 모시고 있으면서 기록판에 필요한 내용을 적는 관직을 말하는데, 여기에서는 사방의 문서 기록을 주관했다고 풀이했다.

157_ 장이(張耳)와 진여(陳餘)는 대량(大梁) 사람이라고 한다.

왕이 의병을 일으켜 불의한 자들을 토벌하니, 그대는 마땅히 속히 나와서 그 일을 완성해야 합니다. 왕이 또한 그대가 현명하다는 소문을 듣고서 좋은 계략을 자문하고 허심탄회하게 서로 만나보기를 바라고 있습니다." 자어가 마침내 가자, 진나라 왕이 교외에서 맞이하여 그의 손을 잡고 세상의 일을 의론했다. 자어는 패왕의 사업으로 그를 권면했는데, 왕이 그의 말에 기뻐하여 마침내 박사로서 높이고 태사(太師)로 삼아서 그에게 자문하여 계책을 세웠다.(『공총자』「독치」)

子魚居衛, 與張耳・陳餘相善. 耳・餘, 魏之名士也, 秦滅魏, 求耳・餘,[158] 懼走. 會陳勝・吳廣起兵于陳, 欲以誅秦, 餘謂陳王曰, "今必欲定天下, 取王侯者, 其道莫若師賢而友智. 孔子之孫今在魏, 居亂世, 能正其行, 修其祖業, 不爲時變. 其父相魏, 以聖道輔戰國, 見利不易操, 名稱諸侯, 世有家法. 其人通材, 足以干天下, 博知, 足以慮未形. 必宗此人, 天下無敵矣." 陳王大悅, 遣使者齎千金, 加束帛, 以車三乘聘焉. 耳又使謂子魚曰, "天下之事已可見矣. 今陳王興義兵, 討不義, 子宜速來以集其事. 王又聞子賢, 欲諮良謀, 虛意相望也." 子魚遂往. 陳王郊迎, 而執其手議世務. 子魚以霸王之業勸之. 王悅其言, 遂尊以博士, 爲太師, 諮度焉.(『孔叢子』「獨治」)

20-4-22

장량(張良)은 일찍이 회양(淮陽)에서 예(禮)를 배웠다.(『한서』「장진왕주전」)

良嘗學禮淮陽.(『漢書』「張陳王周傳」)

20-4-23

진여(陳餘)는 대량(大梁) 사람으로, 유교의 학술을 좋아했다.(『한서』「진여

158_ 여(餘)가 『공자개제고』에는 어(魚)로 되어 있는데, 『공총자』 원문에 따라 고쳤다.

열전」)

陳餘, 大梁人, 好儒術.(『漢書』「陳餘列傳」)

20-4-24

복생(伏生)은 제남(濟南) 사람으로, 본래 진(秦)나라의 박사였다.[159](『한서』「복승전」)

伏生, 濟南人也, 故爲秦博士.(『漢書』「伏勝傳」)

<이상 유교가 진나라 시대에 성행하다: 右儒教盛于秦>

5. 유교가 한나라 초기에 성행하다 [儒敎盛行于漢初]

20-5-1

한고조(漢高祖)가 노(魯) 지역을 지나면서 소・양・돼지의 희생을 제물로 갖추어놓고[160] [공자의 사당에서] 제사를 지냈다.(『사기』「공자세가」)

高皇帝過魯, 以太牢祠焉.(『史記』「孔子世家」)

康20-17

당시에 공자[의 유교]가 아직 사상을 통일하지 않았기 때문에 한고조

159_ 복생(伏生)은 전한시대 제남(濟南) 사람으로, 이름은 승(勝)이다. 『사기』「유림열전」에서도 진(秦)나라 때의 박사라고 기록되어 있다. 『상서대전(尙書大傳)』이라는 저술이 있으며, 『상서』를 한나라 시대에 전수한 인물로 일컬어진다.

160_ 태뢰(太牢)는 소, 양, 돼지의 세 가지 희생을 갖추어놓고 지내는 성대한 제사를 말한다.

는 그를 한 방면의 교주로 여겼다. 따라서 그를 높여서 제사를 지낸 것이다.

當時孔子未一統, 高祖以其爲一方敎主. 故尊祀之.

20-5-2

육가(陸賈, B.C.240~B.C.170)가 때때로 앞으로 나아가 말하면서 『시』와 『서』를 거론하자, 고조는 꾸짖으면서, "내[161]가 말 위에서 천하를 얻었는데, 어찌 『시』와 『서』를 일삼겠는가!" 육가가 말했다. "말 위에서 천하를 얻었지만, 어찌 말 위에서 천하를 다스릴 수 있겠습니까! 또한 탕왕과 무왕은 이치를 거슬러서 무력으로 천하를 취했지만, 이치에 따라서 천하를 지켰습니다.[162] 문무(文武)를 함께 사용하는 것이 [왕조를] 오랫동안 지속할 수 있는 정치술입니다. 옛날 오왕(吳王) 부차(夫差)와 [진(晉)나라] 지백(智伯)은 무력을 극단적으로 사용하다가 망했고, 진(秦)나라는 형법(刑法)에만 맡기고 변통하지 않아서 끝내 조씨(趙氏)[163]를 멸망시켰습니다. 지난번에 가령 진나라가 천하를 병합한 이후에, 인의(仁義)를 시행하고 선성(先聖)을 본받았다면 폐하가 어찌 천하를 얻어 소유할 수 있었겠습니까?" 고조는 웃음을 거두고 부끄러운 기색을 띠면서 육가에게 말했다. "시험삼아 나를 위해 진나라가 천하를 잃은 이유와 내가 천하를 얻은 이유가 무엇인지, 그리고 옛날에 성공하고 실패한 나라에 대해 글을 저술하시오." 육가는 이에 국가 존망의 징험을 대략적으로

161_ 내공(迺公)은 남에 대하여 자기 자신을 거만하게 일컫는 말이다. 내공(乃公)이라고도 한다.

162_ 역취순수(逆取順守)는 무력으로 정권을 빼앗았지만, 올바른 도리로써 천하를 다스린다는 말이다.

163_ 『사기색은』에 의하면, 조씨(趙氏)는 진(秦)나라의 성인데, 진시황의 선조 중의 한 명인 조보(造父)가 주나라 목왕(穆王)에게 공적이 있어서 조성(趙城)에 봉해졌기 때문에 조씨(趙氏)가 생겨났다고 한다.

기록하여 모두 12편을 저술했다. 매번 1편씩 상주했는데, 한고조는 좋다고 칭찬하지 않은 것이 없었고, 좌우의 신하들은 만세를 외쳤다. 그 책을 『신어(新語)』라고 불렀다.(『사기』 「역생육가열전」)

陸生時時前說, 稱『詩』·『書』, 高帝罵之曰, "迺公居馬上而得之, 安事『詩』·『書』!" 陸生曰, "居馬上得之, 寧可以馬上治之乎! 且湯·武逆取而以順守之. 文武並用, 長久之術也. 昔者吳王夫差·智伯極武而亡, 秦任刑法不變, 卒滅趙氏. 鄕使秦已並天下, 行仁義, 法先聖, 陛下安得而有之?" 高帝不懌, 而有慚色, 乃謂陸生曰, "試爲我著秦所以失天下, 吾所以得之者何, 及古成敗之國." 陸生乃粗述存亡之徵, 凡著十二篇. 每奏一篇, 高帝未嘗不稱善, 左右呼萬歲. 號其書曰『新語』.(『史記』「酈生陸賈列傳」)

20-5-3

한고조가 수하(隨何)[164]의 공직을 깎아내려서, "수하는 부패한 유학자이니, 천하를 다스리는 데 어찌 부패한 유학자를 등용하겠는가?"라고 말했다. 수하가 무릎을 꿇고 말했다. "폐하께서 군사를 이끌고 팽성(彭城)을 공격했을 때, 초나라 왕은 아직 제나라를 떠나지 않았습니다. 폐하께서 보병 5만 명과 기병 5천 명을 출동시켜서, 그로써 회남(淮南)을 점령할 수 있었습니까?" 한고조가 말했다. "하지 못했다." 수하가 말했다. "폐하께서 저에게 20명과 함께 회남으로 사신을 보냈는데, 그곳에 이르러 폐하의 뜻대로 했으니, 이것은 저의 공적이 보병 5만 명과 기병 5천 명보다도 더 나은 것입니다.[165] 그런데도 폐하께서 '수하는 부

164_ 수하(隨何)는 한고조를 따라 다니면서 천하를 통일한 유세객 중의 한 사람으로, 당시 육가(陸賈)와 함께 명성이 높았던 인물이다.

165_ 한나라 2년에 항우가 제(齊)나라를 공격하러 간 사이, 한고조는 그 기회를 틈타 다섯 제후들의 병력을 이용하여 팽성을 공격했지만 실패했다. 이때 수하가 20명을 거느리고 회남에 사신으로 가서, 구강왕(九江王)으로 하여금 군대를 일으켜 초

패한 유학자이니, 천하를 다스리는 데 어찌 부패한 유학자를 등용하겠는가?'라고 하시니, 무슨 까닭입니까?"(『사기』「경포열전」)

上折[166]隨何之功, 謂"何爲腐儒, 爲天下安用腐儒?" 隨何跪曰, "夫陛下引兵攻彭城, 楚王未去齊也. 陛下發步卒五萬人騎五千, 能以取淮南乎?" 上曰, "不能." 隨何曰, "陛下使何與二十人使淮南, 至, 如陛下之意, 是何之功賢于步卒五萬人騎五千也. 然而陛下謂'何腐儒, 爲天下安用腐儒?', 何也?"(『史記』「黥[167]布列傳」)

康20-18

육가(陸賈)·수하(隨何)·역생(酈生)은 지금 사람들이 한나라의 개국 변사(辯士)라고 여기는데, 모두가 유학자이다. 대체로 전국시대 이후로, 유생들은 변론으로 천하를 안정시켰기 때문에 네 가지 학문 과목[四科][168]에서 언어(言語)를 덕행(德行)의 다음에 둔 것이다. 유생들 중에 무기를 잡고 싸워서 공적을 세운 자가 없는 것은 제사와 관련된 일은 들어보았지만 군대의 일은 익히지 않는 것이 교설의 핵심이었기 때문이다.[169] 화공(火攻)을 싫어하고, 나라를 멸망시키는 것을 싫어하며, 읍을 빼앗는 것을 싫어하기 때문에 군사학을 말하지 않은 것이니, 후세의

나라를 배반하게 함으로써 결국 한고조가 초왕을 죽이고 천하를 통일할 수 있었다.

166_ 절(折)이 『공자개제고』에는 석(析)으로 되어 있는데, 『사기』 원문에 따라 고쳤다.

167_ 경(黥)이 『공자개제고』에는 경(鯨)으로 되어 있는데, 『사기』 원문에 따라 고쳤다.

168_ 사과(四科)는 공자가 문인들에게 가르친 네 가지 학문 과목으로, 덕행(德行)·언어(言語)·정사(政事)·문학(文學)이다. 『논어』「선진(先進)」편에 "德行, 顔淵·閔子騫·冉伯牛·仲弓, 言語, 宰我·子貢, 政事, 冉有·季路, 文學, 子游·子夏."라는 기록이 보인다.

169_ 『논어』「위령공(衛靈公)」편에 "衛靈公問陳於孔子, 孔子對曰, '俎豆之事, 則嘗聞之矣, 軍旅之事, 未之學也.' 明日, 遂行."이라는 말이 보인다.

유생들이 군사학을 앞다투어 말하는 것은 교단의 핵심을 잃어버린 것이다.

陸賈・隨何・酈生, 今人以爲開國辨士者, 而皆儒也. 蓋自戰國來, 儒生以辯定天下, 故四科以言語次德行. 儒生無操干戈之功者, 聞俎豆而未習軍旅, 蓋教之宗旨. 疾火攻, 疾滅國, 疾取邑, 故不言兵學, 後世儒生爭言兵學, 失教旨矣.

20-5-4

말을 모는 병사가 말했다. "패공(沛公)은 유학자를 좋아하지 않기 때문에 모든 손님 중에 유학자의 관을 쓰고 오는 자가 있으면, 패공은 갑자기 그 관을 풀어서 그 안에 오줌을 눕니다. 다른 사람과 이야기할 때 항상 크게 욕을 하니, 유학자로서 유세하는 것은 좋지 못합니다." 역생(酈生)이 말했다. "다만 말만 전해주게." 병사는 침착하게 역생이 부탁한 말 그대로 패공에게 말했다.[170] 패공은 고양(高陽)의 객사에 이르러, 사람을 시켜 역생을 불렀다. 역생이 객사에 이르러 들어가 알현했는데, 패공은 마침 평상에 걸터앉아서[171] 두 여자에게 발을 씻도록 한 채로 역생을 만나보았다. 역생은 들어가서 인사만 할 뿐[172] 절을 하지는 않으면서 말했다. "족하께서는 진(秦)나라를 도와 제후들을 공격하려고 하십니까? 아니면 또한 제후들을 이끌고 진나라를 격파하려고 하

170_ 『사기』「역생육가열전」의 기록에 의하면, 역생은 진류(陳留) 고양(高陽) 사람이었는데, 때마침 패공이 군사를 거느리고 진류의 교외를 공격한다는 소식을 들었다. 당시 패공의 휘하에서 말을 모는 병사 중에 패공과 동향 사람의 아들이 있었는데, 패공에게 자신을 소개시켜 달라고 그에게 부탁한 것이다. 역생은 자신의 나이는 60여 세이고 키는 8척이며, 사람들이 자신을 미치광이 선생이라고 부르지만, 본인 스스로는 미친 사람이 아니라고 한다는 말을 패공에게 전하도록 했다.

171_ 거상(倨床)은 평상에 걸터앉은 것으로, 공손하지 않은 모습이다.

172_ 장읍(長揖)은 서로 만날 때 두 손을 마주 잡고 위로 올렸다가 아래까지 내리면서 인사하는 예법이다.

십니까?" 패공이 꾸짖으면서 말했다. "미천한 유생이로다![173] 천하가 모두 진나라를 원망한 것이 오래되었기 때문에 제후들이 서로 이끌어 진나라를 공격하고 있는데, 어찌 진나라를 도와 제후들을 공격한다고 말하는가?"(『사기』「역생육가열전」)

騎士曰, "沛公不好儒, 諸客冠儒冠來者, 沛公輒解其冠, 溲溺其中. 與人言, 常大罵, 未可以儒生說也." 酈生曰, "弟言之." 騎士從容言如酈生所誡者. 沛公至高陽傳舍, 使人召酈生. 酈生至, 入謁, 沛公方倨床, 使兩女洗足, 而見酈生. 酈生入, 則長揖不拜, 曰, "足下欲助秦攻諸侯乎? 且欲率諸侯破秦也?" 沛公罵曰, "豎儒! 夫天下同苦秦久矣, 故諸侯相率而攻秦, 何謂助秦攻諸侯乎?"(『史記』「酈生陸賈列傳」)

20-5-5

패공이 마침 다리를 씻고 있다가 사자에게 "어떤 사람인가?"라고 물었다.[174] 사자가 "그 겉모습이 대유(大儒)와 같은데, 유학자의 옷을 입고, 측주관(測注冠)[175]을 썼습니다"라고 대답하니, 패공이 "나 대신 그에게 사과하고, 나는 지금 천하의 일로 바빠서 유학자를 만나볼 겨를이 없다고 전하라"라고 말했다.[176] 역생은 눈을 부릅뜬 채 칼을 쥐고서 사자를 꾸짖었다. "가시오! 다시 들어가서 패공에게 나는 고양(高陽)의 술꾼

173_ 수유(豎儒)는 미천한 유생이라는 뜻으로, 유생을 업신여겨서 이르는 말이다.

174_ 『사기』「역생육가열전」의 기록에 의하면, 패공이 군사를 이끌고 진류(陳留)를 지날 때, 역생이 군문(軍門)까지 따라와 패공을 만나기를 청하면서 다음과 같이 말했다. "고양(高陽)의 천민 역이기(酈食其)는 패공께서 더위와 찬 이슬을 무릅쓰고, 군사를 거느리고 초나라를 도와 의롭지 못한 진(秦)나라를 토벌한다고 들었습니다. 삼가 따르는 자들을 위로하고 패공을 만나 뵙고서 천하 대사에 대해 말씀드리길 원합니다." 사자(使者)가 들어가 패공에게 그 말을 전했다.

175_ 측주관(側注冠)은 앞이 아래로 처진 관(冠)으로 선비들이 쓰는 관이다.

176_ 『사기』에는 "使者出謝曰, 沛公敬謝先生, 方以天下爲事, 未暇見儒人也."라는 내용이 더 있는데, 여기에는 빠져 있다.

이지 유학자가 아니라고 말하시오." 사자는 두려워서 명함[謁][177]을 떨어뜨렸다가 무릎을 꿇은 채 그 명함을 주어서 되돌아가서, 다시 들어가 보고했다. "손님은 천하의 장사(壯士)입니다. 저를 꾸짖는데, 제가 두려워서 명함을 떨어뜨릴 정도였습니다. 그는 '가시오! 다시 들어가서 나는 고양의 술꾼이라고 말하시오'라고 했습니다." 그러자 패공은 황급히 맨발로 창을 잡고 말했다. "손님을 맞이하여 들어오라!" 역생은 들어와서 패공에게 읍하고 말했다. "족하께서는 너무나 고생이 심하십니다. 더위와 추위를 무릅쓴 채,[178] 군사를 거느리고 초나라를 도와 의롭지 못한 진(秦)나라를 토벌하고 있으니, 족하께서는 어찌 스스로를 사랑하지 않습니까? 제가 천하의 일로 만나 뵙기를 원했는데, '나는 지금 천하의 일로 바빠서 유학자를 만나볼 겨를이 없다'라고 말씀하십니다."(『사기』「역생육가열전」)

沛公方洗, 問使者曰, "何如人也?" 使者對曰, "狀貌類大儒, 衣儒衣, 冠側注." 沛公曰, "爲我謝之, 言我方以天下爲事, 未暇見儒人也." 酈生瞋目案劍, 叱使者曰, "走! 復入言沛公, 吾高陽酒徒也, 非儒人也." 使者懼而失謁, 跪拾謁, 還走, 復入報曰, "客, 天下壯士也. 叱臣, 臣恐, 至失謁. 曰, '走! 復入言, 而公高陽酒徒也.'" 沛公遽雪足杖矛曰, "延客入." 酈生入揖沛公, 曰, "足下甚苦, 暴衣露冠, 將兵助楚討不義, 足下何不自喜也? 臣願以事見, 而曰'吾方以天下爲事, 未暇見儒人也.'"(『史記』「酈生陸賈列傳」)

康20-19

한고조는 유학자가 군대에 대해 말하지 않고, 또한 시대에 뒤떨어졌다

177_ 알(謁)은 알자(謁刺), 즉 면회를 청할 때 내놓는 명함이다.

178_ 폭의로관(暴衣露冠)은 의관을 햇볕과 이슬에 맞힌다는 말로, 더위와 추위를 무릅쓰고 고생한다는 뜻이다.

고 생각했기 때문에 좋아하지 않았다. 그래서 천하의 일로 바쁠 때 유학자가 와서 만나보려고 했는데도 그를 만나볼 겨를이 없다고 한 것이다. 당시에 유교에는 별도의 의관과 별도의 도술이 있었다는 것을 알 수 있으니, 이와 같은 종류이다.

漢高以儒不言兵, 且迂腐, 故不好. 猶方有事之際, 有儒[179]來見, 自未暇見之. 當時見儒別一衣冠, 別一道術, 有類此.

20-5-6

숙손통(叔孫通)이 유학자의 옷을 입자, 한고조가 그것을 싫어했다. 이에 그 옷을 바꾸어 길이가 짧은 옷을 입었는데, 그것이 초(楚) 지역의 복식 제도였기 때문에 한왕이 좋아했다. 숙손통이 한나라에 항복했을 때, 그를 따르던 유생과 제자가 100여 명이었지만, 속손통은 그들에 대해 말하여 추천하지 않고, 오로지 옛날 도적의 무리 중에서 장사(壯士)들만을 말하여 추천했다.(『사기』「유경숙손통열전」)

叔孫通儒服, 漢王憎之. 乃變其服, 服短衣, 楚制, 漢王喜. 叔孫通之降漢, 從儒生弟子百余人, 然通無所言進, 專言諸故群盜壯士進之.(『史記』「劉敬叔孫通列傳」)

康20-20

길이가 짧은 옷은 초(楚) 지역의 복식 제도라고 하니, 초나라 이후로 한나라 고조에 이르기까지 모두 길이가 짧은 옷을 사용했다는 것을 알 수 있다. 마치 지금 서양의 군주와 재상이 모두 길이가 짧은 옷을 입고, 신부(神父)와 목사(牧師)는 모두 길이가 긴 옷을 입는 것과 같다. 따라

179_ 유(儒)가 『공자개제고』에는 승(僧)으로 되어 있는데, 오자인 듯하다. 앞에서 인용한 『사기』의 문장에 근거하여 고쳤다.

서 당시에는 오직 유학자의 복장만이 길이가 긴 옷이었다.

短衣楚制, 可知自楚以來至漢高, 皆用短衣. 如今泰西君相俱短衣, 惟神父牧師皆衣長衣. 故當時惟儒服乃長衣也.

20-5-7[180]

한왕(漢王)은 숙손통을 박사로 임명하고, 직사군(稷嗣君)이라고 불렀다. 한나라 5년에 천하가 이미 병합되자, 제후들이 공동으로 정도(定陶)에서 한왕을 황제로 추대하고, 숙손통이 그 의례의 명령을 완성했다. 고조는 진나라의 까다로운 의례와 법도를 모두 없애서 간단하고 쉽게 만들었다. 그런데 많은 신하들이 술을 마시면서 공적을 다투었고, 술에 취하여 혹은 함부로 소리를 지르거나, 검을 뽑아서 기둥을 내려치기도 하니, 고조가 그것을 근심했다. 숙손통은 황제가 그것을 심하게 싫어한다는 것을 알고서 황제에게 말했다. "대체로 유학자들은 나아가서 취하는 일은 함께하기가 어렵지만, 이루어놓은 업적을 지키는 일은 함께할 수가 있습니다. 신은 노나라의 유생들을 불러서 신의 제자들과 함께 조정의 의례를 세우기를 원합니다."(『사기』「유경숙손통열전」)

漢王拜叔孫通爲博士, 號稷嗣君. 漢五年已並天下, 諸侯共尊漢王爲皇帝于定陶, 叔孫通就其儀號. 高帝悉去秦苛儀法爲簡易. 群臣飮酒爭功, 醉或妄呼, 拔劍擊柱, 高帝患之. 叔孫通知上益厭之也, 說上曰, "夫儒者難與進取, 可與守成. 臣願徵魯諸生, 與臣弟子共起朝儀."(『史記』「劉敬叔孫通列傳」)

20-5-8

이에[181] 숙손통을 태상(太常)에 임명하고, 황금 500근을 하사했다. 숙손

180_ 이하에서 인용한 『사기』「유경숙손통열전」의 내용은 이 책의 제19권 제6절 〈19-6-9〉에서 이미 인용했다. 자세한 주석은 앞의 내용을 참조 바람.

통은 나아가 진언했다. "여러 제자인 유생들이 저를 따른 지가 오래되었는데, 그들이 저와 함께 조정의 의례를 만들었으니, 폐하께 원컨대 그들에게도 관직을 내려주십시오." 고조가 그들을 모두 낭관(郎官)으로 삼았다.(『사기』「유경숙손통열전」)

乃拜叔孫通爲太常, 賜金五百斤. 叔孫通因進曰, "諸弟子儒生, 隨臣久矣, 與臣共爲儀, 願陛下官之." 高帝悉以爲郎.(『史記』「劉敬叔孫通列傳」)

20-5-9

고조가 정벌로써 천하를 안정시킬 때, 홀(笏)을 허리띠에 꽂은 무리들[182]이 자신의 지혜와 변론을 펼쳐서〈안사고가 말했다. "진신(縉紳)은 유학자의 복장이다."〉 대업을 함께 완성했다.(『한서』「육륙주류숙손전」)

高祖以征伐定天下, 而縉紳之徒騁其知辯〈師古曰, "縉紳, 儒者之服也."〉, 並成大業.(『漢書』「酈陸朱劉叔孫傳」)

20-5-10

한고조가 죽고 효혜제(孝惠帝)가 즉위하자, 숙손통에게 "선제의 원릉(園陵)과 침묘(寢廟)[183][에서의 의례를] 신하들 중에 제대로 익힌 사람이 없소"라고 했다. 그를 태상(太常)의 자리로 옮겨서 종묘의 의례와 법도를 제정하도록 했다. 한나라의 여러 의례와 법도가 점점 안정되기에 이

181_ 숙손통이 한고조를 위해 조정의 의례를 성대하게 거행한 이후의 일이다.

182_ 진신(縉紳)은 천신(薦紳)과 같은 뜻으로, 홀(笏)을 큰 띠인 신(紳)에 꽂는 것을 말한다. 공경(公卿) 및 고급관리들이 착용했다.

183_ 원릉(園陵)은 제왕들의 묘지이다. 침묘(寢廟)는 종묘에 있는 정전(正殿)과 후전(後殿)이다. 정전은 종묘의 앞에 있는 건물로 선조의 위패 등을 모시고 제사지내는 곳이고, 후전은 종묘의 뒤에 있는 건물로 선조의 의관을 보관하는 곳이다.

른 것은 모두 숙손통이 태상이 되어 이론을 세우고 기록한 것이다.(『사기』「유경숙손통열전」)

高帝崩, 孝惠卽位, 乃謂叔孫生曰, "先帝園陵寢廟, 群臣莫能習." 徙爲太常, 定宗廟儀法. 及稍定漢諸儀法, 皆叔孫生爲太常所論箸也.(『史記』「劉敬叔孫通列傳」)

20-5-11

초원왕(楚元王) 유교(劉交)는 자가 유(游)이며, 한고조와 아버지가 같은 이복동생이다.[184] 책을 좋아하고 재능과 기예가 많았다. 어릴 때 노나라의 목생(穆生) · 백생(白生) · 신공(申公)과 함께 부구백(浮丘伯)에게 『시』를 배웠다.[185] 부구백은 순경(荀卿)의 문인이다.(『한서』「초원왕전」)

楚元王交, 字游, 高祖同父少弟也. 好書, 多材藝. 少時, 嘗與魯穆生 · 白生 · 申公, 俱受『詩』于浮丘伯. 伯者, 孫卿門人也.(『漢書』「楚元王傳」)

20-5-12

초원왕은 초국(楚國)에 도착한 이후, 목생 · 백생 · 신공을 중대부(中大夫)로 삼았다. 여태후(呂太后) 때, 부구백이 장안(長安)에 있었는데, 초원왕은 아들 유영객(劉郢客)과 신공을 파견하여 함께 공부를 마치도록 했다.

184_ 『사기』「초원왕세가(楚元王世家)」에는 '楚元王劉交者, 高祖之同母少弟也.'로 되어 있다.

185_ 『한서』 복건의 주에서 "백생(白生)은 노나라 엄리(奄里) 사람이고, 부구백(浮丘伯)은 진나라 때의 유생이다"라고 했다. 부구백(浮丘伯)은 한나라 초기에 『시(詩)』를 전수한 인물로 알려져 있는데, 포구자(包丘子) 또는 포구(鮑丘)라고도 한다. 『염철론』「훼학(毁學)」편에 "이사(李斯)와 포구자(包丘子)는 모두 순경(荀卿)을 섬겼다"라는 기록이 보인다.

문제(文帝) 때에는 신공이 『시』에 가장 정통하다는 소문을 듣고, 박사로 삼았다. 초원왕이 『시』를 좋아하니, 제자(諸子)들이 모두 『시』를 읽었다. 신공이 처음으로 『시』에 대해 해설한 전(傳)을 만들었는데,[186] 『노시(魯詩)』라고 불렀다. 초원왕이 또한 『시』의 전(傳)을 묶어서 편집했는데, 『원왕시(元王詩)』라고 불렀다.(『한서』「초원왕전」)

元王旣至楚, 以穆生·白生·申公爲中大夫. 高后時, 浮丘伯在長安, 元王遣子郢客與申公俱卒業. 文帝時, 聞申公爲『詩』最精, 以爲博士. 元王好『詩』, 諸子皆讀『詩』. 申公始爲『詩』傳, 號『魯詩』. 元王亦次之『詩』傳, 號曰『元王詩』.(『漢書』「楚元王傳」)

20-5-13

처음에 초원왕은 신공 등을 공경하고 예우했다. 목생은 술을 좋아하지 않았는데, 초원왕은 술자리를 마련할 때마다 항상 목생을 위해서 단술을 준비했다. 유무(劉戊)[187]가 즉위할 때까지는 항상 단술을 준비했지만, 그 이후에는 준비하는 것을 잊어버렸다. 목생은 물러나면서 말했다. "떠날 때가 되었구나. 단술이 준비되지 않으니, 왕의 뜻이 태만해진 것이다. 떠나지 않으면 초국(楚國) 사람들이 시장바닥에서 나의 목에 칼을 씌울 것이다."[188] 병을 핑계로 물러나 누워 있었는데, 신공과 백공이 억지로 그를 일으켜 세우면서 말했다. "어찌 유독 선왕의 덕을 생각하지 않는가? 지금 왕이 잠깐 작은 예법을 실수했는데, 어찌 이렇게까지 할 필요가 있는가?" 목생이 말했다. "『역』에서 '기미를 아는 것

186_ 전(傳)은 안사고가 『시』에 대해 해설한 것으로, 지금 『시』에서의 『모씨전(毛氏傳)』과 같다고 했다.

187_ 초원왕이 재위 23년에 죽고, 그의 아들인 이왕(夷王) 유영객(劉郢客)이 뒤를 이었다. 유영객이 재위 4년 만에 죽고, 뒤를 이은 아들이 바로 유무(劉戊)이다.

188_ 겸(鉗)은 항쇄(項鎖), 즉 죄인의 목에 칼을 씌우는 형벌이다.

은 신묘한 것이다![189] 기미라는 것은 움직임이 은미한 것이고, 길흉이 먼저 드러난 것이다. 군자는 기미를 보고 움직이니, 하루 종일을 기다리지 않는다'[190]라고 했다. 선왕이 우리 세 사람을 예우한 까닭은 도가 남아 있었기 때문이다. 지금에 와서 그것을 소홀히 하니, 이것은 도를 잊어버린 것이다. 도를 잊어버린 사람과 어찌 함께 오랫동안 처할 수 있겠는가? 어찌 자질구레한 예법 때문이겠는가?" 마침내 병을 핑계로 물러나서 떠났다.(『한서』「초원왕전」)

初, 元王敬禮申公等. 穆不耆酒, 元王每置酒, 常爲穆生設醴. 及王戊卽位, 常設, 後忘設焉. 穆生退曰, "可以逝矣. 醴酒不設, 王之意怠. 不去, 楚人將鉗我於市." 稱疾臥, 申公·白生强起之, 曰, "獨不念先王之德與? 今王一旦失小禮, 何足至此?" 穆生曰, "『易』稱'知幾其神乎! 幾者, 動之微, 吉凶之先見者也. 君子見幾而作, 不俟終日.' 先王之所以禮吾三人者, 爲道之存故也. 今而忽之, 是忘道也. 忘道之人, 胡可與久處? 豈爲區區之禮哉?" 遂謝病去.(『漢書』「楚元王傳」)

20-5-14

양회왕(梁懷王) 읍(揖)은 효문제(孝文帝)의 작은 아들인데,[191] 『시』와 『서』를 좋아했다.(『한서』「문삼왕전」)

梁懷王揖, 文帝少子也, 好『詩』·『書』.(『漢書』「文三王傳」)

189_ 『역』「계사 하」편에는 이 문장 뒤에 "君子上交不諂, 下交不瀆, 其知幾乎!"라는 내용이 더 있다.

190_ 『역』「계사 하」편에 보인다.

191_ 『한서』「문삼왕전」에 의하면, 효문제(孝文帝)에게는 네 명의 아들이 있었는데, 효경제(孝景帝)와 양효왕(梁孝王) 무(武), 그리고 대효왕(代孝王) 삼(參)과 양회왕(梁懷王) 읍(揖)이다.

20-5-15

장창은 진나라 때부터 궁궐에서 사방의 문서 기록을 주관하는 어사였는데, 천하의 도서(圖書)와 재정, 호적에 매우 익숙했고, 또한 산학(算學)이나 음률, 역법을 잘했다. 따라서 [소하(蕭何)는] 장창에게 열후(列侯)로서 승상의 관저[192]에 거처하면서 군국(郡國)의 상계(上計) 담당자들을 관리하고 주관하도록 했다.[193](『한서』「장창열전」)

而蒼乃自秦時爲柱下御史, 明習天下圖書計籍, 又善用算律曆. 故令蒼以列侯居相府, 領主郡國上計者.(『漢書』「張蒼列傳」)

20-5-16

[제(齊)나라] 도혜왕(悼惠王) 때는 춘추시대 때의 제나라보다 부유하게 되었고, 조참(曹參, ?~B.C.190)은 나이가 많고 유능한 스승들을 모두 불러들여서 백성들을 편안하게 다스릴 방도를 물었다. 그래서 제나라에는 옛 유생들이 수백 명이나 몰려들었는데, 말하는 내용이 사람마다 제각각이어서 조참은 어떤 말을 채택해야 할지를 몰랐다.(『한서』「조참전」)

悼惠王富于春秋, 參盡召長老諸先生, 問所以安集百姓. 而齊故諸儒以百數, 言人人殊, 參未知所定.(『漢書』「曹參傳」)

192_ 상부(相府)는 당시 승상이 정무를 보던 관저이다.

193_ 당시에 소하(蕭何)가 상국(相國)을 맡고 있었는데, 장창의 능력을 인정하여 이와 같은 임무를 맡도록 했다. 상계(上計)는 한나라 때의 제도로, 군국(郡國)에서 중앙으로 매년 말 경내(境內)의 호구(戶口)와 부세(賦稅), 옥송(獄訟) 등을 장부에 적어 보고하여 인사고과에 참고하게 하던 일이다. 『사기』「장승상열전(張丞相列傳)」에 의하면, 장창이 열후가 되기 전에 한 달 동안 계상(計相)의 임무를 맡았고, 열후가 된 이후에도 4년 동안 주계(主計)라는 임무를 맡았다고 했는데, 계상과 주계가 모두 상계(上計)를 담당하는 직책이다.

康20-21

조참이 제(齊)나라의 승상(丞相)으로 있을 때 유생 수백 명이 정치에 대해 말했으니, 진나라와 한나라 시대에 유생이 본래부터 많았다는 것을 알 수 있다.

曹參相齊時, 諸儒百數言治, 則知秦·漢之際, 儒生固多矣.

20-5-17

가생(賈生, B.C.200~B.C.168)[194]은 이름이 의(誼)이고, 낙양(洛陽) 사람이다. 나이 18세 에 시를 암송하고 글을 짓는 것을 잘하여 군(郡) 내에서 소문이 났다. 오(吳)씨 성을 가진[195] 정위(廷尉)가 하남(河南)의 태수였는데, 그가 뛰어난 재주를 가졌다는 소문을 듣고, 자신의 문하로 불러들여 매우 총애했다. 효문제(孝文帝)가 처음 즉위했을 때, 하남의 태수 오공(吳公)의 업석[196]이 천하에서 첫 번째이고, 옛날에 이사(李斯)와 같은 읍에 살면서 항상 그에게 배우고 섬겼다는 말을 듣고, 그를 불러서 정위(廷尉)로 삼았다. 정위가 가생은 나이는 어리지만 제자백가의 학문에 매우 정통하다고 말하니, 문제가 가생을 불러 박사로 임명했다.(『사기』「굴원가생열전」)

賈生名誼, 洛陽人也. 年十八, 以能誦『詩』, 屬書, 聞於郡中. 吳廷尉

194_ 가생(賈生)은 가의(賈誼)를 말한다. 하남성(河南省) 낙양(洛陽) 사람으로, 한나라 문제(文帝)의 총애를 받아 약관의 나이에 최연소 박사가 되었고, 1년 만에 태중대부(太中大夫)가 되었는데, 당시 정치적인 문제로 장사왕(長沙王)의 태부(太傅)로 좌천되기도 했다. 문제의 막내아들 양왕(梁王)의 태부가 되었으나, 왕이 급서하자 애도한 나머지 1년 후 33세의 나이로 죽었다. 저서로는 『신서(新書)』 10권과 「과진론(過秦論)」·「복조부(鵩鳥賦)」·「조굴원부(弔屈原賦)」 등이 있다.

195_ 『사기색은』에 의하면, 오(吳)는 성(姓)으로, 사관이 이름을 빠뜨려서 기록한 것이다. 따라서 뒤에서는 공(公)이라고만 말했다.

196_ 치평(治平)은 관리의 정치적 업적을 말한다.

爲河南守, 聞其秀才, 召至門下, 甚幸愛. 孝文皇帝初立, 聞河南守吳公治平爲天下第一, 故與李斯同邑而常學事焉, 乃徵爲廷尉. 廷尉乃言賈生年少, 頗通諸子百家之書, 文帝召以爲博士.(『史記』「屈原賈生列傳」[197])

20-5-18

가생은 한나라가 흥기하여 효문제(孝文帝)에 이르는 20여 년 동안 천하가 화평하므로 마땅히 역법을 고치고 복색(服色)을 바꾸며, 제도를 법도에 맞게 하고 관직의 명칭을 정립하며, 예악을 부흥시켜야 한다고 생각했다. 이에 의례와 법률에 관한 일을 처음으로 모두 구비했는데, 색은 황색을 숭상하고[198] 숫자는 오(五)를 사용하며,[199] 관직의 명칭을 만들어 진나라의 법제를 모두 고치려고 했다. 효문제는 막 즉위를 했기 때문에 겸양하면서 서두르지 않았다. 그런데 모든 율령에 대한 개정과 열후(列侯)들을 각자의 봉지로 나가 다스리도록 한 것은 모두 가생으로부터 나온 주장이다.(『사기』「굴원가생열전」)

賈生以爲漢興, 至孝文二十餘年, 天下和洽, 而固當改正朔, 易服色, 法制度, 定官名, 興禮樂. 乃悉草具其事儀法, 色尙黃, 數用五, 爲官

197_ 『공자개제고』에는 편명이 '굴가열전(屈賈列傳)'으로 되어 있는데, 『사기』 원문에 따라 보충했다.

198_ 『사기』「효문제기(孝文帝紀)」의 기록에 의하면, 효문제 15년(B.C.164)에 황룡(黃龍)이 성기현(成紀縣)에 출현하자, 노(魯) 지역의 공손신(公孫臣)을 불러서 박사로 삼고, 토덕(土德)에 관한 일을 밝히도록 했다. 한 해 전에 공손신이라는 사람이 황제에게 오덕(五德)의 순환에 대한 글을 상주했는데, 그는 지금이 토덕(土德)의 시대이고, 토덕의 시대에는 반드시 황룡이 나타나므로 역법과 복색 등의 제도를 개정해야 한다고 주장했다. 당시 승상이었던 장창(張蒼)은 그 시대는 수덕(水德)의 시대이므로 흑색(黑色)을 숭상해야 한다고 주장했다.

199_ 수(數)는 관인(官印)의 글자 수를 말한다. 오행 중에서 토(土)는 다섯 번째에 해당하므로, 관인의 글자 수도 또한 다섯 글자를 사용했다.

名, 悉更秦之法. 孝文帝初卽位, 謙讓未遑也. 諸律令所更定, 及列侯悉就國, 其說皆自賈生發之.(『史記』「屈原賈生列傳」)

20-5-19

효무제(孝武帝)가 즉위하자, 가생의 손자 2명을 등용하여 군수(郡守)가 되도록 했는데, 가가(賈嘉)가 [손자 중에서] 가장 학문을 좋아하여 그 집안의 학문을 대대로 이었으며, 나와는 서신을 왕래하는 사이였다. 효소제(孝昭帝) 때에 이르러서는 구경(九卿)의 반열에 올랐다.(『사기』「굴원가생열전」)

孝武皇帝立, 擧賈生之孫二人至郡守, 而賈嘉最好學, 世其家, 與余通書. 至孝昭時, 列爲九卿.(『史記』「屈原賈生列傳」)

康20-22

오공(吳公)은 이사(李斯)의 제자이니, 곧 순경(荀卿)의 재전(再傳) 제자이다. 가의는 실제로 순경의 후학이다.

吳公爲李斯弟子, 卽荀卿再傳. 賈誼實荀卿後學也.

20-5-20

송충(宋忠)은 중대부(中大夫)였고, 가의(賈誼)는 박사였다. 같은 날 함께 휴가[200]를 나와 서로 함께 다니면서 토론했는데, 『역』의 선왕과 성인의 도술이 인정(人情)에 두루 미쳐 있다는 것을 논의하고서 서로 마주보고

200_ 세목(洗沐)은 관리의 휴가를 말하는데, 휴목(休沐)이라고도 한다. 『사기정의』에 의하면, 한나라 때의 관리들은 5일에 한 번씩 휴가를 내서 집에서 목욕하고 쉬었다고 한다. 한편 송나라 때는 10일에 한 번씩 휴가를 주었다고 한다.

감탄했다.(『사기』「일자열전」)

宋忠爲中大夫, 賈誼爲博士. 同日俱出洗沐, 相從論議, 誦『易』先王聖人之道術, 究遍人情, 相視而歎.(『史記』「日者列傳」)

20-5-21

노(魯) 지역 사람 공손신(公孫臣)이 황제에게 글을 올려, 반복하여 오덕(五德)이 순환하는 일[201]을 진술했다. 그는 지금이 토덕(土德)의 때이며, 토덕에는 황룡(黃龍)이 호응하여 나타나니, 역법과 복색, 제도를 고쳐야 한다고 말했다. 천자는 그 일을 하명하여 승상과 의론하도록 했다. 승상은 추산하여 지금이 수덕(水德)에 해당된다고 여겨 처음으로 10월을 정월로 삼고, 흑색을 숭상하는 일을 밝혔다. 그리고 공손신의 말이 옳지 않다고 여겨서, 그것을 물리쳐야 한다고 요청했다. 그런데 15년에 황룡이 성기현(成紀縣)에 출현하자, 천자는 다시 공손신을 불러 박사로 삼고, 토덕의 일을 거듭 밝히도록 했다.(『사기』「효문본기」)

魯人公孫臣上書陳終始傳五德事. 言方今土德時, 土德應黃龍見, 當改正朔·服色·制度. 天子下其事, 與丞相議. 丞相推以爲今水德, 始明正十月, 上黑事. 以爲其言非是, 請罷之. 十五年, 黃龍見成紀, 天子乃復召魯公孫臣以爲博士, 申明土德事.(『史記』「孝文本紀」)

201_ 추연(鄒衍)이 주장한 오덕종시설(五德終始說)을 말한다. 자연의 오덕(五德), 즉 금(金)·목(木)·수(水)·화(火)·토(土)가 서로 순환하듯이, 인간 세계의 왕조도 서로 순환하면서 교체되므로, 각각의 덕에 맞추어 역법, 복색 등의 제도를 고쳐야 한다는 주장이다. 『사기』「맹자순경열전」에 "하늘과 땅이 나누어진 이후로, 오덕(五德)이 순환하고, 각 왕조의 정치는 각각 마땅함이 있는데, [오덕의 순환과 왕조의 정치가] 이러저러하게 서로 부응한다는 것을 증명했다[稱引天地剖判以來, 五德轉移, 治各有宜, 而符應若茲.]"라는 말이 보인다.

康20-23

공손신이 역법과 복색, 제도를 고칠 것을 요청한 것은 대체로 『춘추』의 개제 이론을 사용한 것이다. 오덕종시(五德終始)도 유가의 삼통(三統)의 의리이니, 추연[의 주장]이라는 이유로 배척해서는 안 된다.

公孫臣請改正朔・服色・制度, 蓋用『春秋』改制. 五德終始, 亦是儒家三統義, 不得以鄒衍黜之.

20-5-22

공손광(公孫光)이 양은(楊殷)에게 저[순우의(淳于意)]를 부탁하면서 말했습니다.[202] "순우의(淳于意)는 의술을 좋아하니,[203] 당신은 반드시 그를 삼가며 대우하라. 이 사람은 성인의 도를 흠모하는 유학자이다."[204](『사기』「편작창공열전」)

光又屬意于殷, 曰, "意好數, 公必謹遇之. 其人聖儒."(『史記』「扁鵲倉公列傳」)

202_ 이 열전에서 다룬 인물은 태창공(太倉公)이라는 사람으로, 성은 순우(淳于)이고 이름은 의(意)이다. 제(齊)나라 임치(臨菑) 사람으로, 태창(太倉)의 장관(長官) 출신이며 의술에 뛰어난 인물이었다. 그리고 공손광(公孫光)은 태창공(太倉公)의 스승이고, 양은(楊殷)은 태창공의 스승인 양경(楊慶)의 아들이다. 태창공에 대한 자세한 사적과 위에서 나온 인물들의 관계에 대해서는 『사기』「편작창공열전(扁鵲倉公列傳)」 참조.

203_ 수(數)는 『사기색은』에서 술수(術數)라고 했는데, 의술(醫術)을 의미한다고 할 수 있다.

204_ 성유(聖儒)는 『사기색은』에서 "순우의가 유학자의 덕이 있고, 성인의 덕을 흠모함을 말한다"라고 했다. 한편 캉유웨이는 아래의 해설에서 성유(聖儒)를 유학자의 극존칭인 '성스러운 유학자'라는 뜻으로 이해했는데, 다소 받아들이기 힘들다. 순우의를 의술이 뛰어나면서도 유학의 도를 추구하는 사람이라고 보는 것이 더 타당할 듯하다.

康20-24

유학자 중에서 최상에 위치에 있는 사람이 '성스러운 유학자(聖儒)'이다. 순자가 말한, 예(禮) 안에서 사방 구석까지 두루 다 미치는 성인[205]이 바로 성스러운 유학자이다. 유교 가운데에서 최상의 품격을 갖춘 명칭이지만, 교설을 창립한 자는 그렇게 명명할 수 없으니, 그 사람은 단지 '신인(神人)'이라고 말할 수 있을 것이다.

儒之極者爲'聖儒'. 荀子所稱於禮旁皇周浛之聖人也, 卽聖儒也. 蓋儒敎中之極品名號, 創敎者不能名之, 只能謂之'神人'矣.

20-5-23

가산(賈山)은 영천(潁川) 사람이다. 조부인 거(祛)는 옛날 위왕(魏王)[206] 때 박사제자(博士弟子)였다. 가산은 거(祛)에게 학문을 전수받았는데, 말하는 것이 서적이나 문서를 두루 읽기는 했지만[207] 순수한 유학자가 되지는 못했다.(『한서』「가산전」)

賈山, 潁川人也. 祖父祛, 故魏時博士弟子也. 山受學祛, 所言涉獵書記, 不能爲醇儒.(『漢書』「賈山傳」)

205_ 방황주흡(旁皇周浛)은 사방 구석구석까지 두루 미친다는 뜻이다. 『순자』「예론(禮論)」편에는 "於是其中焉, 方皇周挾, 曲得其次序, 是聖人也."라고 기록되어 있다. 방황(方皇)은 양경이 방황(彷徨)과 같고, 배회(徘徊)와 같은 뜻이라고 했다. 사방 구석구석 모든 곳이라는 의미이다. 주협(周挾)은 주협(周浹)이나 주흡(周浛)과 같은 말로, 두루 미친다는 의미이다.

206_ 위(魏)는 안사고가 육국(六國) 시대의 위(魏)라고 했다.

207_ 섭렵(涉獵)은 서적이나 문서 등의 책을 두루 읽는 것이다. 안사고가 "두루 읽기는 했지만 전문적이고 정밀하게 공부하지는 않았다"라고 했다.

20-5-24

태사공(太史公)은 당도(唐都)[208]에게 천관(天官)[209]을 배웠고, 양하(楊何)[210]에게 『역(易)』을 전수받았다.(『사기』「태사공자서」)

太史公學天官于唐都, 受『易』于楊何.(『史記』「太史公自序」)

康20-25

천관(天官)의 명칭과 의미는 칠위(七緯)와 합치되니,[211] 또한 공자의 학문이다.

大官名義與七緯合, 亦孔學也.

20-5-25

효문제(孝文帝) 때, 천하에는 『상시(尙書)』를 연구하는 사람이 없었고, 오직 제남(濟南)의 복생(伏生)이 본래 진(秦)나라의 박사로서 『상서』를 연구했다고 알려져 있었다.[212] 그런데 그의 나이가 90여 세로 늙었기 때문에 소성으로 불러들일 수가 없었다. 이에 태상(太常)에게 명령을 내려 사람을 파견하여 그에게 학문을 전수받도록 하니, 태상은 조조(晁錯)를

208_ 당도(唐都)는 『사기정의』에서 인용한 「천관서(天官書)」에서 "별의 운행에 대해서는 당도가 최고이다"라고 했다.

209_ 천관(天官)은 하늘의 별자리 운행을 관찰하여 기후 및 길흉을 판단하는 관직 및 그러한 학문을 뜻한다. 오늘날의 천문학과 점성술이 결합된 형태이다.

210_ 양하(楊何)는 『사기집해』에서 서광이 치천(菑川) 사람이라고 했다.

211_ 칠위(七緯)는 일(日)과 월(月), 그리고 수·화·목·금·토의 다섯 별을 말한다. 인간 세상의 관직과 마찬가지로 모든 별들에도 존비와 예속의 관계가 있다고 여겨 둘을 상호 대비시켜 관직의 명칭과 제도를 만든 것이 바로 천관(天官)이다.

212_ 『한서』「복승전(伏勝傳)」에도 "伏生, 濟南人也, 故爲秦博士."라는 기록이 보인다.

파견하여 복생이 있는 곳에서 『상서』를 전수받도록 했다.(『사기』 「원앙조조열전」)

孝文帝時, 天下無治『尙書』者, 獨聞濟南伏生, 故秦博士, 治『尙書』. 年九十餘, 老不可徵. 乃詔太常使人往受之, 太常遣錯, 受『尙書』伏生所.(『史記』「袁盎晁錯列傳」)

20-5-26

하간헌왕(河間獻王)[213] 유덕(劉德)은 효경제 전원(前元) 2년(B.C.155)에 황자(皇子)로서 하간왕(河間王)에 봉해졌다. 유학을 좋아하여 옷을 입거나 황급한 상황에서 행동하는 것[214]도 반드시 유학자의 태도에 맞게 했다. 산동(山東) 지역의 유학자들은 대부분 그를 따라서 교유했다.(『사기』 「오종세가」)

河間獻王德, 以孝景帝前二年, 用皇子爲河間王. 好儒學, 被服造次必於儒者. 山東諸儒多從之遊.(『史記』「五宗世家」)

20-5-27

양효왕(梁孝王)이 사마상여(司馬相如, B.C.179~B.C.117)에게 여러 학자들과 함께 머물게 했기 때문에 그는 여러 학자들이나 유세객들과 수년 동안 함께 거처할 수 있었다.[215](『사기』 「사마상여열전」)

213_ 하간헌왕(河間獻王)은 한나라 경제(景帝)의 셋째 아들인 유덕(劉德)이다. 경제가 즉위하기 2년 전에 하간왕(河間王)으로 봉해졌으며, 시호가 헌(獻)이다.

214_ 조차(造次)는 매우 급작스럽거나 황망한 때로, 하간헌왕이 아무리 황급한 상황에서도 유학자의 태도에 맞추어 거기에서 벗어나지 않았다는 말이다. 『논어』 「리인」편에 "子無終食之間違仁, 造次, 必於是, 顚沛, 必於是."라는 말에서 인용한 것이다.

215_ 『사기』의 기록에 의하면, 사마상여는 효경제(孝景帝) 아래에서 벼슬하고 있을

梁孝王令與諸生同舍, 相如得與諸生游士居數歲.(『史記』「司馬相如列傳」)

20-5-28

두영(竇嬰)과 전분(田蚡)은 모두 유가의 학술을 좋아했다.(『한서』「전분전」)

嬰·蚡俱好儒術.(『漢書』「田蚡傳」)

20-5-29

유학자 중에 사악하고 편벽된 사들이 있는데도 선왕의 도가 사라지지 않은 것은 무엇 때문인가? 선왕의 도를 실천하는 자가 많기 때문이다.(『회남자』「수무훈」)

儒有邪辟者, 而先王之道不廢, 何也? 其行之者多也.(『淮南子』「修務訓」)

<이상 유교가 한나라 초기에 성행하다: 右儒敎盛行于漢初>

때, 양효왕이 황제를 알현하러 왔는데, 추양(鄒陽), 매승(枚乘), 장기(莊忌) 등의 유세객을 함께 데리고 왔다. 사마상여는 그 유세객들을 좋아하여 병을 핑계로 벼슬에서 물러나 양나라로 가서 문객이 되었다. 양효왕은 그를 유세객들과 함께 머물게 했는데, 그때 지은 작품이 바로「자허부(子虛賦)」이다.

제21권 | 한무제 이후 유교가 사상을 통일하다

漢武帝後儒教一統考

An Annotated Translation of "Confucius as a Reformer"

제21권 머리글

공자의 도는 신묘하고 밝은 이치와 합치되고, 천지(天地)를 본받아서 만물을 기르니, 상하 사방의 공간과 사계절의 시간까지 두루 통하며, 근본적이고 말단적인 사물, 정밀하거나 거친 사물 모두에 그 도가 존재하지 않는 곳이 없다.[1] 제자백가들은 자신들의 미약한 힘[2]을 휘두르다가 스스로 멸망을 자초했다. [노나라 애공(哀公) 14년(B.C.481)] 기린을 잡은 사건[獲麟][3]으로부터 [한무제(漢武帝)] 원수(元狩) 연간(B.C.122~B.C.117)[4]에 이르는 300년 동안 추악하고 혼란한 이론들을 없애고, 묵가(墨家)와

1_ 『장자』 「천하(天下)」편에 다음과 같은 내용이 보인다. "옛날 사람은 도술을 완전하게 갖추고 있었다. 천지의 신묘하고 밝은 이치와 합치되며, 천지를 본받아서 만물을 기르고 천하를 조화시켜 그 은택이 모든 백성에게까지 미쳤다. 도의 근본 원리를 밝히고, 구체적인 법도를 연계시켰으며, 상하 사방의 공간과 사계절의 시간까지 두루 통하며, 작고 크거나 정밀하고 거친 모든 사물에 그 도의 운행이 존재하지 않는 곳이 없었다[古之人其備乎. 配神明, 醇天地, 育萬物, 和天下, 澤及百姓. 明於本數, 係於末度, 六通四辟, 小大精粗, 其運無乎不在.]" 순천지(醇天地)는 천지를 법칙으로 삼는다는 의미이다. 천구잉은 장빙린(章炳麟)의 『장자해고(莊子解故)』를 인용하여 순(醇)이 준(準)의 가차라고 했다. 그리고 육통사벽(六通四辟)은 천구잉에 의하면, 육(六)은 육합(六合), 즉 상하와 사방의 공간이고, 사(四)는 사시(四時)의 시간을 가리킨다. 벽(辟)은 벽(闢)과 같은 의미이다.

2_ 당부(螳斧)는 사마귀의 앞발로, 스스로 자신의 힘을 헤아리지 못하거나 매우 미약한 힘을 비유한다.

3_ 『춘추』의 기록은 애공(哀公) 14년(B.C.481) "서쪽에서 기린을 잡았다[西狩獲麟.]"라는 기록으로 끝이 난다. 『사기』 「유림열전」에 의하면, 당시 71세였던 공자는 이 사건이 발생하자, "나의 도가 끝이 났다"라고 한탄했다고 한다[西狩獲麟曰, 吾道窮矣.] 캉유웨이는 바로 이 시점부터 공자의 도가 끊어진 것으로 이해했다.

4_ 원수(元狩)는 한무제의 연호 중의 하나이다. 무제가 건원(建元) 원년(B.C.140)에 우수한 인재들을 추천하라는 칙령을 내렸고, 6년 후인 원광(元光) 원년(B.C.134)에 동중서가 '대일통(大一統)'을 핵심으로 한 「현량대책(賢良對策)」을 올려서 채택됨으로써 유학에 의한 사상 통일이 시작되었다. 동중서의 대책문이 상주된 시점에 대해서는 여러 가지 이견이 있는데, 캉유웨이는 원수(元狩) 연간에 유교에 의한 사상 통일이 본격적으로 진행됨으로써 공자의 도가 다시 확립되었다고 파악한 듯하다.

노자(老子)의 사상을 제거하여[5] 천하가 귀의하여 돌아가니, 큰 도가 하나로 통일되었다. 단지 군국(郡國)에 학교를 세웠을 뿐만 아니라, 심지어 변방의 야만족들이 자제들을 보내니,[6] 외곽 지역에까지 밝게 두루 메꾸어 육경(六經)이 해와 달보다 높이 솟아올랐다. 『춘추』가 주나라를 계승하여 100세대를 포괄하니, 성대하구나!

孔子之道, 配神明, 醇天地, 育萬物, 本末精粗, 六通四辟, 無乎不在. 諸子奮其螳斧, 自取滅亡. 自獲麟至元狩三百年, 削莠鏟亂, 芟墨夷老, 天下歸往, 大道統一. 非特郡國立學, 乃至裔夷遣子, 章縫遍於外域, 六經揭於日月. 『春秋』繼周, 範圍百世, 盛矣哉!

1. 한무제가 제자백가를 축출하고 유교만을 숭상하다 [漢武帝罷黜百家, 專崇儒教]

21-1-1[7]

『춘추』에서 하나로의 통일을 중시한 것[大一統]은 그것이 천지(天地)의 변함없는 법칙이요, 고금(古今)에 통용되는 올바른 법도이기 때문입니다. 현재는 스승마다 추구하는 도를 달리하고 사람마다 논의를 달리하여, 제자백가가 방향을 달리하고 지향하는 뜻이 같지 않습니다. 이 때문에 위에서는 통일을 유지할 방법이 없으며, 법제가 자주 변하기

5_ 삭유산란(削莠鏟亂)은 추악함을 제거하고 혼란함을 없앤다는 뜻이다. 삼묵이로(芟墨夷老)는 묵가와 노자와 같은 이단의 사상을 제거한다는 뜻이다.

6_ 『후한서』「유림열전」에 "匈奴亦遣子入學."이라는 기록이 보인다. 예이(裔夷)는 먼 변방지역에 사는 야만 민족을 말한다.

7_ 이하에서 인용한 『한서』「동중서전」의 내용은 이 책의 제7권 제3절〈7-3-9〉에서 이미 인용했다. 자세한 주석은 앞의 내용을 참조 바람.

때문에 아래에서는 무엇을 지켜야 할지 알지 못합니다. 어리석은 신은 육예(六藝)의 학과에 속하지 않는 것과 공자의 학술에 속하지 않는 모든 학술은 그 길을 끊어버려서 나란히 함께 나아가지 못하게 해야 한다고 생각합니다. 사악하고 편벽된 학설이 사라진 이후에야 통치의 기강이 통일될 수 있고 법도가 밝혀질 수 있으니, [그렇게 되면] 백성들도 따라야 할 도리를 알게 될 것입니다.(『한서』「동중서전」)

『春秋』大一統者, 天地之常經, 古今之通誼也. 今師異道, 人異論, 百家殊方, 指意不同. 是以上亡以持一統, 法制數變, 下不知所守. 臣愚以爲諸不在六藝之科・孔子之術者, 皆絶其道, 勿使幷進. 邪闢之說滅息, 然後統紀可一而法度可明, 民知所從矣.(『漢書』「董仲舒傳」)

21-1-2

무제가 처음 즉위한 이후로, 위기후(魏其侯) 두영(竇嬰)과 무안후(武安侯) 전분(田蚡)이 승상이 되어 유학자를 높였다. 동중서는 대책을 올릴 때 공자를 미루어 밝히고 제자백가를 축출했다. 학교의 관리를 두거나 주군(州郡)에서 무재(茂材)와 효렴(孝廉)[8]을 천거한 것은 모두 동중서로부터 발의된 것이다.(『한서』「동중서전」)

自武帝初立, 魏其・武安侯爲相, 而隆儒矣. 及仲舒對冊, 推明孔氏, 罷黜百家. 立學校之官, 州郡擧茂材孝廉, 皆自仲舒發之.(『漢書』「董仲舒傳」)

8_ 무재(茂材)는 한나라 때 인재를 선발하던 과목의 하나인 수재(秀才)를 말하는데, 후한의 광무제(光武帝) 유수(劉秀)의 이름을 피하기 위해 무재라고 했다. 효렴(孝廉)도 한나라 때 관리를 임용하던 과목의 이름인데, 한무제 때 각 군국(郡國)에서 해마다 효성이 지극하고 청렴한 사람을 한 사람씩 추천하게 한 것에서 비롯되었다.

21-1-3

무제가 처음 즉위했을 때, 확실하게 제자백가를 축출하고, 육경(六經)을 드러내 밝혔다. 마침내 천하에서 두루 자문을 구해서 재주나 학식이 뛰어난 인물들을 등용하여[9] 그들과 함께 공적을 세웠다. 태학을 흥기시키고 하늘과 땅에 지내는 제사를 손질했으며,[10] 역법을 고치고 역수(歷數)를 개정했으며, 음률(音律)을 맞추고 시(詩)와 음악을 만들었으며, 봉선(封禮)[11] 의식을 세우고 온갖 신들을 예우하니, 주나라의 뒤를 계승하여 호령(號令)과 문장(文章)이 찬연하게 밝혀졌다. 그 후손들은 큰 업적을 그대로 따라서 삼대(三代)의 유풍을 간직할 수 있게 되었다.(『한서』「무제본기」)

孝武初立, 卓然罷黜百家, 表章六經. 遂疇諮海內, 擧其俊茂, 與之立功. 興太學, 修郊祀, 改正朔, 定歷數, 協音律, 作詩樂, 建封禮, 禮百神, 紹周後, 號令文章, 煥焉可述. 後嗣得遵洪業, 而有三代之風.(『漢書』「武帝本紀」)

21-1-4

한무제는 재능과 자질이 높고 신묘하며, 선대의 업적을 받들면서 광범위한 사상 통일의 계획을 가지고 있었기 때문에 즉위하자마자 큰 뜻을 펼쳤다. 그는 고금의 역사를 고찰하고 종합하며, 앞선 성인의 옛 사례를 모범으로 삼아 역법을 세우고 제도를 개정했으며, 뛰어난 인재를

9_ 주자(疇諮)는 안사고가 주(疇)는 수(誰)이고, 자(諮)는 모(謀)라고 했다. 즉 누구에게나 찾아가서 자문을 구하는 것이다. 준무(俊茂)는 재주나 학식이 남들보다 뛰어난 인물이다.

10_ 교사(郊祀)는 교외에서 황제가 하늘과 땅에 지내는 제사이다. 교(郊)는 대사(大祀), 사(祀)는 군사(群祀)를 말한다.

11_ 봉선(封禮)은 하늘과 땅에 제사를 지내는 봉선(封禪)과 같은 말이다.

초빙하고 선발했으며, 위엄스러운 분노를 크게 떨쳐 정벌 전쟁[12]을 사방으로 펼치자 정벌을 당하는 자들이 복종했으며, 육예를 흥기시키고 유교의 학술을 널리 진작시켰다. 세상이 생긴 이래로 한나라가 가장 흥성했기 때문에 밝게 드러나 세상의 으뜸이 되었으니, 탁월한 최고의 군주라고 말할 수 있다.(『신론』「식통」)

漢武帝材質高妙, 有崇先廣統之規, 故卽位而開發大志. 考合古今, 模範前聖故事, 建正朔, 定制度, 招選俊傑, 奮揚威怒, 武[13]義四加, 所征者服, 興起六藝, 廣進儒術. 自開闢以來, 惟漢家爲最盛焉, 故顯爲世宗, 可謂卓爾絶世之主矣.(『新論』「識通」)

康21-1

공자의 제도는 한무제에 이르러서야 크게 행해졌다고 하고, 또 하나로 통일되었다고 하니, [한무제는] 바로 불교의 아소카(Asoka, 阿育)[14] 대천왕(大天王)에 해당된다. 이때부터 지금까지 모두가 공자의 제도를 높여서 사용하고 있다.

孔子制度, 至孝武乃謂大行, 乃謂一統, 佛法之阿育大天王也. 自此至今, 皆尊用孔子.

21-1-5

효혜제(孝惠帝)와 여후(呂后) 때는 공경(公卿) 대신들이 모두 무력으로 공

12_ 무의(武義)는 무사(武事)와 같은 말로, 사방으로 전개된 정벌 전쟁을 의미한다.

13_ 무(武)가 『공자개제고』에는 빠져 있는데, 『신론』 원문에 따라 보충했다.

14_ 아소카는 인도 마우리아 왕조의 제3대왕으로, B.C.3세기 경에 전 인도를 통일하고, 불교를 보호한 임금이다. 처음에는 바라문교를 믿다가 불교에 귀의하여 불교를 국교로 삼고 외국에 전교하는 등 불교의 발전에 많은 영향을 끼쳤다. 천하에 팔만 사천 개의 절과 보탑을 건축하고, 스스로 불타의 유적을 순례했다고 한다. 아육(阿育)은 근심과 걱정이 없다는 뜻으로, 무우(無憂)라고 의역된다.

적이 있는 신하들이었다. 효문제(孝文帝) 때 [문학(文學)이] 다소 등용되었지만,[15] 효문제는 본래 형명(刑名)의 학설을 좋아했다. 효경제(孝景帝) 때에 이르러서는 유학자들을 임용하지 않았고, 두태후(竇太后)도 황로(黃老)의 학술을 좋아했기 때문에[16] 대다수의 박사들은 관직만을 갖추고 하문에 대기하고 있을 뿐, 직접 등용된 자는 없었다. 지금의 황제, 즉 무제(武帝)께서 즉위하시자, 조관(趙綰)과 왕장(王臧)[17] 등의 무리는 유학에 정통했고, 황제께서도 유학을 좋아했기 때문에 방정(方正)과 현량(賢良), 문학(文學)의 선비들을 불러들였다. 이때 이후부터 『시』를 연구한 사람들로는 노나라에는 신배공(申培公), 제나라에는 원고생(轅固生), 연나라에는 한영(韓嬰)이 있었고,[18] 『상서』를 연구한 사람들로는 제남(濟南) 출신의 복생(伏生)이 있었다. 『예』를 연구한 사람으로는 노나라 출신의 고당생(高堂生)[19]이 있었고, 『역』을 연구한 사람으로는 치천(菑川)

15_ 『사기정의』에서 "문제 때 문학(文學)의 선비들이 다소 등용되어 자리에 있었다"라고 했다.

16_ 『사기』「효무본기(孝武本紀)」에도 "竇太后治黃·老言, 不好儒術."이라는 기록이 보인다.

17_ 조관(趙綰)과 왕장(王臧)은 『시(詩)』의 대가인 신공(申公)의 제자들로, 유학으로 무제에게 발탁되었는데, 당시 실권자였던 두씨(竇氏) 일족과 반목했다. 두태후는 유학을 좋아하지 않았기 때문에 사람을 시켜서 그들이 간사한 방법으로 이익을 취한 일을 몰래 조사하도록 하고, 그들을 소환하여 심문하자 두 사람 모두 자살했다. 『사기』「효무본기(孝武本紀)」에 "竇太后治黃·老言, 不好儒術, 使人微伺得趙綰等奸利事, 召案綰·臧. 綰·臧自殺."이라는 기록이 보인다. 그리고 『한서』「교사지 상(郊祀志 上)」과 「전분전(田蚡傳)」 등에도 두 사람과 관련된 기록이 보인다.

18_ 『시』를 전수한 사람은 본래 4명인데, 현재는 모시(毛詩)만이 전해지고 있다. 노(魯)나라 신배(申培)의 『노시(魯詩)』, 제(齊)나라 원고(轅固)의 『제시(齊詩)』, 연(燕)나라 한영(韓嬰)의 『한시(韓詩)』, 그리고 전한 초기 모장(毛萇)의 『모시(毛詩)』이다. 『제시』는 위(魏)나라 때에 없어졌고, 『노시』는 서진(西晉) 시대에 사라졌다. 그리고 『한시』는 전하는 사람이 없었다. 『모시』는 한나라 때의 정중(鄭衆)·가규(賈逵)·마융(馬融)이 지은 『모시전(毛詩傳)』과 정현(鄭玄)이 지은 『모시전(毛詩箋)』을 통해 현재까지 전해지고 있다. 『사기색은』에 의하면, 한영은 상산왕(常山王)의 태부(太傅)였기 때문에 한태부(韓太傅)라고 불렀다고 한다.

출신의 전생(田生)이 있었다. 『춘추』를 연구한 사람으로는 제나라와 노나라 사이의 호무생(胡毋生)이 있었고, 조(趙)나라 출신의 동중서(董仲舒)가 있었다. 두태후가 죽자, 무안후(武安侯) 전분(田蚡)이 승상이 되었는데, 황로와 형명 등 제자백가의 학설을 축출하고, 문학의 유학자 수백 명을 초빙했는데, 공손홍(公孫弘)은 『춘추』로써 평민의 신분에서 천자의 삼공(三公)까지 올랐고, 평진후(平津侯)에 봉해졌다. 천하에서 학문을 하는 선비들에게 일제히 유학을 연구하는 풍조가 형성되었다.(『사기』「유림열전」)

孝惠·呂后時, 公卿皆武力有功之臣. 孝文時頗徵用, 然孝文帝本好刑名之言. 及至孝景, 不任儒者, 而竇太后又好黃老之術, 故諸博士具官待問, 未有進者. 及今上卽位, 趙綰·王臧之屬明儒學, 而上亦鄉之, 於是招方正·賢良·文學之士. 自是之後, 言『詩』, 于魯則申培公, 于齊則轅固生, 于燕則韓太傅, 言『尙書』, 自濟南伏生. 言『禮』, 自魯高堂生, 言『易』, 自菑川田生. 言『春秋』于齊魯自胡毋[20]生, 于趙自董仲舒. 及竇太后崩, 武安侯田蚡爲丞相, 絀黃老刑名百家之言, 延文學儒者數百人, 而公孫弘以『春秋』, 白衣爲天子三公, 封以平津侯. 天下之學士, 靡然鄕風矣.(『史記』「儒林列傳」)

21-1-6

무제(武帝) 이후로 유학을 숭상했다.(『후한서』「당고전」)

自武帝以後, 崇尙儒學.(『後漢書』「黨錮傳」)

19_ 고당생(高堂生)은 고당백(高堂伯)이라는 사람이다. 『사기색은』에 의하면, 진나라 말기 노나라에 고당백(高堂伯)이라는 사람이 있었는데, 백(伯)은 그의 자(字)이다. 생(生)이라는 말은 한나라 이후에는 유학자들을 모두 생(生)이라고 불렀기 때문에 붙여진 것이다.

20_ 무(毋)가 『공자개제고』에는 모(母)로 되어 있는데, 『사기』 원문에 따라 고쳤다.

21-1-7

무제(武帝)는 오경박사를 세우고, 박사제자를 설치했으며, 과목을 만들어 인재를 선발하여[射策][21] 관직과 봉록으로 권면했다. [평제(平帝)] 원시(元始) 연간(B.C.1~A.D.5)에 이르러 100여 년이 지나면서[22] 학문을 전수하는 자가 점점 많아지고, 지엽적인 분파들도 더욱더 많아져 하나의 경전에 대한 해설이 수백만 마디의 말에 이르렀고, 대사(大師)가 많게는 천여 명에 이르렀다.(『한서』「유림전」)

自武帝立五經博士, 開弟子員, 設科射策, 勸以官祿. 訖於元始, 百有餘年, 傳業者浸盛, 支葉蕃滋, 一經說至百余萬言, 大師衆至千餘人.(『漢書』「儒林傳」)

康21-2

옛날에는 학교에서의 인재 선발과 등용이 없었고, 삼환(三桓)이나 칠목(七穆)과 같이 단지 경대부를 세습하는 제도[世卿]가 있었을 뿐이었다. 안연(顔淵)과 염유(冉有)와 같은 걸출한 인재[23]와 증자(曾子)와 민자건(閔子騫)과 같은 덕행이 뛰어난 자[24]도 효렴(孝廉)에 천거되지 않으면 어찌 선발될 수 있겠는가? 공자가 세경(世卿)을 비판하고, 과거 제도를 확립한 이후로[25] 재야의 우수한 인재들도 등용될 수 있었다. 『춘추』에서 비록 제

21_ 사책(射策)은 한나라 때 인재를 선발하던 방법의 하나로, 시험관이 문제를 간책(簡冊)에 써서 갑과(甲科)와 을과(乙科)로 나누어 책상에 놓고, 응시자들이 임의로 문제를 골라 답안을 작성하도록 한 후 그 문제의 난이도와 답안 내용을 살펴서 우열을 정했다고 한다.

22_ 무제의 이러한 정책은 원수(元狩) 연간(B.C.122~B.C.117)을 전후로 진행되었으므로 평제(平帝) 원시(元始) 연간(B.C.1~A.D.5)까지는 약 100여 년의 기간이 된다.

23_ 용한봉추(龍翰鳳雛)는 용의 날개와 봉황의 새끼로 걸출한 인재를 말한다.

24_ 난훈설백(蘭熏雪白)은 난초의 향기와 눈의 결백함으로, 덕행의 아름다움을 말한다.

도를 개혁했지만 시행되지는 않았는데, 한나라 무제에 이르러 비로소 처음으로 그것을 시행했다. 지금까지 2,000년 동안 비록 다소간 변경되기는 했지만, 전체적인 틀은 한나라 무제로부터 시작되었으니, 한나라 무제의 공적이 또한 크도다!

古無學校選擧, 三桓七穆, 只有世卿. 雖顔・冉龍翰鳳雛, 曾・閔蘭熏雪白, 不登孝廉, 豈有甲乙? 自孔子譏世卿, 立科擧, 田野之秀, 乃有登進. 『春秋』雖改制, 而未行, 至漢武, 乃始創行之. 迄今二千年, 雖少有更變, 大端仍自漢武始, 漢武之功亦大矣!

<이상 한무제가 제자백가를 축출하고 유교만을 숭상하다: 右漢武帝罷黜百家, 專崇儒敎>

2. 한무제 이후 공자를 특별히 존숭하여 특별한 예법을 더해 높이다 [漢武後, 特尊孔子, 加崇異禮]

21-2-1

[후한(後漢) 광무제(光武帝)] 건무(建武) 5년(29) 겨울 10월, 궁궐로 돌아왔다가 노(魯) 지역으로 행차했는데,[26] 대사공(大司空)을 시켜서 공자에게 제

25_ 『춘추』 「은공」 3년의 "여름, 4월, 신묘일, 윤씨(尹氏)가 죽었다[夏, 四月, 辛卯, 尹氏卒.]"라는 기사에 대해, 『공양전』에서 다음과 같이 말했다. "윤씨(尹氏)라고 말한 것은 무엇 때문인가? 비판한 것이다. 무엇 때문에 비판했는가? 대대로 경대부를 세습한 것[世卿]을 비난한 것이다. 대대로 경대부를 세습하는 것은 예법이 아니다[其稱尹氏何? 貶. 曷爲貶? 譏世卿. 世卿, 非禮也.]" 한편 캉유웨이는 『예기』 「왕제(王制)」편에 기록된 인재, 예를 들어 선사(選士)・준사(俊士)・조사(造士) 등과 같은 이들을 선발하는 선거 제도가 공자에 의해 만들어진 제도라고 주장했다.

26_ 『후한서』의 기록에 의하면, 8월에 담현(郯縣)과 구현(朐縣)으로 행차했다가 돌아

사를 지내도록 했다.(『후한서』「광무제기」)

建武五年, 冬十月, 還幸魯, 使大司空祠孔子.(『後漢書』「光武帝紀」)

21-2-2

건무(建武) 14년(38), 4월 신사일, 공자의 후손인 공지(孔志)를 포성후(褒成侯)로 봉했다.[27](『후한서』「광무제기」)

建武十四年, 四月辛巳, 封孔子後志, 爲褒成侯.(『後漢書』「光武帝紀」)

21-2-3

[후한 명제(明帝)] 영평(永平) 15년(72), 공자가 살던 집에 행차하여[28] 공자 및 72제자에게 제사를 지내고, 강당에 직접 거동하여 황태자와 여러 제후왕에게 명하여 경전을 강설하도록 했다.(『후한서』「명제기」)

永平十五年, 幸孔子宅, 祠仲尼及七十二弟子, 親御講堂, 命皇太子諸王說經.(『後漢書』「明帝紀」)

康21-3

명제(明帝)가 공자를 가장 존중했는데, 제왕이 궐리(闕里)를 방문한 시초이다.

明帝最尊孔子, 爲帝王詣闕里之始.

왔고, 10월에 다시 노 지역으로 행차했다.

27_ 『후한서』의 주에 의하면, 전한 평제(平帝) 때 공균(孔均)을 포성후(褒成侯)로 봉했는데, 공지(孔志)는 공균의 아들이다.

28_ 『후한서』의 주에 의하면, 공자가 살던 집은 당시 연주(兗州) 곡부현(曲阜縣)의 옛 노나라 성 안에 있는 귀덕문(歸德門) 안 궐리(闕里)에 있었는데, 수수(洙水)를 등지고 사수(泗水)를 바라보고 있었다. 지금의 산동성 곡부현 성 안에 궐리가(闕里街)가 있다.

21-2-4

[후한 장제(章帝)] 원화(元和) 2년(85) 봄, 황제가 동쪽으로 순수를 갔는데, 돌아오다가 노나라를 지나면서 궐리(闕里)에 행차했다. 소·양·돼지의 희생을 제물로 갖추어놓고,[29] 공자 및 72명의 제자를 제사지내면서 6대의 음악을 연주했으며,[30] 공자 집안의 남자 중에서 20세 이상인 자 63명과 크게 회합을 하면서 유학자들에게 명하여 『논어』를 강론하도록 했다.(『후한서』「유림열전」)

元和二年, 春, 帝東巡狩, 還過魯, 幸闕里. 以太牢祠孔子及七十二弟子, 作六代之樂, 大會孔氏男子二十以上者六十三人, 命儒者講『論語[31]』.(『後漢書』「儒林列傳」)

康21-4

후한시대에 6대의 음악이 여전히 남아 있었다. 공자의 음악을 크게 합주하면서 친히 궐리에 방문한 것은 이때로부터 시작되었다.

後漢時, 六代之樂猶存. 大合孔子之樂, 親謁闕里, 自此始.

21-2-5

[후한 안제(安帝)] 연광(延光) 3년(124) 무술(戊戌), 공자 및 72명의 제자를 궐

29_ 태뢰(太牢)는 소, 양, 돼지의 세 가지 희생을 갖추어놓고 지내는 성대한 제사를 말한다.

30_ 『후한서』의 주에 의하면, 6대의 음악은 황제(黃帝)의 「운문(雲門)」, 요(堯)의 「함지(咸池)」, 순(舜)의 「대소(大韶)」, 우(禹)의 「대하(大夏)」, 탕(湯)의 「대호(大護)」, 무왕(武王)의 「대무(大武)」이다.

31_ 어(語)가 『공자개제고』 및 『후한서』 원문에는 빠져 있는데, 『후한서』의 교정에 따라 보충했다.

리에서 제사지냈는데, 노(魯) 지역의 군수와 현령, 승(丞)과 위(尉) 등의 속관들[32]로부터 공자 집안의 친속들과 부녀자들, 유생들까지 모두 모였다. 포성후(褒成侯) 이하로 각각 차등을 두어 비단을 하사했다.(『후한서』「안제기」)

延光三年戊戌,[33] 祀孔子及七十二弟子于闕里, 自魯相令丞尉及孔氏親屬婦女, 諸生悉會. 賜褒成侯以下帛各有差.(『後漢書』「安帝紀」)

21-2-6

[후한 영제(靈帝)] 광화(光和) 원년(178), 마침내 홍도문(鴻都門)에 학교를 설치하여[34] 공자 및 72명 제자의 형상을 그리도록 했다.(『후한서』「채옹전」)

光和元年, 遂置鴻都門學, 畫孔子及七十二弟子像.(『後漢書』「蔡邕傳」)

21-2-7

박사를 구비하고 태학을 넓히며, 거기에서 공자를 제사지내는 것은 예(禮)이다.(『신감』「시사」)

備博士, 廣太學, 而祀孔子焉, 禮也.(『申鑒』「時事」)

<이상 한무제 이후 공자를 특별히 존숭하여 특별한 예법을 더해 높이다: *右漢武後, 特尊孔子, 加崇異禮*>

32_ 상(相)은 한대에 제후국의 실제 집정자로, 지위는 군태수(郡太守)에 상당한다. 령(令)은 현령(縣令)의 벼슬이며, 승(丞)과 위(尉)는 태수에게 부속된 속관들이다.

33_ 술(戌)이 『공자개제고』에는 진(辰)으로 되어 있는데, 『후한서』 원문에 따라 고쳤다.

34_ 홍도문(鴻都門)의 이 학교는 영제 때 처음 설치한 학교로, 이 학교에서 학업을 마친 이후에는 높은 벼슬을 주었다고 한다.

3. 한무제 이후 유교 학술을 숭상하여 공자의 학교 제도가 성행하다 [漢武後, 崇尙儒術, 盛行孔子學校之制]

21-3-1

[전한 성제(成帝)] 수화(綏和) 2년(B.C.7)[35]에 진귀한 경쇠 악기 16매가 황제에게 바쳐졌다. 유향은 아름다운 교화가 내려온 것이라고 여겨서 학교[辟雍]를 세웠는데, 선비들은 대부분 인자하고 효성스러웠으며 여성들은 정숙했다.(『화양국지』)[36]

綏和二年, 又上寶磬十六. 劉向以爲美化所降, 用立辟雍, 而士多仁孝, 女性貞.(『華陽國志』)

21-3-2

왕망이 상주하여 명당(明堂)·벽옹(辟雍)·영대(靈臺)를 세우고, 학자들을 위하여 학사(學舍) 1만여 채를 짓고, 시장을 일으켜서 창고를 항상 가득

35_ 『공자개제고』와 『화양국지』의 원문에는 5년(五年)으로 되어 있는데, 『자치통감』에 따라 고쳤다. 전한 성제(成帝)의 연호인 수화(綏和)는 2년으로 끝이 난다. 『자치통감』에 의하면, 수화(綏和) 2년에 건위군(犍爲郡)의 물가에서 옛날의 악기인 경쇠 16매가 발견되었는데, 사람들이 모두 상서로운 물건이라고 했다. 그러자 유향은 황제에게 학교와 예악, 음악 등을 융성하게 하여 천하를 교화해야 한다고 상주했다. 『한서』 「예악지(禮樂志)」에도 "成帝時, 犍爲郡於水濱, 得古磬十六枚."라는 기록이 보인다.

36_ 이 내용은 『화양국지(華陽國志)』 권3 「촉지(蜀志)」에 보인다. 『화양국지』는 진(晉)나라의 상거(常璩)라는 사람이 파(巴)와 촉(蜀) 지방의 역사와 지리·풍속 및 공손술(公孫述)과 유언(劉焉)·유비(劉備)·이특(李特)의 사적을 기록한 책이다. 「파지(巴志)」·「한중지(漢中志)」·「촉지(蜀志)」·「남중지(南中志)」 등 총 12권으로 구성되어 있다.

채워야 한다고 하니, 제도가 매우 흥성했다. 또한 『악경(樂經)』을 학관에 세우고, 박사의 인원을 늘려서 경전마다 각각 다섯 명씩 두었고, 천하에서 하나의 경전에 능통한 교수 11명 이상을 불러들였다.(『한서』「왕망전」)

莽奏起明堂 · 辟雍 · 靈臺, 爲學者築舍萬區, 作市常滿倉, 制度甚盛. 立『樂經』, 益博士員, 經各五人, 徵天下通一藝敎授十一人以上.(『漢書』「王莽傳」)

21-3-3

소제(昭帝) 때에는 현량과 문학을 등용하고, 박사제자를 늘려서 100명으로 채웠다. 선제(宣帝) 말기에는 그것을 두 배로 늘렸다. 원제(元帝)는 유학을 좋아하여 하나의 경전에 능통한 자들은 모두 부역과 세금을 면제했다.[37] 수년이 지나 인원의 활용이 부족하다고 여겨서 다시 천여 명의 박사제자를 설치했고, 군국(郡國)에는 오경(五經)을 담당하는 하급의 벼슬아치를 두었다.[38] 성제(成帝) 말기에 혹자가 공자는 벼슬이 없는 신분으로 제자 3천명을 길렀는데, 지금 천자 태학의 박사제자는 숫자가 적다고 말하자, 이에 박사제자를 3천명으로 늘렸으며, 1년 남짓 동안 옛날처럼 부역과 세금을 면제했다. 평제(平帝) 때에는 왕망이 정권을 장악하여 원사(元士)의 자제를 늘려 박사제자들처럼 수업을 받을 수 있었는데, 박사제자로 치지는 않았다.[39] 관리 선발 시험[40]에서 갑과(甲科) 40명은 낭중(郎中)으로 삼았고, 을과(乙科) 20명은 태자사인(太子舍人)으

37_ 복(復)은 안사고가 "부역과 세금을 면제하는 것이다"라고 했다.

38_ 백석(百石)은 한나라 때 봉급이 적고 직급이 낮은 벼슬아치를 말하며, 졸사(卒史)는 한나라 때 관서의 속리이다.

39_ 안사고가 "정해진 정원 이외에 다시 이러한 길을 열어둔 것이다"라고 했다.

40_ 세과(歲課)는 한나라 때 태학에서 관리를 선발하던 시험이다.

로 삼았으며, 병과(丙科) 40명은 문학과 장고(掌故)[41]로 충당했다고 한다.(『한서』「유림전」)

昭帝時, 擧賢良文學, 增博士弟子員, 滿百人. 宣帝末, 增倍之. 元帝好儒, 能通一經者皆復. 數年, 以用度不足, 更爲設員千人, 郡國置五經百石卒史. 成帝末, 或言孔子布衣, 養徒三千人, 今天子太學弟子少, 於是增弟子員三千人, 歲餘, 復如故. 平帝時, 王莽秉政, 增元士之子, 得受業如弟子, 勿以爲員. 歲課甲科四十人爲郎中, 乙科二十人爲太子舍人, 丙科四十人補文學掌故云.(『漢書』「儒林傳」)

21-3-4

여름에 안한공(安漢公) 왕망이 상주하여 수레와 의복의 제도를 만들고, 관리와 백성들의 삶과 장례, 결혼과 노비, 토지와 주택, 각종 물품의 등급을 제정했다. 그리고 관직(官稷)[42]과 학관(學官)을 세웠다. 군국(郡國)에서는 학(學)이라고 했고, 현(縣)·도(道)·읍(邑)·제후국에서는 교(校)라고 했는데, 교(校)와 학(學)에서는 경사(經師) 1명을 두었다. 향(鄕)에서는 상(庠)이라고 했고, 취(聚)[43]에서는 서(序)라고 했는데, 상(庠)과 서(序)에는 『효경(孝經)』 경사 1명을 두었다.(『한서』「효평황제기」)

夏, 安漢公奏車服制度, 吏民養生·送終·嫁娶·奴婢·田宅·器械之品. 立官稷及學官. 郡國曰學, 縣·道·邑·侯國曰校, 校·學置經師一人. 鄕曰庠, 聚曰序, 庠·序置『孝經』師一人.(『漢書』「孝平皇帝紀」)

41_ 장고(掌故)는 한나라 때의 벼슬 이름으로, 원래는 태상(太常)의 속관으로 예악이나 제도 등의 전고를 맡아보던 관리이다.

42_ 관직(官稷)은 황제가 곡식의 신에게 제사지내는 곳이다. 『한서』의 주에서 인용한 「교사지(郊祀志)」에 의하면, 당시에 토지의 신에게 제사를 지내는 관사(官社)는 있었지만, 관직은 아직 세우지 않았다고 한다.

43_ 취(聚)는 향(鄕)보다는 작은 마을의 명칭이다.

21-3-5

왕망이 재형(宰衡)[44]이 되자, 대중들에게 드러내 보이고자 하여 마침내 학교를 흥기시켰지만, 그것을 통해 제위를 찬탈하니, 천하 사람들이 그를 배반했다. 세조(世祖) 광무제가 천명을 받고 중흥하여 난리를 바로잡아서 올바른 데로 되돌렸는데, 사방의 중심이 되는 곳에 수도를 바꾸어 정했다. 즉위한 지 30년이 지나자, 사방의 오랑캐들이 복종하고, 백성들이 집집마다 넉넉해졌다.[45] 정치의 교화가 올바르게 펼쳐지자, 명당(明堂)과 학교를 세웠다. 현종(顯宗) 명제(明帝)가 즉위하자, 몸소 그 예법을 시행하여 명당에서 광무제를 받들어 제사지내고, 학교에서 삼로(三老)와 오경(五更)[46]을 봉양했다.(『한서』「예악지」)

及王莽爲宰衡, 欲耀衆庶, 遂興辟雍, 因以篡位, 海內畔之. 世祖受命中興, 撥亂反正, 改定京師於土中. 卽位三十年, 四夷賓服, 百姓家給. 政敎淸明, 乃營立明堂辟廱. 顯宗卽位, 躬行其禮, 宗祀光武皇帝于明堂, 養三老五更於辟廱.(『漢書』「禮樂志」)

21-3-6

[후한 광무제] 건무(建武) 5년(29), 처음으로 태학을 세웠다.[47] 황제의 수

44_ 재형(宰衡)은 재상(宰相)의 범칭으로, 당시 왕망을 부른 호칭이다. 주공(周公)은 태재(太宰), 이윤(伊尹)은 아형(阿衡)이 되어 임금을 도운 것에서 나온 말로, 두 호칭을 합쳐서 만든 호칭이다.

45_ 가급(家給)은 집집마다 생활이나 살림이 넉넉하고 풍족해지는 것이다.

46_ 삼로(三老)와 오경(五更)은 주나라 때 나이가 많고 벼슬을 그만둔 사람들 중에 경험이 많고 덕이 있는 원로에게 주던 칭호이다. 천자는 그들을 부형(父兄)과 같이 예우함으로써 효제(孝悌)의 모범을 보였다. 이 중에서 삼로는 삼덕(三德), 즉 정직(正直)·강(剛)·유(柔)를 아는 늙은이의 의미라고도 하고, 또는 상수(上壽, 100세)·중수(中壽, 90세)·하수(下壽, 80세)의 세 늙은이라고도 한다. 『예기(禮記)』「문왕세자(文王世子)」편에 "遂設三老五更群老之席位焉."이라는 기록이 보인다.

례가 환궁하다가 태학에 행차하여 박사제자들에게 각각 차등을 두어 물건을 하사했다.(『후한서』「광무제기」)[48]

建武五年, 初起太學. 車駕還宮, 幸太學, 賜博士弟子各有差.(『後漢書』「光武帝紀」)

21-3-7

건무(建武) 5년(29), 태학을 수리하여 세웠다. 고전(古典)을 모범으로 삼아 예법에 사용하는 그릇과 무무(武舞)에 사용하는 방패와 도끼의 장식을 나란히 갖추어 두었다.(『후한서』「유림열전」)

建武五年, 乃修起太學. 稽式古典, 籩豆干戚之容, 備之於列.(『後漢書』「儒林列傳」)

21-3-8

황제, 즉 명제(明帝)가 학교로 직접 와서 예법을 시행하는 도중에 복공(伏恭)[49]을 사공(司空)으로 임명하니, 유학자들이 영광으로 여겼다.(『후한서』「유림열전」)

帝臨辟廱, 於行禮中拜恭爲司空, 儒者以爲榮.(『後漢書』「儒林列傳」)

47_ 『후한서』의 주에서 인용한 『낙양기(洛陽記)』에 의하면, 태학은 낙양성(洛陽城)의 옛 개양문(開陽門) 밖에 있었는데, 궁궐과의 거리가 8리가 떨어져 있었다고 한다. 강당은 길이가 10장(丈)이고 넓이가 3장(丈)이었다고 한다.

48_ 『공자개제고』에는 출전이 『후한서』『유림열전』으로 잘못 기록되어 있어서 바로잡았다.

49_ 복공(伏恭)은 후한 광무제와 명제 때의 사람이다. 낭야(琅邪) 동무(東武) 출신으로, 자는 숙제(叔齊)이며, 박사와 상산태수(常山太守) 등을 역임했다.

21-3-9

논평했다. 광무제(光武帝) 중기 이후로, 전쟁이 점점 그치고, 경학을 전문적으로 일삼으니, 이때부터 그 풍속이 대대로 독실해졌다. 유학자의 옷을 입고, 말할 때는 선왕을 일컬으며, 서울의 학교에서 유학하거나 지방의 학교[50]에 모여 공부하는 자들이 온 나라 전역에 두루 퍼져 있었다. 만약 박사[經生][51]가 있는 곳이라면 만 리의 길을 멀다고 여기지 않고 갔으며, 공부하는 학교가 막 세워지면 식량을 메고 오는 자들이 어느새 수천 명이나 되었다. 노련하면서 명성이 높거나 덕이 높고 의리가 있는 학자가 제자를 받아 강학하면 학생의 명단이 1만 명 이하로 내려가지 않았다.[52] 모두가 전문적으로 조상이 전한 학문을 서로 전수했기 때문에 혹시라도 잘못되거나 다른 것이 뒤섞이는 경우는 없었다.(『후한서』「유림열전」)

論曰, 自光武中年以後, 干戈稍戢, 專事經學, 自是其風世篤焉. 其服儒衣, 稱先王, 遊庠序, 聚橫塾者, 蓋布之於邦域矣. 若乃經生所處, 不遠萬里之路, 精廬暫建, 贏糧動有千百. 其耆名高義, 開門受徒者, 編牒不下萬人. 皆專相傳祖, 莫或訛雜.(『後漢書』「儒林列傳」)

21-3-10

[후한 광무제] 중원(中元) 원년(56), 처음으로 삼옹(三雍)[53]을 세웠다. 명제(明帝)가 즉위하자 직접 그 예법을 시행했는데, 처음으로 천자가 통천

50_ 횡숙(橫塾)은 횡사(橫舍)라고도 하는데, 지방의 학사나 학교를 말한다.

51_ 경생(經生)은 『후한서』의 주에서 박사(博士)라고 했다.

52_ 개문수도(開門受徒)는 문을 열고 학생을 받아들인다는 말로, 제자로 받아 강학한다는 뜻이다. 편첩(編牒)은 제자의 이름을 기록한 명단을 말한다.

53_ 삼옹(三雍)은 삼옹궁(三雍宮)이라고도 하며, 한나라 때에 벽옹(辟雍) · 명당(明堂) · 영대(靈臺)를 총칭한 말이다.

관(通天冠)[54]을 쓰고, 해와 달이 새겨진 옷을 입었으며, 의장이 갖추어진 수레를 준비하고,[55] 행차길을 정리하는 의식을 성대하게 거행했으며,[56] 명당(明堂)에 앉아서 여러 제후들을 조회하고, 영대(靈臺)에 올라서 구름의 기운[57]을 바라보았다. 황제가 벽옹에서 오른쪽 어깨를 드러내고 희생을 베는 의식을 거행하여[58] 삼로(三老)와 오경(五更)을 존중하고 봉양했다. 향사례(饗射禮)가 끝나자 명제는 정좌하고 앉아서 스스로 강론하고, 학자들은 그 앞에서 경전을 손에 쥐고 질문했으며, 관을 쓰고 띠를 차고 홀(笏)을 허리띠에 꽂은 사람들이 학교의 사방 다리의 문[59]을 둘러싸고 지켜보면서 경청하는 자들이 대충 10만여 명이나 되었다. 그 이후에 다시 공신(功臣)의 자손이나 사성(四姓)[60]의 친족들을 위해 별도로 학교 건물을 세우고, 재능이 뛰어난 인물을 선발하여 수업을 받게 했다. 황제를 호위하는 기문군(期門軍)이나 우림군(羽林軍)[61]의 병사들에

54_ 통천관(通天冠)은 황제가 조회 때 쓰던 관의 일종이다.

55_ 법물(法物)은 임금이 사용하는 대가(大駕)와 의장(儀仗), 제기(祭器) 등의 기물을 말하는데, 여기에서는 황제가 타는 수레인 대가(大駕)를 말한다. 『후한시』의 주에 의하면, 천자가 외출할 때 타는 수레는 대가(大駕) · 법가(法駕) · 소가(小駕) 등이 있는데, 대가(大駕)는 공경(公卿)이 수레 앞에서 인도하고, 대장군이 모시고 타며, 태복(太僕)이 말을 몬다. 그리고 거기에 부속되어 있는 수레가 모두 81승이다.

56_ 청도(淸道)는 임금이나 고관이 행차할 때 길을 치우고 사람의 왕래를 금하는 일이다. 이 의식을 거행할 때는 기병을 가장 선두에 둔다.

57_ 운물(雲物)은 운기(雲氣), 즉 구름의 기운을 말한다.

58_ 단할(袒割)은 오른쪽 어깨를 드러내고 희생을 벤다는 말로, 고대에 천자가 노인을 공경하고 봉양하던 의식이다.

59_ 교문(橋門)은 학교의 사방에 설치한 다리의 문을 말한다. 고대의 태학 주위는 도랑을 파서 물로 둘러싸였는데, 사방의 네 문에 다리를 가설하여 다니게 했다.

60_ 『후한서』「현종효명제기(顯宗孝明帝紀)」에도 "爲四姓小侯開立學校, 置五經師." 라는 기록이 보이는데, 그 주에서 인용한 『한기(漢紀)』에 의하면, 명제 영평(永平) 연간에 유학을 숭상하여, 황태자와 제후왕 및 공신의 자제들에게 모두 경전을 주었다고 한다. 그리고 또 외척인 번씨(樊氏) · 곽씨(郭氏) · 음씨(陰氏) · 마씨(馬氏)의 자제들을 위해 학교를 세워서 그들을 사성소후(四姓小侯)라고 부르고, 오경의 경사(經師)를 배치했다고 한다. 그들은 열후(列侯)가 아니기 때문에 소후(小侯)라고 했다.

게 모두 『효경』의 장구를 익히도록 했고, 흉노족도 자제를 [낙양(洛陽)에] 보내 학교에 입학시켰다. 인재가 대단히 많고도 성대하도다,[62] [명제] 영평(永平) 연간(57~75)보다 더 성하구나!(『후한서』「유림열전」)

中元元年, 初建三雍. 明帝卽位, 親行其禮, 天子始冠通天, 衣日月, 備法物之駕, 盛淸道之儀, 坐明堂而朝群后, 登靈臺以望雲物. 袒割辟雍之上, 尊養三老五更. 饗射禮畢, 帝正坐自講, 諸[63]儒執經問難於前, 冠帶縉紳之人, 圜橋門而觀聽者, 蓋億萬計. 其後復爲功臣子孫·四姓末屬, 別立校舍, 搜選高能以受其業. 自期門羽林之士, 悉令通『孝經』章句, 匈奴亦遣子入學. 濟濟乎, 洋洋乎, 盛於永平矣!(『後漢書』「儒林列傳」)

康21-5

삼옹(三雍)은 명당(明堂)·태학(太學)·영대(靈臺)인데, 왕망이 시행했으나 이루지 못했다. 광무제 32년에 그것을 운영했고, 명제에 이르러 처음으로 시행했으니, 공자의 삼옹 제도를 최초로 시행한 것이다. 통천관(通天冠)을 썼다는 것은 면류관을 말하고, 해와 달이 새겨진 옷을 입었다는 것은 곤룡포이다. 명제가 공자의 의복 제도를 따른 이후로 명나라 시대까지 이어져 여전히 그것을 사용했다. 지금의 망포(蟒袍)[64]라는

61_ 기문(期門)은 한나라 무제 때 둔 관직 명칭으로, 무기를 들고 천자를 호위하고 호종하는 일을 맡은 관직이다. 우림(羽林)은 궁궐을 지키는 군대로, 금위군(禁衛軍)을 말한다.

62_ 제제(濟濟)는 조화롭게 정돈되고 많은 모양이고, 양양(洋洋)은 매우 많고 성대한 모양이다.

63_ 제(諸)가 『공자개제고』에는 설(說)로 되어 있는데, 『후한서』 원문에 따라 고쳤다.

64_ 망포(蟒袍)는 망복(蟒服) 또는 망의(蟒衣)라고도 하는데, 명나라와 청나라 때 관원들의 예복이다. 남색 바탕에 금실로 5~8마리의 이무기를 수놓았는데, 신분에 따라서 그 수가 다르다.

조회의 복장에 여전히 말풀과 불, 쌀 모양의 무늬가 있는 것[65]은 또한 곤룡포의 제도가 남아 있는 것이다. 노인을 봉양하는 것도 공자의 제도이다. 명제가 오른쪽 어깨를 드러내고 희생을 베는 의식을 거행하면서 노인을 봉양하며, 향사례를 두루 거행하고써 경전을 들고 스스로 강연하며, 학교의 다리를 둘러싸고 10만여 명[이 구경한 것]은 공자의 학문의 시행된 것이 고금 이래로 가장 융성한 것이다.

三雍爲明堂・太學・靈臺, 王莽行之不成. 光武三十年營之, 至明帝始行, 爲行孔子三雍之制之始. 冠通天, 冕也, 衣日月, 袞也. 明帝從孔子衣服之制, 直至明世猶用之. 今蟒袍朝服, 尙有藻火粉米, 亦袞之餘也. 養老亦孔子之制. 明帝袒割養老, 饗射遍擧, 執經自講, 圜橋億萬, 孔學之行, 古今爲最盛矣.

21-3-11

효명제(孝明帝)는 고전(古典)에 정성을 쏟고 경학(經學)[66]에 뜻을 두어 매번 향사례가 끝나면 정좌하고 앉아서 스스로 강론하고, 학자들은 모두 함께 경청하니, 사방에서 기뻐하고 즐거워했다. 비록 공자가 행한 궐리(闕里)에서의 교화와 확상(矍相)에서의 학업과는 진실로 [비교해서] 말할 수는 없지만,[67] 또한 유명한 유학자들을 많이 불러들여서 예관(禮官)으로 충당했다.(『후한서』「번굉전」)

65_ 조화(藻火)는 말풀과 불의 모양이고, 분미(粉米)는 쌀 무늬이다. 모두 관복에 신분의 고하를 표시하기 위해서 수를 놓은 무늬이다.

66_ 경예(經藝)는 경서를 연구하는 학문으로, 경학(經學)이라는 의미이다.

67_ 궐리(闕里)는 산동성 곡부시에 있는 공자의 고향이고, 확상(矍相)은 궐리 서쪽의 지명으로, 학궁 내의 활쏘기를 익히던 장소이다. 『예기』「사의(射義)」편에 "공자가 확상(矍相)의 정원에서 향사례를 했는데, 구경하는 자들이 마치 담장을 두른 것과 같았다[孔子射於矍相之圃, 蓋觀者如堵牆.]"라는 기록이 보인다. 이것은 명제의 업적이, 교화와 학교의 사업이 전국가적으로 시행된 공자의 업적과는 비교해서 말할 만한 것이 못 된다는 의미이다.

孝明皇帝, 垂情古典, 遊意經藝, 每饗射禮畢, 正坐自講, 諸儒並聽, 四方欣欣. 雖闕里之化, 矍相之事, 誠不足言, 又多徵名儒, 以充禮官.(『後漢書』「樊宏傳」)

21-3-12

[후한 명제] 영평(永平) 9년(66), 사성(四姓)의 소후(小侯)를 위해 학교를 세우고, 오경의 경사(經師)를 두었다.(『후한서』「명제기」)

永平九年, 爲四姓小侯, 開立學校, 置五經師.(『後漢書』「明帝紀」)

21-3-13

광무제(光武帝)의 수레가 태학에 행차하자 모든 박사들을 회합하여 황제 앞에서 쟁론하도록 했다. 환영(桓榮)은 유학자의 복장을 입었는데, 온화하고 공손하며 너그럽고 여유가 있었으며,[68] 경전의 뜻을 분명하게 변론했으며, 매번 예의와 겸양으로 상대를 복종시켰지 말을 길게 하여 다른 사람을 이기지 않았으니, 유학자 중에서 그를 따를 자가 없었다. 황제가 특별히 하사품을 더 내려주고, 또한 조서를 내려 학생들에게 아악(雅樂)을 연주하고[69] 경쇠를 치도록 했는데, 하루 종일 공연한 이후에야 끝이 났다. 나중에 환영은 궁궐에 들어가서 황제를 만났을 때, 황제가 기이한 과일을 하사하자 그것을 받은 자들은 모두 품속에 넣었는데, 환영만이 홀로 손을 들어 그것을 받든 채 절을 했다. 황제가 웃으면서 그를 가리켜서 "이 사람이 진짜 유생이다"라고 했다.(『후한서』「환영전」)

68_ 온자(蘊藉)는 너그럽고 여유가 있다는 말이다.

69_ 아취(雅吹)는 아악(雅樂)을 연주한다는 뜻이다. 『후한서』의 주에서는 "관악기를 불어서 아송(雅頌)을 연주하다"라고 풀이했다.

車駕幸太學, 會諸博士論難於前. 榮被服儒衣, 溫恭有蘊藉. 辯明經義, 每以禮讓相猒,[70] 不以辭長勝人, 儒者莫之及. 特加賞賜, 又詔諸生雅吹擊磬, 盡日乃罷. 後榮入會庭中, 詔賜奇果, 受者皆懷之, 榮獨舉手捧之以拜. 帝笑指之曰, "此眞儒生也."(『後漢書』「桓榮傳」)

21-3-14

건초(建初) 4년(79) 11월 임술일에 조서를 내렸다. "삼대(三代)에 사람을 인도할 때는 교학(敎學)을 근본으로 삼았다. 한나라는 포악한 진나라를 계승한 이후에 유교의 학술을 기리고 드러내어 오경(五經)을 세우고 박사를 두었다. 그 이후에 학자들이 부단히 노력하여 비록 스승을 계승했다고는 하지만, 또한 유명한 학파와는 구별되었다. 효선제(孝宣帝)는 성인과의 시간적 거리가 매우 먼데다가 학문은 박학을 싫증내어서는 안 된다고 여겼다. 따라서 마침내 하후승(夏侯勝)과 하후건(夏侯建)의 『상서』를 학관에 세우고, 그 이후에 또 경방(京房)의 『역』을 세웠다. 건무(建武) 연간(25~57)에 이르러, 다시 안안락(顔安樂)과 엄팽조(嚴彭祖)의 『춘추』, 대덕(戴德)과 대성(戴聖)의 『예』 박사를 설치했다. 이것은 모두 쇠퇴한 학문을 일으켜 진작시키고, 유학의 도예(道藝)를 존중하여 넓히기 위한 방법이었다. 중원(中元) 원년(56)에는 조서를 내려, 오경의 장구(章句)가 번잡하고 많으므로 토론을 통해 줄이고자 했다. 영평(永平) 원년(58)에 이르러, 장수교위(長水校尉) 번조(樊鯈)가 상주하여, 앞선 황제의 대업은 마땅히 때에 맞추어 시행해야 하니, 학자들에게 함께 경전의 뜻을 바로잡도록 함으로써 공부하는 자들에게 도움을 줄 수 있도록 해야 한다고 했다. 공자가 '학문이 강론되지 않는 것, 이것이 나의 근심이다'[71]라고 했고, 또 '폭넓게 배우고 뜻을 독실하게 가지며, 간절하게 묻

70_ 염(猒)이 『공자개제고』에는 염(厭)으로 되어 있는데, 『후한서』 원문에 따라 고쳤다.

고 생각을 가까운 곳에서 하면 인(仁)이 그 가운데에 있다'[72]라고 했다. 아, 힘쓸지어다!" 이에 태상(太常)에게 명하여, 대부(大夫)와 박사(博士), 의랑(議郎)과 낭관(郎官) 및 제생(諸生)과 제유(諸儒)를 백호관(白虎觀)에 소집하여 오경의 같고 다름을 강론하고 토론하도록 했다. 오관중랑장(五官中郎將) 위응(魏應)에게 황제의 질문을 대신 받들도록 하고, 시중(侍中) 순우공(淳于恭)에게 [정리된 내용을] 상주하도록 하여 황제가 직접 명령을 내리면서 옳고 그름을 결정하니, 마치 효선제(孝宣帝) 감로(甘露) 연간(B.C.74~B.C.49)의 석거각(石渠閣)의 옛일과 똑같았다. [이 자료들을 모아] 『백호의주(白虎議奏)』를 지었다.[73](『후한서』「장제기」)

建初四[74]年, 十一月壬戌, 詔曰, "蓋三代導人, 敎學爲本. 漢承暴秦, 褒顯儒術, 建立五經, 爲置博士. 其後學者精進, 雖曰承師, 亦別名家. 孝宣皇帝以爲去聖久遠, 學不厭博. 故遂立大·小夏侯『尙書』, 後又立京氏『易』. 至建武中, 復置顔氏·嚴氏『春秋』, 大·小戴『禮』博士. 此皆所以扶進微學, 尊廣道藝也. 中元元年詔書, 五經章句煩多, 議欲減省. 至永平元年, 長水校尉儵奏言, 先帝大業, 當以時施行, 使諸儒共正經義, 頗令學者得以自助. 孔子曰, '學之不講, 是吾憂也.' 又曰, '博學而篤志, 切問而近思, 仁在其中矣.' 於戱, 其勉之哉!" 於是下太常, 將大夫·博士·議郎·郎官及諸生諸儒會白虎觀, 講議五經同異.

71_ 『논어』「술이」편에 "子曰, 德之不脩, 學之不講, 聞義不能徙, 不善不能改, 是吾憂也."라는 말이 보인다.

72_ 『논어』「자장」편에 보인다.

73_ 전한시대 선제(宣帝) 감로 3년(B.C.51)에 석거각(石渠閣)이라는 곳에 유학자들을 소집하여 오경의 동이를 토론하도록 한 일이다. 『한서』「선제기(宣帝紀)」에 "詔諸儒講五經同異, 太子太傅蕭望之等平奏其議, 上親稱制臨決焉."이라는 내용이 보인다. 당시 토론한 내용을 정리한 것이 『석거의주(石渠議奏)』인데, 현재는 『석거예의(石渠禮議)』 19조목만 전해지고 있다. 『백호의주(白虎議奏)』는 현재 전하고 있는 『백호통의(白虎通義)』이다.

74_ 사(四)가 『공자개제고』에는 삼(三)으로 되어 있는데, 『후한서』 원문에 따라 고쳤다.

使五官中郎將魏應承制問, 侍中淳于恭奏, 帝親稱制臨決, 如孝宣甘露石渠故事. 作『白虎議奏』.(『後漢書』「章帝紀」)

21-3-15

[후한 장제] 원화(元和) 2년(85), 박사제자 중에서 태학에 천거되어 있는 자에게 베를 하사했는데, 사람마다 세 필씩이었다. 군국(郡國)에서 경학에 밝은 자를 천거하도록 했는데, 인구가 10만 이상인 군국에서는 5명, 10만이 되지 않는 군국에서는 3명이었다.[75](『후한서』「장제기」)

元和二年, 賜博士員弟子見在太學者布, 人三匹. 令郡國上明經者, 口十萬以上五人, 不滿十萬三人.(『後漢書』「章帝紀」)

21-3-16

처음에 적포(翟酺)가 대장(大匠)이 되었을 때 상주문을 올렸다. "문제(文帝)는 처음으로 하나의 경전마다 박사를 두었고,[76] 무제(武帝)는 천하의 [없어진] 책들을 크게 모았으며, 선제(宣帝)는 석거각(石渠閣)에서 육경에 대해 논의했는데, 학자들이 매우 많았고, 제자들도 만여 명에 이르렀습니다. [후한] 광무제가 처음 흥기했을 때는 학문이 황폐해진 것을 걱정하여 태학의 박사 건물과 내외 강당을 세우니, 국내에서 모은 제생들이 학교 안에 가득 찼습니다.[77] 명제(明帝) 때에는 벽옹(辟雍)이 처음으

75_ 『후한서』의 주에 의하면, 한무제 때 박사제자를 두었는데, 태상(太常)이 8년에 18명 이상을 선발하고, 거동이 단정한 자를 보충했다. 소제 때는 1백 명으로 증원했고, 선제 때는 그것의 두 배였고, 원제 때는 다시 1천 명으로 증원하고, 성제 때는 3천 명으로 증원했다고 한다.

76_ 『후한서』의 주에서 "무제 건원(建元) 5년에 처음으로 오경박사를 두었고, 문제 시기에는 아직 학교의 일을 돌볼 겨를이 없었는데, 적포의 이 말은 무엇에 근거했는지 모르겠다"라고 했다.

로 세워지자, 태학을 허물려고 했는데, 태위(太尉) 조희(趙熹)는 태학과 벽옹이 모두 함께 있어야 한다고 여겼기 때문에 지금까지 전해지고 있습니다."(『후한서』「적포전」)

初, 酺之爲大匠, 上言. "孝文皇帝始置一經博士, 武帝大合天下之書, 而孝宣論六經于石渠, 學者滋盛, 弟子萬數. 光武初興, 愍其荒廢, 起太學博士舍 · 內外講堂, 諸生橫巷,[78] 爲海內所集. 明帝時, 辟雍始成, 欲毁太學, 太尉趙熹以爲太學 · 辟雍, 皆宜兼存, 故並傳至今."(『後漢書』「翟酺傳」)

21-3-17

당시에는 군(郡)의 학교가 문을 닫은 지 오래되었는데, [포영(鮑永)의 손자] 포덕(鮑德)은 학교[79]를 수리하여 세웠으며, 제기와 예복 및 예관을 갖추어[80] 예를 행하고 음악을 연주했다. 또한 원로들[國老][81]에게 극진하게 잔치를 열고, 제유들에게 연회를 베풀었다. 이것을 본 백성들 중에 설복되지 않는 자가 없었다.(『후한서』「포영전」)

時郡學久廢, 德乃修起橫舍, 備俎豆黻冕, 行禮奏樂. 又尊饗國老, 宴會諸儒. 百姓觀者, 莫不勸服.(『後漢書』「鮑永傳」)

77_ 횡항(橫巷)은 건물의 통로나 복도에 가득찼다는 말이다.

78_ 항(巷)이 『공자개제고』에는 권(卷)으로 되어 있는데, 『후한서』 원문에 따라 고쳤다.

79_ 횡사(橫舍)는 학교 또는 학사(學舍)를 말한다.

80_ 조두(俎豆)는 제사 때 사용하는 제기이고, 불면(黻冕)은 제사 때 갖추는 예복과 예관이다.

81_ 국로(國老)는 늙어서 퇴직한 경대부를 말하는데, 여기에서는 군(郡)의 원로들을 말한다. 당시에 이들을 위해 학교에서 연향을 베푸는 예법이 있었는데, 『예기』「왕제」편에 "養國老於上庠爽."이라는 말이 보인다.

21-3-18

[후한 화제(和帝)] 영원(永元) 12년(100) 임자일, 박사제자 중에서 태학에 천거되어 있는 자에게 베를 하사했는데, 사람마다 세 필씩이었다.(『후한서』「화상제기」)

永元十二年壬子, 賜博士員弟子在太學者布, 人三匹.(『後漢書』「和殤帝紀」)

21-3-19

[후한 화제] 영원(永元) 14년(102) 3월 무진일, [황제가] 벽옹에 지접 가서 향사례를 거행하고, 천하에 대사면을 시행했다.(『후한서』「화상제기」)

永元十四年三月戊辰, 臨辟雍饗射, 大赦天下.(『後漢書』「和殤帝紀」)

21-3-20

[후한 안제(安帝)] 연광(延光) 3년(124) 임술일, 황제의 수레가 서울로 돌아와서 태학에 행차했다.(『후한서』「안제기」)

延光三年壬戌, 車駕還京師, 幸太學.(『後漢書』「安帝紀」)

21-3-21

[후한 순제(順帝)] 영건(永建) 6년(131) 봄 9월 신사일, 태학을 수리하여 세웠다.(『후한서』「순제기」)

永建六年秋九月辛巳, 繕起太學.(『後漢書』「順帝紀」)

21-3-22

[후한 순제] 양가(陽嘉) 원년(132) 경인일, 황제가 벽옹에 직접 가서 향사례를 거행하고, 천하에 대사면을 시행했다.(『후한서』「순제기」)

陽嘉元年庚寅, 帝臨辟雍饗射, 大赦天下.(『後漢書』「順帝紀」)

21-3-23

[후한 순제] 양가(陽嘉) 원년(132), 태학이 새롭게 세워지고, 조서를 내려 경학에 밝은 자를 시험을 쳐서 박사제자로 임명했는데, 갑과와 을과에서 증원한 인원이 각각 10명이었다. 서울과 군국(郡國)의 60세 이상 늙은 유학자 중에서 낭관(郎官)과 사인(舍人)으로 임명한 자들과 모든 번국(藩國)의 낭관으로 임명한 자들이 모두 138명이었다.(『후한서』「좌웅열전」)

陽嘉元年, 太學新成, 詔試明經者補弟子, 增甲乙之科, 員各十人. 除京師及郡國耆儒年六十以上爲郎・舍人, 諸王國郎者, 百三十八人.(『後漢書』「左雄列傳」)

21-3-24

순제(順帝)는 적포(翟酺)의 말[82]에 감동하여 학교의 건물[83]을 다시 수리하니, 모두 240개의 집과 1,850개의 방이 건축되었다.(『후한서』「유림열전」)

順帝感翟酺之言, 乃更修黌宇, 凡所造構二百四十房, 千八百五十室.(『後漢書』「儒林列傳」)

82_ 적포(翟酺)가 대장(大匠)이 되었을 때 올린 상주문을 말한다. 앞의 〈21-3-16〉에 나오는 『후한서』「적포전」 참조.

83_ 횡우(黌宇)는 횡우(橫宇)와 같은 말로, 학교의 교사(校舍)를 말한다.

21-3-25

[후한 영제(靈帝)] 희평(熹平) 4년(175), 영제는 조서를 내려 제유들에게 오경을 바로잡아서 비석에 새기도록 했는데, 고문(古文)[84]과 전서(篆書), 예서(隷書) 세 종류의 서체로 만들어 서로 참고하고 비교하도록 했다. 그 비석을 학교의 문에 세워서 천하의 학자들에게 모두 표본으로 삼도록 했다.(『후한서』「유림열전」)

熹平四年, 靈帝乃詔諸儒正定五經, 刊於石碑, 爲古文·篆·隷三體書法, 以相參檢. 樹之學門, 使天下咸取則焉.(『後漢書』「儒林列傳」)

21-3-26

채옹(蔡邕)은 경서 전적이 성인과의 시간적 거리가 너무 멀고, 문자는 오류가 많으며, 속유들이 제멋대로 천착하여 후학들을 미혹하여 잘못되게 한다고 여겼다. [후한 영제(靈帝)] 희평(熹平) 4년(175)에 오관중랑장(五官中郎將) 당계전(堂溪典),[85] 광록대부(光祿大夫) 양사(楊賜), 간의대부(諫議大夫) 마일제(馬日磾), 의랑(議郎) 장순(張馴)·한열(韓說), 태사령(太史令) 선양(單揚) 등과 함께 상주문을 올려 육경의 문지를 바로잡을 것을 요구했다. 영제가 그것을 허락하자 채옹은 곧 비석에 경서의 내용을 기록하여 석공에게 조각하도록 하고, 태학의 문 밖에 세웠다. 이에 후학 유생들은 모두 그것을 표본으로 삼았다.(『후한서』「채옹열전」)

邕以經籍去聖久遠, 文字多謬, 俗儒穿鑿, 疑誤後學. 熹平四年, 乃與五官中郎將堂溪典, 光祿大夫楊賜, 諫議大夫馬日磾, 議郎張馴·韓說, 太史令單揚等, 奏求正定六經文字. 靈帝許之, 邕乃自書冊於碑, 使

84_ 고문(古文)은 『후한서』 주에서 공자 집안의 벽에서 나온 책이라고 했다.

85_ 『후한서』의 주에서 인용한 『선현행장(先賢行狀)』에 의하면, 당계(堂溪)는 성이고, 전(典)이 이름이다. 자는 자도(子度)이고, 영천(潁川) 사람이라고 한다.

工鐫刻, 立於太學門外. 於是後儒晚學, 咸取正焉.(『後漢書』「蔡邕列傳」)

康21-6

지금 공자 [경전의] 정자(正字)를 고찰하고자 한다면, 마땅히 채옹의 『석경(石經)』을 표준으로 삼아야 한다. 채옹이 기록한 것 중에 『공양전』과 구양생(歐陽生)의 『상서(尙書)』가 있는데, 대체로 지금 학문에서 표준으로 삼는 정통 정자(正字)이다.

今欲考孔子正字, 當以邕『石經』爲定. 邕所書有『公羊』·歐陽『尙書』, 蓋今學正宗也.

21-3-27

[후한 영제(靈帝)] 광화(光和) 5년(182), 황제가 서울로 돌아와서 태학으로 행차했다.(『후한서』「영제기」)

光和五年十二月, 還, 幸太學.(『後漢書』「靈帝紀」)

21-3-28

오경(五經)도 한나라 때 확립된 것이며, 유생(儒生)들이 말하는 좋은 정치의 대의는 모두 오경 안에서 나온 것이다. 동중서(董仲舒)가 『춘추』의 의리를 표방했는데, 법률과 딱 들어맞아서 괴리되는 것이 없었다. 그렇기 때문에 『춘추』는 한나라의 경전이며, 공자가 제작하여 한나라에 남겨준 것이다.(『논형』「정재」)

夫五經亦漢家之所立, 儒生善政大義, 皆出其中. 董仲舒表『春秋』之義, 稽合於律, 無乖異者. 然則『春秋』, 漢之經, 孔子製作, 垂遺於漢.(『論衡』「程材」)

康21-7

『춘추』는 한나라의 경전이며, 한나라의 좋은 정치는 모두 그 속에서 나왔다고 했다. 대체로 한나라 사람들의 정치는 모두 공자의 경전을 법도로 삼았으니, 후세에 단지 고증의 자료로 삼는 것과는 같지 않다.

『春秋』, 漢之經, 漢家善政皆出其中. 蓋漢人政事皆法孔經, 非同後世僅資考據也.

<이상 한무제 이후 유교 학술을 숭상하여 공자의 학교 제도가 성행하다: 右漢武後, 崇尙儒術, 盛行孔子學校之制>

4. 한무제 이후 유교 학술을 숭상하여 공자의 선거 제도가 성행하다 [漢武後, 崇尙儒術, 盛行孔子選擧之制]

21-4-1

공손홍(公孫弘)은 학관(學官)이 되어 [유학의] 도가 막히고 침체된 것을 한탄하면서 다음과 같이 요청했다. "승상과 어사의 말에 의하면, 황제의 조칙[86]에서 '듣건대, 예법으로써 백성을 인도하고, 음악으로써 백성을 교화한다고 한다. 혼인이라는 것은 부부가 함께 사는 큰 윤리이다.[87] 지금 예법은 폐지되고 음악은 붕괴되었으니, 짐은 매우 걱정스

86_ 이 조칙은 『한서』 「무제기」에도 기재되어 있는데, 무제 원삭(元朔) 5년(B.C.124) 여름 6월에 내린 조칙이다.

87_ 거실(居屋)은 부부가 함께 사는 것을 말한다. 『맹자』 「만장 상」편에 "男女居室, 人之大倫也."라는 말이 보인다.

럽게 생각한다. 따라서 올바르고 박학다식한 천하의 선비들을 두루 초빙하여 모두 조정에 등용하도록 하라. 예관(禮官)에게 명령하여 학문을 권장하며, 강론하고 토론하여 지식과 견문을 넓히고[88] 예법을 흥기하도록 함으로써 천하의 모범을 삼도록 할 것이다. 태상(太常)은 논의하여 박사관에 제자들을 배치하고 향리의 교화를 숭상함으로써 현명하고 재능 있는 인재들을 널리 구하도록 하라'[89]라고 했습니다. 삼가 태상 공장(孔臧)[90]과 박사 평(平) 등과 다음과 같이 논의했습니다. '삼대의 도에 대해 들어보니, 향리마다 학교가 있었는데, 하나라 때는 교(校), 은나라에 때는 서(序), 주나라 때는 상(庠)이라고 했습니다. 선을 권장할 경우에는 조정에서 드러내 밝혔고, 악을 징계할 경우에는 형벌을 가했습니다. 따라서 교화의 시행은 최고의 본보기를 세우되 서울로부터 시작했고, 안에서부터 밖으로 파급되었습니다. 지금 폐하는 지극한 덕을 밝히고 큰 밝음을 열었으며, 천지와 짝이 되고 인륜에 근본이 되며, 학문을 권면하고 예법을 닦으며, 교화를 숭상하고 어진 이를 격려함으로써 사방을 교화하니, 태평의 근원입니다. 옛날에는 정치의 교화가 고루 미치지 않았고, 그 예법이 갖추어지지 않았는데, 청컨대 옛날의 관직 제도를 바탕으로 해서 그것을 흥기시키십시오. 박사관에 제자 50명을 배치하고 그들의 부역과 세금을 면제하십시오.[91] 태상은 18세 이상의 백성들 중에 행동거지가 단정한 자를 선발하여 박사제자로 임명하고, 군(郡)·국(國)·현(縣)·도(道)·읍(邑)에서 학문을 좋아하고 어른을 공경하며, 정교(政敎)를 공손하게 지키고 향리의 습속을 잘 따

88_ 흡문(洽聞)은 지식이 풍부하고 견문이 넓은 것이다. 『한서』「무제기(武帝紀)」에도 "其令禮官勸學, 講議洽聞, 擧遺興禮."라는 문장이 보인다.

89_ 『한서』「무제기(武帝紀)」에는 "太常其議予博士弟子, 崇鄕黨之化, 以勵賢材焉."이라고 되어 있는데, 안사고는 "박사들을 위해 제자를 두어 향당에서 교화를 숭상하고, 또 현명하고 재능 있는 사람을 장려해야 한다"라고 풀이했다.

90_ 장(臧)은 『한서집해』에 의하면, 『한서』「백관표(百官表)」의 공장(孔臧)이다.

91_ 복(復)은 부역과 세금을 면제하는 것이다.

르며, 행동이 소문과 어긋나지 않는 자가 있으면, 현령(縣令)과 제후국의 재상, 현장(縣長)과 현승(縣丞)은 소속된 군의 수상인 이천석에게 보고하고, 이천석은 추천할 만한 자를 신중하게 살펴서 계리(計吏)와 함께 태상을 방문하도록 하여[92] 박사제자들과 똑같이 수업을 받을 수 있도록 하십시오. 1년이 지나면 모두 시험을 쳐서 한 가지 경전 이상에 능통하면, 문학(文學)과 장고(掌故)[93]의 결원에 보충하십시오. 그중에 낭중(郎中)이 될 만한 뛰어난 자는 태상이 명부를 작성하여 상주하고, 매우 뛰어난 수재가 있으면 곧바로 황제에게 그 이름을 보고하도록 하십시오. 그중에 학업에 종사하지 않아서 재능이 뒤떨어지거나 하나의 경전에도 능통하지 못한 경우에는 바로 파직시키고, 모든 부적격자들은 처벌하기를 요청합니다.' 신들이 공포된 조서와 율령들을 삼가 살펴보니, 하늘과 사람의 구분을 명확하게 했고, 옛날과 지금의 의리를 통달했으며, 문장은 바르고 우아하며, 훈계하는 말은 뜻이 깊고 오묘하며,[94] 은혜를 베푸는 것이 매우 아름답습니다. 그러나 하급 벼슬아치들은 견문이 얕아서 그것을 철저하게 이해하지 못하기 때문에 밝게 시행하여 아랫사람들을 깨우치지 못합니다. 치례(治禮)[95]는 그 다음으로 장고(掌故)의 직책을 맡고, 학문과 예의로써 관리가 되는데, 승진이 막혀 있습니다. 청컨대 직급이 비이백석(比二百石) 이상인 자들 및 백석(百石)의 관리 중에서 하나 이상의 경전에 능통한 자는 좌우내사(左右內

92_ 계리(計吏)는 군(郡)이나 국(國)에서 관리의 성적이나 지방의 정치 상황 등을 조사하여 보고하는 관리이다. 계해(計偕)는 계리와 함께 조정의 부름에 상경하거나 거인(擧人)이 회시를 보러 상경하는 것을 말한다. 여기에서는 추천자를 계리와 함께 태상을 방문하도록 하는 것이다.

93_ 장고(掌故)는 한나라 때의 벼슬 이름으로, 원래는 태상(太常)의 속관으로 예악이나 제도 등의 전고를 맡아보던 관리이다.

94_ 이아(爾雅)는 문장이나 언어가 바르고 우아한 것이며, 심후(深厚)는 말의 뜻이 깊고 오묘한 것이다.

95_ 치례(治禮)는 빈객의 접대를 맡은 대행(大行)에 소속된 관리로, 예의를 담당했다.

史)와 대행(大行)의 졸사(卒史)에 충원하십시오. 그리고 비백석(比百石) 이하는 군(郡) 태수(太守)의 졸사에 충원하되, 모든 군에 각각 2명씩, 변방의 군에는 1명씩 임명하십시오. 경전을 많이 암송한 자를 먼저 등용하되, 만약 인원이 부족하면 장고(掌故)에서 선발하여 중이천석(中二千石)의 소속 관리로 충원하고, 군국(郡國)의 문학과 장고에서 선발하여 군(郡)의 소속 관리로 충원하여 인원을 갖추어 두십시오. 청컨대 이것을 공령(功令)에 기재하고, 나머지는 율령대로 하십시오." 칙명으로 "좋다"라고 재가를 내렸다. 이때 이후로 공경과 대부, 사(士)와 관리 중에서 문학의 선비들이 매우 많아졌다.(『사기』「유림열전」)

公孫弘爲學官, 悼道之鬱滯, 乃請曰, "丞相御史言, 制曰, '蓋聞導民以禮, 風之以樂. 婚姻者, 居室之大倫也. 今禮廢樂崩, 朕甚湣焉. 故詳延天下方正博聞之士, 咸登諸朝. 其令禮官勸學講議, 洽聞興禮, 以爲天下先. 太常議與博士弟子崇鄕里之化, 以廣賢材焉.' 謹與太常臧·博士平等議曰, '聞三代之道, 鄕里有教, 夏曰校, 殷曰序, 周曰庠. 其勸善也顯之朝廷, 其懲惡也加之刑罰. 故教化之行也, 建首善自京師始, 由內及外. 今陛下昭至德, 開大明, 配天地, 本人倫, 勸學修禮, 崇化厲賢, 以風四方, 太平之原也. 古者政教未洽, 不備其禮, 請因舊官而興焉. 爲博士官置弟子五十人, 復其身. 太常擇民年十八已上, 儀狀端正者, 補博士弟子, 郡國縣道邑有好文學, 敬長上, 肅政教, 順鄕里, 出入不悖所聞者, 令相長丞上屬所二千石, 二千石謹察可者, 當與計偕, 詣太常, 得受業如弟子. 一歲皆輒試, 能通一藝以上, 補文學掌故缺. 其高弟可以爲郎中者, 太常籍奏, 即有秀才異等, 輒以名聞. 其不事學若下材及不能通一藝, 輒罷之, 而請諸不稱者罰.' 臣謹案詔書律令下者, 明天人分際, 通古今之義, 文章爾雅, 訓辭深厚, 恩施甚美. 小吏淺聞, 不能究宣, 無以明布諭下. 治禮次治掌故, 以文學禮義爲官, 遷留滯. 請選擇其秩比二百石以下, 及吏百石通一藝以上, 補左右內史·大行卒史. 比百石以下, 補郡太守卒史, 皆各二人, 邊郡一人.

先用誦多者, 若不足, 乃擇掌故補, 中二千石屬, 文學掌故補郡屬, 備員. 請著功令, 佗如律令." 制曰, "可." 自此以來, 則公卿大夫士吏, 斌斌多文學之士矣.(『史記』「儒林列傳」)

康21-8

공자의 학문을 학관에 세워 인재를 선발한 것은 이때부터 시작되어 마침내 지금에까지 이르고 있다.

以孔子之學立學官選擧, 自此始, 遂至於今.

21-4-2

[전한 무제] 건원(建元) 원년(B.C.140), 천자가 처음 즉위했을 때 현량(賢良)과 문학(文學)의 선비들을 불러들였다. 당시 공손홍(公孫弘)은 나이가 60세였는데, 황제의 부름을 받아 현량으로서 박사가 되었다.(『사기』「평진후주보열전」)

建元元年, 天子初卽位, 招賢良文學之士. 是時弘年六十, 徵以賢良爲博士.(『史記』「平津侯主父列傳」)

21-4-3

태상(太常)이 초빙한 유사(儒士) 각각에게 대책(對策)을 짓도록 했는데, 100여 명이었다.(『사기』「평진후주보열전」)

太常令所徵儒士各對策, 百餘人.(『史記』「平津侯主父列傳」)

21-4-4

천자가 크게 학문에 심혈을 기울이고,[96] 뛰어난 인재들을 초빙함으로써 유학과 묵학(墨學)을 널리 전파했다.[97](『사기』「평진후주보열전」)

上方鄕文學, 招俊乂, 以廣儒・墨.(『史記』「平津侯主父列傳」)

21-4-5

무제 때 북해(北海)의 태수(太守)를 불러 행재소(行在所)[98]로 오도록 했는데, 문학졸사(文學卒史)[99]인 왕선생(王先生)이라는 자가 있어 태수와 함께 가기를 자청했다.[100](『사기』「골계열전」)

武帝時, 徵北海太守詣行在所, 有文學卒史王先生者, 自請與太守俱.(『史記』「滑稽列傳」)

21-4-6

무제가 제유들을 불러서 만나보았다.(『한서』「동중서전」)

上召視諸儒.(『漢書』「董仲舒傳」)

21-4-7

교서왕(膠西王)은 동중서가 큰 유학자라는 소문을 듣고, 그를 잘 대해주

96_ 향학(鄕學)은 학문에 마음과 뜻을 기울인다는 뜻이다.

97_ 이때는 한무제 원삭(元朔) 2년(B.C.127)으로, 한나라가 흥기한 지 80년이 되던 시점이다

98_ 행재소(行在所)는 천자가 왕궁을 떠나 멀리 거동할 때 임시로 머무르는 처소이다. 행소(行所)・행재(行在)・행조(行朝)라고도 한다.

99_ 문학졸사(文學卒史)는 군(郡)이나 국(國) 등에서 문서를 담당했던 하급 관리이다.

100_ 왕선생은 누구인지는 알 수가 없다. 당시 왕선생은 태수와 함께 무제를 만나러 가서, 태수에게 북해를 잘 다스린 것이 무제의 신령스러움과 위엄 있는 힘에 의한 변화라고 대답하도록 함으로써 두 사람 모두 높은 벼슬에 임명되었다고 한다.

었다.(『한서』「동중서전」)

膠西王聞仲舒大儒, 善待之.(『漢書』「董仲舒傳」)

21-4-8

공손홍은 나이가 40여 세였을 때 『춘추』의 잡다한 이론을 배웠다. 무제가 처음 즉위했을 때 현량(賢良)과 문학(文學)의 선비들을 불러들였다. 당시 공손홍은 나이가 60세였는데, 현량으로서 초빙되어 박사가 되었다.(『한서』「공손홍전」)

公孫弘年四十餘, 乃學『春秋』雜說. 武帝初卽位, 招賢良文學士. 是時弘年六十, 以賢良徵, 爲博士.(『漢書』「公孫弘傳」)

21-4-9

맹희(孟喜)는 효렴(孝廉)으로 천거되어 낭관(郎官)이 되었고, 곡대전(曲臺殿)의 관리 책임자를 지냈다.[101] 병 때문에 그만두고, 승상의 속관이 되었다. 박사에 결원이 생겼다.[102](『한서』「유림전」)

喜擧孝廉, 爲郎, 曲臺署長. 病免, 爲丞相掾. 博士缺.(『漢書』「儒林傳」)

21-4-10

[전한 무제] 건원(建元) 원년(B.C.140), 명당(明堂)의 건립을 논의하기 위해

101_ 곡대(曲臺)는 안사고가 궁전의 이름이라고 했다. 서장(署長)은 그 일을 맡아보는 책임자이다.

102_ 캉유웨이는 맹희가 승상의 속관이 되어 박사의 결원을 보충했다는 의미로 본 듯하다. 그런데 『한서』 원문에는 "박사의 결원이 생기자, 많은 사람들이 맹희를 추천했는데, 황제는 맹희가 스승의 법도를 고쳤다는 말을 듣고, 마침내 등용하지 않았다[博士缺, 衆人薦喜, 上聞喜改師法, 遂不用.]"라고 되어 있다.

사신을 파견하여 안거(安車)와 포거(蒲車)[103]를 보내고, 비단에 옥을 더해주고서 노나라의 신공(申公)[104]을 불러들였다.[105](『한서』「무제기」)

建元元年, 議立明堂, 遣使者安車蒲輪, 束帛加璧, 徵魯申公.(『漢書』「武帝紀」)

21-4-11

[전한 무제 건원(建元)] 5년(B.C.136), 오경박사를 설치했다.(『한서』「무제기」)

五年, 置五經博士.(『漢書』「武帝紀」)

21-4-12

[전한 무제] 원광(元光) 원년(B.C.134) 겨울 11월, 처음으로 군(郡)과 국(國)에 효렴(孝廉)을 각각 1명씩 추천하도록 했다.(『한서』「무제기」)

元光元年, 冬十一月, 初令郡國擧孝廉各一人.(『漢書』「武帝紀」)

21-4-13

[전한 무제 원삭(元朔) 5년(B.C.124)] 여름 6월, 조칙을 내렸다. "듣건대, 예

103_ 포거(蒲車)는 수레바퀴를 부들로 감싸서 덜컹거리지 않도록 한 수레로, 포륜(蒲輪)이라고도 한다. 황제가 봉선을 할 때나 은사(隱士)를 초빙할 때 사용했다. 안거(安車)도 고관이 은퇴할 때나 명망이 높은 사람을 초빙할 때 하사되는 수레이다.

104_ 신공(申公)은 전한시대 사람으로, 『시』를 전수한 사람으로 일컬어지며, 그가 전수한 『시』를 『노시(魯詩)』라고 한다.

105_ 『사기』「유림열전」에도 다음과 같은 기록이 보인다. "왕장(王臧)과 조관(趙綰)이 천자에게 요청하여 명당(明堂)을 세워 제후들을 조회하도록 하고자 했는데, 그 일을 성취할 수 없게 되자 무제에게 신공을 스승으로 삼으라고 말했다. 이에 무제는 사신을 파견하여 비단에 옥을 더해주고, 네 마리 말이 끄는 안거(安車)로 신공을 모셔오도록 했다."

법으로써 백성을 인도하고, 음악으로써 백성을 교화한다고 한다. 지금 예법은 폐지되고 음악은 붕괴되었으니, 짐은 매우 걱정스럽게 생각한다. 따라서 덕행이 있고 박학다식한[106] 천하의 선비들을 두루 초빙하여 모두 조정에 천거하도록 하라. 예관(禮官)은 학문을 권장하며, 강론하고 토론하여 지식과 견문을 넓히고, 유서(遺書)를 찾아 예법을 흥기시켜 천하의 모범이 되도록 명하노라. 태상(太常)은 논의하여 박사들을 위해 제자를 두고, 향당에서 교화를 숭상함으로써 현명하고 재능 있는 사람을 장려해야 할 것이다." 승상 공손홍이 박사관에 제자 인원을 둘 것을 요청하니, 학자들이 더욱 많아졌다.(『한서』「무제기」)

夏六月, 詔曰, "蓋聞導民以禮, 風之以樂. 今禮壞樂崩, 朕甚閔焉. 故詳延天下方聞之士, 咸薦諸朝. 其令禮官勸學, 講議洽聞, 擧遺興禮, 以爲天下先. 太常其議予博士弟子, 崇鄕党之化, 以厲賢材焉." 丞相弘請爲博士置弟子員, 學者益廣.(『漢書』「武帝紀」)

21-4-14

[전한 소제(昭帝)] 시원(始元) 5년(B.C.82), 조칙을 내렸다. "내가 보잘것없는 몸[107]으로 종묘를 얻어서 보호하니, 조심조심하고 두려워하며, 아침 일찍 일어나고 밤 늦게 자면서 옛날 제왕의 일을 수행했다. 『보부전(保傅傳)』은 이해했지만, 『효경』과 『논어』, 『상서』는 아직 분명하게 안다고 말할 수 없다.[108] 삼보(三輔)[109] 지역과 태상(太常)의 관할 구역에

106_ 방문(方聞)은 덕행이 있고 박학다식한 것을 말한다.

107_ 묘신(眇身)은 미신(微身)과 같은 말로, 천자나 황후가 자신을 보잘것없다고 겸양할 때 사용하는 말이다.

108_ 『한서』의 주에서 인용한 문영(文穎)에 의하면, 가의(賈誼)가 『보부전(保傅傳)』을 지었는데, 『대대례기』에 그 내용이 있다고 한다. 현행본 『대대례기』에는 「보부(保傅)」편이 있다. 한편 진작(晉灼)이나 신찬(臣瓚) 등의 주에서는 황제가 이 네 가지 책을 통독하기는 했지만, 아직 분명하게 이해하지 못했다고 풀이했는데, 안

서는 현명한 선비를 각각 2명씩 천거하고, 군(郡)과 국(國)에서는 뛰어난 인재[110]를 각각 1명씩 천거하도록 명하노라."(『한서』「효소황제기」)

始元五年, 詔曰, "朕以眇身, 獲保宗廟, 戰戰慄栗, 夙興夜寐, 修古帝王之事. 通『保傅傳』, 『孝經』·『論語』·『尙書』, 未云有明. 其令三輔太常, 擧賢良各二人, 郡國文學高第各一人."(『漢書』「孝昭皇帝紀」)

21-4-15

[전한] 선제(宣帝)는 왕통을 이어받자, 큰 사업을 계승하여 닦았으니, 또한 육예를 강론하고, 뛰어난 인재를 초빙하여 선발했다. 그래서 소망지(蕭望之)·양구하(梁丘賀)·하후승(夏侯勝)·위현성(韋玄成)·엄팽조(嚴彭祖)·윤경시(尹更始)는 유학의 학술로 등용되었고, 유향(劉向)과 왕포(王褒)는 문장으로 현달했다.(『사기』「평진후주보열전」)

孝宣承統, 纂修洪業, 亦講論六藝, 招選茂異. 而蕭望之·梁丘賀·夏侯勝·韋玄成·嚴彭祖·尹更始, 以儒術進, 劉向·王褒, 以文章顯.(『史記』「平津侯主父列傳」)

21-4-16

[전한 선제 본시(本始) 원년(B.C.73)] 여름 4월 경오일, 지진이 발생했다.

사고는 "황제 스스로 말하기를, 비록 『보부전』은 이해했지만, 『효경』과 『논어』·『상서』는 아직 분명하게 알지 못한다고 했다"라고 풀이했다. 여기에서는 안사고의 주를 따라 해석했다.

109_ 삼보(三輔)는 한나라 시대에 장안(長安) 동쪽을 경조윤(京兆尹), 장릉(長陵) 북쪽을 좌풍익(左馮翊), 위성(渭城) 서쪽을 우부풍(右扶風)이라고 하여 이를 총칭한 말이다.

110_ 고제(高第)는 시험 성적이 우수하여 이름이 명단의 윗부분에 있다는 말로, 과거에 급제했다는 의미이다. 또는 근무나 학업 성적이 우수한 사람을 일컫기도 한다.

조서를 내려 중국 내부의 군(郡)과 국(國)에서 문학의 뛰어난 인재를 각각 1명씩 천거하도록 했다.[111](『한서』「효선황제기」)

夏四月庚午, 地震. 詔內郡國擧文學高第各一人.(『漢書』「孝宣皇帝紀」)

21-4-17

승상(丞相)과 어사(御史)는 열후(列侯)와 중이천석(中二千石)과 함께 경학을 공부한 선비들에게 변고에 대응할 방법이 있는지 널리 자문하여 내가 미처 생각하지 못한 문제[112]를 해결하는 데 돕도록 하되, 피해서 말하지 않는 것이 없도록 하라. 삼보(三輔) 지역과 태상(太常)의 관할 지역, 중국 내부의 군(郡)과 국(國)에서는 현명하고 올바른 신비를 각각 1명씩 천거하도록 명하노라.[113](『한서』「효선황제기」)

丞相御史, 其與列侯·中二千石博問經學之士, 有以應變, 輔朕之不逮, 毋有所諱. 令三輔太常內郡國, 擧賢良方正各一人.(『漢書』「孝宣皇帝紀」)

21-4-18

[전한 선제] 원강(元康) 원년(B.C.65) 가을 8월, 조서를 내렸다. "나는 육예를 밝게 알지 못하고, [나라를 다스리는] 큰 도에 대해서도 능통하지 못하다.[114] 이 때문에 음양[이 조화를 이루지 못하여] 바람과 비가 제때에

111_ 『한서』의 위소(韋昭) 주에서 "중국은 내부이고, 오랑캐가 있는 변경지역은 외부이다. 성제(成帝) 때 내부에서는 방정한 선비들을 천거했고, 북쪽 변방의 22개 군에서는 용맹한 선비들을 천거했다"라고 했다.

112_ 불체(不逮)는 안사고가 "생각이 미치지 못하는 것이다"라고 했다.

113_ 이것은 전한 선제 본시(本始) 3년(B.C.71) 여름 4월 임인(壬寅)에, 49개의 군국(郡國)에서 지진이 발생하자 내린 조서의 일부분이다.

114_ 욱(郁)은 『한서』의 맹강(孟康)의 주에서 "능통하지 않다[不通]"는 뜻이라고 했다.

발생하지 않는다. 관리와 백성들 중에서 그 몸이 잘 닦이고 올바르며, 학문에 정통하며, 선왕의 정치술을 밝게 알아서 그 의미를 널리 연구한 자를 각각 2인씩 천거하고, 중이천석(中二千石)은 각각 1인씩 천거하라."(『한서』「효선황제기」)

元康元年秋八月, 詔曰, "朕不明六藝, 郁于大道. 是以陰陽風雨未時. 其博擧吏民, 厥身修正, 通文學, 明于先王之術, 宣究其意者各二人, 中二千石各一人."(『漢書』「孝宣皇帝紀」)

21-4-19

이 당시에 선제(宣帝)는 무제(武帝)의 옛일에 따라서 유명한 유학자와 뛰어난 인재들을 선발하여 자신의 좌우에 두었다.(『한서』「유향전」)

是時宣帝循武故事, 招選名儒俊材, 置左右.(『漢書』「劉向傳」)

21-4-20

승상(丞相)과 어사(御史), 중이천석(中二千石)은 남보다 뛰어난 재능이 있거나 직언을 하고 온 힘을 다해 간언하는 선비를 천거하라. 내가 직접 살펴볼 것이다.(『한서』「효원황제기」)

丞相御史中二千石, 擧茂材異等直言極諫之士. 朕將親覽焉.(『漢書』「孝元皇帝紀」)

21-4-21

[전한 원제] 영광(永光) 원년(B.C.43) 2월, 조서를 내려 승상과 어사에게 질박하고 돈후하며 겸양하고 품행이 뛰어난 자를 천거하도록 했다. 그리고 중국 내부의 군(郡)과 국(國)에서는 남보다 뛰어난 재능이 있거나

현명하고 직언을 하는 선비를 각각 1명씩 천거하도록 명했다.(『한서』「효원황제기」)

永光元年二月, 詔丞相御史, 擧質樸敦厚遜讓有行者. 其令內郡國擧茂材異等賢良直言之士, 各一人.(『漢書』「孝元皇帝紀」)

21-4-22

[전한 원제] 건소(建昭) 4년(B.C.35),[115] [조서를 내려] 간대부(諫大夫) 박사 상(賞) 등 21명을 파견하여 천하를 두루 돌아다니면서 늙은이, 홀아비와 과부, 고아와 무가탁자, 궁핍하거나 실직한 사람들에게 안부를 묻고, 뛰어난 재주를 지닌 선비를 천거하도록 했다. 승상과 장군, 그리고 구경(九卿)은 나의 뜻에 따라 게을리하지 말고, 나에게 교화가 퍼져나가는 효과를 볼 수 있도록 하라고 했다.(『한서』「효원황제기」)

建昭四年, 遣諫大夫博士賞等二十一人, 循行天下, 存問耆老鰥寡孤獨乏困失職之人, 擧茂材特立之士. 相將九卿, 其帥意無怠, 使朕獲觀敎化之流焉.(『漢書』「孝元皇帝紀」)

21-4-23

원제(元帝)는 어려서부터 유학을 좋아했는데, 즉위하자마자 유생들을 불러 등용하고, 그들에게 정치를 맡겼다. 공우(貢禹)·설광덕(薛廣德)·위현성(韋玄成)·광형(匡衡) 등이 차례로 재상이 되었다.(『한서』「효원제기찬」)

元帝少而好儒, 及卽位, 徵用儒生, 委之以政. 貢·薛·韋·匡, 迭爲宰相.(『漢書』「孝元帝紀贊」)

115_ 이것은 원제 건소(建昭) 4년 여름 4월에 내린 조서의 일부분이다.

21-4-24

[전한 성제] 건시(建始) 2년(B.C.31) 2월, 조서를 내려 삼보(三輔) 지역과 중국 내부의 군(郡)에서 현명하고 올바른 선비를 각각 1명씩 천거하도록 했다.(『한서』「효성황제기」)

建始二年二月, 詔三輔內郡擧賢良方正各一人.(『漢書』「孝成皇帝紀」)

21-4-25

승상과 어사, 장군과 열후, 중이천석 및 중국 내부의 군국(郡國)에서는 현명하고 올바르거나 직언을 하고 온 힘을 다해 간언하는 선비를 천거하여 관청의 수레로 데리고 오면, 내가 직접 살펴볼 것이다.[116](『한서』「효성황제기」)

丞相御史與將軍·列侯·中二千石及內郡國, 擧賢良方正能直言極諫之士, 詣公車, 朕將覽焉.(『漢書』「孝成皇帝紀」)

21-4-26

[전한 성제] 양삭(陽朔) 2년(B.C.23), 조서를 내렸다. "옛날에 태학을 세운 것은 선왕의 대업을 전수하고, 천하에 교화를 펼치기 위해서였다. 유림(儒林)의 박사관은 천하에서 학문을 전승하는 장소이니,[117] [유림들은] 마땅히 고금의 역사에 밝아야 하고, 옛것을 익히고 새로운 것을 알아야 하며, 국가의 체제를 통달해야 한다. 따라서 그들을 박사라고 부른다. 그렇지 않다면 학자들이 학문을 계승할 수가 없어서 아랫사람들

116_ 이것은 성제 건시(建始) 3년(B.C.30) 겨울에 일식이 있었고 미앙궁에 지진이 발생한 이후에 내린 조서의 일부분이다.

117_ 연원(淵源)은 학문을 전승하는 장소를 말한다.

에게 경시를 받게 되니, 그것은 도덕을 높이는 방법이 아니다. '공인(工人)이 자기 일을 잘하려면 반드시 먼저 그 기구를 예리하게 만들어야 한다.'[118] 승상과 어사는 중이천석(中二千石)·이천석(二千石)과 함께 박사의 지위에 충원할 만한 자를 다방면에서 천거하고, 그들에게 태학을 크게 눈에 띄는 곳으로 만들도록 하라."(『한서』「효성황제기」)

陽朔二年, 詔曰, "古之立太學, 將以傳先王之業, 流化於天下也. 儒林之官, 四海淵源, 宜皆明於古今, 溫故知新, 通達國體. 故謂之博士. 否則學者無述焉, 爲下所輕, 非所以尊道德. '工欲善其事, 必先利其器.' 丞相御史其與中二千石·二千石, 雜擧可充博士位者, 使卓然可觀."(『漢書』「孝成皇帝紀」)

21-4-27

제왕의 도가 날로 침체되니,[119] 아마도 현명한 선비를 불러서 선발하는 길이 꽉 막혀 통하지 않기 때문인가? 아니면 천거한 자들 중에 아직 제대로 된 인물을 얻지 못했기 때문인가? 돈후하고 의로운 행실이 있거나 직언을 할 수 있는 자를 추천하여, 그들의 간절한 말과 훌륭한 계책을 듣고서 내가 미처 잊지 못한 잘못을 바로잡기를 바라노라.[120](『한서』「효성황제기」)

帝王之道, 日以陵夷, 意乃招賢選士之路, 鬱滯而不通與? 將擧者未得其人也? 其擧敦厚有行義, 能直言者, 冀聞切言嘉謀, 匡朕之不逮.(『漢書』「孝成皇帝紀」)

118_ 『논어』「위령공」편에 보인다.

119_ 능이(陵夷)는 구릉이 평평해진다는 말로, 날로 쇠퇴하거나 침체되는 것을 의미한다.

120_ 이 내용은 성제 홍가(鴻嘉) 2년(B.C.19) 3월에 내린 조서의 일부분이다.

21-4-28

[전한 성제] 원연(元延) 원년(B.C.12), 조서를 내렸다.[121] "지난번에 일식이 발생하고 혜성이 떨어지니, 하늘에서 견책을 보여서 큰 이변 현상이 거듭 이어서 발생하고 있다. 그런데 관직 자리에 있는 자들은 침묵하고, 충언을 하는 자가 드물다. 지금 혜성이 동정(東井)[122] 별자리 주변에 출현하니, 나는 매우 두렵다. 공경과 대부, 박사와 의랑(議郎)은 각각 온 마음을 쏟아서 이변이 발생한 뜻을 생각해보고, 떳떳한 도리로써 분명하게 대답하되, 피해서 말하지 않는 것이 없도록 하라. [공경과] 중국 내부의 군과 국에서는 올바르거나 직언을 하고 온 힘을 다해 간언할 수 있는 자를 각각 1명씩 천거하라."(『한서』「효성황제기」)

元延元年, 詔曰, "乃者, 日蝕星隕, 謫見於天, 大異重仍. 在位默然, 罕有忠言. 今孛星見於東井, 朕甚懼焉. 公卿·大夫·博士·議郎, 其各悉心惟思變意, 明以經對, 無有所諱. 與內郡國擧方正能直言極諫者, 各一人."(『漢書』「孝成皇帝紀」)

21-4-29

공우(貢禹)는 자가 소옹(少翁)이고, 낭야(琅邪) 사람이다. 경전에 밝고 행실이 깨끗하다고 소문이 나서 황제의 부름을 받아 박사가 되었다.(『한서』「공우전」)

貢禹, 字少翁, 琅邪人也. 以明經絜行著聞, 徵爲博士.(『漢書』「貢禹傳」)

121_ 이것은 가을 7월에 혜성이 나타나자 내린 조서이다.

122_ 동정(東井)은 이십팔수의 하나로, 옥정(玉井)의 동쪽에 있는 별자리이다.

21-4-30

팽선(彭宣)은 자가 자패(子佩)이고, 회양(淮陽) 양하(陽夏) 사람이다. 『역』을 연구하고, 장우(張禹)을 섬겼으며, 천거를 통해 박사가 되었다.(『한서』「팽선전」)

彭宣, 字子佩, 淮陽陽夏人也. 治『易』, 事張禹, 擧爲博士.(『漢書』「彭宣傳」)

21-4-31

왕길(王吉)은 자가 자양(子陽)이고, 낭야(琅邪) 고우(皐虞) 사람이다. 어릴 때부터 공부하여 경전에 밝았는데, 군리(郡吏)의 효렴 천거로 낭관(郎官)이 되었다.(『한서』「왕길전」)

王吉, 字子陽, 琅邪皐虞人也. 少時學明經, 以郡吏擧孝廉爲郎.(『漢書』「王吉傳」)

21-4-32

위현(韋賢)은 사람됨이 질박하고 욕심이 적었으며, 학문에 독실하게 뜻을 두어 『예』와 『상서』에 모두 능통했고, 『시』를 가지고 학생들을 가르쳤는데, 추(鄒)와 노(魯) 지역의 큰 유학자로 불렸다. 황제의 부름을 받아 박사가 되었다.(『한서』「위현전」)

賢爲人質樸少欲, 篤志於學, 兼通『禮』·『尙書』, 以『詩』教授, 號稱鄒魯大儒. 徵爲博士.(『漢書』「韋賢傳」)

21-4-33

위현성(韋玄成)은 자가 소옹(少翁)이고, 부친 덕택에 낭관으로 임명되어[123] 상시기(常侍騎)를 지냈다. 어려서부터 학문을 좋아하여 부친의 학업을 연구했고, 더욱이 겸손하여 선비들에게 자신을 낮추어 교류했으며,[124] 외출했을 때 아는 사람이 걸어가는 것을 보면 문득 수행자를 마차에서 내려 보내 그를 태우도록 하여 [목적지까지] 보내주었으니, 그것을 일상적인 일로 여겼다. 그가 사람을 접할 때는 가난하고 천한 자에게 더욱 공경했는데, 이 때문에 명성이 날로 퍼져나갔다. 그리고 명경(明經)으로 간대부(諫大夫)에 발탁되었다.(『한서』「위현전」)

玄成字少翁, 以父任爲郎, 常侍騎. 少好學, 修父業, 尤謙遜下士, 出遇知識步行, 輒下從者與載送之, 以爲常. 其接人, 貧賤者益加敬, 繇是名譽日廣. 以明經, 擢爲諫大夫.(『漢書』「韋賢傳」)

21-4-34

소광(疏廣)은 자가 중옹(仲翁)이고, 동해(東海) 난릉(蘭陵) 사람이다. 어려서부터 학문을 좋아하여 『춘추』에 밝았고, 집에 거처하면서 학생들을 가르쳤는데, 학자들이 먼 곳에서부터 찾아왔다. 황제의 부름을 받아 박사가 되었고, 태중대부(太中大夫)를 지냈다.(『한서』「소광전」)

疏廣, 字仲翁, 東海蘭陵人也. 少好學, 明『春秋』, 家居敎授, 學者自遠方至. 徵爲博士, 太中大夫.(『漢書』「疏廣傳」)

21-4-35

대신 및 유생들과 함께 옛날의 예법을 서술하고, 왕의 제도를 밝혀서,

123_ 부임(父任)은 부음(父陰)과 같은 말로, 아버지의 덕으로 벼슬을 하는 것이다. 위현성은 위현(韋賢)의 네 아들 중 막내였다. 경전에 밝아서 여러 관직을 역임했으며 승상에까지 이르렀다. 위현성이 경전을 공부하여 출세했기 때문에 당시 추와 노 지역에 "자식에게 황금을 가득 물려주는 것이 경전 한 권을 물려주는 것만 못하다"는 속담이 있었다고 한다.

124_ 하사(下士)는 자기 자신을 낮추어 현명한 선비와 사귀는 것을 말한다.

한 시대의 백성들을 이끌어 그들을 인(仁)으로 다스려 일정 정도 장수하도록 만들기[125]를 원합니다.[126](『한서』「예악지」)

願與大臣延及儒生, 述舊禮, 明王制, 驅一世之民, 濟之仁壽之域.(『漢書』「禮樂志」)

21-4-36

선제(宣帝) 때 경방(京房)이 『역』에 밝다는 소문이 나서 그의 문인을 찾다가 양구하(梁丘賀)를 찾았다.(『한서』「유림전」)

宣帝時聞京房爲『易』明, 求其門人得賀.(『漢書』「儒林傳」)

21-4-37

선제(宣帝) 때 여남(汝南)의 차공(次公)[127] 환관(桓寬)이 『공양전』을 연구하여 천거를 통해 낭관이 되었다.(『한서』「공손류전왕양채진정전찬」)

宣帝時, 汝南桓寬次公, 治『公羊春秋』, 擧爲郎.(『漢書』「公孫劉田王楊蔡陳鄭傳贊」)

21-4-38

[모친이] 적방진(翟方進)에게 읽을 책을 사주었고,[128] 박사를 통해서 『춘

125_ 안사고가 "인도(仁道)로써 다스리면 모두 자기의 본성을 얻으니, 곧 장수하는 것이다"라고 풀이했다.

126_ 이 내용은 전한 선제(宣帝) 때 낭야(琅邪)의 왕길(王吉)이 간대부(諫大夫)가 되었을 때 올린 상소문의 일부분이다.

127_ 차공(次公)은 환관의 자이다.

128_ 이 문장의 원문은 원래 "母憐其幼, 隨之長安, 織屨以給方進讀."이라고 되어 있다. 즉 적방진이 경학에 뜻을 두고 수도 장안으로 공부하러 갔을 때, 그의 어머니

추』를 전수받았다. 10여 년의 세월이 지나서 경학을 분명하게 익히자, 제자들이 날로 많아졌고, 학자들이 그를 칭송했다. 사책(射策)[129]의 갑과(甲科)로 낭관이 되었고, 2~3년 후에는 명경(明經)으로 천거되어 의랑(議郎)으로 자리를 옮겼다.(『한서』「적방진전」)

方進讀, 經博士受『春秋』. 積十餘年, 經學明習, 徒衆日廣, 諸儒稱之. 以射策甲科爲郎. 二三歲, 擧明經, 遷議郎.(『漢書』「翟方進傳」)

21-4-39

곡영(谷永)은 젊었을 때는 장안(長安)의 하급 관리였고, 이후에 경서에 박학했다. [전한 원제(元帝)] 건소(建昭) 연간(B.C.49~B.C.33)에 어사대부 번연수(繁延壽)[130]가 그에게 뛰어난 재능이 있다는 소문을 듣고, 자신의 보조관으로 임명하였고, 천거를 통해 태상승(太常丞)이 되었다.(『한서』「곡영전」)

永少爲長安小史, 後博學經書. 建昭中, 御史大夫繁延壽聞其有茂材, 除補屬, 擧爲太常丞.(『漢書』「谷永傳」)

21-4-40

사단(師丹)은 『시』를 연구하여 광형(匡衡)을 섬겼다. 효렴으로 천거되어 낭관이 되었고, 원제(元帝) 말년에는 박사가 되었다.(『한서』「사단전」)

師丹治『詩』, 事匡衡. 擧孝廉爲郎, 元帝末爲博士.(『漢書』「師丹傳」)

는 적방진의 나이가 어린 것이 염려되어 함께 장안으로 와서 짚신을 짜서 돈을 마련하여 그가 읽을 책을 사 주었다고 한다.

129_ 사책(射策)은 시험에서 인재를 선발하는 방법 중의 하나인데, 시험관이 문제를 간책(簡冊)에 써서 갑과(甲科)와 을과(乙科)로 나누어 책상에 놓고, 응시자들이 임의로 문제를 선택하여 답안을 작성하도록 한다. 그런 다음 그 문제의 난이도와 답안 내용을 살펴서 우열을 정했다고 한다.

130_ 번연수(繁延壽)는 이연수(李延壽)인데, 번(繁)도 그의 성(姓) 중의 하나이다.

21-4-41

원안(袁安)의 조부인 원량(袁良)은 맹씨(孟氏)의『역』을 공부했다. 평제(平帝) 때 명경(明經)으로 천거되어 태자사인(太子舍人)이 되었다.(『후한서』「원안전」)

袁安祖父良, 習孟氏『易』. 平帝時擧明經, 爲太子舍人.(『後漢書』「袁安傳」)

21-4-42

예관(兒寬)은 천승(千乘) 사람이나.『상서』를 연구하여 구양생(歐陽生)을 섬겼다. 군국(郡國)의 천거로 박사(博士)가 되었다.(『한서』「예관전」)

兒寬, 千乘人也. 治『尙書』, 事歐陽生. 以郡國選, 詣博士.(『漢書』「兒寬傳」)

21-4-43

위상(魏相, ?~B.C.59)은 평릉(平陵)으로 이주했다. 젊었을 때『역』을 공부하여 군(郡)의 졸사(卒史)가 되었다가 현량(賢良)에 천거되었다. 대책(對策)에서 우수한 성적으로 합격하여[131] 무릉(茂陵)의 현령이 되었다.(『한서』「위상전」)

魏相徙平陵. 少學『易』, 爲郡卒史, 擧賢良. 以對策高第, 爲茂陵令.(『漢書』「魏相傳」)

131_ 고제(高第)는 시험 성적이 우수하여 이름이 명단의 윗부분에 있다는 말로, 과거에 급제했다는 의미이다. 또는 근무나 학업 성적이 우수한 사람을 일컫기도 한다.

21-4-44

휴홍(眭弘)은 젊었을 때 유협(遊俠)을 좋아했고, 닭싸움과 말달리기 시합[을 일삼았다.] 장성해서는 개과천선하여 영공(嬴公)에게 『춘추』를 전수받았고, 명경(明經)으로 의랑(議郎)이 되었다.(『한서』 「휴홍전」)

眭弘少時好俠, 鬪雞走馬. 長乃變節, 從嬴公受『春秋』, 以明經爲議郎.(『漢書』 「眭弘傳」)

21-4-45

하후승(夏侯勝)은 어려서 고아가 되었고, 학문을 좋아했다. 하후시창(夏侯始昌)[132]에게 『상서』와 『홍범오행전(洪範五行傳)』을 전수받아 재이(災異)를 잘 설명했다. 그 이후에 간경(蕑卿)을 섬겼고, 또 구양씨(歐陽氏)에게 배웠다. 학문을 하는 것이 정밀하고 숙련되었으며, 한 명의 스승에게만 배우지 않았다. 예법에서의 상복(喪服)을 잘 설명하여 황제의 부름을 받아 박사가 되었다.[133](『한서』 「하후승전」)

勝少孤, 好學. 從始昌受『尙書』及『洪範五行傳』, 說災異. 後事蕑[134]

132_ 하후시창(夏侯始昌)은 한나라 무제 때의 사람으로 하후승과 같은 일족이다. 음양과 천재지변 등에 밝았다고 한다.

133_ 『한서』 「유림전」에도 다음과 같은 기록이 보인다. "하후승은 도위(都尉)였던 선친이 제남(濟南) 사람 장생(張生)에게 『상서』를 배웠는데, 그것을 일족의 자제였던 하후시창(夏侯始昌)에게 전수했고, 하후시창은 하후승에게 전수했다. 하후승은 또한 같은 군(郡)의 간경((蕑卿)을 섬겼는데, 간경은 예관(兒寬)의 문인이었다. 하후승은 집안 종형(從兄)의 아들 하후건(夏侯建)에게 전수했고, 하후건은 또한 구양고(歐陽高)를 섬겼다. 하후승은 관직이 장신소부(長信少府)에 이르렀고, 하후건은 태자태부(太子太傅)에 이르렀으며, [『한서』에] 별도의 열전이 있다. 이로 말미암아 『상서』에는 대소(大小) 하후(夏侯), 즉 하후승(夏侯勝)과 하후건(夏侯建)의 학문이 있게 되었다."

134_ 간(蕑)이 『공자개제고』에는 간(簡)으로 되어 있는데, 『한서』 원문에 따라 고쳤다.

卿, 又從歐陽氏問. 爲學精孰, 所問非一師也. 善說禮服, 徵爲博士.(『漢書』「夏侯勝傳」)

21-4-46

경방(京房)은 자가 군명(君明)이고, 동군(東郡) 돈구(頓丘) 사람이다. 『역』을 연구하여 양(梁)나라 사람 초연수(焦延壽)을 섬겼다. 초연수는 자가 공(贛)이다. 초연수는 가난하고 비천했는데, 학문을 좋아한다는 이유로 양왕(梁王)의 총애를 얻었다.(『한서』「경방전」)

京房, 字君明, 東郡頓丘人也. 治『易』, 事梁人焦延壽. 延壽, 字贛. 贛貧賤, 以好學得幸梁王.(『漢書』「京房傳」)

21-4-47

소망지(蕭望之)는 학문을 좋아했고, 제시(齊詩)를 연구하여 같은 현(縣)의 후창(后倉)을 거의 10여 년간 섬겼다. 황제의 명으로 태상(太常)에 나아가 [박사제자들과 함께] 수업을 받았는데,[135] 다시 후창의 동학이자 박사인 백기(白奇)를 섬겼다. 또한 하후승(夏侯勝)에게 『논어』와 예법에서의 상복(喪服)을 배웠는데, 서울의 많은 학자들이 그를 칭찬했다. 당시에는 대장군 곽광(霍光)이 정권을 장악하고 있었는데, 대장군의 장사(長史)였던 병길(丙吉)이 유생인 왕중옹(王仲翁)과 소망지 등 여러 사람을 천거하여 대장군이 그들을 모두 불러서 만나보았다.(『한서』「소망지전」)

望之好學, 治『齊詩』, 事同縣后倉且十年. 以令詣太常受業, 復事同學博士白奇. 又從夏侯勝問『論語』禮服, 京師諸儒稱述焉. 是時大將軍

135_ 『사기』「유림열전」에도 "이천석은 추천할 만한 자를 신중하게 살펴서 계리(計吏)와 함께 태상을 방문하도록 하여 박사제자들과 똑같이 수업을 받을 수 있도록 하십시오"라는 공손홍의 상주문이 보인다.

霍光秉政, 長史丙吉薦儒生王仲翁與望之等數人, 皆召見.(『漢書』「蕭望之傳」)

21-4-48

광형(匡衡)은 학문을 좋아했지만, 집안이 가난하여 품삯을 받고 일하면서[136] 공부에 필요한 돈과 물품을 마련했고, 남보다 훨씬 많은 정력을 쏟아 부었다. 학자들은 그를 위하여 다음과 같이 말했다. "『시』를 해설할 수 없을 때 광형이 올 것이다.[137] 광형이 『시』를 해석하면 사람들을 크게 웃게 만든다."[138] 광형은 사책(射策)의 갑과(甲科)에서 문제에 적절하게 대답하지 못했기 때문에[139] 태상장고(太常掌故)에 임명되었고, 평원문학(平原文學)에 제수되었다. 학자들은 광형이 경전에 밝다고 상소를 많이 올렸는데, 당시에 그와 대적할 만한 사람이 적었다.(『한서』「광형전」)

衡好學, 家貧, 庸作以供資用, 尤精力過絶人. 諸儒爲之語曰, "無說『詩』, 匡鼎來. 匡說『詩』, 解人頤." 衡射策甲科, 以不應令, 除爲太常掌故, 調補平原文學. 學者多上書薦衡經明, 當世少雙.(『漢書』「匡衡傳」)

21-4-49

[광형(匡衡)의] 아들 광함(匡咸)도 명경(明經)으로 여러 관직을 역임했고, 구경(九卿)의 지위에까지 올랐다. 그 집안에서는 대대로 박사가 된 사

136_ 용작(庸作)은 남에게 고용되어 품삯을 받고 일하는 것이다.

137_ 정(鼎)은 『한서』 응소의 주에서 방(方)과 같은 의미라고 했다.

138_ 해이(解頤)는 턱이 빠진다는 말로, 크게 웃는다는 뜻이다. 『한서』 여순의 주에서 "사람들이 웃음을 멈추지 못하도록 한다"라고 풀이했다.

139_ 응령(應令)은 조령(詔令)에 응한다는 말인데, 여기에서는 시험 문제에 적절하게 대답하지 못했다는 의미이다.

람이 많았다.(『한서』「광형전」)

子咸亦明經, 歷位九卿. 家世多爲博士者.(『漢書』「匡衡傳」)

21-4-50

마궁(馬宮)은 자가 유경(遊卿)이고, 동해(東海) 척(戚) 땅 사람이다. 엄씨(嚴氏)의 『춘추』를 연구했고, 사책(射策)의 갑과(甲科)로 낭관이 되었다.(『한서』「마궁전」)

馬宮, 字遊卿, 東海戚人也. 治『春秋』嚴氏, 以射策甲科爲郎.(『漢書』「馬宮傳」)

21-4-51

장우(張禹)는 장성하자, 장안(長安)으로 가서 공부했는데, 패군(沛郡) 사람인 시수(施讎)에게 『역』을 전수받았고, 낭야(琅邪)의 왕양(王陽)과 교동(膠東)의 용생(庸生)에게 『논어』를 배웠다. 그것들을 모두 밝게 익히자, 따르는 무리들이 생겼으며, 천거를 통해 군(郡)의 문학이 되었다.(『한서』「장우전」)

禹壯至長安學, 從沛郡施讎受『易』, 琅邪王陽·膠東庸生問『論語』. 旣皆明習, 有徒衆, 擧爲郡文學.(『漢書』「張禹傳」)

21-4-52

[공수(龔遂)가 말했다.][140] "신은 청컨대 경술에 능통하고 올바른 행실과

140_ 공수는 창읍국(昌邑國)의 낭중령(郎中令)이 되어 창읍왕 유하(劉賀)를 섬겼는데, 이 내용은 행동거지가 올바르지 않았던 유하에게 공수가 간언한 내용의 일부분이다.

의로움을 가진 낭관(郎官)을 선발하여 왕과 함께 거처하면서, 앉아 있을 때는 『시』와 『서』를 읽고, 일어나 있을 때는 예에 맞는 용모를 익히시면 분명히 유익함이 있을 것입니다." 왕이 그것을 허락하자, 공수는 낭중(郎中)인 장안(張安) 등 10명을 선발했다.(『한서』 「순리전 · 공수」)

"臣請選郎通經術 · 有行義者, 與王起居, 坐則誦『詩』·『書』, 立則習禮容, 宜有益." 王許之, 遂乃選郎中張安等十人.(『漢書』「循吏傳 · 龔遂」)

21-4-53

무제(武帝)가 학문을 흥기시킨 이후로 공손홍(公孫弘)은 유학자로서 재상이 되었고, 그 이후에 채의(蔡義), 위현(韋賢), 위현성(韋玄成), 광형(匡衡), 장우(張禹), 적방진(翟方進), 공광(孔光), 평당(平當), 마궁(馬宮) 및 평당의 아들 평안(平晏)이 모두 유학의 대학자로서 재상의 지위에 올랐는데, 유학자의 의관을 입고 선왕들의 말을 전했다.(『한서』 「광장공마전찬」)

自孝武興學, 公孫弘以儒相, 其後蔡義 · 韋賢 · 玄成 · 匡衡 · 張禹 · 翟方進 · 孔光 · 平當 · 馬宮及當子晏, 咸以儒宗居宰相位, 服儒衣冠, 傳先王語.(『漢書』「匡張孔馬傳贊」)

21-4-54

[후한 광무제] 건무(建武) 6년(30), 공경(公卿)에게 현명하고 올바른 선비를 각각 1명씩 천거하도록 칙령을 내렸다.(『후한서』 「광무제기」)

建武六年, 敕公卿擧賢良方正各一人.(『後漢書』「光武帝紀」)

21-4-55

[후한 광무제] 건무(建武) 7년(31) 여름 4월 임오일, 조칙을 내렸다. "연이

어 음양이 서로 뒤섞여서 일식과 월식이 발생했다.[141] 백성들에게 허물이 있는 것은 책임이 나 한 사람에게 있는 것이니,[142] 천하에 대사면령을 내린다. 그리고 공경(公卿)과 사예(司隸), 주(州)와 목(牧)에서는 현명하고 올바른 선비를 각각 1명씩 천거하여 관청의 수레로 데리고 오면, 내가 직접 살펴보고 시험을 볼 것이다."(『후한서』「광무제기」)

建武七年夏四月壬午, 詔曰, "比陰陽錯謬, 日月薄食. 百姓有過, 在予一人, 大赦天下. 公卿·司隸·州牧擧賢良方正各一人, 遣詣公車, 朕將覽試焉."(『後漢書』「光武帝紀」)

21-4-56

광무제가 즉위하자, 복담(伏湛)[143]이 유명한 유학자이자 선대의 신하라는 것을 알았기 때문에 그에게 조정의 중신(重臣) 직책[144]을 맡기고자 했다. 그래서 그를 불러 상서령(尙書令)에 임명하고, 옛날의 제도를 맡아서 바로잡노록 했나.(『후한서』「복남선」)

光武卽位, 知湛名儒舊臣, 欲令干任內職. 徵拜尙書, 使典定舊制.(『後漢書』「伏湛傳」)

21-4-57

[탁무(卓茂)[145]는] 후에 유학의 학술로써 천거되어 시랑(侍郎)이 되었고,

141_ 착류(錯謬)는 서로 뒤섞여서 어지러운 것이며, 박식(薄食)은 박식(薄蝕)과 같은 말로, 일식이나 월식을 말한다.

142_ 『서』「탕고(湯誥)」편에도 "너희 온 천하에 죄가 있음은 책임이 나 한 사람에게 있고, 나 한 사람이 죄가 있음은 너희 온 천하 때문이 아니다[其爾萬方有罪, 在予一人, 予一人有罪, 無以爾萬方.]"라는 말이 보인다.

143_ 복담(伏湛)은 자가 혜공(惠公)이고, 낭야(琅邪) 동무(東武) 사람이다. 제남(濟南) 복생(伏生)의 9세손이다.

144_ 내직(內職)은 중요한 일에 참여하는 조정의 중신(重臣)을 말한다.

급사황문(給事黃門)을 지냈다.(『후한서』「탁무전」)

後以儒術擧爲侍郎, 給事黃門.(『後漢書』「卓茂傳」)

21-4-58

채무(蔡茂)는 자가 자례(子禮)이고, 하내(河內) 회현(懷縣) 사람이다. 애제(哀帝)와 평제(平帝) 연간에 유학으로 이름을 떨쳐 황제의 부름을 받고 박사로 임용되었다.(『후한서』「채무전」)

蔡茂, 字子禮, 河內懷人也. 哀·平間以儒顯, 徵試博士.(『後漢書』「蔡茂傳」)

21-4-59

[후한 명제(明帝)] 영평(永平) 10년(67), 학교의 관리와 학생들을 소집하여 아악(雅樂)을 짓고, 「녹명(鹿鳴)」[146]편을 연주하게 하였는데, 황제가 직접 질나발[147]을 불면서 화음을 맞춤으로써 손님들을 즐겁게 했다. 환궁한 후에 다시 남돈(南頓)으로 행차하여 삼로(三老)와 관속(官屬)을 위로하고 연향을 베풀었다.(『후한서』「명제기」)

永平十年, 召校官弟子作雅樂, 奏「鹿鳴」, 帝自御塤篪和之, 以娛嘉賓. 還, 幸南頓, 勞饗三老官屬.(『後漢書』「明帝紀」)

145_ 탁무(卓茂)는 자는 자강(子康)이고, 남양(南陽) 완현(宛縣) 사람이다. 원제 시대에 장안에서 공부했고, 박사인 강생(江生)을 스승으로 섬기면서 『시』와 『예』 등을 배웠다.

146_ 녹명(鹿鳴)은 『시』「소아」의 편명으로, 신하와 손님들에게 연향을 베푸는 시이다.

147_ 훈지(塤篪)는 훈지(壎篪)와 같은 말로, 흙을 구워서 만든 질나발이다. 훈(塤)과 지(篪)를 함께 합주하면 화음이 잘 어울리기 때문에 형제 사이의 화목을 상징하기도 한다.

康21-9

학교의 관리가 음악을 연주하고, 황제가 질나발을 직접 불었으니, 공자의 예악(禮樂)을 최상으로 시행한 것이다. 후세에는 학교의 관리와 학생들이 어찌 황제의 얼굴[清光]을 쳐다볼 수 있었겠는가?[148]

校官奏樂, 帝禦塤篪, 極行孔子之禮樂矣. 後世校官弟子, 豈能望清光乎?

21-4-60

양종(楊終)은 나이가 13세 때 군(郡)의 하급 관리가 되었다. 태수(太守)가 그의 재주를 기특하게 여겨서 서울로 보내 수업을 받게 하니, 『춘추』를 익혔다. 현종(顯宗) 때에는 난대(蘭臺)로 초빙되어 교서랑(校書郎)에 임명되었다.(『후한서』「양종전」)

楊終, 年十三, 爲郡小吏. 太守奇其才, 遣詣京師受業, 習『春秋』. 顯宗時, 徵詣蘭臺, 拜校書郎.(『後漢書』「楊終傳」)

21-4-61

순상(荀爽)·정현(鄭玄)·신도반(申屠蟠)은 모두 유학의 가르침에 맞는 행동을 하는 처사였는데, 자주 조정의 부름을 받았다.(『후한서』「순한종진열전」)

荀爽·鄭玄·申屠蟠, 俱以儒行爲處士, 累徵.(『後漢書』「荀韓鍾陳列傳」)

148_ 청광(清光)은 맑고 아름다운 풍채로, 흔히 제왕이나 황제의 얼굴을 말한다. 후세에는 학교의 권위가 떨어져서 관리와 학생들이 감히 황제의 얼굴을 바라보면서 함께 음악을 연주하는 것은 상상할 수 없다는 의미이다.

21-4-62

[후한 장제] 건초(建初) 5년(80), [조서를 내렸다.][149] "공경(公卿) 이하의 관리들은 직언을 하거나 온 힘을 다해 간언하는 자, 그리고 나의 과실을 지적할 수 있는 자를 각각 1명씩 천거하여 관청의 수레로 데리고 오면 내가 직접 살펴보고 하문할 것이다. 천거는 은거해 있는 현자[150]를 우선으로 할 것이며, 겉만 화려하고 천박한 무리[151]는 취하지 말라."(『후한서』「장제기」)

建初五年, "公卿已下, 其擧直言極諫·能指朕過失者各一人, 遣詣公車, 將親覽問焉. 其以巖穴爲先, 勿取浮華."(『後漢書』「章帝紀」)

21-4-63

[건초(建初) 원년(76), 조서를 내렸다.][152] "태부(太傅)와 삼공(三公), 중이천석(中二千石)과 이천석(二千石), 군국(郡國)의 수상(守相)은 현명하고 올바르거나 직언을 하고 온 힘을 다해 간언하는 선비를 각각 1명씩 천거하도록 명하노라." 여름 5월 신묘일, 처음으로 효렴과 낭중 중에서 도량이 넓고 관대하며 지략이 있어서 성(城)을 맡아서 관리할 자를 천거하여 현(縣)의 우두머리와 제후의 재상에 임명했다.[153] 가을 7월 신해일, 상림(上林)의 황제 동산[154]에서 나온 세금을 가난한 사람들에게 나누어주

149_ 이 내용은 건초(建初) 5년 봄 2월에 일식이 발생했을 때 내린 조서의 일부분이다.

150_ 암혈(巖穴)은 암혈지사(巖穴之士)로, 속세를 떠나 깊은 산중에 은거해 있는 현자를 말한다.

151_ 부화(浮華)는 실질이 없이 겉만 화려하고 천박한 무리를 말한다.

152_ 이 내용은 장제 건초 원년(76) 3월에 산양(山陽)과 동평(東平) 지역에 지진이 발생하자 내린 조서의 일부분이다.

153_ 장상(長相)은 『후한서』의 주에서 현(縣)의 우두머리[縣長]와 제후의 재상[侯相]이라고 했다.

라고 조서를 내렸다.(『후한서』「장제기」)

"令太傅·三公·中二千石·二千石·郡國守相, 擧賢良方正·能直言極諫之士各一人." 夏五月辛酉,[155] 初擧孝廉郎中寬博有謀, 任典城者以補長相. 秋七月辛亥, 詔以上林池籞[156]田賦與貧人.(『後漢書』「章帝紀」)

21-4-64

[후한 화제(和帝)] 영원(永元) 6년(94), [조서를 내렸다.] "삼공(三公)·중이천석(中二千石)·이천석(二千石), 그리고 중국 내부의 군(郡)의 수상(守相)에게 명하니, 현명하고 올바르거나 직언을 하고 온 힘을 다해 간언하는 선비를 각각 1명씩 천거하고, 은거해 있는 현자들을 찾아내어 관청의 수레로 데리고 오면 내가 직접 살펴볼 것이다." 황제는 이에 직접 가서 책문(策問)을 하고, 관리를 선발했다.(『후한서』「화상제기」)

永元六年, "其令三公·中二千石·二千石·內郡守相, 擧賢良方正·能直言極諫之士各一人, 昭岩穴, 披幽隱, 遣詣公車, 朕將悉聽焉." 帝乃親臨策問, 選補郎吏.(『後漢書』「和殤帝紀」)

21-4-65

영원(永元) 13년(101) 정월 정축일, 황제가 동관(東觀)[157]에 행차하여 책을

154_ 지어(池籞)는 금원(禁苑), 즉 황제 소유의 동산이다.

155_ 신유(辛酉)가 『공자개제고』에는 신묘(辛卯)로 되어 있는데, 『후한서』 원문에 따라 고쳤다.

156_ 어(籞)가 『공자개제고』에는 어(禦)로 되어 있는데, 『후한서』 원문에 따라 고쳤다.

157_ 동관(東觀)은 후한 때 낙양(洛陽)의 남궁(南宮) 안에 있던 관(觀)의 이름이다. 명제 때에는 반고(班固)가 『한기(漢紀)』를 편찬한 곳이며, 장제와 화제 때에는 황궁

모아둔 곳을 관람하고 서책을 열람했으며, 학술과 기예가 있는 선비를 널리 선발하여 관직에 충원했다.(『후한서』「화상제기」)

永元十三年正月丁丑, 帝幸東觀覽書林, 閱篇籍, 博選術藝之士以充其官.(『後漢書』「和殤帝紀」)

21-4-66

영원(永元) 13년(101) 병진일, 조서를 내렸다. "유주(幽州)·병주(並州)·양주(涼州)의 인구가 대체로 감소하고, 변경지역의 요역은 더욱 많고 번거로워져서[158] 막 벼슬길에 오른[159] 뛰어난 관리들이 더 높은 관직에 진출할 길이 좁아져 버렸다. 오랑캐를 어루만지고 접하는 것은 사람을 근본으로 삼아야 한다. 변경지역의 군(郡) 중에서 인구가 10만 명 이상의 지역에서는 매년 효렴을 1명씩 천거하고, 10만 명이 되지 않는 지역에서는 2년마다 1명씩, 5만 명 이상의 지역에서는 3년마다 1명씩 천거하도록 명하노라."(『후한서』「화상제기」)

永元十三年丙辰, 詔曰, "幽·並·涼州, 戶口率少, 邊役衆劇, 束脩良吏, 進仕路狹. 撫接夷狄, 以人爲本. 其令緣邊郡口十萬以上, 歲擧孝廉一人, 不滿十萬, 二歲擧一人, 五萬以下, 三歲擧一人."(『後漢書』「和殤帝紀」)

21-4-67

[후한 안제(安帝)] 영초(永初) 원년(107) 3월 계유일, 일식이 있었다. 조서를

의 도서를 보관하던 장소이다.

158_ 변역(邊役)은 변경지역의 요역이고, 중극(衆劇)은 많고 번거롭다는 말이다.

159_ 속수(束脩)는 띠를 매고 몸차림을 단정하게 한다는 말로, 처음으로 벼슬길에 나아가는 것을 말한다.

내려 공경(公卿)과 중국 내부의 백관들, 군국(郡國)의 수상(守相)에게 현명하고 올바르거나 학술을 갖추고 있는 선비, 그리고 정치술에 밝거나 고금의 역사에 정통한 선비, 직언을 하거나 온 힘을 다해 간언할 수 있는 자를 각각 1명씩 천거하도록 했다.(『후한서』「안제기」)

永初元年三月癸酉, 日有食之. 詔公卿·內外衆官·郡國守相擧賢良方正, 有道術之士, 明政術, 達古今, 能直言極諫者各一人.(『後漢書』「安帝紀」)

21-4-68

영초(永初) 2년(108), 조시를 내려 공경(公卿)에게 유학을 독실하게 공부한 자를 천거하도록 했는데, 대장군 등즐(鄧騭)이 노비(魯丕)를 천거했다. (『후한서』「노공전」)

永初二年, 詔公卿擧儒術篤學者, 大將軍鄧騭擧丕.(『後漢書』「魯恭傳」)

21-4-69

영초(永初) 5년(111), [조시를 내렸다.] "삼공(三公)·특진(特進)[160]·제후·중이천석(中二千石)·이천석(二千石), 그리고 군수(郡守)와 제후의 재상에게 명하니, 현명하고 올바르거나 학술을 갖추고 있고 정치의 교화에 능통하거나 직언을 하고 온 힘을 다해 간언하는 선비를 각각 1명씩 천거하고, 지극히 효성스러운 자와 무리 중에서 특별히 뛰어난 자들도 함께 관청의 수레로 데리고 오면, 내가 직접 살펴볼 것이다."(『후한서』「안제기」)

160_ 특진(特進)은 한나라 때 공적이 있는 제후나 왕공에게 주던 벼슬이다. 관직의 지위는 삼공(三公)의 아래에 해당되는데, 남북조시대에도 그대로 답습했고, 당나라 때는 산관(散官), 명나라 때에는 특진광록대부(特進光祿大夫)를 정1품으로 삼았다.

永初五年, "其令三公·特進·侯·中二千石·二千石·郡守·諸侯相, 擧賢良方正, 有道術, 達於政化, 能直言極諫之士, 各一人, 及至孝與衆卓異者, 並遣公車, 朕將親覽焉."(『後漢書』「安帝紀」)

21-4-70

[후한 안제(安帝)] 원초(元初) 6년(119) 임자일, 조서를 내려 삼부(三府)에서 속관[161] 중에 뛰어난 인재, 즉 백성들에게 은혜를 베풀고 이익을 주며 잘 다스리고 기를 수 있는 자를 각각 5명씩 선발하고, 광록훈(光祿勳)과 중랑(中郎)은 효렴과 낭관 중에 도량이 넓고 관대하고 지략이 있거나 행실이 깨끗하고 고결한 자 50명을 선발하여, 그들을 내보내 현령(縣令)과 현장(縣長), 승(丞)과 위(尉) 등의 속관에 임명하도록 했다.(『후한서』「안제기」)

元初[162]六年壬子, 詔三府選掾屬高第, 能惠利牧養者各五人, 光祿勳與中郎將選孝廉郎, 寬博有謀, 淸白行高者五十人, 出補令·長·丞·尉."(『後漢書』「安帝紀」)

21-4-71

이에 앞서,[163] 박사의 선발과 천거가 대부분 명실이 부합되지 않자, 양진(楊震)은 경전에 밝은 명사인 진유(陳留) 지역의 양륜(楊倫) 등을 천거했는데,[164] 그들이 학업을 크게 전수하자 학자들이 칭찬했다.(『후한서』「양

161_ 연속(掾屬)은 부관이나 보좌관 등의 속관(屬官)을 말하는데, 연리(掾吏)라고도 한다.

162_ 원초(元初)가 『공자개제고』에는 영초(永初)로 되어 있는데, 『후한서』 원문에 따라 고쳤다.

163_ 후한 안제(安帝) 원초(元初) 4년(117)에 양진이 태복(太僕)이 되고 태상(太常)으로 자리를 옮겼는데, 이 일이 있기 이전을 말한다.

164_ 『후한서』의 주에 의하면, 당시 양진이 양륜을 포함한 5명을 천거하여 각자가 자

진전」)

先是, 博士選擧多不以實, 震擧薦明經名士陳留楊倫等, 顯傳學業, 諸儒稱之.(『後漢書』「楊震傳」)

21-4-72

[후한 안제] 건광(建光) 원년(121) 기사일, 공경(公卿)·특진(特進)·제후·중이천석(中二千石)·이천석(二千石), 그리고 군국(郡國)의 수상(守相)에게 명하여 학문을 갖춘 선비를 각각 1명씩 추천하도록 했다. 홀아비와 과부, 고아와 무의탁자, 가난하여 스스로 살아갈 수 없는 자에게 곡식을 하사했는데, 사람마다 30말씩[165]이었다.(『후한서』「안제기」)

建光元年己巳, 令公卿·特進·侯·中二千石·二千石·郡國守相, 擧有道之士各一人. 賜鰥寡孤獨貧不能自存者穀, 人三斛.(『後漢書』「安帝紀」)

21-4-73

[후한 안제] 연광(延光) 2년(123) 8월 경오일, 처음으로 삼서(三署)[166]에 명하여 낭관 중에 경술에 통달하고 목민의 직책을 맡을 수 있는 자로서 일을 맡은 지 3년 이상 된 자를 모두 살펴서 천거할 수 있도록 했다.(『후한서』「안제기」)

신의 전공 분야에 따라 박사에 임명되었다고 한다. 양륜은 자가 중리(仲理)이고, 『고문상서』를 연구했다.

165_ 곡(斛)은 곡식을 세는 단위로, 10말[斗]의 분량이다.

166_ 삼서(三署)는 『후한서』의 주에 의하면, 오관(五官)의 부서와 좌서(左署)·우서(右署)로, 각각 중랑(中郞)을 두어 담당하도록 했다. 군국에서는 효렴을 천거하여 삼서(三署)의 낭관에 임명했는데, 나이 50세 이상은 오관에 배속하고, 그 다음으로 좌서와 우서에 배치했다.

延光二年八月庚午，初令三署郎通達經術任牧民者，視事三歲以上，皆得察擧.(『後漢書』「安帝紀」)

21-4-74

[순제(順帝) 양가(陽嘉) 원년(132) 11월] 신묘일, 처음으로 군국(郡國)에 명하여 효렴을 천거하되, 나이 40세 이상으로 제한하고, 제생은 장구(章句)에 능통하고 문리(文吏)는 공문과 상주문[167]을 잘 작성해야만 추천에 참가할 수 있도록 했다. 그런데 마치 안연(顔淵)이나 자기(子奇)[168]와 같이 뛰어난 재능과 특출한 행위가 있으면 나이에 제한을 받지 않도록 했다.(『후한서』「순제기」)

辛卯, 初令郡國擧孝廉, 限年四十以上, 諸生通章句, 文吏能箋奏, 乃得應選. 其有茂才異行若顔淵・子奇, 不拘年齒.(『後漢書』「順帝紀」)

21-4-75

[순제(順帝) 양가(陽嘉) 원년(132)] 윤12월 정해일, 조령(詔令)으로 낭관에 임명된 모든 사람 중에 나이가 40세 이상으로 효렴과 같은 과에 시험을 본 적이 있는 자는 모두 효렴의 선발에 참여하여 매년 1명씩 천거하도록 명했다.(『후한서』「순제기」)

閏月丁亥，令諸以詔除爲郎，年[169]四十以上課試如孝廉科者 得參廉選, 歲擧一人.(『後漢書』「順帝紀」)

167_ 전주(箋奏)는 공문과 상주문을 말한다.

168_ 자기(子奇)는 『후한서』의 주에서 인용한 『신서(新序)』에 의하면, 그의 나이 18세 때 제(齊)나라 임금이 그에게 아현(阿縣)을 교화하도록 시켰는데, 그가 아현에 가서 무기를 주조해서 농기구를 만들고, 창고를 열어서 빈궁한 자들을 구휼하자 아현이 크게 교화되었다고 한다. 이 내용은 현행본 『신서』에는 보이지 않는다.

169_ 년(年)이 『공자개제고』에는 빠져 있는데, 『후한서』 원문에 따라 보충했다.

21-4-76

[후한 순제 양가(陽嘉) 원년(132)] 태학이 새롭게 세워지고, 조서를 내려 경학에 밝은 자를 시험을 쳐서 박사제자로 임명했는데, 갑과와 을과에서 증원한 인원이 각각 10명이었다. 서울과 군국(郡國)의 60세 이상 늙은 유학자 중에서 낭관(郎官)과 사인(舍人)으로 임명한 자들과 모든 제후국의 낭관으로 임명한 자들이 모두 138명이었다.(『후한서』「좌웅전」)

太學新成, 詔試明經者補弟子, 增甲乙之科, 員各十人. 除京師及郡國耆儒年六十以上爲郎·舍人, 諸王國郎者, 百三十八人.(『後漢書』「左雄傳」)

21-4-77

좌웅(左雄)은 또 중국 내의 유명한 유학자를 불러들여 박사로 삼고, 공경(公卿)의 자제들에게 제생(諸生)이 되도록 하며, 지조가 있는 자에게는 봉급을 올려주어야 한다고 상주했다. 여남군(汝南郡)의 사렴(謝廉), 하남군(河南郡)의 조건(趙建)은 나이가 막 12세가 되었는데, 각자가 경전에 능통했기 때문에 좌웅은 또한 동자랑(童子郎)으로 임명할 것을 상주했다 이에 책을 짊어지고 공부하러 오는 자들이 서울에 운집했다.(『후한서』「좌웅전」)

雄又奏徵海內名儒爲博士, 使公卿子弟爲諸生, 有志操者加其俸祿. 及汝南謝廉·河南趙建, 年始十二, 各能通經, 雄並奏拜童子郎. 於是負書來學, 雲集京師.(『後漢書』「左雄傳」)

21-4-78

[후한 순제(順帝) 양가(陽嘉)] 2년(133) 신유일, 서울의 60세 이상 늙은 유학

자 48명이 낭관(郎官)과 사인(舍人) 및 제후국의 낭관으로 임명되었다.(『후한서』「순제기」)

二年辛酉, 除京師耆儒年六十以上四十八人, 補郎·舍人及諸王國郎.(『後漢書』「順帝紀」)

21-4-79

[후한 안제(安帝) 연광(延光) 4년(125) 11월] 신해일, [순제(順帝)가] 조서를 내려 공경(公卿)과 군수(郡守)와 제후국의 재상에게 현명하고 올바르거나 직언을 하고 온 힘을 다해 간언하는 선비를 각각 1명씩 천거하도록 했다.(『후한서』「순제기」)

辛亥, 詔公卿·郡守·國相, 擧賢良方正·能直言極諫之士, 各一人.(『後漢書』「順帝紀」)

21-4-80

송등(宋登)은 어렸을 때 구양생(歐陽生)의 『상서(尙書)』를 전수받아 수천 명의 사람들을 가르쳤다. 순제(順帝)는 송등이 예악을 잘 안다고 여겨 그에게 황제의 부절을 가지고 태학을 맡도록 했고, 태학의 규율을 정하여 상주하도록 했다.(『후한서』「유림전·송등」)

宋登少傳歐陽『尙書』, 教授數千人. 順帝以登明識禮樂, 使持節臨太學, 奏定典律.(『後漢書』「儒林傳·宋登」)

21-4-81

채현(蔡玄)은 오경을 배워서 정통했는데, 문하의 제자가 항상 1천 명이나 되었고, 책에 기록되어 있는 자가 1만 6천명이었다. 순제가 특별히 조서를 내려 의랑(議郞)에 임명했다. 오경의 같고 다름에 대해 강론했다.(『후한서』「유림전 · 채현」)

蔡玄學通五經, 門徒常千人, 其著錄者萬六千人. 順帝特詔徵拜議郞. 講論五經異同.(『後漢書』「儒林傳 · 蔡玄」)

21-4-82

[후한 순제(順帝) 한안(漢安) 원년(142)] 2월 병진일, 조서를 내려 대장군과 공경에게 현명하고 올바르거나 깊은 이치를 찾은 현자[170]를 각각 1명씩 천거하도록 했다.(『후한서』「순충질제기」)

二月丙辰, 詔大將軍 · 公卿擧賢良方正 · 能探賾索隱者各一人.(『後漢書』「順沖質帝紀」)

21-4-83

[후한 순제(順帝) 한안(漢安) 원년(142)] 8명의 사신[八使][171]을 선발하여 풍속을 순시하도록 파견했는데, 이들은 모두 나이든 유학자이자 유명한 인사들로, 높은 지위를 두루 거친 사람들이었다.(『후한서』「장호전」)

選遣八使徇行風俗, 皆耆儒知名, 多曆顯位.(『後漢書』「張皓傳」)

170_ 탐색색은(探賾索隱)은 그윽하고 깊은 것을 더듬고 은미한 것을 찾는다는 뜻으로, 은둔해 있으면서 깊은 이치와 진리를 찾는 현자를 말한다. 『역』「계사전 상」편에 "探賾索隱, 鉤深致遠."이라는 말이 보인다.

171_ 팔사(八使)는 후한 순제(順帝)가 당시 재능과 덕망이 뛰어난 인물 8명을 선발하여 사신으로 보낸 것으로, 천하에서는 그들을 팔준(八俊)이라고 불렀다. 두교(杜喬) · 주거(周擧) · 곽준(郭遵) · 풍이(馮羨) · 난파(欒巴) · 장강(張綱) · 주허(周栩) · 유반(劉班)을 말한다. 『후한서』「순제기」 한안(漢安) 원년(142) 8월에, "丁卯, 遣侍中杜喬 · 光祿大夫周擧 · 守光祿大夫郭遵 · 馮羨 · 欒巴 · 張綱 · 周栩 · 劉班等八人分行州郡, 班宣風化, 擧實臧否."라는 기록이 보인다.

21-4-84

[후한 순제 건강(建康) 원년(144) 9월] 경술일, 조서를 내려 삼공(三公)·특진(特進)·제후·경(卿)·교위(校尉)에게 현명하고 올바르거나 은둔하여 학문을 연마하는 선비를 각각 1명씩 천거하도록 했다.(『후한서』「충제기」)

庚戌, 詔三公·特進·侯·卿·校尉, 擧賢良方正·幽逸修道之士, 各一人.(『後漢書』「沖帝紀」)

21-4-85

[후한 질제(質帝)] 본초(本初) 원년(146) 여름 4월 경진일, 군국(郡國)에 명하여 50세 이상 70세 이하의 경전에 밝은 사람을 천거하여 태학에 데려오도록 했다. 그리고 대장군으로부터 육백석에 이르기까지 모두 자제를 태학에 보내 수업을 받고, 1년이 지난 후에 시험에 참가하도록 하여 성적이 뛰어난 우수한 인재[172] 5명을 낭중(郎中)에 임명하고, 그 다음의 5명을 태자사인(太子舍人)에 임명했다. 또한 천석과 육백석의 관원, 사부(四府)의 관속[173]과 삼서(三署)의 낭관(郎官), 사성소후(四姓小侯) 중에서 경전에 능통한 자를 가장 우선으로 하여 각자 자신의 전문 분야[家法]에 따라 [시험을 보도록 하고],[174] 성적이 뛰어난 우수한 인재는 명부에 이름을 등재하고 차례대로 상을 주거나 관직에 진출시켰다.(『후한서』「질제기」)

172_ 고제(高第)는 시험 성적이 우수하여 이름이 명단의 윗부분에 있다는 말로, 과거에 급제했다는 의미이다. 또는 근무나 학업 성적이 우수한 사람을 일컫기도 한다.

173_ 사부(四府)의 관속은 『후한서』의 주에 의하면, 대장군부(大將軍府)의 관속 29명, 태위부(太尉府)의 관속 24명, 사도부(司徒府)의 관속 31명, 사공부(司空府)의 관속 29명을 말한다.

174_ 가법(家法)은 각자가 전문적으로 공부한 경전을 말하는데, 당시 유생들은 하나의 경전을 연구하여 그 분야의 전문가가 되는 것이 공부의 방법이었기 때문에 각자의 전문 분야에 따라서 시험을 치도록 한 것이다.

本初元年, 夏四月庚辰, 令郡國學明經年五十以上・七十以下詣太學. 自大將軍至六百石皆遣子受業, 歲滿課試, 以高第五人補郎中, 次五人太子舍人. 又千石・六百石・四府掾屬・三署郎・四姓小侯, 先能通經者, 各令隨家法, 其高第者上名牒, 當以次賞進.(『後漢書』「質帝紀」)

21-4-86

[후한 환제(桓帝)] 건화(建和) 원년(147), 조서를 내려 대장군과 공경, 교위에게 현명하고 올바르거나 직언을 하고 온 힘을 다해 간언하는 자를 각각 1명씩 천거하도록 했다.(『후한서』「환제기」)

建和元年, 詔大將軍・公卿・校尉, 擧賢良方正・能直言極諫者各一人.(『後漢書』「桓帝紀」)

21-4-87

[후한 환제] 건화(建和) 원년(147), 또 조서를 내려 대장군과 공경, 군국에서 효심이 지극하거나 행실이 돈독한 선비를 각각 1명씩 천거하도록 했다.(『후한서』「환제기」)

建和元年, 又詔大將軍・公卿・郡國, 擧至孝・篤行之士各一人.(『後漢書』「桓帝紀」)

21-4-88

[후한 환제] 건화(建和) 3년(149) 6월 경자일, 조서를 내려 대장군・삼공・특진・제후에게 경(卿)・교위(校尉)와 함께 현명하고 올바르거나 직언을 하고 온 힘을 다해 간언하는 선비를 각각 1명씩 천거하도록 했

다.(『후한서』「환제기」)

建和三年六月庚子, 詔大將軍·三公·特進·侯, 其與卿·校尉, 擧賢良方正·能直言極諫之士各一人.(『後漢書』「桓帝紀」)

21-4-89

[후한 환제] 영흥(永興) 2년(154) 계묘일, 서울에 지진이 발생했다. 조서를 내려 공경과 교위에게 현명하고 올바르거나 직언을 하고 온 힘을 다해 간언하는 자를 각각 1명씩 천거하도록 했다. 연희(延熹) 8년(165), 조서를 내려 공경과 교위에게 현명하고 올바른 선비를 천거하도록 했다.(『후한서』「환제기」)

永興二年癸卯, 京師地震. 詔公卿·校尉, 擧賢良方正·能直言極諫者各一人. 延熹八年, 詔公卿·校尉, 擧賢良方正.(『後漢書』「桓帝紀」)

21-4-90

조전(趙典)은 어려서부터 행실이 돈독하고 조용하면서 검소했으며, 경서를 널리 공부했기 때문에 제자들이 먼 지방으로부터 찾아왔다. [환제(桓帝)] 건화(建和) 초에 사부(四府)에 인재를 추천할 때 [조전은] 황제의 부름을 받아 의랑(議郎)에 임명되었고, 궁궐 안에서 황제를 모시고 경전을 강습했다.(『후한서』「조전전」)

典少篤行隱約, 博學經書, 弟子自遠方至. 建和初, 四府表薦, 徵拜議郎, 侍講禁內.(『後漢書』「趙典傳」)

21-4-91

[한랑(寒朗)은] 장성하자 경학을 좋아했고, 전적을 두루 통달했으며, 『상

서(尙書)』로 학생들을 가르쳐서 효렴으로 천거되었다.(『후한서』 「한랑전」)

及[175]長, 好經學, 博通書傳, 以『尙書』教授, 擧孝廉.(『後漢書』 「寒朗傳」)

21-4-92

[후한 영제(靈帝)] 건녕(建寧) 원년(168) 5월 정미 초하루, 일식이 있었다. 조서를 내려 공경 이하의 관원들에게 각각 밀봉한 상소문을 올리도록 하고,[176] 군국의 수상(守相)에게 학문을 갖춘 선비를 각각 1명씩 천거하도록 했다. 또한 예전의 자사(刺史)와 이천석의 관원 중에서 행실이 뛰어나고 남겨진 은혜가 있어서 민중들이 귀의하는 자들을 모두 관청의 수레로 데리고 오도록 했다.(『후한서』 「영제기」)

建寧元年五月丁未朔, 日有食之. 詔公卿以下各上封事, 及郡國守相, 擧有道之士各一人. 又故刺史二千石淸高有遺惠, 爲衆所歸者, 皆詣公車.(『後漢書』 「靈帝紀」)

21-4-93

영제(靈帝) 초에 [유구(劉矩)는] 주경(周景)을 대신하여 태위(太尉)가 되었다. 유구는 다시 상공(上公)이 되었고, 그가 초빙한 사람은 모두 유명한 학자이자 덕망이 있는 사람들이었다. 그는 주목(州牧)이나 군수(郡守)들과는 서로 내통하지 않았다.(『후한서』 「순리열전 · 유구」)

靈帝初, 代周景爲太尉. 矩再爲上公, 所辟召皆名儒宿德. 不與州郡交通.(『後漢書』 「循吏列傳 · 劉矩」)

175_ 급(及)이 『공자개제고』에는 빠져 있는데, 『후한서』 원문에 따라 보충했다.

176_ 봉사(封事)는 밖으로 누설되지 않도록 밀봉한 상소문을 말한다.

21-4-94

[후한 영제] 희평(熹平) 5년(176), 태학생 중에서 나이가 60세 이상인 자 100여 명에게 시험을 쳐서 낭중(郎中)과 태자사인(太子舍人) 및 왕가(王家)의 낭관(郎官)과 군국(郡國)의 문학리(文學吏)에 임명했다.(『후한서』「영제기」)

熹平五年, 試太學生年六十以上百餘人, 除郎中·太子舍人, 至王家郎·郡國文學吏.(『後漢書』「靈帝紀」)

21-4-95

[후한 헌제(獻帝)] 초평(初平) 4년(193) 9월 갑오일, 유생 40여 명에게 시험을 쳐서 성적이 가장 우수한 자는 낭중(郎中)의 직위를 하사하고, 그 다음은 태자사인(太子舍人), 성적이 가장 낮은 자는 파직시켰다. 그리고 다음과 같이 조서를 내렸다. "공자가 학문이 강론되지 않는다고 탄식했으니,[177] 강론되지 않으면 외운 것을 날마다 잊어버리게 된다. 지금 나이든 학자들은 60세가 넘었고, 고향을 떠나서 먹을거리를 구하지만, 전문적인 직업을 얻지 못했다. 어릴 때 학교에 들어와 늙어서도 학문을 성취하지 못하고,[178] 오랫동안 농사를 지으면서 영달의 희망이 영원히 끊어져 버렸으니, 나는 매우 안타깝게 생각한다. 파직된 자들을 각자의 과목에 따라서 태자사인(太子舍人)으로 윤허하노라."(『후한서』「헌제기」)

初平四年九月甲午, 試儒生四十余人, 上第, 賜位郎中, 次太子舍人, 下第者罷之. 詔曰, "孔子歎學之不講, 不講則所識日忘. 今耆儒年逾

177_ 『논어』「술이」편에 "子曰, 德之不脩, 學之不講, 聞義不能徙, 不善不能改, 是吾憂也."라는 말이 보인다.

178_ 결동(結童)은 머리를 땋은 어린아이를 말하며, 백수공귀(白首空歸)는 늙어서도 학문을 성취하지 못한 것을 한탄한 말이다.

六十, 去離本土, 營求糧資, 不得專業. 結童入學, 白首空歸, 長委農野, 永絶榮望, 朕甚湣焉. 其依科罷者, 聽爲太子舍人."(『後漢書』「獻帝紀」)

<이상 한무제 이후 유교 학술을 숭상하여 공자의 선거 제도가 성행하다: 右漢武後, 崇尙儒術, 盛行孔子選擧之制>

5. 양한시대의 황제 및 제후왕들이 모두 경전을 익히고 유교 학술에 능통하다: 황후 부록 [兩漢帝者及諸侯王皆受經通儒術: 皇后 附]

21-5-1

처음에 황제의 나이 29세 때가 되어서야 태자를 얻었는데,[179] 매우 기뻐하여 그를 위해 매신(禖神)[의 신상(神像)]을 세우고,[180] 동방삭(東方朔)과 매고(枚皐)에게 매신을 위한 축사(祝辭)를 짓도록 했다. 태자가 점점 성장하자, 조서를 내려 『공양전(公羊傳)』을 배우도록 하고, 또한 하구(瑕丘)의 강공(江公)에게 『곡량전(穀梁傳)』을 배우도록 했다.(『한서』「무오자전」)

初, 上年二十九, 乃得太子, 甚喜, 爲立禖, 使東方朔·枚皐作禖祝. 少壯, 詔受『公羊春秋』, 又從瑕丘江公受『穀梁』.(『漢書』「武五子傳」)

179_ 한무제의 태자인 여태자(戾太子) 거(據)는 무제 원수(元狩) 원년(B.C.122)에 황태자로 세워졌고, 당시의 나이가 7세였다.

180_ 매(禖)는 『한서』 안사고의 주에서 천자가 아들을 얻기 위해 지내는 제사의 신이라고 했다. 『예기』「월령(月令)」편에 "以太牢祠于高禖."라는 말이 보인다.

21-5-2

효무제(孝武帝)의 증손인 병이(病已)[181]는 황제가 조서를 내려 액정궁(掖廷宮)[182]에서 기르고 돌보도록 했다. 지금 나이가 18세인데, 스승에게 『시』·『논어』·『효경』을 배웠고, 행실이 절도가 있고 검소하며, 자애롭고 어질어 남을 사랑한다.(『한서』「효선황제기」)

孝武皇帝曾孫病已, 有詔掖廷養視. 至今年十八, 師受『詩』·『論語』·『孝經』, 操行節儉, 慈仁愛人.(『漢書』「孝宣皇帝紀」)

21-5-3

효소제(孝昭帝)가 8세에 즉위하자, 대신들이 정치를 보좌했고, 또한 유명한 유학자인 위현(韋賢)·채의(蔡義)[183]·하후승(夏侯勝) 등을 선발하여 궁궐에 들어와서 황제 앞에서 경전을 전수함으로써 성스러운 덕을 조화롭게 만들었다.[184](『후한서』「환영전」)

孝昭皇帝八歲卽位, 大臣輔政, 亦選名儒韋賢·蔡義·夏侯勝等入授于前, 平成聖德.(『後漢書』「桓榮傳」)

21-5-4

헌왕(憲王)[185]은 신체가 건장하고, 경서(經書)와 법률을 좋아했으며, 총명

181_ 병이(病已)는 선제(宣帝)의 이름이다. 안사고의 주에 의하면, 선제가 병치레를 많이 했기 때문에 빨리 낫기를 원해서 이름을 병이(病已)이라고 했는데, 나중에는 이름이 천박하다고 하여 순(詢)으로 고쳤다고 한다.

182_ 액정궁(掖廷宮)은 궁궐의 정전(正殿) 옆에 있는 궁전으로, 비빈(妃嬪)이나 궁녀들이 거처하던 곳이다.

183_ 채의(蔡義)는 하내(河內) 온현(溫縣) 사람으로, 한시(韓詩)를 연구했으며, 급사중(給事中)을 역임했다.

184_ 이 내용은 화제(和帝)가 즉위한 이후에 시중(侍中)이던 두헌(竇憲)이 황태후에게 올린 상소문의 일부분이다.

하고 재주가 있어서 선제(宣帝)가 그를 매우 아꼈다. 태자[元帝]는 너그럽고 인자했으며, 유학의 학술을 좋아했다. 선제는 자주 헌왕에 대해 탄식하면서 "진짜 나의 아들이다"라고 했다.(『한서』「선원육왕전」)

憲王壯大, 好經書法律, 聰達有材, 帝甚愛之. 太子寬仁, 喜儒術. 上數嗟歎憲王曰, "眞我子也."(『漢書』「宣元六王傳」)

21-5-5

선제(宣帝)가 즉위했다. [원제(元帝)가] 8세 때 태자로 세웠는데,[186] 장성했을 때는 부드럽고 인자했으며, 유학을 좋아했다.(『한서』「효원황제기」)

宣帝即位. 八歲, 立爲太子, 壯大柔仁, 好儒.(『漢書』「孝元皇帝紀」)

21-5-6

원제(元帝)가 즉위하자, 성제(成帝)를 태자로 삼았다. 장성하자 경서를 좋아했다.(『한서』「효성황제기」)

元帝即位, 帝爲太子. 壯好經書.(『漢書』「孝成皇帝紀」)

21-5-7

광무제(光武帝)는 자주 공경(公卿)과 낭관(郎官), 장군들을 불러서 경서의 이치에 대해 강론하고, 한밤중이 되어서야 잠을 잤다.(『후한서』「광무제기」)

光武數引公卿郎將講論經理, 夜分乃寐.(『後漢書』「光武帝紀」)

185_ 선제(宣帝)에게는 5명의 아들이 있었는데, 헌왕(憲王)은 장첩여(張婕妤)가 낳은 회양헌왕(淮陽憲王) 흠(欽)이다.

186_ 원제(元帝)가 두 살 때 선제가 즉위했으며, 8세가 되었을 때 태자로 세웠다.

21-5-8

유목(劉睦)은 어렸을 때 학문을 좋아했고, 전적에 두루 통달했다.(『후한서』「종실사왕삼후열전」)

睦少好學, 博通書傳.(『後漢書』「宗室四王三侯列傳」)

21-5-9

유목(劉睦)은 성격이 겸손하고 공손하며 선비들을 좋아하여 천리나 떨어진 곳의 사람과도 교유 관계를 맺었으며, 유명한 학자나 덕망이 있는 사람 중에 찾아가서 만나지 않은 사람이 없었다.(『후한서』「종실사왕삼후열전」)

睦性謙恭好士, 千里交結, 自名儒宿德, 莫不造門.(『後漢書』「宗室四王三侯列傳」)

21-5-10

순양회후(順陽懷侯) 유가(劉嘉)는 백승(伯升) 유연(劉縯)[187]과 함께 장안(長安)에서 공부했는데,『상서』와『춘추』를 익혔다.(『후한서』「종실사왕삼후열전」)

順陽懷侯嘉. 與[188]伯升俱學長安, 習『尙書』·『春秋』.(『後漢書』「宗室四王三侯列傳」)

187_ 유연(劉縯)은 광무제의 장형(長兄)인 제무왕(齊武王)으로, 백승(伯升)은 그의 자이다.

188_ 여(與)가『공자개제고』에는 흥(興)으로 되어 있는데,『후한서』원문에 따라 고쳤다.

21-5-11

[패헌왕(沛獻王)] 유보(劉輔)는 장엄하고 엄숙하며 법도가 있었으며, 경서를 좋아하고, 경방의 『역』과 『효경』, 『논어』의 전(傳)을 즐겨 말했다. (『후한서』「광무십왕열전」)

輔矜嚴有法度, 好經書, 善說京氏『易』·『孝經』·『論語』傳.(『後漢書』「光武十王列傳」)

21-5-12

[동평헌왕(東平憲王)] 유창(劉蒼)은 어려서부터 경시를 좋아했고, 매우 지혜롭고 사려가 깊었다.(『후한서』「광무십왕열전」)

蒼少好經書, 雅有智思.(『後漢書』「光武十王列傳」)

21-5-13

명제(明帝)는 10세 때 『춘추』에 능통했다.(『후한서』「명제기」)

明帝十歲, 能通『春秋』.(『後漢書』「明帝紀」)

21-5-14

명제(明帝)는 환영(桓榮)을 스승으로 섬겨서 『상서』을 배워 능통했다.(『후한서』「명제기」)

明帝師事桓榮,[189] 學通『尚書』.(『後漢書』「明帝紀」)

189_『후한서』 원문에는 '師事博士桓榮.'으로 되어 있다.

21-5-15

장제(章帝)는 유가의 학술을 좋아했다.(『후한서』「장제기」)

章帝好儒術.(『後漢書』「章帝紀」)

21-5-16

장안후(長安侯)는 『시』와 『논어』에 능통했으며, 학문을 돈독하게 익히고 옛것을 좋아했다.[190](『후한서』「안제기」)

長安侯祜[191]能通『詩』·『論』, 篤學樂古.(『後漢書』「安帝紀」)

<이상 한나라 시대의 황제 및 제후왕들이 모두 경전을 익히고 유교 학술에 능통함: 右漢世帝者及諸侯王皆受經通儒術>

21-5-17

마황후(馬皇后)[192]는 『역』에 능통했고, 『춘추』를 즐겨 읽었다.(『후한서』「마황후기」)

馬皇后能誦『易』, 好讀『春秋』.(『後漢書』「馬皇后紀」)

190_ 장안후(長安侯)는 안제(安帝)가 황제가 되기 전에 제후로 봉해졌을 때의 이름이다. 상제(殤帝)가 죽었을 때 안제의 나이가 겨우 13세였기 때문에 바로 황제로 즉위하지 않고, 먼저 장안후로 봉했다고 한다. 이 내용은 그를 장안후로 봉한 이후에 황태후가 내린 조서의 일부분이다.

191_ 호(祜)가 『공자개제고』에는 우(祐)로 되어 있는데, 『후한서』 원문에 따라 고쳤다.

192_ 마황후(馬皇后)는 후한 명제(明帝)의 부인인 명덕황후(明德皇后) 마씨(馬氏)로, 이름은 전해지지 않는다.

康21-10

황후가 경전에 능통했으니, 공자의 학문이 이 시대에 크게 성행한 것이다.

皇后通經, 孔學於是大盛.

21-5-18

등황후(鄧皇后)[193]는 12세 때 『시』와 『논어』에 능통했다. 어른들이 매번 경전을 읽을 때마다 문득 의견을 내놓고 질문을 했다. 그의 뜻은 전적에 있었고, 집안의 일에 내해서는 묻지 않았다.(『후한서』「등황후기」)

鄧皇后十二通『詩』·『論語』. 諸兄每讀經傳, 輒下意難問. 志在典籍, 不問居家之事.(『後漢書』「鄧皇后紀」)

21-5-19

등태후(鄧太后)[194]는 궁궐[195]에 들어온 이후로 조대가(曹大家), 즉 반소(班昭)에게 경서를 배웠고, 천문(天文)과 산수(算數)도 함께 익혔다. 낮에는 황제의 정치를 살피고, 밤에는 경전을 읽었는데, 경전 속에 오류가 있는 것을 걱정하고, 그것이 전장제도와 위배되는 것을 근심했다. 이에 유진(劉珍) 등의 여러 학자와 박사, 의랑(議郎)과 사부(四府)의 속관 등 50

193_ 등황후(鄧皇后)는 후한 화제(和帝)의 부인인 화희황후(和熹皇后)로, 이름은 유수(劉綏)이고, 태부(太傅)였던 유우(劉禹)의 손녀이다.

194_ 화제(和帝)가 죽자 등황후(鄧皇后)는 황태후(皇太后)로 승격되었다. 이때는 화제의 뒤를 이은 상제(殤帝)도 죽고 안제(安帝)가 즉위하여 그녀가 수렴청정을 하고 있던 때이다.

195_ 궁액(宮掖)은 황궁(皇宮)을 말한다. 액(掖)은 액정(掖廷), 즉 궁궐의 정전(正殿) 옆에 있는 궁전으로, 비빈(妃嬪)이나 궁녀들이 거처하던 곳이다.

여 명을 널리 선발하여 동관(東觀)[196]으로 데리고 와서 경전의 기록을 대조하여 교감하도록 했다.(『후한서』「등황후기」)

太后自入宮掖, 從曹大家受經書, 兼天文·算數. 晝省王政, 夜則誦讀, 而患其謬誤, 懼乖典章. 乃博選諸儒劉珍等, 及博士·議郎·四府掾史五十餘人, 詣東觀記讎校傳記.(『後漢書』「鄧皇后紀」)

康21-11

마황후(馬皇后)와 등황후(鄧皇后) 두 사람은 모두 경학에 조예가 깊었으니, 마치 유생들과 같았다.

馬·鄧二后皆深于經學, 儼如諸生.

21-5-20

양황후(梁皇后)[197]는 9세 때 『논어』에 능통했고, 『한시(韓詩)』를 공부했다.(『후한서』「양황후기」)

梁皇后九歲能誦『論語』, 治『韓詩』.(『後漢書』「梁皇后紀」)

<이상 양한시대의 황제 및 제후왕은 모두 경전을 익히고 유교 학술에 능통함-황후 부록: 右兩漢帝者及諸侯王皆受經通儒術-皇后 附>

196_ 동관(東觀)은 후한 때 낙양(洛陽)의 남궁(南宮) 안에 있던 관(觀)의 이름이다. 명제 때에는 반고(班固)가 『한기(漢紀)』를 편찬한 곳이며, 장제와 화제 때에는 황궁의 도서를 보관하던 장소이다.

197_ 양황후(梁皇后)는 순제(順帝)의 부인인 순열황후(順烈皇后)로, 이름은 양납(梁妠)이다. 대장군 양상(梁商)의 딸이자, 장제(章帝)의 부인이었던 공회황후(恭懷皇后)의 동생의 손녀이다.

6. 양한시대 황제들이 제유들에게 오경을 바로잡아 학술을 통일하라는 조서를 자주 내리다
[兩漢帝者屢詔諸儒評定五經以一學術]

21-6-1

[선제(宣帝) 감로(甘露) 3년(B.C.51)] 조서를 내려 제유들에게 오경의 같고 다름을 강론하도록 하고, 태자태부(太子太傅)인 소망지(蕭望之) 등에게 그 논의를 분명하게 따진 이후에 상주하도록 하여 황제가 직접 명을 내리고 직접 결정했다.[198] 이에 양구하(梁丘賀)의 『역』과 하후승(夏侯勝)・하후건(夏侯建)의 『상서』, 『곡량전』의 박사를 학관에 세웠다.(『한서』「효선황제기」)

詔諸儒講五經同異, 太子太傅蕭望之等平奏其議, 上親稱制臨決焉. 乃立梁丘『易』・大小夏侯『尙書』・『穀梁春秋』博士.(『漢書』「孝宣皇帝紀」)

21-6-2

[전한 성제(成帝) 하평(河平) 원년(B.C.28)] 가을 8월 을묘일 그믐날, 일식이 있었다. 광록대부(光祿大夫) 유향(劉向)이 황실의 비서(秘書)를 교정했다.

198_ 당시 토론한 내용을 정리한 것이 『석거의주(石渠議奏)』이다. 『한서』「예문지」에는 당시 학자들이 토론한 결과를 황제에게 상주한 '의주(議奏)'의 편수만 기록되어 있는데, 「서의주(書議奏)」 42편, 「예의주(禮議奏)」 38편, 「춘추의주(春秋議奏)」 39편, 「논어의주(論語議奏)」 18편, 「오경잡의(五經雜議)」 18편이다. 대부분이 전하지 않고, 현재 전하는 것은 당나라 두우(杜佑)의 『통전(通典)』에 「석거예의(石渠禮議)」 14조목, 그리고 청나라 마국한(馬國翰)의 『옥함산방집일서(玉函山房輯逸書)』에 「석거예론(石渠禮論)」 19조목이다.

알자(謁者) 진농(陳農)을 사신으로 삼아 그에게 천하에서 없어진 책들을 구해오도록 했다.(『한서』「효성황제기」)[199]

秋八月乙卯晦, 日有蝕之. 光祿大夫劉向校中秘書. 謁者陳農使使求遺書於天下.(『漢書』「孝成皇帝紀」)

21-6-3

이 당시[원제(元帝) 시대]에 소부(少府)의 오록충종(五鹿充宗)은 높은 지위에 있으면서 황제의 사랑을 받았는데,[200] 양구하(梁丘賀)의 『역』을 연구했다. 선제(宣帝) 때부터 양구하의 학설을 좋게 여겼고, 원제(元帝)도 그것을 좋아하여 그 학설[과 다른 학설]의 같고 다름을 고찰하고자 하여 충종과 여러 『역』 전문가들이 토론을 하도록 명했다. 충종은 자신의 존귀함을 빌어 변론을 펼치니, 학자들 중에서 그와 대항할 수 있는 자가 없었다.(『한서』「양호주매운전」)

是時少府五鹿充宗貴幸, 爲梁丘『易』. 自宣帝時善梁丘氏說, 元帝好之, 欲考其異同, 令充宗與諸『易』家論. 充宗乘貴辯口, 諸儒莫能與抗.(『漢書』「楊胡朱梅云傳」)

21-6-4

위현성(韋玄成)은 조서를 받고, 태자태부(太子太傅) 소망지(蕭望之) 및 오경의 학자들과 함께 석거각(石渠閣)에서 오경의 같고 다름에 대해 여러 가지로 토론했다.(『한서』「위현전」)

玄成受詔, 與太子太傅蕭望之及五經諸儒, 雜論同異于石渠閣.(『漢書』

199_ 『공자개제고』에는 출전이 『한서』「효선황제기(孝宣皇帝紀)」로 잘못 기록되어 있어서 바로잡았다.

200_ 귀행(貴幸)은 높은 지위에 있으면서 황제의 사랑을 받는 것을 말한다.

「韋賢傳」)

21-6-5

[선제(宣帝)는] 유향(劉向)[201]을 불러 『곡량전』을 연구하고, 석거각에서 오경을 강론하도록 했다.(『한서』「유향전」)

徵更生受『穀梁』, 講論五經于石渠.(『漢書』「劉向傳」)

21-6-6

[장제(章帝)] 건초(建初) 연간에 백호관(白虎觀)에 학자들을 대규모로 모아서 오경의 같고 다름을 고찰하고 살폈는데, 여러 달이 지나서야 끝이 났다. 장제(章帝)가 직접 참여하여 명을 내리니, 석거각의 옛일과 똑같이 했다.(『후한서』「유림전」)

建初中, 大會諸儒于白虎觀, 考詳同異, 連月乃罷. 肅宗親臨稱制, 如石渠故事.(『後漢書』「儒林傳」)

康21-12

『백호통의(白虎通義)』는 금문 경학을 집대성한 것으로, 지금까지 전해지고 있으니, 진귀한 보물이라고 할 수 있다.

『白虎通義』集今學之大成, 傳至於今, 可爲瑰寶.

21-6-7

양종(楊終)은 또 말했다.[202] "선제(宣帝)는 많은 학자들을 널리 초빙하여

201_ 갱생(更生)은 유향(劉向)의 본명이다.

석거각에서 오경에 대해 토론하여 바로잡았습니다. 지금 천하는 큰일이 적고, 학자들은 자신들의 업적을 이루고 있지만, 장구(章句)만을 일삼는 무리들이 경전의 큰 본질을 파괴하고 있습니다. 마땅히 석거각의 옛일과 같이 하여 영원히 후세의 모범이 되어야 합니다." 이에 학자들에게 조서를 내려 백호관에서 경전의 같고 다름을 토론하고 고찰하도록 했다.(『후한서』「양종전」)

終又言, "宣帝博徵群儒, 論定五經于石渠閣. 方今天下少事, 學者得成其業, 而章句之徒, 破壞大體. 宜如石渠故事, 永爲後世則." 於是詔諸儒于白虎觀論考同異焉.(『後漢書』「楊終傳」)

21-6-8

장제(章帝)는 백호관에 학자들을 소집했는데, 노공(魯恭)은 특별히 경전에 밝다는 이유로 소집되어 그 논의에 참여할 수 있었다.(『후한서』「노공전」)

肅宗集諸儒于白虎觀. 恭特以經明得[203]召, 與其議.(『後漢書』「魯恭傳」)

21-6-9

유선(劉羨)[204]은 경서를 널리 섭렵하고, 위엄이 있었으며, 학자들과 백호전(白虎殿)에서 강론했다.(『후한서』「효명팔왕열전」)

羨博涉經書, 有威嚴, 與諸儒講論白虎殿.(『後漢書』「孝明八王列傳」)

202_ 이것은 장제(章帝) 건초(建初) 원년(76)에 올린 상소문의 일부분이다.

203_ 득(得)이 『공자개제고』에는 시(侍)로 되어 있는데, 『후한서』 원문에 따라 고쳤다.

204_ 유선(劉羨)은 명제(明帝)의 9명의 아들 중의 한 명인 진경왕(陳敬王)으로, 광평왕(廣平王)으로 봉해졌다.

21-6-10

이육(李育)은 어려서 『공양전』을 익혔다. 조서가 내려져서 학자들과 백호관에서 오경에 대해 토론했다. 이육은 『공양전』의 의리를 가지고 가규(賈逵)를 힐난했는데, 주고받는 말이 모두 논리와 증거가 있어서 가장 뛰어난 통유(通儒)로 여겨졌다.(『후한서』「유림전」)

李育少習『公羊春秋』. 詔與諸儒論五經于白虎觀. 育以『公羊』義, 難賈逵, 往返皆有理證, 最爲通儒.(『後漢書』「儒林傳」)

康21-13

국왕 및 학자들이 함께 경전의 의리를 토론했으니, [백호관회의는] 당연히 석거각회의와 함께 유학의 핵심적인 2개의 큰 회의이다.

國王及諸儒同論經義, 當與石渠爲儒宗二大會.

21-6-11

이에[205] 태상(太常)에게 명하여 대부(大夫)와 박사(博士), 의랑(議郎)과 낭관(郎官) 및 제생(諸生)과 제유(諸儒)를 백호관(白虎觀)에 모아서 오경의 같고 다름을 강론하고 토론하도록 했다. 오관중랑장(五官中郎將) 위응(魏應)에게 제문(制問)을 받들고, 시중(侍中) 순우공(淳于恭)에게 상주하도록 하여 장제(章帝)가 직접 명을 내리고 직접 결재하니, 효선제(孝宣帝) 감로(甘露) 연간(B.C.74~B.C.49)의 석거각(石渠閣)의 옛일과 똑같이 하여 『백호의주(白虎議奏)』를 지었다.(『후한서』「장제기」)

於是下太常, 將大夫・博士・議郎・郎官及諸生・諸儒會白虎觀, 講

205_ 이것은 장제(章帝) 건초(建初) 4년(79)에 조서를 내린 다음, 곧바로 시행된 내용들이다.

議五經同異. 使五官中郎將魏應承制問, 侍中淳于恭奏, 帝親稱制臨決, 如孝宣甘露石渠故事, 作『白虎議奏』.(『後漢書』「章帝紀」)

21-6-12

[안제(安帝)] 영초(永初) 4년(110), 알자(謁者) 유진(劉珍)과 오경박사에게 조서를 내려 동관(東觀)의 오경과 제자(諸子)의 전기(傳記), 그리고 백가의 예술(藝術)을 교정하되, 오탈자를 정리하고 문자를 바로잡도록 했다.(『후한서』「안제기」)

永初[206]四年, 詔謁者劉珍及五經博士, 校定東觀五經·諸子傳記·百家藝術, 整齊脫誤, 是正文字.(『後漢書』「安帝紀」)

<이상 양한시대 황제들이 제유들에게 오경을 바로잡아 학술을 통일하라는 조서를 자주 내리다: 右兩漢帝者屢詔諸儒評定五經以一學術>

7. 양한시대 조정 의론에 유생들을 많이 초빙하다 [兩漢廷議多召儒生]

21-7-1

4월에 봉고현(奉高縣)에서 돌아왔다. 무제(武帝)는 학자들과 방사(方士)들이 봉선(封禪) 의식에 대해 말한 것이 사람마다 다르고 이치에 맞지 않아서 시행하기 어렵다고 생각했다. 천자가 양보산(梁父山)에 이르러 땅

206_ 초(初)가 『공자개제고』에는 화(和)로 되어 있는데, 『후한서』 원문에 따라 고쳤다.

의 신에게 예법을 갖추어 제사지냈다. 을묘일에 시중(侍中)을 맡고 있는 유생에게 명하여 흰 사슴 가죽으로 만든 관을 쓰고 홀(笏)을 허리띠에 꽂게 하고,[207] [황제 스스로] 활로 소를 쏘면서[208] 행사를 진행하여 태산 아래의 동쪽에 제단을 쌓아 제사를 지냈는데,[209] 교외에서 천신(天神)인 태일신(泰一神)에게 제사를 지내는 예법과 같았다.(『한서』「교사지」)

四月, 還至奉高. 上念諸儒及方士言封禪, 人殊, 不經, 難施行. 天子至梁父, 禮祠地主. 至乙卯, 令侍中儒者皮弁搢紳, 射牛行事, 封泰山下東方, 如郊祠泰一之禮.(『漢書』「郊祀志」)

康21-14

시중(侍中)은 한나라의 관직인데, 흰 사슴 가죽으로 만든 관을 쓰고 홀을 허리띠에 꽂았으니, 모두 공자의 제도를 사용한 것이다.

侍中是漢官, 而皮弁縉紳, 皆用孔制矣.

21-7-2

담당 관리와 태사공(太史公),[210] 제사를 맡은 관리인 관서(寬舒) 등이 논의하여 말했다. "하늘과 땅의 신에게 제사지내는 희생의 뿔은 누에고치

207_ 피변(皮弁)은 흰 사슴 가죽으로 만든 관이고, 진신(搢紳)은 홀(笏)을 큰 띠인 신(紳)에 꽂는 것을 말한다. 모두 공경(公卿) 및 고급관리들이 조회 때 착용하는 유학자의 복장이다.

208_ 사우(射牛)는 황제나 제후가 천지나 종묘에 제사를 지낼 때 소를 활로 쏘아서 엄숙함을 보이던 일을 말한다.

209_ 봉(封)은 제왕이 제단을 쌓아서 천지와 산신에게 제사를 지내는 것이다.

210_ 태사공(太史公)은 사마천의 부친인 사마담(司馬談)을 말한다. 그런데 『사기』 주석을 살펴보면, 태사공을 사마담이라고 보는 것은 잘못이며, 『사기』에 보이는 '태사공'이라는 호칭은 모두 사마천의 외손인 양운(楊惲)이 사마천을 지칭한 호칭이라고 주장하기도 한다.

나 밤톨 같은 모양이어야 합니다."[211](『사기』「무제본기」)

有司與太史公·祠官寬等議, "天地牲角繭栗."(『史記』「武帝本紀」)

康21-15

이것은 공자의 제도이니, [여기에서 언급한] 사람들이 모두 유학자이기 때문이다.

是孔子之制, 諸人皆儒者故也.

21-7-3

건장궁(建章宮) 뒤쪽 누각의 이중 난간 안에 짐승이 나타났는데,[212] 그 형상이 고라니와 비슷했다. 소문이 나자 무제가 가서 직접 그것을 보고, 경험이 풍부하고 경술에 통달한 좌우의 여러 신하들에게 물어보았다.[213](『사기』「골계열전」)

建章宮後閤重櫟中, 有物出焉, 其狀似麋. 以聞. 武帝往臨視之, 問左右群臣習事通經術者.(『史記』「滑稽列傳」)

21-7-4

흉노족이 와서 화친을 요청하자, 여러 신하들이 황제 앞에서 논의했는

211_ 견율(繭栗)은 송아지의 뿔이 처음 나올 때, 그 모양이 누에고치나 밤톨과 비슷한 모양인 것에서 유래하여 송아지의 뿔 모양을 비유한 것이다.

212_ 건장궁(建章宮)은 『사기정의』에 의하면, 장안현(長安縣)의 서북쪽 20리에 있는 옛 성이라고 한다. 합(閤)은 누각이고, 중력(重櫟)은 이중으로 된 난간을 말한다.

213_ 『사기』의 이어지는 기록에 의하면, 그것을 아는 신하가 한 명도 없었고, 오직 동방삭(東方朔)만이 이 짐승에 대해서 알고 있었다고 한다. 그것은 추아(騶牙)라는 짐승으로, 먼 나라의 사람이 귀순하여 의리를 존중할 경우에 미리 나타나서 알려준다고 한다. 과연 1년 뒤에 흉노의 혼야왕(渾邪王)이 10만 명의 무리를 이끌고 와서 한나라에 항복했다고 한다.

데, 박사 적산(狄山)이 "화친하는 것이 이롭습니다"라고 말했다.(『사기』「혹리열전」)

匈奴來請和親, 群臣議上前, 博士狄山曰, "和親便."(『史記』「酷吏列傳」)

21-7-5

소제(昭帝)가 즉위한 지 6년이 되었을 때, 군국(郡國)에 조서를 내려 현량(賢良)과 문학(文學)의 선비를 천거하여 백성들의 아픔과 고통, 그리고 교화의 요점에 대해 물어보도록 했다. 모두가 염철(鹽鐵)과 주각(酒榷), 그리고 균수(均輸)를 맡은 관리를 없애서[214] 국가가 천하 백성들과 이익을 다투지 않기를 원했다. 그리고 국가가 근검과 절약을 보여준 이후에야 교화를 일으킬 수 있다고 대답했다.(『한서』「식화지」)

昭帝卽位六年, 詔郡國擧賢良文學之士, 問以民所疾苦, 敎化之要. 皆對願罷鹽鐵・酒榷・均輸官, 毋與天下爭利. 視以儉節, 然後敎化可興.(『漢書』「食貨志」)

21-7-6

현량(賢良)과 문학(文學) 출신으로 모인 자 60여 명은 육예의 학술을 가슴에 품고 있다.(『염철론』「자복」)

賢良・文學臻者六十餘人, 懷六藝之術.(『鹽鐵論』「刺復」)

21-7-7

현량(賢良)인 무릉현(茂陵縣) 출신의 당생(唐生)과 문학(文學)인 노(魯)지역

214_ 염철(鹽鐵)과 주각(酒榷)은 관청에서 소금과 철, 그리고 술을 전매하던 제도이고, 균수(均輸)는 대사농(大司農)의 소속 아래에 균수관(均輸官)을 두고 세금의 징수와 물품의 매매 및 화물의 운송을 통일했던 경제 제도이다.

출신의 만생(萬生) 등의 무리 60여 명의 사람들이 모두 궁궐에 모여서 육예(六藝)의 가르침[215]을 펼치고, 태평(太平)의 근원을 논의했다. [그중에서] 지혜로운 자는 자신이 사고한 것을 밝히고, 어진 자는 자신이 베푼 것을 밝혔으며, 용감한 자는 자신의 과단성을 드러내었고, 변론이 뛰어난 자는 자신의 언사를 진술했다.(『염철론』「잡론」)

賢良茂陵唐生·文學魯萬生之倫六十餘人, 咸聚闕廷, 舒六藝之諷, 論太平之原. 知者贊其慮, 仁者明其施, 勇者見其斷, 辯者陳其詞.[216] (『鹽鐵論』「雜論」)

21-7-8

중산국(中山國) 출신의 유자옹(劉子雍)은 왕도(王道)를 말하여 당대를 바로잡고, 올바른 데로 회복하기 위해서 근본으로 되돌아가려고 힘썼다. 그는 정직하면서도 [남의 잘못을] 들추어내지 않고,[217] 절실하면서도 헛되지 않으며,[218] 외형과 내면이 잘 조화되어 있으니,[219] 학문이 넓고 박학한 군자라고 할 수 있다. 구강군(九江郡) 출신의 축생(祝生)은 유로(由路)[220]와 같은 용기를 떨치고, 사어(史魚)[221]와 같은 절개를 밀어붙였다.

215_ 풍(諷)은 『염철론교주』에서 『한서』의 교정에 따라 풍(風)으로 고쳤는데, 여기에서도 풍(風)의 의미로 해석했다.

216_ 사(詞)가 『공자개제고』에는 사(辭)로 되어 있는데, 『염철론』 원문에 따라 고쳤다.

217_ 요(徼)는 잘못이나 허물 등을 들추어내는 것이다. 남의 잘못을 들추어내어 밝히는 것을 정직함으로 삼지 않는다는 말이다. 『후한서』「진원전(陳元傳)」에 "徼訐爲直."이라는 말이 보인다.

218_ 삭(㸉)은 『염철론교주』에서 인용한 『소이아(小爾雅)』에서 공(空)의 의미라고 했다.

219_ 빈빈(斌斌)은 외형과 내면, 형식과 실질이 잘 조화된 모습이다.

220_ 유로(由路)는 공자의 제자 중유(仲由)를 말하는데, 자로(子路)는 그의 자이다. 계로(季路)라고도 하고 계유(季由)라고도 한다. 『사기』「중니제자열전」에서는 "자로(子路)는 성격이 거칠고, 용감함을 좋아하며, 의지가 굳고 곧았다"라고 했다.

분노와 불만을 표출하고, 공경(公卿)을 비난하며, 꼿꼿하게 곧으면서 굽히지 않으니, 횡포를 부리고 권세가 있는 무리들도 두려워하지 않는다고 할 수 있다.[222](『염철론』「잡론」)

中山劉子雍, 言王道, 矯當世, 復諸正, 務在乎反本. 直而不徼, 直而不徼, 切而不燉, 斌斌然, 斯可謂弘博之君子矣. 九江祝生, 奮由路之勇, 推史魚之節. 發憤懣, 刺譏公卿, 介然直而不撓, 可謂不畏强禦矣.(『鹽鐵論』「雜論」)

康21-16

현량과 문학은 모두 공자의 70제자의 후획들이니, 모두 유교의 학술에 근거하여 당시의 재상을 굴복시켰다.[223] 충직하게 정직과 절개를 지키고, 수많은 인재들이 넘쳐나는데도 같은 무리들을 해치는 자들이 없으니,[224] 인재의 풍성함이 최고조에 달했도다! 지금은 대책(對策)[225] 시험

221_ 사어(史魚)는 사추(史鰌)라고도 하는데, 춘추시대 위(衛)나라 영공(靈公)의 가신이자 대부로, 자는 자어(子魚)이다. 『경전석문』에서 "증삼은 인(仁)을 실천했고, 사추는 의(義)를 실천했다"라고 했고, 『논어』「위령공」편에서는 화살과 같이 곧고 강직하다[子曰, 直哉. 史魚. 邦有道, 如矢, 邦無道, 如矢.]라고 했듯이, 청렴하고 강직하다는 평가를 받는다. 그러나 순자는 「비십이자(非十二子)」편에서 그를 명예를 훔친 사람이라고 공격하면서 다음과 같이 말했다. "감정이나 성질을 참고, 아주 멀리 세속을 떠나 고고하게 있으면서, 진실로 남들과는 다르게 구별되는 것을 고귀하다고 여기기 때문에 큰 무리들과 맞추어서 큰 명분을 밝힐 수가 없다. 그렇지만 그 주장에는 근거가 있고 그 말에는 논리가 있어서 어리석은 대중들을 속이고 현혹시킬 수 있으니, 그들은 바로 진중(陳仲)과 사추(史鰌)이다."

222_ 『시』「대아 · 증민(烝民)」편에 "不侮矜寡, 不畏强禦."라는 말이 보인다. 강어(强禦)는 횡포를 부리고 권세가 있는 사람을 말한다.

223_ 시재(時宰)는 당시의 재상을 말한다. 소제(昭帝) 때 진행되었던 염철회의에서 현량과 문학은 정부를 대표하는 승상과 어사대부와 토론을 벌여서 자신들의 의견을 관철했는데, 그 과정에서 당시의 권력자들을 논리적으로 굴복시켰다는 뜻이다.

224_ 건건(謇謇)은 충직하고 직언을 하는 모습이다. 방방(汸汸)은 많은 물이 세차게

을 통해서 도를 밝히고 정사(政事)를 말하는 사람을 한 명이라도 구하려고 해도 되지 않으니, 옛날과 지금의 거리가 어찌 이리도 멀단 말인가!

賢良文學, 皆七十子後學, 皆能據儒術以折時宰. 直節謇謇, 群才汸汸, 無敗類者, 人才之盛, 極矣! 今對策, 欲求一人明道言事, 不可得. 何古今相去之遠哉!

21-7-9

직위에 있던 유학자들은 대부분 염철 담당 관리와 북가(北假) 지역의 토지 담당 관리, 그리고 상평창(常平倉)을 없애야 한다고 말했다.(『한서』「식화지」)

在位諸儒, 多言鹽鐵官及北假田官·常平倉, 可罷.(『漢書』「食貨志」)

21-7-10

마침 8월에 종묘에서 술을 마시는 의식을 거행할 때,[226] 천자가 궁궐을 나가서[227] 소제(昭帝)의 사당에서 제사를 지내려고 했다. 행렬의 선두에 선 기병[228]의 칼이 뽑혀서 땅으로 떨어졌는데, 칼의 손잡이가 진흙 속

흐르는 모양이다. 패류(敗類)는 같은 무리를 해치는 것이다. 『시』「대아·상유(桑柔)」편에 "大風有隧, 貪人敗類."라는 말이 보인다.

225_ 대책(對策)은 한나라 이후로 인재를 선발하는 시험 형식 중의 하나이다. 정사(政事)나 경의(經義)에 관한 문제를 내어 응시생들에게 조목별로 답안을 쓰게 하는 시험이다.

226_ 음주(飮酎)는 여러 번 거듭 빚은 순주(醇酒)를 마시는 것으로, 매년 1번씩 8월에 종묘에 가서 술을 마시는 의식을 말한다. 『예기』「월령」편에 "孟夏之月, … 天子飮酎, 用禮樂."이라는 말이 보인다.

227_ 행(行)은 안사고가 "천자가 궁궐을 나가는 것"이라고 했다.

228_ 선구(先驅)는 행렬의 가장 앞에 서서 길을 인도하는 선봉이고, 모두(旄頭)는 황

으로 꽂혀 칼날이 황제가 탄 수레를 향해 있자 말이 놀랐다. 이에 양구하(梁丘賀)를 불러서 점을 치게 했는데, 군사 계획이 있지만 불길하다는 점괘가 나왔다. 황제가 돌아와서 담당 관리를 시켜 조상의 사당에서 제사를 지내게 했다. 이 당시에 곽광(霍光)의 외손(外孫)[229]으로 대군(代郡)의 태수(太守)였던 임선(任宣)이 모반에 연루되어 주살되었다. 임선의 아들인 임장(任章)이 공거승(公車丞)[230]을 맡고 있다가, 도망쳐서 위성(渭城)의 변경 지역에 있었는데, 한밤중에 검은 옷을 입고 소제의 사당으로 들어가서 낭관(郎官)의 사이에서 창을 들고 사당의 문 앞에 서서 황제가 오기를 기다렸다가 반란을 일으키려고 했다. 그것이 발각되어 주살되었다. 옛날의 관례에서는 황제가 항상 밤에 사당으로 들어갔는데, 이후에 날이 밝은 이후에 들이긴 것은 이때부터 시작된 것이다. 양구하가 점을 친 것이 효험이 있었기 때문에 황제의 총애를 받아[231] 태중대부(太中大夫)와 급사중(給事中)이 되었고, 소부(少府)에까지 이르렀다. 사람됨이 꼼꼼하고 주도면밀하여 황제가 그를 믿고 존중했고, 나이가 들어 늙어서야 관직을 그만두었다. 아들인 양구임(梁丘臨)에게 가업을 전수했는데, 그도 역시 궁궐에 들어가서 경서를 강론하여 황문랑(黃門郎)이 되었다. 감로(甘露) 연간(B.C.74~B.C.49)에 사명(使命)을 받들고 석거각에서 학자들과 도론했는데, 양구임의 학문은 정밀하고 능숙했으며, 경방(京房)의 학문 방법을 전문적으로 실천했다. 낭야(琅邪) 사람인 왕길(王吉)[232]은 오경에 능통했는데, 양구임의 이론을 듣고서 좋다고 여겼다.

제의 의장에서 선두에 서는 기병(騎兵)이다.

229_ 외손(外孫)은 안사고가 「곽광전(霍光傳)」에서는 임선(任宣)이 곽광의 사위로 되어 있기 때문에 여기에서 외손이라고 한 것은 잘못이라고 했다.

230_ 공거승(公車丞)은 한나라 때 상소(上疏)를 받던 관서를 맡았던 관리이다.

231_ 근행(近幸)은 근행(近倖)과 같은 말로, 황제의 총애를 받는 것을 말한다.

232_ 왕길(王吉)은 자가 자양(子陽)이고, 낭야(琅邪) 고우(皐虞) 사람이다. 어릴 때부터 공부하여 경전에 밝았는데, 군리(郡吏)의 효렴 천거로 낭관(郎官)이 되었다. 자세한 내용은 『한서』 「왕길전」 참조 바람.

당시 선제(宣帝)는 낭관 중에 뛰어난 인재 10명을 선발하여 양구임에게 배우도록 했는데, 왕길은 낭중(郎中)으로 있던 자기의 아들 왕준(王駿)에게 상소를 올려 양구임에게 『역』을 배우도록 했다. 양구임은 오록충종(五鹿充宗) 군맹(君孟)을 대신하여 소부(少府)가 되었다.(『한서』「유림전」)

會八月飮酎, 行祠孝昭廟. 先驅旄頭劍挺墮墜, 首垂泥中, 刃鄉乘輿車, 馬驚. 於是召賀筮之, 有兵謀, 不吉. 上還, 使有司侍祠. 是時霍氏外孫・代郡太守任宣坐謀反誅. 宣子章爲公車丞, 亡在渭城界中, 夜玄服入廟, 居郎間, 執戟立廟門, 待上至, 欲爲逆. 發覺, 伏誅. 故事, 上常夜入廟, 其後待明而入, 自此始也. 賀以筮有應, 繇是近幸, 爲太中大夫, 給事中, 至少府. 爲人小心周密, 上信重之, 年老終官. 傳子臨, 亦入說爲黃門郎. 甘露中, 奉使問諸儒于石渠, 臨學精孰, 專行京房法. 琅邪王吉通五經, 聞臨說, 善之. 時宣帝選高材郎十人從臨講, 吉乃使其子郎中駿上疏, 從臨受『易』. 臨代五鹿充宗君孟爲少府.(『漢書』「儒林傳」)

21-7-11

준불의(雋不疑)[233]는 북궐(北闕)의 앞에서 [위태자(衛太子)의 진위를] 바로잡았고,[234] 하후승(夏侯勝)은 항상 흐려서 비가 오지 않는 징조를 변별했

233_ 준불의(雋不疑)는 전한시대 발해(勃海) 사람이며, 자는 만천(曼倩)이다. 『춘추』를 연구하여 군(郡)의 문학(文學)이 되었다. 무제 말기에 청주자사(靑州刺史)와 소제(昭帝) 때 경조윤(京兆尹)을 역임했다. 위태자(衛太子)를 사칭했던 성방수(成方遂)를 체포하여 소제로부터 상을 받기도 했다.

234_ 『한서』「준불의전(雋不疑傳)」에 의하면, 소제(昭帝) 때 성방수(成方遂)라는 남자가 북궐(北闕)에 나타나서 위태자(衛太子)를 사칭했는데, 승상이나 어사 등이 감히 발언을 하는 자가 없었다. 이 당시 경조윤(京兆尹)이었던 준불의가 늦게 도착하여 위태자를 사칭한 자를 죄인이라고 꾸짖고 감옥으로 보내버렸다. 소제와 대장군이었던 곽광(霍光)은 그 소식을 듣고 기뻐했고, 공경과 대부들은 경술(經術)을 이용하고 대의(大義)에 밝아야 한다고 말했다고 한다.

다.[235] 그런 이후에 조정의 대신들이 유교의 학술을 더욱더 중시했다. (『후한서』「유림전」)

雋不疑定北闕之前, 夏侯勝辯常陰之驗. 然後朝士益重儒術.(『後漢書』「儒林傳」)

康21-17

유교의 학술이 시행될 수 있었던 까닭은 바로 이러한 이유로 말미암은 것이니, 『한서』와 『후한서』에서 여전히 그 일을 살펴볼 수 있다.

儒術能行之故由此, 兩『漢書』尙可考其故.

21-7-12

[하구(瑕丘) 강공(江公)의 손자] 강박사(江博士)도 죽자, 보궁(保宮)의 대조(待詔)[236]로 있던 주경(周慶)과 정성(丁姓)을 불러서 그들에게 [낭관(郎官)] 10

235_ 『한서』「하후승전(夏侯勝傳)」에 의하면, 창읍왕(昌邑王) 유하(劉賀)는 즉위한 이후에 자주 궁궐 밖으로 나가서 놀았는데, 하후승이 수레 앞에서 "하늘이 오랫동안 흐리면서 비가 오지 않으니, 이것은 신하 중에 황제의 자리를 도모하는 자가 있다는 징조인데, 황제는 어디로 가려고 하는가?"라고 간언했다. 그러자 왕은 노하여 하후승이 요망한 말을 한다고 하여 그를 포박하여 관리에게 처리하도록 했다. 관리가 그 일을 대장군인 곽광에게 보고했는데, 곽광은 그를 처벌하지 않았다. 곽광은 당시에 거기장군(車騎將軍) 장안세(張安世)와 함께 창읍왕의 폐위를 도모하고 있었다. 이 일로 곽광은 장안세가 정보를 누설했다고 여겼는데, 사실은 장안세가 누설한 것이 아니었다. 그래서 하후승을 불러서 물어보니, 하후승은 『홍범전(洪範傳)』의 기록에 근거하여 신하 중에 모반하는 자가 있다고 말한 것이라고 했다. 두 사람은 크게 놀라서 이후로는 경술(經術)을 공부하는 학자들을 더욱 존중했다고 한다.

236_ 보궁(保宮)은 안사고에 의하면, 소부(少府)의 속관으로, 본래의 명칭은 거실(居室)이다. 대조(待詔)는 한나라 때의 벼슬 이름이다. 징사(徵士)로서 정식 관직이 없는 사람은 공거(公車)에서 명을 기다리고[待詔公車], 그중 뛰어난 사람은 금마문에서 명을 기다렸다가[待詔金馬門] 자문에 응했던 일에서 유래한 명칭이다.

명을 가르치도록 했다.[237] [선제] 원강(元康) 연간(B.C.65~B.C.62)에 강의를 시작하여 감로(甘露) 원년(B.C.53)에 이르러 10여 년의 경력이 쌓이자, 그들도 모두 [『곡량전』을] 밝게 익혔다. 이에 오경의 명유들을 불러서 태자태부(太子太傅) 소망지(蕭望之) 등이 궁궐에서 큰 회의를 개최하여 『공양전』과 『곡량전』의 같고 다름을 평의했는데, 각자가 경전을 가지고 옳고 그름을 따졌다.(『한서』「유림전」)

江博士復死, 迺徵周慶・丁姓待詔保宮, 使卒授十人. 自元康中始講, 至甘露元年, 積十餘歲, 皆明習. 乃召五經名儒・太子太傅蕭望之等, 大議殿中, 平『公羊』・『穀梁』同異, 各以經處是非.(『漢書』「儒林傳」)

21-7-13

대빙(戴憑)은 경방의 『역』을 공부하여 나이 16세 때 군(郡)에서 명경(明經)으로 천거되어 황제의 부름을 받고 박사가 되었고, 낭중(郎中)에 임명되었다. 당시 [광무제가] 공경(公卿)에게 조서를 내려 큰 회의를 개최하는 자리에서 군신들이 모두 자리에 앉았는데, 대빙만이 홀로 서 있었다. 광무제가 그의 의도를 물으니, 대빙이 대답했다. "[자리에 앉아 있는] 박사들의 경전 설명이 모두 저보다 못한데도 저의 앞에 앉아 있기 때문에 자리에 앉을 수가 없습니다." 광무제는 즉시 그를 상전(上殿)으로 불러 그에게 학자들과 토론하도록 했는데, 대빙이 [토론한 문제를] 대부분 해석하니, 광무제가 좋다고 여겼다. 따라서 서울에서는 그 때

237_ 『한서』「유림전」에 의하면, 선제(宣帝)는 『곡량전』의 학설을 좋아하여 채천추(蔡千秋)라는 인물을 발탁하여 가르치도록 했는데, 그가 잘못을 저질러서 좌천되었다. 선제는 곡량학이 끊어져 버릴 것을 걱정하여 다시 『곡량전』의 전문가를 찾았지만, 채천추만한 자가 없어서 그를 다시 낭중호중(郎中戶將)으로 삼고, 낭관 10명을 선발하여 가르치도록 했다. 채천추가 죽자 강공을 『곡량전』의 박사로 발탁하여 그들을 가르쳤는데, 그가 다시 죽자 주경과 정성 두 사람에게 10명의 낭관을 가르치도록 한 것이다.

문에 "경전 해석으로는 시중(侍中)인 대빙을 궁지에 몰아넣을 수 없다"라는 말이 생겼다.[238](『후한서』「유림전」)

戴憑習京氏『易』, 年十六, 郡擧明經, 徵試博士, 拜郎中. 時詔公卿大會, 群臣皆就席, 憑獨立. 光武問其意. 憑對曰, "博士說經皆不如臣, 而坐居臣上, 是以不得就席." 帝卽召上殿, 令與諸儒難說, 憑多所解釋, 帝善之. 故京師爲之語曰, "解經不窮戴侍中."(『後漢書』「儒林傳」)

21-7-14

당시 시중(侍中)이었던 가규(賈逵)가 노비(魯丕)의 도예(道藝)가 깊고 밝기 때문에 마땅히 임용되어야 한다고 천거했다. 화제(和帝)가 조회시간을 틈타 학자들을 불러 만났다. 노비와 시중 가규, 그리고 상서령(尙書令) 황향(黃香) 등이 여러 가지 일을 서로 토론했는데, 화제는 노비의 이론을 좋다고 여겼다.(『후한서』「노공전」)

時侍中賈逵, 薦丕道藝深明, 宜見任用. 和帝因朝會召見諸儒. 丕與侍中賈逵·尙書令黃香等, 相難數事, 帝善丕說.(『後漢書』「魯恭傳」)

<이상 양한시대 조정 의론에 유생들을 많이 초빙하다: 右兩漢廷議多召儒生>

238_『후한서』「유림열전」의 기록에 의하면, 정월 초하루에 백관들이 천자를 조회하기 위해 다 모여 있는 자리에서 광무제가 경전 강의에 뛰어난 학자들에게 서로 토론하도록 시켰다. 그리고 그 과정에서 해석이 잘 통하지 않는 사람의 자리를 빼앗아서 해석을 잘 하는 사람에게 넘겨주었다. 그 결과 대빙이 10여 석의 자리를 차지했다고 한다.

8. 양한시대 학인들이 모두 유교를 따르다 [兩漢學人皆從儒敎]

21-8-1

공자는 지위가 없는 신분이었지만, 10여 세대를 전해지면서 학자들이 종주로 받들었다. 천자와 왕후로부터 나라 안에서 육예(六藝)를 말하는 자들에 이르기까지 모두가 공자에 맞추어 판단의 기준으로 삼았다.[239] (『사기』「공자세가」)

孔子布衣, 傳十余世, 學者宗之. 自天子王侯, 中國言六藝者, 折中于夫子.(『史記』「孔子世家」)

21-8-2

신공(申公)은 노(魯)나라 사람이다. 한나라 고조가 노나라를 지나갈 때, 신공은 제자의 자격으로 자기 스승을 따라서 노나라의 남궁(南宮)에서 고조를 알현했다.[240] 여태후(呂太后) 때 신공은 장안(長安)으로 유학을 와서 공부하면서 유영(劉郢)과 함께 같은 스승을 섬겼다.[241] 얼마 후에 유영이 초왕(楚王)이 되자,[242] 신공에게 태자 무(戊)의 스승이 되도록 했다.

239_ 절중(折中)은 절충(折衷)과 같은 말로, 어느 한편으로 치우지지 않고 둘을 조화시켜 알맞은 것을 얻는 것이다. 공자에게 맞추어 모든 행동과 생각의 판단 기준을 맞춘다는 뜻이다.

240_ 『한서』에 의하면, 신공은 어려서 초(楚) 원왕(元王)과 함께 제(齊)나라 사람인 부구백(浮丘伯)을 섬기면서 『시』를 배웠다고 한다.

241_ 『한서』에 의하면, 여태후 때 부구백(浮丘伯)이 장안에 있었는데, 신공과 초나라 원왕 영(郢)이 함께 그에게 학문을 배웠다고 한다.

242_ 『사기집해』의 서광에 의하면, 유영은 여태후 2년에 상규후(上邽侯)에 봉해졌고, 문제(文帝) 원년에 초왕(楚王)으로 세워졌다고 한다.

태자 무는 학문을 좋아하지 않았기 때문에 신공을 싫어했다. 유영이 죽자 태자 무가 초왕으로 즉위했는데, 신공을 사역하는 종으로 부렸다.[243] 신공은 그것을 수치스럽게 여겨 노나라로 돌아왔으며, 물러나 거처하면서 집안에서 제자들을 가르쳤고, 종신토록 문 밖으로 나가지 않았다. 또한 빈객들을 사절했는데, 오직 왕명(王命)으로 그를 부르면 나아갔다.[244] 제자들 중에는 먼 지방에서 와서 학문을 배운 자가 백여 명이나 되었다. 신공은 오직 『시』의 경전만을 가르쳤을 뿐, 『시』의 전(傳)은 없었으며, 의심나는 것은 빼놓고 전하지 않았다.[245]

申公者, 魯人也. 高祖過魯, 申公以弟子從師入見高祖于魯南宮. 呂太后時, 申公遊學長安, 與劉郢同師. 已而郢爲楚王, 令申公傅其太子戊. 戊不好學, 疾申公. 及王郢卒, 戊立爲楚王, 胥靡申公. 申公恥之, 歸魯, 退居家敎, 終身不出門. 復謝絶賓客, 獨王命召之乃往. 弟子自遠方至, 受業者百餘人. 申公獨以『詩經』爲訓以敎, 無傳疑, 疑者則闕不傳.

난릉(蘭陵)의 왕장(王臧)은 [신공에게] 『시』를 배운 이후에 경제(景帝)를 섬겨 태자소부(太子少傅)가 되었다가 면직되어 물러났다. 무제가 즉위하자 왕장은 상소를 올려 궁중에서 숙시하면서 황제를 지키는 숙위관(宿衛官)이 되었는데, 계속 승진하여 1년만에 낭중령(郎中令)이 되었다. 대(代)나라의 조관(趙綰)도 일찍이 신공에게 『시』를 배웠는데, 조관은 어사대부가 되었다. 조관과 왕장은 천자에게 요청하여 명당(明堂)을 세워 제후들을 조회하도록 하고자 했는데, 그 일을 성취할 수 없게 되자 [무

243_ 서미(胥靡)는 『사기집해』에서 서광이 부형(腐刑), 즉 궁형(宮刑)이라고 했는데, 여기에서는 사역하는 종으로 부리는 형벌로 해석했다.

244_ 『사기집해』의 서광에 의하면, 당시 노(魯) 지역의 왕은 공왕(恭王)이었다.

245_ 『사기색은』에서 "신공은 『시』의 전(傳)을 짓지 않고 다만 가르쳤을 뿐이며, 의문이 있으면 빼놓고 전하지 않았다"라고 했다. 전의(傳疑)에서의 의(疑)자는 연문으로 보고 해석하지 않았다.

제에게] 신공을 스승으로 삼으라고 말했다. 이에 무제는 사신을 파견하여 비단에 옥을 더해주고, 네 마리 말이 끄는 안거(安車)[246]로 신공을 모셔오도록 했는데,[247] 제자 두 사람도 작은 수레[248]를 타고 따라왔다. 도착하여 천자를 알현했다. 무제가 치란(治亂)의 일에 대해 묻자, 신공은 당시 이미 80여 세로 늙은 노인이었는데도, "정치를 하는 것은 말을 많이 하는 데 달려 있지 않고, 다만 힘써 실천하는 것이 어떠한가에 달려 있습니다"라고 대답했다. 그 당시 무제는 막 글이나 문장을 좋아하고 있던 시점이었기 때문에 아무런 말도 하지 않고 침묵했다. 그러나 이미 초빙했기 때문에 태중대부(太中大夫)로 삼고, 노왕(魯王)의 저택에 머물면서 명당에 관한 일을 논의하게 했다. 두태후(竇太后)는 노자의 학설을 좋아하고, 유교의 학술을 좋아하지 않았으므로 조관과 왕장의 잘못을 찾아서 무제를 책망했고, 무제는 이를 계기로 조관과 왕장을 모두 형리(刑吏)에게 보내 심문하도록 했는데,[249] 후에 두 사람 모두 자살했고, 신공도 또한 파면될 것을 걱정하여 귀향했다가 몇 년 되지 않아서 죽었다.

蘭陵王臧旣受『詩』, 以事孝景帝, 爲太子少傅, 免去. 今上初卽位, 臧迺上書宿衛上, 累遷, 一歲中爲郎中令. 及代趙綰, 亦嘗受『詩』申公, 綰爲御史大夫. 綰・臧請天子, 欲立明堂以朝諸侯, 不能就其事, 乃言師申公. 於是天子使使束帛加璧, 安車駟馬, 迎申公, 弟子二人乘軺傳從. 至, 見天子. 天子問治亂之事, 申公時已八十餘, 老, 對曰, "爲治者不在多言, 顧力行何如耳." 是時天子方好文詞, 見申公對, 默然. 然已

246_ 안거(安車)는 고관이 은퇴할 때나 명망이 높은 사람을 초빙할 때 하사되는 수레이다.

247_ 『한서』「무제기」에도 다음과 같은 내용이 보인다. "건원(建元) 원년(B.C.140), 명당(明堂)의 건립을 논의하기 위해 사신을 파견하여 안거(安車)와 포거(蒲車)를 보내고, 비단에 옥을 더해 주고서 노나라의 신공(申公)을 불러들였다."

248_ 초전(軺傳)은 사신이 타는 작은 수레이다.

249_ 하리(下吏)는 죄를 심문하도록 법관에게 보내는 것이다.

招致, 則以爲太中大夫, 舍魯邸, 議明堂事. 太皇竇太后好老子言, 不說儒術, 得趙綰·王臧之過以讓上. 上因廢明堂事, 盡下趙綰·王臧吏, 後皆自殺. 申公亦疾免以歸, 數年卒.

[신공의] 제자 중에 박사가 된 자가 10여 명이다. 공안국(孔安國)은 임회(臨淮)의 태수(太守), 주패(周霸)는 교서(膠西)의 내사(內史), 하관(夏寬)은 성양(城陽)의 내사(內史), 탕(碭) 출신의 노사(魯賜)는 동해(東海)의 태수(太守), 난릉(蘭陵) 출신의 무생(繆生)은 장사(長沙)의 내사(內史), 서언(徐偃)은 교서(膠西)의 중위(中尉), 추(鄒) 출신의 궐문경기(闕門慶忌)는 교동(膠東)의 내사(內史)에 이르렀다. 그들이 관리와 백성을 다스릴 때는 모두가 청렴과 절개가 있어서 그들이 학문을 좋아하는 모습과 걸맞았다. 학관(學官)의 제자들은 행동은 비록 미비했지만, 대부(大夫)·낭중(郎中)·장고(掌故)에 이른 자가 대략 100명이나 되었다. 제자들이 『시』를 말하는 것은 비록 달랐지만, 대부분 신공의 이론에 근본한 것이었다.(『사기』「유림열전」)

弟子爲博士者十余人. 孔安國至臨淮太守, 周霸至膠西內史, 夏寬至城陽內史, 碭魯賜至東海太守, 蘭陵繆生至長沙內史, 徐偃爲膠西中尉, 鄒人闕門慶忌爲膠東內史. 其治官民皆有廉節, 稱其好學. 學官弟子行雖不備, 而至於大夫·郎中·掌故以百數. 言『詩』雖殊, 多本申公.(『史記』「儒林列傳」)

21-8-3

청하왕(淸河王)[250]의 태부(太傅) 원고생(轅固生)은 제(齊)나라 사람이다. 『시』를 연구하여 경제(景帝) 때 박사가 되었다.(『사기』「유림열전」)

淸河王太傅轅固生者, 齊人也. 以治『詩』, 孝景時爲博士.(『史記』「儒林

250_ 청하왕(淸河王)은 한나라 경제(景帝)의 아들 유승(劉乘)으로, 청하는 그가 다스리던 제후국의 명칭이다.

列傳」)

21-8-4

두태후(竇太后)는 『노자』 책을 좋아하여 원고생(轅固生)을 불러 『노자』 책에 대해 물었다. 원고생이 "이것은 노예나 하인들의 말일 뿐입니다"라고 하자,[251] 두태후는 화를 내면서, "사공(司空)이 기록한 형서(刑書)만한 책이 어디에 있겠는가?"라고 하고,[252] 원고생에게 짐승의 우리로 들어가 돼지를 찔러 죽이도록 했다. 경제(景帝)는 두태후가 화가 났지만 원고생이 직언하여 죄가 없다는 것을 알았기 때문에 원고생에게 예리한 무기를 주었다. 우리로 들어가 돼지를 찔렀는데, 돼지의 심장을 정확하게 맞추어 한 번 찌르자 돼지가 단번에 꼬꾸라졌다.[253] 두태후는 잠자코 있으면서 다시 죄를 줄 방법이 없었기 때문에 그를 놓아주었다. 얼마 뒤에 경제는 원고생을 청렴하고 정직하다고 여겨 청하왕(淸河王)의 태부(太傅)에 임명했다. 오랜 후에 병으로 그만두었다. 무제가 처음 즉위했을 때 다시 현량과 방정으로 원고생을 천거했는데, 아첨하는 유학자들이 대부분 원고생을 미워하고 헐뜯으면서 "원고생은 늙었습니

251_ 가인(家人)에 대해, 『사기색은』에서는 "노자의 『도덕편(道德篇)』을 가까이에서 살펴보면, 나라를 다스리고 몸을 다스리는 것일 뿐이다. 따라서 이것을 가인(家人)의 말이라고 한 것이다"라고 했는데, 의미가 잘 통하지 않는다. 여기에서는 『한서』「유림전」 안사고의 주에서 노예나 하인들이 말하는 것이라고 한 해석에 따랐다.

252_ 사공(司空)은 형벌을 주관하는 관리이다. 성단(城旦)은 진나라와 한나라 때의 형벌로, 성을 쌓는 일에 4년 동안 복역하는 형벌이다. 여기에서는 형벌을 기록한 형서(刑書)로 풀이된다. 『사기색인』에서 인용한 『한서음의(漢書音義)』에서는 "도가(道家)에서는 유법(儒法)을 매우 신속하다고 여겼기 때문에 그것을 율령(律令)에 비유했다"라고 했다. 이 문장은 "형서(刑書)로 비유되는 유가의 책만한 것이 어디에 있겠는가?"라는 반어적인 표현으로 풀이된다.

253_ 응수(應手)는 기예가 출중하거나 일이 순조롭게 진행되는 것을 의미한다. 즉 돼지를 찌르자마자 바로 넘어졌다는 뜻이다.

다"라고 하여 그를 파직시켜서 돌려보내니, 당시 원고생은 이미 90세가 넘은 나이였다. 원고생이 천거될 때 설(薛) 땅 사람인 공손홍(公孫弘)도 천거되었는데, 그는 원고생을 두려워하여 눈을 옆으로 돌려서 쳐다보았다.[254] 원고생이 말했다. "공손자(公孫子)는 올바른 학문에 힘써서 말을 해야지, 학문을 왜곡하여 세상에 아부하지 마시오!" 이때 이후로 제나라에서 『시』를 말할 경우에는 모두 원고생을 근본으로 삼았다. 제나라 사람 중에서 『시』를 공부하여 지위가 높고 귀해진 자들은 모두 원고생의 제자였다.(『사기』「유림열전」)

竇太后好老子書, 召轅固生問老子書. 固曰, "此是家人言耳." 太后怒, 曰, "安得司空城旦書乎?" 乃使固入圈刺豕. 景帝知太后怒, 而固直言無罪, 乃假固利兵. 下圈刺豕, 正中其心, 一刺, 豕應手而倒. 太后默然, 無以復罪, 罷之. 居頃之, 景帝以固爲廉直, 拜爲淸河王太傅. 久之, 病免. 今上初卽位, 復以賢良方正徵固, 諸諛儒多疾毁固, 曰, "固老." 罷歸之, 時固已九十餘矣. 固之徵也, 薛人公孫弘亦徵, 側目而視固. 固曰, "公孫子, 務正學以言, 無曲學以阿世!" 自是之後, 齊言『詩』, 皆本轅固生也. 諸齊人以『詩』顯貴, 皆固之弟子也.(『史記』「儒林列傳」)

21-8-5

한생(韓生)[255]은 연(燕)나라 사람이다. 문제(文帝) 때 박사가 되었고, 경제(景帝) 때 상산왕(常山王)[256]의 태부(太傅)가 되었다. 한생은 『시』의 뜻을 추론하여 『한시내전(韓詩內傳)』과 『한시외전(韓詩外傳)』 수만 마디를 지었는데, 그 말이 제나라와 노나라 사이의 『시』와 매우 달랐지만, 그 귀결점은 동일했다. 회남(淮南) 지역의 비생(賁生)이 전수했다. 이때 이후로 연

254_ 측목(側目)은 두려워서 바로 쳐다보지 못하고 눈을 돌리는 모습이다.

255_ 한생(韓生)의 이름은 영(嬰)이다.

256_ 상산왕(常山王)은 한나라 경제(景帝)의 아들 헌왕(憲王) 유순(劉舜)이다.

(燕)나라와 조(趙)나라 사이에서 『시』를 말하는 자는 한생에서 말미암은 자들이다. 한생의 손자인 한상(韓商)은 무제 때의 박사이다.(『사기』「유림열전」)

韓生者, 燕人也. 孝文帝時爲博士, 景帝時爲常山王太傅. 韓生推『詩』之意, 而爲『內外傳』數萬言, 其語頗與齊·魯間殊, 然其歸一也. 淮南賁生受之. 自是之後, 而燕·趙間言『詩』者由韓生. 韓生孫商, 爲今上博士.(『史記』「儒林列傳」)

21-8-6

복생(伏生)은 제남(濟南) 사람으로, 본래 진(秦)나라의 박사였다. 효문제(孝文帝) 때 『상서』를 잘 연구한 자를 구하고자 했지만 천하에는 그런 사람이 없었는데, 복생이 연구를 잘했다는 소문을 듣고 그를 불러들이려고 했다. 그런데 이때 복생의 나이가 90세를 넘어서 늙었기 때문에 걸어 다닐 수가 없었다. 이에 태상(太常)을 불러 장고(掌故)인 조조(朝錯)를 보내서 그에게 배우도록 했다.[257] 복생은 제남의 장생(張生)과 구양생(歐陽生)을 가르쳤는데, 구양생은 천승군(千乘郡)의 예관(兒寬)을 가르쳤다. 예관은 『상서』에 통달하자, 문학(文學)으로서 군의 천거에 응시하여 박사관에 가서 수업을 받았는데, 공안국(孔安國)에게 학문을 배웠다. 예관은 가난하여 비용을 마련할 돈이 없었기 때문에 항상 학생들의 밥을 짓는 것을 맡아서 먹는 것을 해결했고,[258] 때로는 품삯을 받고 일하

257_ 조조(朝錯)는 조조(晁錯)를 말한다. 『사기』「원앙조조열전(袁盎晁錯列傳)」에도 비슷한 내용이 보인다. "문제(文帝) 때 천하에는 『상서』를 연구하는 사람이 없었고, 오직 제남(濟南)의 복생(伏生)이 본래 진(秦)나라의 박사로서 『상서』를 연구했다고 알려져 있었다. 그런데 그의 나이가 90여 세로 늙었기 때문에 조정으로 불러들일 수가 없었다. 이에 태상(太常)에게 명을 내려 사람을 파견하여 그에게 학문을 전수하도록 하니, 태상은 조조(晁錯)를 파견하여 복생이 있는 곳에서 『상서』를 전수받도록 했다."

러 가서 먹고 입는 돈을 충당했다. 일하러 갈 때 항상 경전을 가지고 가서 쉬는 시간에는 그것을 암송하면서 익혔다. 과거 시험의 성적에 따라 정위(廷尉)의 보좌관에 임명되었다. 이 당시에 장탕(張湯)이 크게 학문에 심혈을 기울이고 있었기 때문에[259] 그를 형사 사건을 평의하여 결정하는 부관으로 삼았는데,[260] 옛 법률로 큰 형사 사건의 의혹을 해결하자 예관을 총애했다. 예관은 사람됨이 온순하면서 선량했으며, 청렴하고 지혜로웠으며, 스스로 지조를 지켰다. 글을 잘 지었는데, 상소문을 지을 때는 문장을 민첩하게 잘 지었지만, 말로는 의사를 잘 드러내지 못했다. 장탕은 그를 뛰어난 인물로 여겨 자주 칭찬하고 높였다. 장탕이 어사대부가 되자 예관을 부관으로 삼았고, 그를 천자에게 전거했는데, 천사가 만나서 질문을 해보고는 그를 좋이했다. 장탕이 죽고 6년이 지난 뒤에 예관의 지위는 어사대부에 이르렀으며, 9년이 지나서 현직에서 죽었다. 장생(張生)도 박사가 되었다.(『사기』「유림열전」)

伏生者, 濟南人也, 故爲秦博士. 孝文帝時, 欲求能治『尙書』者, 天下無有, 乃聞伏生能治, 欲召之. 是時伏生年九十餘, 老, 不能行. 於是乃詔太常, 使掌故朝錯往受之. 伏生敎濟南張生及歐陽生, 歐陽生敎千乘兒寬. 兒寬既通『尙書』, 以文學應郡擧, 詣博士受業, 受業孔安國. 兒寬貧無資用, 常爲弟子都養, 及時時閒行傭賃以給衣食. 行常帶經, 止息則誦習之. 以試第次補廷尉史. 是時張湯方鄕學, 以爲奏讞掾, 以古法議決疑大獄, 而愛幸寬. 寬爲人溫良, 有廉智, 自持. 而善著書, 書奏敏于文, 口不能發明也. 湯以爲長者, 數稱譽之. 及湯爲御史大夫, 以兒寬爲掾, 薦之天子, 天子見問, 說之. 張湯死, 後六年,

---

258_ 도양(都養)은 여러 사람을 위해서 밥을 짓는 것으로, 식사 당번을 맡으면서 먹는 것을 해결했다는 뜻이다.

259_ 향학(鄕學)은 학문에 마음과 뜻을 기울인다는 뜻이다.

260_ 주언(奏讞)은 형사 사건에 대해 제출한 의견을 조정에서 평의하여 결정하는 일을 말한다.

兒寬位至御史大夫, 九年, 而以官卒. 張生亦爲博士.(『史記』「儒林列傳」)

21-8-7

대다수의 학자들이 예(禮)에 대해 많이 이야기하지만, 노(魯)나라의 고당생(高堂生)[261]이 예를 가장 잘 탐구했다.(『사기』「유림열전」)

諸學者多言禮, 而魯高堂生最本禮.(『史記』「儒林列傳」)

21-8-8

노(魯)나라의 서생(徐生)은 예법을 잘 지켰는데, 문제(文帝) 때 서생은 예법으로써 예관대부(禮官大夫)가 되었다. 아들에게 전수되고, 손자인 서연(徐延)과 서양(徐襄)에까지 이르렀다. 서양은 천성적인 자세가 예법을 잘 지켰지만 『예경(禮經)』은 능통하지 못했고, 서연은 [『예경』은] 능통했지만, 예법을 잘 지키지 못했다. 서양은 예법으로써 한나라의 예관대부가 되었고, 광릉(廣陵)의 내사(內史)에까지 이르렀다. 서연 및 서생의 제자인 공호만의(公戶滿意)[262]와 환생(桓生), 선차(單次)[263]는 모두 일찍이 한나라의 예관대부가 되었고, 하구(瑕丘)의 소분(蕭奮)은 『예』로써 회양(淮陽)의 태수(太守)가 되었다. 이후로 『예』를 말하고, 예법을 잘 지킨 사람은 서생으로부터 비롯된 자들이다.(『사기』「유림열전」)

魯徐生善爲容, 孝文帝時, 徐生以容, 爲禮官大夫. 傳子, 至孫徐延・徐襄. 襄, 其天姿善爲容, 不能通『禮經』, 延頗能, 未善也. 襄以容, 爲

261_ 고당생(高堂生)은 고당백(高堂伯)이라는 사람이다. 『사기색은』에 의하면, 진나라 말기 노나라에 고당백(高堂伯)이라는 사람이 있었는데, 백(伯)은 그의 자(字)이다. 생(生)이라는 말은 한나라 이후에는 유학자들을 모두 생(生)이라고 불렀기 때문에 붙여진 것이다.

262_ 『사기색은』에 의하면, 공호(公戶)는 성이고, 만의(滿意)는 이름이다.

263_ 『사기색은』에 의하면, 선(單)은 성이고, 차(次)는 이름이다.

漢禮官大夫, 至廣陵內史. 延及徐氏弟子公戶滿意·桓生·單次, 皆常爲漢禮官大夫, 而瑕丘蕭奮, 以『禮』爲淮陽太守. 是後能言『禮』爲容者, 由徐氏焉.(『史記』「儒林列傳」)

21-8-9

노(魯)나라 상구(商瞿)는 공자에게서 『역』을 전수받았다. 공자가 죽자 상구가 『역』을 전수했으며, 여섯 세대가 지나 제(齊)나라의 전하(田何)에 이르렀는데, 전하는 자가 자장(子莊)이고, 한나라가 흥기한 시점의 사람이다. 전하는 동무(東武) 사람인 왕동자중(王同子仲)에게 전했고, 자중은 치천(菑川) 사람인 양하(楊何)에게 전했다. 양하는 『역』으로써 [한나라 무제] 원광(元光) 원년(B.C.134)에 천거되었고, 관직이 중대부(中大夫)에까지 이르렀다. 제나라 사람인 즉묵성(卽墨成)은 『역』으로써 성양(城陽)의 재상에 이르렀고, 광천(廣川) 사람인 맹단(孟但)은 『역』으로써 태자문대부(太子門大夫)가 되었다. 노나라 사람인 주패(周霸)와 거(莒)나라 사람인 형호(衡胡), 임치(臨菑) 사람인 주보언(主父偃)은 모두 『역』으로 이천석(二千石)에 이르렀다. 그런데 결국 『역』을 말하는 자는 양하 학파에 근본을 두고 있다.(『사기』「유림열전」)

自魯商瞿受『易』孔子. 孔子卒, 商瞿傳『易』, 六世至齊人田何, 字子莊, 而漢興. 田何傳東武人王同子仲, 子仲傳菑川人楊何. 何以『易』, 元光元年征, 官至中大夫. 齊人卽墨成, 以『易』至城陽相, 廣川人孟但, 以『易』爲太子門大夫. 魯人周霸·莒人衡胡·臨菑人主父偃, 皆以『易』至二千石. 然要言『易』者, 本于楊何之家.(『史記』「儒林列傳」)

21-8-10

동중서(董仲舒)는 광천(廣川) 사람이다. 『춘추』를 연구함으로써 경제(孝

景) 때 박사가 되었다. 휘장을 내린 채 강론하고 글을 읽었는데, 제자들은 번갈아가면서 오래 배운 순서대로 [선배 학생이 후배 학생에게] 수업을 했기 때문에 제자 중에서는 혹은 동중서의 얼굴을 보지 못한 자도 있었다. 대체로 3년 동안 동중서는 자기 집의 채소밭을 돌보지 않았으니, 학문에 대한 열정이 이와 같았다. 벼슬길에 나아가거나 물러나는 것과 행동거지에서 예가 아니면 행하지 않았기 때문에 공부하는 선비들은 모두 그를 스승으로 존경했다.[264] 집안에 거처하면서 죽을 때까지 끝내 집안 살림을 돌보지 않고, 학문 연마와 저술만을 일삼았다. 따라서 한나라가 흥기하여 다섯 세대에 이르는 동안 오직 동중서만이 『춘추』에 밝았다고 명성을 떨쳤으니, 그것은 공양씨(公羊氏)에게 전수받은 것이다.(『사기』「유림열전」)

董仲舒, 廣川人也. 以治『春秋』, 孝景時爲博士. 下帷講誦, 弟子傳以久次相受業, 或莫見其面. 蓋三年, 董仲舒不觀於舍園, 其精如此. 進退容止, 非禮不行, 學士皆師尊之. 居家, 至卒, 終不治産業, 以修學著書爲事. 故漢興, 至於五世之間, 唯董仲舒名爲明於『春秋』, 其傳公羊氏也.(『史記』「儒林列傳」)

21-8-11

[한나라 무제] 건원(建元) 원년(B.C.140), 승상 위관(衛綰)이 상주했다. "천거한 현량 중에 혹 신불해(申不害)·상앙(商鞅)·한비(韓非)·소진(蘇秦)·장의(張儀)의 말을 연구하는 자는 국정을 어지럽히기 때문에 모두 파직시키기를 요청합니다." [무제는] 상주가 옳다고 했다.(『한서』「효무본기」)

264_ 이 내용은 『한서』「동중서전」에도 자세하게 보인다. 그리고 『논형』「유증(儒增)」 편에도 "유가의 책에서 '동중서는 『춘추』를 읽을 때 온 정신을 하나로 집중하고, 다른 곳에 뜻을 두지 않았기 때문에 3년 동안 채소밭을 돌보지 못했다'라고 말했다"라는 기록이 보인다.

建元元年, 丞相綰奏. "所擧賢良, 或治申·商·韓非·蘇秦·張儀之言, 亂國政, 請皆罷." 奏可.(『漢書』「孝武本紀」)

康21-18

여러 제자백가의 교설에서 관직에 진출하거나 등용된 자들은 파직되거나 배척되었다. 따라서 다시는 이교(異教)를 따르는 사람이 없었다.

諸教進用者罷斥. 故無人再從異教者.

21-8-12

동중서는 휘장을 내린 채 발분하여 큰 학업에 온 마음을 쏟았으니, 후대의 학자들에게 통일된 학문을 가지도록 함으로써 모든 유학자의 우두머리가 되었다.(『한서』「동중서전」)

仲舒下帷發憤, 潛心大業, 令後學者有所統一, 爲群儒首.(『漢書』「董仲舒傳」)

康21-19

큰 학업이 동중서에서 하나로 통일되었기 때문에 모든 유학자의 우두머리가 된 것이다. 이러한 [무제에 있어서 동중서는] 한나라 고조에 있어서 한신(韓信, ?~B.C.196), 송나라 태조[藝祖]에 있어서 조빈(曹彬, 931~999),[265] 명나라 태조에 있어서 서달(徐達, 1332~1385)[266]의 관계와 같다고 할 수 있

265_ 예조(藝祖)는 문덕(文德)이 있는 조상으로, 개국한 제왕을 의미하는데, 여기에서는 송나라 태조(太祖) 조광윤(趙匡胤)을 말한다. 조빈(曹彬)은 송나라 태조를 도와 천하를 평정하고 노국공(魯國公)에 봉해졌으며, 장상(將相)을 겸한 인물이다.

266_ 서달(徐達)은 명나라의 태조 주원장(朱元璋)을 도와 명나라를 건국한 개국 공신

다. 따라서 공적을 따져서 배향한다면 동중서는 마땅히 네 명의 성현[四配]의 반열에 충당될 것이다.[267]

大業一統于董子, 故爲群儒首. 此漢高之韓信, 藝祖之曹彬, 明祖之徐達也. 故論功作配, 應以董子充四配之列.

21-8-13

호무생(胡毋生)은 제(齊)나라 사람이다. 경제(景帝) 때 박사가 되었고, 늙어서는 벼슬을 그만두고 고향으로 돌아가 제자들을 가르쳤다. 제나라 지역에서 『춘추』를 말하는 자들은 대부분 호무생에게 전수받았고, 공손홍(公孫弘)도 많이 전수받았다. 하구(瑕丘)의 강생(江生)은 『곡량전』을 연구했는데, 공손홍에 의해 등용된 이후로 『춘추』의 뜻을 모아서 비교하여 마침내 동중서[의 이론]을 채용했다. 동중서의 제자 중에 성공한 사람은 난릉(蘭陵)의 저대(褚大)와 광천(廣川)의 은충(殷忠), 온(溫)의 여보서(呂步舒)이다. 저대는 양(梁)나라의 재상에까지 올랐다. 여보서는 장사(長史)에까지 올랐고, 황제의 부절을 가지고 회남(淮南)의 옥사를 판결하러 사신으로 갔으며,[268] 제후가 직권으로 판결하여 보고하지 않은 사안에 대해 『춘추』의 이치로써 바로잡았는데, 천자는 [그의 주장이] 모두 옳

이다. 농민 출신으로 강남행추밀원사(江南行樞密院事) · 좌상국(左相國) 등을 지냈고, 신국공(信國公)에 봉해졌다. 원나라 군대 토벌에서는 25만의 군대를 총지휘했고, 주원장이 즉위하자 무관(武官)의 최고 지위에 올랐다. 이후 위국공(魏國公)에 봉해져서 5,000석의 봉록을 받았다.

267_ 사배(四配)는 공자의 사당에 배향된 안자(顔子) · 증자(曾子) · 자사(子思) · 맹자(孟子) 등 네 명의 성현이다. 『한서』 「동중서전」의 찬(贊)에서도 다음과 같은 유향(劉向)의 말을 인용하고 있다. "동중서는 제왕을 보좌할 만한 재능이 있으니, 비록 이윤(伊尹)이나 여망(呂望)이라고 하더라도 그보다 낫지 않을 것이다. 관중이나 안영과 같은 부류는 패자를 보좌한 자이니, 아마도 동중서에는 미치지 못할 것이다."

268_ 장사(長史)는 삼공(三公)을 보좌하는 직책이다. 당시 황제의 부절을 가지고 회남왕 유안(劉安)의 모반 사건을 처리하러 간 것이다.

다고 여겼다. 제자 중에 출세한 자는 명대부(命大夫)[269]에까지 올랐다. 낭관(郎官)과 알자(謁者), 장고(掌故)가 된 자는 100여 명이나 되었다. 동중서의 아들과 손자도 모두 학문으로써 높은 관직에 올랐다.(『사기』「유림열전」)

胡毋生, 齊人也. 孝景時爲博士, 以老歸敎授. 齊之言『春秋』者, 多受胡毋生, 公孫弘亦頗受焉. 瑕丘江生爲『穀梁春秋』, 自公孫弘得用, 嘗集比其義, 卒用董仲舒. 仲舒弟子遂者, 蘭陵褚大·廣川殷忠·溫呂步舒. 褚大至梁相. 步舒至長史, 持節, 使決淮南獄, 于諸侯擅專斷不報, 以『春秋』之義正之, 天子皆以爲是. 弟子通者, 至於命大夫. 爲郎·謁者·掌故者以百數. 而董仲舒子及孫, 皆以學至大官.(『史記』「儒林列傳」)

康21-20

경전을 전수한 모든 큰 유학자들은 천하의 학술이 나오는 근원이니, 모두가 박사의 학문이다.

傳經諸大儒, 天下學術所自出, 皆博士之學也.

21-8-14

이 당시에 무제는 크게 학문에 심혈을 기울이고 있었다. 장탕(張湯)은 큰 재판을 판결할 때 옛 [성인의] 뜻에 부합시키고자 했기 때문에 박사제자 중에서 『상서』와 『춘추』를 연구한 자들을 정위(廷尉)의 속관으로 임명할 것을 요청했다.(『사기』「혹리열전」)

是時上方鄕文學. 湯決大獄, 欲傅古義, 乃請博士弟子治『尙書』·『春

269_ 명대부(命大夫)는 광록대부(光祿大夫)나 태중대부(太中大夫)와 같이 황제가 직접 임명하는 대부를 말한다.

秋』, 補廷尉史.(『史記』「酷吏列傳」)

21-8-15

주보언(主父偃)은 제(齊)나라 임치(臨菑) 사람이다. 장단종횡(長短縱橫)[270]의 학술을 배웠으며, 만년에는 『역』과 『춘추』, 그리고 제자백가의 학설을 공부하여 제나라의 유생들 사이에서 교유했는데, 그를 잘 대해주는 자가 아무도 없었다. 제나라의 유생들은 함께 어울려 그를 배척하니, 제나라에서는 받아들여지지 않았다.(『사기』「평진후열전」)

主父偃者, 齊臨菑人也. 學長短縱橫之術, 晩乃學『易』·『春秋』·百家言, 游齊諸生間, 莫能厚遇也. 齊諸儒生相與排擯, 不容于齊.(『史記』「平津侯列傳」)

21-8-16

주매신(朱買臣)은 회계(會稽) 사람으로, 『춘추』를 공부했다.(『사기』「혹리열전」)

朱買臣, 會稽人也, 讀『春秋』.(『史記』「酷吏列傳」)

21-8-17

무제(武帝) 때 제(齊)나라 사람 중에 동방생(東方生)이라는 자가 있었는데, 이름은 삭(朔)이다. 옛날부터 전해져 오던 책을 좋아했기 때문에 경학

270_ 장단종횡(長短縱橫)은 전국시대 종횡가(縱橫家)의 이론인 합종연횡설을 말하는데, 장단설(長短說)이라고도 한다. 『사기』「전담열전(田儋列傳)」에 "蒯通者, 善爲長短說, 論戰國之權變, 爲八十一首."라는 기록이 보이는데, 『사기색은』에서 "어떤 일을 길게 만들고자 하면 길게 말하고, 어떤 일을 짧게 만들고자 하면 짧게 말한다. 따라서 『전국책(戰國策)』도 『장단서(短長書)』라고 부른다"라고 했다.

의 학술을 애호했다.(『사기』「골계열전」)

武帝時, 齊人有東方生, 名朔. 以好古傳書, 愛經術.(『史記』「滑稽列傳」)

21-8-18

사마천(司馬遷)은 용문(龍門)에서 태어났고, 황하의 북쪽이자 용문산(龍門山)의 남쪽[271]에서 농사와 목축을 했다. 나이가 10세가 되었을 때 고문(古文)을 읽었다. 20세가 되었을 때 남쪽으로 장강(長江)과 회수(淮水)로 여행했고, 회계산(會稽山)에 올라가서 우임금의 굴[禹穴][272]을 탐색하고, 구의산(九疑山)을 살펴보았으며,[273] 원수(沅水)와 상수(湘水)에서는 배를 타고 다녔다.[274] 북쪽으로 문수(汶水)와 사수(泗水)를 건너서[275] 제나라의 수도[臨淄]와 노나라의 수도[曲阜]에서 학술을 강론하고, 공자의 유풍을 살펴보았으며, 추(鄒)와 역(嶧) 땅에서 향사례(鄕射禮)를 구경했다.(『사기』「태사공자서」)

遷生龍門, 耕牧河山之陽. 年十歲, 則誦古文. 二十而南游江·淮, 上會稽, 探禹穴, 窺九疑, 浮於沅·湘. 北涉汶·泗, 講業齊·魯之都, 觀孔子之遺風, 鄕射鄒嶧.(『史記』「太史公自序」)

271_ 하산지양(河山之陽)은 『사기정의』에서 "황하의 북쪽, 용문산의 남쪽"이라고 했다.

272_ 우혈(禹穴)은 『사기집해』의 장안에 의하면, 우(禹)임금이 순수(巡狩)를 하다가 회계산(會稽山)에 이르러 죽어서 거기에서 장례를 지냈다. 그 산 위에 굴이 있었는데, 민간에서는 우임금이 이 굴로 들어갔다고 한다.

273_ 『사기집해』의 장안이 "구의산에서 순임금을 장례지냈기 때문에 살펴본 것이다"라고 했다.

274_ 『사기정의』에 의하면, 원수(沅水)는 낭주(朗州)에서 발원하고, 상수(湘水)는 도주(道州) 북쪽에서 발원하여 동북쪽으로 흘러 바다로 들어간다.

275_ 『사기정의』에 의하면 두 물은 모두 연주(兗州)의 동북쪽에서 발원하여 남으로 흘러 노나라를 지나간다.

21-8-19

공자가 죽은 이후, 학교를 숭상한 왕조[276]는 없었다. 오직 [한나라 무제] 건원(建元)과 원수(元狩) 연간에 학문이 찬란하게 빛났다. 따라서 『유림열전』을 지었다.(『사기』「태사공자서」)

自孔子卒, 京師莫崇庠序. 唯建元·元狩之間, 文辭粲如也. 作『儒林傳』.(『史記』「太史公自序」)

21-8-20

정관(丁寬)은 자가 자양(子襄)이고 양(梁)나라 사람이다. 처음에 양나라 사람인 항생(項生)이 전하(田何)에게 『역』을 배웠는데, 당시 정관은 항생의 수행자였다. 그런데 『역』에 대한 연구가 정밀하고 민첩하여 재능이 항생보다 뛰어나서 마침내 전하를 섬겼다. 학업이 완성되자 전하는 정관을 떠나가게 했다. 정관이 동쪽으로 돌아가자, 전하는 문인들에게 "『역』이 동쪽으로 떠나 버렸구나"라고 말했다.(『한서』「유림전」)

丁寬, 字子襄, 梁人也. 初, 梁項生從田何受『易』, 時寬爲項生從者. 讀『易』精敏, 材過項生, 遂事何. 學成, 何謝寬. 寬東歸, 何謂門人曰, "『易』以東矣."(『漢書』「儒林傳」)

21-8-21

정관은 같은 군(郡)의 탕현(碭縣) 사람 전왕손(田王孫)에게 [『역』을] 전수했다. 전왕손은 시수(施讎)·맹희(孟喜)·양구하(梁邱賀)에게 전수했다. 이로 말미암아 『역』에는 시수·맹희·양구하가 있게 되었다.(『한서』「유림전」)

276_ 경사(京師)는 조정이나 왕조의 의미이다. 공자가 죽은 이후로부터 한나라 무제 이전까지는 학교를 숭상한 왕조가 없었다는 뜻이다.

寬授同郡碭田王孫. 王孫授施讎·孟喜·梁邱賀. 繇是『易』有施·孟·梁邱之學.(『漢書』「儒林傳」)

21-8-22

맹경(孟卿)이 『예경(禮經)』은 내용이 너무 많고 『춘추』는 너무 번잡하다고 여겨 [아들인] 맹희(孟喜)에게는 전왕손(田王孫)에게서 『역』을 배우도록 했다. 맹희는 자기 스스로를 높이는 것을 좋아하여 『역』 전문가가 음양(陰陽)과 재변(災變)을 예측한 책을 입수했다[고 거짓말을 했다.][277] (『한서』「유림전」)

孟卿以『禮經』多, 『春秋』煩雜, 乃使喜從田王孫受『易』. 喜好自稱譽, 得『易』家候陰陽災變書.(『漢書』「儒林傳」)

21-8-23

맹희는 같은 군(郡)의 백광(白光) 소자(少子), 패현(沛縣)의 적목(翟牧) 자황(子兄)에게 [『역』을] 전수했는데,[278] 모두 박사가 되었다. 이로 말미암아 [『역』에는] 적목·맹희·백광의 학문이 있게 되었다.(『한서』「유림전」)

喜授同郡白光·少子沛·翟牧子兄, 皆爲博士. 繇是有翟·孟·白之學.(『漢書』「儒林傳」)

277_ 『한서』「유림전」에 의하면, 맹희는 스승인 전왕손이 죽기 직전에 자기에게만 그 책을 전수해주었다고 거짓말을 했다고 한다. 그리고 후에 박사관에 결원이 생겼을 때, 사람들이 모두 맹희를 추천했는데, 황제는 그가 스승의 법도를 고쳤다는 말을 듣고 결국 등용하지 않았다고 한다.

278_ 소자(少子)는 백광(白光)의 자이고, 자황(子兄)은 적목(翟牧)의 자이다. 안사고에 의하면, 역사서에서는 형(兄)을 황(況)으로 읽는다고 한다.

21-8-24

양구하(梁邱賀)는 태중대부(太中大夫) 경방(京房)에게 『역』을 배웠다.(『한서』 「유림전」)

梁邱賀從太[279]中大夫京房受『易』.(『漢書』「儒林傳」)

21-8-25

양구하(梁邱賀)가 시수(施讎)를 "어릴 때부터[280] 스승을 수십 년 동안 섬겼기 때문에 제가 미칠 수 없는 수준입니다"라고 추천하자, 황제가 조서를 내려 시수를 박사에 임명했다. 감로(甘露) 연간(B.C.74~B.C.49)에 그는 오경의 여러 학자들과 함께 석거각에서 오경의 같고 다름에 대해 두루 토론했다. 시수는 장우(張禹)와 낭야(琅邪) 사람 노백(魯伯)에게 [『역』을] 전수했다. 노백은 회계(會稽)의 태수가 되었고, 장우는 관직이 승상(丞相)에 이르렀다. 장우는 회양(淮陽) 사람 팽선(彭宣)과 패현(沛縣) 사람 대숭(戴崇) 자평(子平)[281]에게 전수했다. 대숭은 구경(九卿)이 되었고, 팽선은 대사공(大司空)이 되었는데, 장우(張禹)와 팽선(彭宣)은 모두 [『한서』에] 열전(列傳)이 있다.[282] 노백은 태산(太山) 사람 모막여(毛莫如) 소로(少路)[283]와 낭야(琅邪) 사람 병단(邴丹) 만용(曼容)[284]에게 전수했는데, 모두 청렴하다

279_ 태(太)가 『공자개제고』에는 대(大)로 되어 있는데, 『한서』 원문에 따라 고쳤다.

280_ 결발(結髮)은 안사고에 의하면, 어린 사내아기가 머리를 두 가닥으로 나누어 땋아서 묶는 것으로, 아주 일찍부터 스승에게 배웠다는 것을 의미한다. 즉 시수는 학문을 배울 나이가 되었을 때부터 수십 년 동안 계속 스승인 전왕손(田王孫)에게 『역』을 배웠다는 뜻이다.

281_ 자평(子平)은 대숭(戴崇)의 자이다.

282_ 장우(張禹)와 팽선(彭宣)의 열전은 각각 『한서』 권71과 권81에 수록되어 있다.

283_ 모막여(毛莫如)는 성이 모(毛)이고, 이름이 막여(莫如)이며, 소로(少路)는 자이다.

284_ 만용(曼容)은 병단(邴丹)의 자이다.

는 명성을 떨쳤고, 모막여는 관직이 상산(常山)의 태수에 이르렀다. 이들은 그중에서도 이름이 알려진 자들이다. 이로 말미암아 시수의 학파에는 장우와 팽선의 학문이 있게 되었다.(『한서』「유림전」)

賀薦讎"結髮事師數十年, 賀不能及." 詔拜讎爲博士. 甘露中, 與五經諸儒雜論同異于石渠閣. 讎授張禹·琅邪魯伯. 伯爲會稽太守, 禹至丞相. 禹授淮陽[285]彭宣·沛戴崇子平. 崇爲九卿, 宣大司空, 禹·宣皆有傳. 魯伯授太山毛莫如少路, 琅邪邴丹曼容, 著淸名, 莫如至常山太守. 此其知名者也. 繇是施家有張·彭之學.(『漢書』「儒林傳」)

21-8-26

오록충종(五鹿充宗)은 평릉(平陵) 사람 사손장(士孫張) 중방(仲方)[286]과 패현(沛縣) 사람 등팽조(鄧彭祖) 자하(子夏), 그리고 제(齊)나라 사람 형함(衡咸) 장빈(長賓)에게 [『역』을] 전수했다. 사손장은 박사가 되었고, 관직은 양주목(揚州牧)과 광록대부(光祿大夫), 급사중(給事中)에 이르렀으며, 집안에서 대대로 학업을 전수했다. 등팽조는 진정왕(眞定王)의 태부(太傅)가 되었고, 형함은 왕망(王莽)의 강학대부(講學大夫)가 되었다. 이로 말미암아 양구하(梁丘賀)[의 학파]에는 사손장·등팽조·형함의 학문이 있게 되었다.(『한서』「유림전」)

充宗授平陵士孫張仲方·沛鄧彭祖子夏·齊衡咸長賓. 張爲博士, 至揚州牧, 光祿大夫, 給事中, 家世傳業. 彭祖, 眞定太傅, 咸, 王莽講學大夫. 繇是梁丘有士孫·鄧·衡之學.(『漢書』「儒林傳」)

285_ 양(陽)이 『공자개제고』에는 빠져 있는데, 『한서』 원문에 따라 보충했다.

286_ 사손장(士孫張)은 성이 사손(士孫)이고, 이름이 장(張)이며, 중방(仲方)은 자이다.

21-8-27

경방(京房)은 양(梁)나라 사람 초연수(焦延壽)에게 『역』을 배웠다. 초연수는 일찍이 맹희(孟喜)에게 『역』을 배웠다고 말했다.(『한서』「유림전」)

京房受『易』梁人焦延壽. 延壽云, 嘗從孟喜問『易』.(『漢書』「儒林傳」)

21-8-28

경방(京房)은 동해(東海) 사람 은가(殷嘉)와 하동(河東) 사람 요평(姚平), 그리고 하남(河南) 사람 승홍(乘弘)에게 전수했는데, 모두 낭관과 박사가 되었다. 이로 말미암아 『역』에는 경방의 학문이 있게 되었다.(『한서』「유림전」)

房授東海殷嘉·河東姚平·河南乘弘, 皆爲郞·博士. 繇是易有京氏之學.(『漢書』「儒林傳」)

21-8-29

구양생(歐陽生)은 복생(伏生)을 섬겼고, 예관(倪寬)에게 [『상서』를] 전수했다. 예관은 또한 공안국(孔安國)에게 학업을 전수했는데, 관직이 어사대부(御史大夫)에 이르렀고, [『한서』에] 별도의 열전이 있다.[287] 예관은 뛰어난 재능을 가지고 있어서 무제(武帝)를 처음 만났을 때 경학을 강론했는데, 무제가 말했다. "내가 처음에는 『상서』를 질박한 학문[樸學][288]으로 여겨서 좋아하지 않았는데, 예관의 강설을 들어보니, 볼 만한 것이 있구나." 이에 예관에게 [『상서』 중의] 1편을 배웠다. 구양씨(歐陽氏)

287_ 공안국(孔安國)의 열전은 『한서』 권88에 수록되어 있다.

288_ 박학(樸學)은 상고시대의 질박한 학문을 말하는데, 일반적으로 유가의 경학을 말한다.

와 대소(大小) 하후씨(夏侯氏)의 학문은 모두 예관으로부터 나왔다. 예관은 구양생(歐陽生)의 아들에게 전수했고, 대대로 서로 전하여 증손인 구양고(歐陽高) 자양(子陽)에 이르러 박사가 되었다. 구양고의 손자인 구양지여(歐陽地餘) 장빈(長賓)은 태자중서자(太子中庶子)로서 태자(太子)에게 전수했고, 후에 박사가 되어 석거각에서 토론했다. 원제(元帝)가 즉위하자, 구양지여는 시중(侍中)이 되었고, 높은 지위에 있으면서 황제의 사랑을 받아서[289] 관직이 소부(少府)에까지 이르렀다. 그는 자신의 아들들에게 다음과 같이 경계했다. "내가 죽었을 때, 나의 관속들이 너희들에게 재물을 보내면 절대로 받지 말라. 너희들은 구경(九卿)의 지위에 있던 유학자의 자손이니, 청렴함으로 이름을 떨쳐야만 스스로 성공할 수 있을 것이다." 구양지여가 죽었을 때, 소부(少府)의 관속들이 함께 수백만금의 돈을 보냈는데, 그 자식들이 받지 않았다. 천자가 듣고서 그들을 가상하게 여겨서 그들에게 백만금의 돈을 하사했다. 구양지여의 작은 아들 구양정(歐陽政)은 왕망 시기에 강학대부(講學大夫)가 되었다. 이로 말미암아 『상서』에는 대대로 구양씨(歐陽氏)의 학문이 있게 되었다.(『한서』「유림전」)

歐陽生事伏生, 授倪寬. 寬又授業孔安國, 至御史大夫, 自有傳. 寬有俊材, 初見武帝, 語經學, 上曰, "吾始以『尙書』爲樸學, 弗好, 及聞寬說, 可觀." 乃從寬問一篇. 歐陽·大·小夏侯氏學, 皆出於寬. 寬授歐陽生子, 世世相傳, 至曾孫高子陽爲博士. 高孫地餘長賓, 以太子中庶子授太子, 後爲博士, 論石渠. 元帝卽位, 地餘侍中, 貴幸, 至少府. 戒其子曰, "我死, 官屬卽送汝財物, 愼毋受. 汝九卿儒者子孫, 以廉潔著, 可以自成." 及地餘死, 少府官屬共送數百萬, 其子不受. 天子聞而嘉之, 賜錢百萬. 地餘少子政, 爲王莽講學大夫. 由是『尙書』世有歐陽氏學.(『漢書』「儒林傳」)

289_ 귀행(貴幸)은 높은 지위에 있으면서 황제의 사랑을 받는 것을 말한다.

21-8-30

임존(林尊)은 구양고(歐陽高)을 섬겼고, 박사가 되어 석거각에서 토론했다. 후에 관직이 소부(少府)와 태자태부(太子太傅)에 이르렀다. 평릉(平陵) 사람 평당(平當)과 양(梁)나라 사람 진옹생(陳翁生)에게 [『상서』를] 전수했다.(『한서』「유림전」)

林尊事歐陽高, 爲博士, 論石渠. 後至少府, 太子太傅. 授平陵平當·梁陳翁生.(『漢書』「儒林傳」)

21-8-31

진옹생(陳翁生)은 신도왕(信都王)의 태부(太傅)가 되었고, 집안에서 대대로 학업을 전수했다. 이로 말미암아 구양씨(歐陽氏)[의 『상서』는] 평당과 진옹생의 학문이 있게 되었다. 진옹생은 낭야(琅邪) 사람 은숭(殷崇)과 초국(楚國) 사람 공승(龔勝)에게 전수했는데, 은숭은 박사가 되었으며, 공승은 우부풍(右扶風)이 되었으며, [『한서』에] 별도의 열전이 있다.[290] 그리고 평당(平當)은 구강(九江) 사람 주보(朱普) 문공(公文)과 상당(上黨) 사람 포선(鮑宣)에게 전수했다. 주보는 박사가 되었으며, 포선은 사예교위(司隸校尉)가 되었으며, 별도의 열전이 있다.[291] 무리들이 더욱더 많아졌으며, 모두가 이름이 알려진 자들이었다.(『한서』「유림전」)

翁生, 信都太傅, 家世傳業. 由是歐陽有平·陳之學. 翁生授琅邪殷崇·楚國龔勝, 崇爲博士. 勝右扶風, 自有傳. 而平當授九江朱普公文·上黨鮑宣. 普爲博士. 宣司隸校尉, 自有傳. 徒衆尤盛, 知名者也.(『漢書』「儒林傳」)

290_ 공승(龔勝)의 열전은 『한서』 권72에 수록되어 있다.

291_ 포선(鮑宣)의 열전은 『한서』 권72에 수록되어 있다.

21-8-32

하후승(夏侯勝)은 도위(都尉)였던 그의 선친이 제남(濟南) 사람 장생(張生)에게 『상서』를 배웠는데, 그것을 일족의 자제였던 하후시창(夏侯始昌)[292]에게 전수했고, 하후시창은 하후승에게 전수했다. 하후승은 또한 같은 군(郡)의 간경(蕑卿)을 섬겼는데, 간경은 예관(兒寬)의 문인이었다. 하후승은 집안 종형(從兄)의 아들 하후건(夏侯建)에게 전수했고, 하후건은 또한 구양고(歐陽高)를 섬겼다. 하후승은 관직이 장신소부(長信少府)에 이르렀으며, 하후건은 태자태부(太子太傅)에 이르렀고, [『한서』에] 별도의 열전이 있다.[293] 이로 말미암아 『상서』에는 대소(大小) 하후(夏侯), 즉 하후승(夏侯勝)과 하후건(夏侯建)의 학문이 있게 되었다.[294](『한서』「유림전」)

夏侯勝, 其先夏侯都尉, 從濟南張生受『尙書』, 以傳族子始昌, 始昌傳勝. 勝又事同郡蕑卿, 蕑[295]卿者, 兒寬門人. 勝傳從兄子建, 建又事歐陽高. 勝至長信少府, 建太子太傅, 自有傳. 由是『尙書』有大·小夏侯之學.(『漢書』「儒林傳」)

21-8-33

주감(周堪)은 공패(孔霸)와 함께 대하후승(大夏侯勝)을 섬겼는데, 공패는

292_ 하후시창(夏侯始昌)은 한나라 무제 때의 사람으로 하후승과 같은 일족이다. 음양과 천재지변 등에 밝았다고 한다.

293_ 하후승(夏侯勝)의 열전은 『한서』 권75에 수록되어 있다.

294_ 『한서』「하후승전」에도 다음과 같은 기록이 보인다. "하후승은 어려서 고아가 되었고, 학문을 좋아했다. 하후시창(夏侯始昌)에게 『상서』와 『홍범오행전(洪範五行傳)』을 전수받아 재이(災異)를 잘 설명했다. 그 이후에 간경(蕑卿)을 섬겼고, 또 구양씨(歐陽氏)에게 배웠다. 학문을 하는 것이 정밀하고 숙련되었으며, 한 명의 스승에게만 배우지 않았다. 예법에서의 상복(喪服)을 잘 설명하여 황제의 부름을 받아 박사가 되었다."

295_ 간(蕑)이 『공자개제고』에는 간(簡)으로 되어 있는데, 『한서』 원문에 따라 고쳤다.

박사가 되었다. 주감은 역관령(譯官令)이 되어 석거각에서 토론했으며, 경학에서 최고의 수준이었다.(『한서』「유림전」)

周堪與孔霸俱事大夏侯勝, 霸爲博士. 堪譯官令, 論于石渠, 經爲最高.(『漢書』「儒林傳」)

21-8-34

주감(周堪)은 모경(牟卿) 및 장안(長安) 사람 허상(許商) 장백(長伯)에게 전수했는데, 모경은 박사가 되었다. 공패(孔霸)는 황제의 스승으로서 작위를 하사받아 포성군(褒成君)이라고 불렸다. [공패는] 아들인 공광(孔光)에게 전수했는데, [공광은] 또한 모경(牟卿)을 섬겼고, 관직은 승상(丞相)에 이르렀으며, [『한서』에] 별도의 열전이 있다.[296] 이로 말미암아 대하후승(大夏侯勝)[의 『상서』에는] 공광과 허상의 학문이 있게 되었다.(『한서』「유림전」)

堪授牟卿及長安許商長伯, 牟卿爲博士. 霸以帝師, 賜爵號褒成君. 傳子光, 亦事牟卿, 至丞相, 自有傳. 由是大夏侯有孔·許之學.(『漢書』「儒林傳」)

21-8-35

허상(許商)은 산술(算術)을 잘하여 『오행논력(五行論曆)』을 저술했고, 네 번이나 구경(九卿)의 지위에 이르렀다. 자신의 문인들에게 호칭을 붙여서 패현(沛縣) 사람 당림(唐林) 자고(子高)는 '덕행(德行)', 평릉(平陵) 사람 오장(吳章) 위군(偉君)은 '언어(言語)', 중천(重泉) 사람 왕길(王吉) 소음(少音)은 '정사(政事)', 제(齊)나라 사람 계흠(炔欽) 유경(幼卿)은 '문학(文學)'이라고 불렀

296_ 공광(孔光)의 열전은 『한서』 권81에 수록되어 있다.

다.[297] 왕망(王莽) 때 당림(唐林)과 왕길(王吉)은 구경(九卿)이 되었고, 스승의 묘소 참배를 요청하는 상소문을 올려서 대부와 박사, 낭관과 하급 관리 중에서 허상의 학문을 배운 자들이 각각 허상의 문인들을 따라 회합하여 참배했는데, 수레의 숫자가 수백 대나 되었다. 유학자들은 이 일을 매우 자랑스럽게 생각했다. 계흠(炔欽)과 오장(吳章)은 모두 박사가 되었고, 무리들이 더욱더 많아졌다.(『한서』「유림전」)

商善爲算, 著『五行論曆』, 四至九卿. 號其門人沛唐林子高爲'德行', 平陵吳章偉君爲'言語', 重泉王吉少音爲'政事', 齊炔欽幼卿爲'文學'. 王莽時, 林・吉爲九卿, 自表上師冢, 大夫・博士・郎・吏爲許氏學者, 各從門人會, 車數百兩. 儒者榮之. 欽・章皆爲博士, 徒衆尤盛.(『漢書』「儒林傳」)

21-8-36

장산부(張山拊)는 소하후건(小夏侯建)을 섬겨서 박사가 되었고, 석거각에서 토론했으며, 관직은 소부(少府)에 이르렀다. 같은 현(縣)의 이심(李尋)과 정관중(鄭寬中) 소군(少君), 산양(山陽) 사람 장무고(張無故) 자유(子儒), 신도(信都) 사람 진공(秦恭) 연군(延君), 진류(陳留) 사람 가창(假倉) 자교(子驕)에게 전수했다. 장무고는 경전의 장구(章句) 연구에 뛰어났고, 광릉왕(廣陵王)의 태부(太傅)가 되었으며, 소하후건이 논설한 문장을 그대로 따랐다. 진공은 스승이 강론한 사법(師法)에 백만 마디 정도를 더 보탰으며, 성양(城陽)의 내사(內史)가 되었다. 가창은 알자(謁者)로서 석거각에서 토론했고, 관직은 교동왕(膠東王)의 재상에 이르렀다. 이심은 재이(災異)의 설명에 뛰어났고, 기도위(騎都尉)가 되었으며, [『한서』에] 별도의 열전이

297_ 이것은 공자의 제자를 사과(四科)로 나눈 것을 모방한 것이다. 『논어』「선진」편에 "德行, 顔淵・閔子騫・冉伯牛・仲弓, 言語, 宰我・子貢, 政事, 冉有・季路, 文學, 子游・子夏."라는 말이 보인다.

있다.[298] 정관중은 뛰어난 재능이 있었고, 박사로서 태자에게 [『상서』를] 전수했다.(『한서』「유림전」)

張山拊,[299] 事小夏侯建, 爲博士, 論石渠, 至少府. 授同縣李尋・鄭寬中少君・山陽張無故子儒・信都秦恭延君・陳留假倉子驕. 無故善修章句, 爲廣陵太傅, 守小夏侯說文. 恭增師法至百萬言, 爲城陽內史. 倉以謁者論石渠, 至膠東相. 尋善說災異, 爲騎都尉, 自有傳. 寬中有俊材, 以博士授太子.(『漢書』「儒林傳」)

21-8-37

신공(申公)은 마침내 『시』와 『춘추』를 전수했는데, 하구(瑕丘) 사람 강공(江公)이 그것을 다 전수하여 무리가 가장 많았다. 노(魯)나라 사람 허생(許生)과 면중(免中) 사람 서공(徐公)은 모두 신공의 학문을 지키면서 학생들을 가르쳤다. 위현(韋賢)은 『시』를 연구하여 박사 대강공(大江公)[300] 및 허생(許生)을 섬겼고, 또한 『예』를 연구했으며, 관직은 승상(丞相)에 이르렀다. 아들인 위현성(韋玄成)에게 전수했고, [위현성은] 회양(淮陽)의 중위(中尉)로서 석거각에서 토론했고, 나중에는 또한 관직이 승상(丞相)에 이르렀다. 위현성과 형의 아들인 위상(韋賞)은 『시』를 애제(哀帝)에게 전수했고, 관직은 대사마(大司馬)와 거기장군(車騎將軍)에 이르렀다. [『한서』에] 별도의 열전이 있다.[301] 이로 말미암아 『노시(魯詩)』에는 위씨(韋氏)의 학문이 있게 되었다.(『한서』「유림전」)

申公卒, 以『詩』・『春秋』授, 而瑕丘江公盡能傳之, 徒衆最盛. 及魯許

298_ 이심(李尋)의 열전은 『한서』 권75에 수록되어 있다.

299_ 부(拊)가 『공자개제고』에는 부(坿)로 되어 있는데, 『한서』 원문에 따라 고쳤다.

300_ 대강공(大江公)은 앞에 나온 하구(瑕丘) 사람 강공(江公)이다. 「유림전」에 이 문장의 뒤에 또 박사(博士) 강공(江公)이라는 인물이 나오는데, 하구의 강공과는 다른 인물이기 때문에 구별하여 대(大)라고 부른 것이다.

301_ 위현(韋賢)과 위현성(韋玄成)의 열전은 『한서』 권73에 수록되어 있다.

生・免中徐公, 皆守學教授. 韋賢治『詩』, 事博士大江公及許生, 又治『禮』, 至丞相. 傳子玄成, 以淮陽中尉, 論石渠, 後亦至丞相. 玄成及兄子賞以『詩』授哀帝, 至大司馬・車騎將軍, 自有傳. 由是『魯詩』有韋氏學.(『漢書』「儒林傳」)

21-8-38

왕식(王式)은 면중(免中) 사람 서공(徐公)과 허생(許生)을 섬겼다. 왕식은 창읍왕(昌邑王) [유하(劉賀)]의 스승이 되었다. 소제(昭帝)가 죽자 창읍왕이 제위를 이었는데, 행위가 음난하다는 이유로 폐위되었다. 창읍왕의 군신들은 모두 하옥되어 주살되었는데, 오직 중위(中尉) 왕길(王吉)과 낭중령(郎中令) 공수(龔遂)만이 [창읍왕에게] 여러 번 간언했다는 이유로 사형죄에서 면제되었다. 왕식은 감옥에 수감되어 사형죄로 처단될 때, 이 일의 재판을 맡은 관리가 문책하면서 "[창읍왕의] 스승으로서 어찌 간언한 상주문이 없는가?"라고 하자, 왕식이 대답했다. "신은 『시』 305편을 아침저녁으로 왕에게 가르쳤는데, 충신이나 효자와 관련된 편에 이르면 왕을 위해서 반복해서 읽지 않은 적이 없고, 위태롭거나 멸망한 군주나 도리를 잃은 군주와 관련된 편에 이르면 눈물을 흘리면서 왕을 위해서 깊이 설명하지 않은 적이 없습니다. 신은 『시』 305편을 가지고 간언했기 때문에 간언한 상주문이 없습니다."[302](『한서』「유림전」)

王式事免中徐公及許生. 式爲昌邑王師. 昭帝崩, 昌邑王嗣立, 以行淫亂廢. 昌邑群臣皆下獄誅, 唯中尉王吉・郎中令龔遂, 以數諫減死論. 式繫獄當死, 治事使者責問曰, "師何以亡諫書?" 式對曰, "臣以『詩』三百五篇, 朝夕授王, 至於忠臣孝子之篇, 未嘗不爲王反復誦之也, 至

302_『한서』「유림전」의 이어지는 내용에 의하면, 그 관리가 자신이 들었던 내용을 황제에게 고하여 왕식도 사형죄에서 면제되어 고향으로 돌아갔으며, 그 이후로 다시는 학생들을 가르치지 않았다고 한다.

於危亡失道之君，未嘗不流涕爲王深陳之也. 臣以『詩』三百五篇諫，是以亡諫書."(『漢書』「儒林傳」)

21-8-39

산양(山陽) 사람 장장안(張長安) 유군(幼君)이 가장 먼저 왕식을 섬겼고, 나중에 동평(東平) 사람 당장빈(唐長賓)과 패현(沛縣) 사람 저소손(褚少孫)도 와서 왕식을 섬겼다. 그들이 경서 몇 편만을 배웠을 뿐인데, 왕식은 그들을 사절하면서 "스승에게 들을 수 있는 것은 이것이 전부이니, 스스로 잘 다듬도록 하라"라고 하고,[303] 다시는 가르치려고 하지 않았다. 당장빈과 저소손은 박사제자의 선발에 응시하여 박사들 앞으로 나아갈 때, 옷의 앞자락을 들어 올린 채 마루로 올라갔는데,[304] 그 거동과 예절이 매우 엄격했고, 암송과 강설의 시험에서도 법도가 있었기 때문에 의심하던 사람들도 말을 하지 못했다.[305] 여러 박사들이 놀라면서 스승이 누구인지를 물으니, "왕식을 섬겼습니다"라고 대답했다.[306](『한서』「유림전」)

山陽張長安幼君, 先事式, 後東平唐長賓·沛褚少孫, 亦來事式. 問經

303_ 안사고가 다음과 같이 풀이했다. "스승의 이론을 들은 것은 여기에 다 갖추어져 있다. 만약 너무 간략하다는 의심이 들면 너희 편의대로 다시 윤색하라."

304_ 구의(摳衣)는 옷의 앞자락을 들어올려 경의를 나타낼 때의 동작인데, 여기에서는 마루로 오르기 위해서 옷을 들어 올린다는 말이다.

305_ 구개불언(丘蓋不言)은 해석이 여러 가지가 있는데, 안사고는 다음과 같이 말했다. "『논어』「술이」편에서 공자가 '알지 못하면서 함부로 행동하는 것이 있는가? 나는 이러한 일이 없다.[蓋有不知而作之者, 我無是也.]'라고 말했다. 공자의 이 뜻을 따르고자 했기 때문에 공자가 자기 스스로를 구(丘)라고 호칭한 것을 본뜬 것일 뿐이다. 개(蓋)는 발어사이다." 안사고에 따라 이 문장을 '불언(不言)'의 의미로 해석했다

306_『한서』「유림전」의 이어지는 내용에 의하면, 여기에 참석했던 박사들은 왕식이 현명하다는 것을 들은 적이 있었기 때문에 모두가 왕식을 천거했고, 황제는 조서를 내려 왕식을 박사로 임명했다고 한다.

數篇, 式謝曰, "聞之于師具是矣, 自潤色之." 不肯復授. 唐生·褚生應博士弟子選, 詣博士, 摳衣登堂, 頌禮甚嚴, 試誦說有法, 疑者丘蓋不言. 諸博士驚問何師, 對曰, "事式."(『漢書』「儒林傳」)

21-8-40

장장안(張長安)·당장빈(唐長賓)·저소손(褚少孫)은 모두 박사가 되었다. 장장안은 석거각에서 토론했고, 관직이 회양(淮陽)의 중위(中尉)에 이르렀다. 당장빈은 초왕(楚王)의 태부(太傅)가 되었다. 이로 말미암아 『노시(魯詩)』에는 장장안·당장빈·저소손의 학문이 있게 되었다. 장장안의 형의 아들 장유경(張游卿)은 간대부(諫大夫)였는데, 『시』를 원제(元帝)에게 전수했다. 그의 문인인 낭야(琅邪) 사람 왕부(王扶)는 사수(泗水)의 중위(中尉)가 되었고, 진류(陳留) 사람 허안(許晏)은 박사가 되었다. 이로 말미암아 장장안의 학파에는 허씨(許氏)의 학문이 있게 되었다. 처음에 설광덕(薛廣德)도 왕식을 섬겨 박사로서 석거각에서 토론했고, 공사(龔舍)에게 전수했다.(『한서』「유림전」)

張生·唐生·褚生, 皆爲博士. 張生論石渠, 至淮陽中尉. 唐生, 楚太傅. 由是『魯詩』有張·唐·褚氏之學. 張生兄子游卿爲諫大夫, 以『詩』授元帝. 其門人琅邪王扶爲泗水中尉, 陳留許晏爲博士. 由是張家有許氏學. 初, 薛廣德亦事王式, 以博士論石渠, 授龔舍.(『漢書』「儒林傳」)

21-8-41

후창(后蒼)은 하후시창(夏侯始昌)을 섬겼는데, 하후시창은 오경에 능통했다. 후창도 『시』와 『예』에 능통하여 박사가 되었고, 관직은 소부(少府)에 이르렀으며, 익봉(翼奉)·소망지(蕭望之)·광형(匡衡)에게 전수했다. 익봉은 간대부(諫大夫)가 되었고, 소망지는 전장군(前將軍), 광형은 승상(丞

相)이 되었다.(『한서』「유림전」)

後蒼事夏侯始昌, 始昌通五經. 蒼亦通『詩』·『禮』, 爲博士, 至少府, 授翼奉·蕭望之·匡衡. 奉爲諫大夫, 望之前將軍, 衡丞相.(『漢書』「儒林傳」)

21-8-42

광형(匡衡)은 낭야(琅邪) 사람 사단(師丹)과 복리(伏理) 유군(斿君), 그리고 영천(潁川) 사람 만창(滿昌) 군도(君都)에게 전수했다. 군도는 첨사(詹事)가 되었고, 복리는 고밀왕(高密王)의 태부(太傅)가 되어 집안에서 대대로 학업을 전수했다.(『한서』「유림전」)

衡授琅邪師丹·伏理斿君·潁川滿昌君都. 君都爲詹事, 理高密太傅, 家世傳業.(『漢書』「儒林傳」)

21-8-43

이로 말미암아 『제시(齊詩)』에는 익봉(翼奉)·광형(匡衡)·사단(師丹)·복리(伏理)의 학문이 있게 되었다. 만창(滿昌)은 구강(九江) 사람 장감(張邯)과 낭야(琅邪) 사람 피용(皮容)에게 전수했는데, 모두 높은 관직에 이르렀고, 무리들이 더욱 많아졌다.(『한서』「유림전」)

由是『齊詩』有翼·匡·師·伏之學. 滿昌授九江張邯·琅邪皮容, 皆至大官, 徒衆尤盛.(『漢書』「儒林傳」)

21-8-44

조자(趙子)는 연(燕)나라 사람 한생(韓生)을 섬겼고, 같은 군(郡)의 채의(蔡誼)에게 전수했다. 채의는 같은 군의 식자공(食子公)과 왕길(王吉)에게 전수했다.(『한서』「유림전」)

趙子, 事燕韓生, 授同郡蔡誼. 誼授同郡食子公與王吉.(『漢書』「儒林傳」)

21-8-45

식자공(食子公)은 박사가 되었고, 태산(泰山) 사람 율풍(栗豐)에게 전수했다. 왕길(王吉)은 치천(淄川) 사람 장손순(長孫順)에게 전수했다. 장손순은 박사가 되었고, 율풍은 부자사(部刺史)가 되었다. 이로 말미암아 『한시(韓詩)』에는 왕길·식자공·장손순의 학문이 있게 되었다. 율풍은 산양(山陽) 사람 장취(張就)에게 전수했고, 장손순은 동해(東海) 사람 발복(發福)에게 전수했는데, 모두 높은 관직에 이르렀고, 무리들이 더욱 많아졌다.(『한서』「유림전」)

食生爲博士, 授泰山栗豐. 吉授淄川長孫順. 順爲博士. 豐, 部刺史. 由是『韓詩』有王·食·長孫之學. 豐授山陽張就, 順授東海發福, 皆至大官, 徒衆尤盛.(『漢書』「儒林傳」)

21-8-46

맹경(孟卿)은 소분(蕭奮)을 섬겼고, 후창(后倉)과 노(魯)나라 사람 여구경(閭丘卿)에게 전수했다. 후창은 『예』를 강론한 것이 수만 마디인데, 『후씨곡대기(后氏曲臺記)』라고 불렀다.[307] 패현(沛縣) 사람 문인통한(聞人通漢) 자방(子方),[308] 양(梁)나라 사람 대덕(戴德) 연군(延君)과 대성(戴聖) 차군(次君), 그리고 패현(沛縣) 사람 경보(慶普) 효공(孝公)에게 전수했는데, 경보 효공

307_ 복건에 의하면, 후창이 곡대전(曲臺殿)에서 책을 교감하고 저술했기 때문에 이렇게 명명했다고 한다. 곡대전은 미앙궁(未央宮) 안에 있는 건물이다.

308_ 여순에 의하면, 문인(聞人)은 성이고, 통한(通漢)은 이름이며, 자방(子方)은 자이다.

은 동평왕(東平王)의 태부(太傅)가 되었다. 대덕은 대대(大戴)라고 부르고, 신도왕(信都王)의 태부(太傅)가 되었으며, 대성은 소대(小戴)라고 부르고, 박사로서 석거각에서 토론했고, 관직은 구강(九江)의 태수(太守)에 이르렀다. 이로 말미암아 『예』에는 대대(大戴)·소대(小戴)·경씨(慶氏)의 학문이 있게 되었다. 문인통한은 태자사인(太子舍人)으로서 석거각에서 토론했고, 관직은 중산(中山)의 중위(中尉)에 이르렀다. 경보는 노(魯)나라 사람 하후경(夏侯敬)에게 전수했고, 또한 일족의 자제인 경함(慶咸)에게 전수했는데, [경함은] 예장(豫章)의 태수(太守)가 되었다. 대대(大戴)는 낭야(琅邪) 사람 서량(徐良) 유경(斿卿)에게 전수했는데, [서량은] 박사와 주목(州牧), 군수(郡守)가 되었고, 집안에서 대대로 학업을 전수했다. 소대(小戴)는 양(梁)나라 사람 교인(橋仁) 계경(季卿)과 양영(楊榮) 자손(子孫)에게 전수했다. 교인은 대홍려(大鴻臚)[309]가 되었고, 집안에서 대대로 학업을 전수했으며, 양영은 낭야(琅邪)의 태수(太守)가 되었다. 이로 말미암아 대대(大戴)[의 『예』]에는 서량(徐良)의 학문이 있게 되었고, 소대(小戴)[의 『예』]에는 교인(橋仁)과 양영(楊榮)의 학문이 있게 되었다.(『한서』「유림전」)

孟卿, 事蕭奮, 以授后倉·魯閭丘卿. 倉說『禮』數萬言, 號曰『後氏曲台記』. 授沛聞人通漢子方·梁戴德延君·戴聖次君·沛慶普孝公, 孝公爲東平太傅. 德號大戴, 爲信都太傅, 聖號小戴, 以博士論石渠, 至九江太守. 由是『禮』有大戴·小戴·慶氏之學. 通漢以太子舍人論石渠, 至中山中尉. 普授魯夏侯敬, 又傳族子鹹, 爲豫章太守. 大戴授琅邪徐良斿卿, 爲博士·州牧·郡守, 家世傳業. 小戴授梁人橋仁季卿·楊榮子孫. 仁爲大鴻臚, 家世傳業, 榮, 琅邪太守. 由是大戴有徐氏, 小戴有橋·楊氏之學.(『漢書』「儒林傳」)

309_ 대홍려(大鴻臚)는 구경(九卿)의 하나로, 외국의 빈객을 접대하는 일을 맡아보는 관직이다.

21-8-47

엄팽조(嚴彭祖)는 안안락(顔安樂)과 함께 휴맹(眭孟)을 섬겼다. 휴맹의 제자는 100여 명이나 되었는데, 오직 엄팽조와 안안락만이 명석하여 의문이 나는 뜻을 질문하면서 각자 소견을 가지고 있었다. 휴맹이 "『춘추』의 뜻이 두 사람에게 있다"라고 말했는데, 휴맹이 죽자 엄팽조와 안안락은 각자 전문적으로 학생을 가르쳤다. 이로 말미암아 『공양전』에는 엄팽조와 안안락의 학문이 있게 되었다. 엄팽조는 선제(宣帝) 때 박사가 되었는데, 청렴하고 정직하여 권세가 있고 지위가 존귀한 사람을 섬기지 않았다. 혹자는 다음과 같이 말했다. "천시(天時)는 인사(人事)를 이길 수 없으니, 그대가 작은 예법을 닦아서 세속에 영합하지 않거나, 존귀한 사람이 좌우에서 도와주지 않는다면 경학의 의리가 비록 높다고 하더라도 재상에는 이를 수 없을 것이다. 원컨대 조금씩 스스로 힘쓰기를 바란다." 엄팽조가 말했다. "대체로 경술에 능통한 사람은 본래 선왕의 도를 닦고 실천하니, 어찌 사기 뜻을 굽혀 세속을 따르거나 부귀를 구차하게 구할 수 있겠는가?" 엄팽조는 결국 태부(太傅)의 관직으로 생을 마감했다. 낭야(琅邪)의 왕중(王中)에게 전수했는데, [왕중은] 원제(元帝) 때 소부(少府)가 되었고, 집안에서 대대로 학업을 전수했다. 왕중은 같은 군의 공손문(公孫文)과 동문운(東門雲)에게 전수했다. 동문운은 형주(荊州)의 자사(刺史)가 되었고, 공손문은 동평왕(東平王)의 태부(太傅)가 되었는데, 무리들이 더욱 많아졌다.(『한서』「유림전」)

嚴彭祖, 與顔安樂俱事眭孟. 孟弟子百余人, 唯彭祖・安樂爲明, 質問疑誼, 各持所見. 孟曰, "『春秋』之意, 在二子矣." 孟死, 彭祖・安樂各顓門教授. 由是『公羊春秋』有顔・嚴之學. 彭祖爲宣帝博士, 廉直, 不事權貴. 或說曰, "天時不勝人事, 君以不修小禮曲意, 亡貴人左右之助, 經誼雖高, 不至宰相. 願少自勉强." 彭祖曰, "凡通經術, 固當修行先王之道, 何可委曲從俗・苟求富貴乎?" 彭祖竟以太傅官終. 授琅邪王中, 爲元帝少府, 家世傳業. 中授同郡公孫文·東門雲. 雲爲荊州刺史, 文, 東平太傅, 徒衆尤盛.(『漢書』「儒林傳」)

21-8-48

안안락(顔安樂)은 집안이 가난했는데, 공부에 온 힘을 다했다. 회양(淮陽) 사람 영풍(泠豐) 차군(次君)과 치천(淄川) 사람 임공(任公)에게 전수했다. 임공은 소부(少府)가 되었고, 영풍은 치천(淄川)의 태수(太守)가 되었다. 이로 말미암아 안안락의 학파에는 영풍과 임공의 학문이 있게 되었다. 처음에 공우(貢禹)는 영공(嬴公)을 섬겼고, 휴맹(眭孟)에게서 학문을 완성했으며, 관직은 어사대부(御史大夫)에 이르렀다. 소광(疏廣)은 맹경(孟卿)을 섬겼고, 관직은 태자태부(太子太傅)에 이르렀다.(『한서』「유림전」)

顔安樂, 家貧, 爲學精力. 授淮陽泠豐次君·淄川任公. 公爲少府, 豐, 淄川太守. 由是顔家有泠·任之學. 始貢禹事嬴公, 成于眭孟, 至御史大夫. 疏廣事孟卿, 至太子太傅.(『漢書』「儒林傳」)

21-8-49

소광(疏廣)은 낭야(琅邪) 사람 관로(筦路)에게 전수했는데, 관로는 어사중승(御史中丞)이 되었다. 공우(貢禹)는 영천(潁川) 사람 당계혜(堂谿惠)에게 전수했고, 당계혜는 태산(泰山) 사람 명도(冥都)에게 전수했는데, 명도는 승상사(丞相史)가 되었다. 명도와 관로는 또한 안안락을 섬겼기 때문에 안안락의 학파에는 또한 관로와 명도의 학문이 있게 되었다. 관로는 손보(孫寶)에게 전수했는데, [손보는] 대사농(大司農)이 되었다.(『한서』「유림전」)

廣授琅邪筦路管路, 路爲御史中丞. 禹授潁川堂谿惠, 惠授泰山冥都, 都爲丞相史. 都與路又事顔安樂, 故顔氏復有管·冥之學. 路授孫寶, 爲大司農.(『漢書』「儒林傳」)

21-8-50

영풍(泠豐)은 마궁(馬宮)과 낭야(琅邪) 사람 좌함(左咸)에게 전수했다. 좌함은 군수(郡守)와 구경(九卿)이 되었고, 무리들이 더욱 많아졌다.(『한서』「유림전」)

豐授馬宮・琅邪左咸. 咸爲郡守九卿, 徒衆尤盛.(『漢書』「儒林傳」)

21-8-51

무제(武帝) 때,[310] 조칙을 내려 태자에게 『공양전』을 배우도록 했는데, 이로 말미암아서 『공양전』이 크게 흥성했다. 태사는 [『공양전』에] 능통해지자, 다시 개인적으로 『곡량전』을 배우고서 그것을 좋다고 여겼다. 이 이후로 [『곡량전』은] 점점 쇠퇴했고, 오직 노(魯)나라 사람 영광(榮廣) 왕손(王孫)과 호성공(皓星公) 두 사람만이 전수했다. 영광은 『시』와 『춘추』를 다 함께 전했는데, 재능이 뛰어나고 빈첩했기 때문에 『공양전』의 대사(大師)인 휴맹(眭孟) 등과 토론하면서 자주 그들을 곤란하게 만들었다. 따라서 학문을 좋아하는 많은 사람들이 다시 『곡량전』을 배웠다. 패현(沛縣) 사람 채천추(蔡千秋) 소군(少君), 양(梁)나라 사람 주경(周慶) 유군(幼君)과 정성(丁姓) 자손(子孫)은 모두 영광에게 배웠다. 채천추는 또한 호성공(皓星公)을 섬겼는데, 학문이 가장 독실했다. 선제(宣帝)가 즉위하여 위태자(衛太子)가 『곡량전』을 좋아한다는 소문을 듣고, 승상(丞相)인 위현(韋賢)과 장신소부(長信少府) 하후승(夏侯勝), 그리고 시중(侍中) 낙릉후(樂陵侯) 사고(史高)에게 자문을 구했는데, 모두 노(魯)나라 사람이었다. 이것은 곡량학은 본래 노학(魯學)이고 공양학은 제학(齊學)이니, 마

310_ 『한서』「유림전」에는 이 문장 다음에 다음과 같은 내용이 더 있다. "江公與董仲舒並, 仲舒通五經, 能持論, 善屬文. 江公吶於口, 上使與仲舒議, 不如仲舒. 而丞相公孫弘本爲公羊學, 比輯其議, 卒用董生. 於是上因尊公羊家."

땅히 『곡량전』을 흥기시켰음을 말한 것이다.(『한서』「유림전」)

武帝時, 詔太子受『公羊春秋』, 由是『公羊』大興. 太子旣通, 復私問『穀梁』而善之. 其後浸微, 唯魯榮廣王孫·皓星公二人受焉. 廣盡能傳其『詩』·『春秋』, 高材捷敏, 與『公羊』大師眭孟等論, 數困之. 故好學者頗復受『穀梁』. 沛蔡千秋少君·梁周慶幼君·丁姓子孫, 皆從廣受. 千秋又事皓星公, 爲學最篤. 宣帝卽位, 聞衛太子好『穀梁春秋』, 以問丞相韋賢·長信少府夏侯勝, 及侍中樂陵侯史高, 皆魯人也. 言穀梁子本魯學, 公羊氏乃齊學也, 宜興『穀梁』.(『漢書』「儒林傳」)

21-8-52

채천추(蔡千秋)가 죽자 [하구(瑕丘) 사람] 강공(江公)의 손자를 불러들여 박사로 천거했다. 유향(劉向)은 이전의 간대부(諫大夫)로 경학에 통달한 대조(待詔)[311]로서, 그는 『곡량전』을 배웠기 때문에 [조정에서는] 그에게 강박사(江博士)를 돕게 하고자 했다. 강박사(江博士)도 죽자, 보궁(保宮)의 대조(待詔)로 있던 주경(周慶)과 정성(丁姓)을 불러서 그들에게 [낭관(郎官)] 10명을 가르치도록 했다.[312] [선제] 원강(元康) 연간(B.C.65~B.C.62)에 강의를 시작하여 감로(甘露) 원년(B.C.53)에 이르러 10여 년의 경력이 쌓이자,

311_ 보궁(保宮)은 안사고에 의하면, 소부(少府)의 속관으로, 본래의 명칭은 거실(居室)이다. 대조(待詔)는 한나라 때의 벼슬 이름이다. 징사(徵士)로서 정식 관직이 없는 사람은 공거(公車)에서 명을 기다리고[待詔公車], 그중 뛰어난 사람은 금마문에서 명을 기다렸다가[待詔金馬門] 자문에 응했던 일에서 유래한 명칭이다.

312_ 『한서』「유림전」에 의하면, 선제(宣帝)는 『곡량전』의 학설을 좋아하여 채천추(蔡千秋)라는 인물을 발탁하여 가르치도록 했는데, 그가 잘못을 저질러서 좌천되었다. 선제는 곡량학이 끊어져 버릴 것을 걱정하여 다시 『곡량전』의 전문가를 찾았지만, 채천추만한 자가 없어서 그를 다시 낭중호중(郎中戶將)으로 삼고, 낭관 10명을 선발하여 가르치도록 했다. 채천추가 죽자 강공을 『곡량전』의 박사로 발탁하여 그들을 가르쳤는데, 그가 다시 죽자 주경과 정성 두 사람에게 10명의 낭관을 가르치도록 한 것이다.

그들도 모두 [『곡량전』을] 밝게 익혔다. 이에 오경의 명유들을 불러 태자태부(太子太傅) 소망지(蕭望之) 등이 궁궐에서 큰 회의를 개최하여 『공양전』과 『곡량전』의 같고 다름을 평의했는데, 각자가 경전을 가지고 옳고 그름을 따졌다. 당시 『공양전』 분야의 박사 엄팽조와 시랑(侍郞) 신만(申輓)·이추(伊推)·송현(宋顯), 그리고 『곡량전』 분야의 의랑(議郞) 윤경시(尹更始)와 대조(待詔) 유향(劉向)·조경(周慶)·정성(丁姓)이 함께 토론했다. 공양가[의 이론]이 대부분 받아들여지지 않자, [공양학자들이] 시랑(侍郞) 허광(許廣)을 토론에 참여시키기를 요청했다. 토론을 감찰하던 관리[313]가 또한 곡량가인 중랑(中郞) 왕해(王亥)를 토론에 참여시켜 각각이 5명으로 구성되어 30여 가지의 일을 토론했다. 소망지 등 11명은 각자 경전의 의리로 상대했는데, 대부분이 『곡량전』을 따랐다. 이로 말미암아 『곡량전』의 학문이 크게 성행했고, 조경과 정성은 모두 박사가 되었다. 정성은 관직이 중산왕(中山王)의 태부(太傅)에 이르렀고, 초(楚)나라 사람 신장창(申章昌) 만군(曼君)에게 전수했다. [신장창은] 박사가 되었고, 관직은 장사왕(長沙王)의 태부(太傅)에 이르렀으며, 무리들이 더욱 많아졌다.(『한서』「유림전」)

蔡千秋死,[314] 徵江公孫爲博士. 劉向以故諫大夫通達待詔, 受『穀梁』, 欲令助之. 江博士復死, 迺徵周慶·丁姓待詔保宮, 使卒授十人. 自元康中始講, 至甘露元年, 積十餘歲, 皆明習. 乃召五經名儒, 太子太傅蕭望之等, 大議殿中, 平『公羊』·『穀梁』同異, 各以經處是非. 時『公羊』博士嚴彭祖·侍郞申輓·伊推·宋顯, 『穀梁』議郞尹更始·待詔劉向·周慶·丁姓並論. 公羊家多不見從, 願請內侍郞許廣. 使者亦並內穀梁家中郞王亥, 各五人, 議三十餘事. 望之等十一人各以經誼對, 多從『穀梁』. 由是『穀梁』之學大盛,[315] 慶·姓皆爲博士. 姓至中山

313_ 사자(使者)는 안사고가 당시 황제가 조서를 내려 파견하여 토론을 감찰하던 사람이라고 했다.

314_ 이 문장이 『한서』「유림전」에는 "會千秋病死."로 되어 있다.

太傅, 授楚申章昌曼君. 爲博士, 至長沙太傅, 徒衆尤盛.(『漢書』「儒林傳」)

康21-21

[『한서』]「유림전」에서 경전을 전수받은 유학자들은 모두 공자 교단의 사람이다.

凡『儒林傳』授經諸儒, 皆孔敎也.

21-8-53

연흠(延欽)은 자가 자하(子夏)이고, 어려서부터 경서를 좋아했다.(『한서』「두주전」)

欽, 字子夏, 少好經書.(『漢書』「杜周傳」)

21-8-54

주매신(朱買臣)은 자가 옹자(翁子)이고, 오(吳)나라 사람이다. 집안이 가난했는데, 경서 공부를 좋아했다.(『한서』「주매신전」)

朱買臣, 字翁子, 吳人. 家貧, 好讀書.(『漢書』「朱買臣傳」)

21-8-55

매복(梅福)은 자가 자진(子眞)이고, 구강(九江) 수춘(壽春) 사람이다. 어려서 장안(長安)에서 공부했는데, 『상서』와 『곡량전』에 밝아서 군(郡)의 문학

315_ 이 문장이 『공자개제고』에는 "多從『穀梁』之學大盛."이라고 되어 있어서 문장의 의미가 통하지 않는다. 『한서』 원문에 따라 빠진 부분을 보충했다.

(文學)이 되었고, 남창위(南昌尉)에 임명되었다.(『한서』「양호주매운전」)

梅福, 字子眞, 九江壽春人也. 少學長安, 明『尙書』·『穀梁春秋』, 爲郡文學, 補南昌尉.(『漢書』「楊胡朱梅云傳」)

21-8-56

오구수왕(吾丘壽王)은 자가 자공(子贛)이고, 조(趙)나라 사람이다. 나이가 어렸을 때, 쌍륙 놀이[316]를 잘해서 다섯 번이나 대조(待詔)로 초빙되었다. 조서가 내려져서 그로 하여금 중대부(中大夫) 동중서(董仲舒)에게 『춘추』를 배우도록 했다.(『한서』「오구수왕전」)

吾丘壽王, 字子贛, 趙人也. 年少, 以善格五召, 待詔. 詔使從中大夫董仲舒受『春秋』.(『漢書』「吾丘壽王傳」)

21-8-57

운창(云敞)은 자가 유유(幼孺)이고, 평릉(平陵) 사람이다. 같은 현(縣)의 오장(吳章)을 스승으로 섬겼다. 오장은 『상서』 경전을 연구하여 박사가 되었다.(『한서』「양호주매운전」)

云敞, 字幼孺,[317] 平陵人也. 師事同縣吳章. 章治『尙書』經爲博士.(『漢書』「楊胡朱梅云傳」)

21-8-58

처음에 오장(吳章)은 당세의 유명한 학자였는데, 그가 가르치자 제자들이 더욱 많아져서 제자가 천여 명이나 되었다.(『한서』「양호주매운전」)

316_ 격오(格五)는 고대의 오락 놀이로, 바둑이나 쌍륙 등을 말한다.

317_ 유(孺)가 『공자개제고』에는 유(儒)로 되어 있는데, 『한서』 원문에 따라 고쳤다.

初, 章爲當世名儒, 敎授尤盛, 弟子千余人.(『漢書』「楊胡朱梅云傳」)

21-8-59

진탕(陳湯)은 자가 자공(子公)이고, 산양(山陽) 하구(瑕丘) 사람이다. 어려서부터 경서를 좋아했고, [경서를] 널리 통달하고 문장을 잘 지었다.[318] (『한서』「진탕전」)

陳湯, 字子公, 山陽瑕丘人也. 少好『書』, 博達善屬文.(『漢書』「陳湯傳」)

21-8-60

준불의(雋不疑)는 자가 만천(曼倩)이고 발해(勃海) 사람이다. 『춘추』를 연구하여 군(郡)의 문학(文學)이 되었고, 나아가고 물러날 때 반드시 예법에 맞게 했기 때문에 주군(州郡)에서 명성이 자자했다.[319](『한서』「준불의전」)

雋不疑, 字曼倩, 勃海人也. 治『春秋』, 爲郡文學, 進退必以禮, 名聞州郡.(『漢書』「雋不疑傳」)

21-8-61

공승(龔勝)과 공사(龔舍)[兩龔]는 모두 초(楚)나라 사람이다. 공승은 자가 군

318_ 촉문(屬文)은 문장을 짓는다는 뜻이다.

319_ 『후한서』「유림전」에도 "준불의는 북궐(北闕)의 앞에서 위태자(衛太子)의 진위를 바로잡았고, 하후승(夏侯勝)은 항상 흐려서 비가 오지 않는 징조를 변별했다. 그런 이후에 조정의 대신들이 유교의 학술을 더욱더 중시했다"라는 기록이 보인다. 『한서』「준불의전」에 의하면, 소제(昭帝) 때, 성방수(成方遂)라는 남자가 북궐(北闕)에 나타나서 위태자(衛太子)를 사칭했는데, 승상이나 어사 등이 감히 발언을 하는 자가 없었다. 이 당시 경조윤(京兆尹)이었던 준불의가 늦게 도착하여 위태자를 사칭한 자를 죄인이라고 꾸짖고 감옥으로 보내버렸다. 소제와 대장군이었던 곽광(霍光)은 그 소식을 듣고 기뻐하였고, 공경과 대부들은 경술(經術)을 이용하고 대의(大義)에 밝아야 한다고 말했다고 한다.

실(君賓)이고, 공사는 자가 군천(君倩)이다. 두 사람은 서로 친구이면서 절개로 함께 유명했기 때문에 세상에서는 그들을 초나라의 양공(兩龔)이라고 불렀다. 어려서부터 두 사람 모두 학문을 좋아했고, 경전에 밝았다.(『한서』「양공전」)

兩龔, 皆楚人也. 勝, 字君賓, 舍, 字君倩. 二人相友, 並著名節, 故世謂之楚兩龔. 少皆好學, 明經.(『漢書』「兩龔傳」)

21-8-62

설광덕(薛廣德)은 자가 자경(長卿)이고 패군(沛郡) 상현(相縣) 사람이다. 『노시(魯詩)』를 가지고 초국(楚國)에서 학생을 가르쳤는데, 공승(龔勝)과 공사(龔舍)가 그를 섬겼다.(『한서』「설광덕전」)

薛廣德, 字長卿, 沛郡相人也. 以『魯詩』敎授楚國, 龔勝·舍師事焉.(『漢書』「薛廣德傳」)

21-8-63

포선(鮑宣)은 자가 자도(子都)이고, 발해(渤海) 고성(高城) 사람이다. 학문을 좋아하고 경전에 밝았다. 현향(縣鄕)의 색부(嗇夫)[320]가 되었고, 속주(束州)[321]의 현승(縣丞)을 맡았다.(『한서』「포선전」)

鮑宣, 字子都, 渤海高城人也. 好學明經. 爲縣鄕嗇夫, 守束州丞.(『漢書』「鮑宣傳」)

320_ 색부(嗇夫)는 향관(鄕官)의 일종으로, 지방에서 소송이나 부세 등을 맡아보던 하급 관리이다.

321_ 속주(束州)는 안사고가 발해(渤海)의 현(縣)이라고 했다.

21-8-64

황제는 포선(鮑宣)이 유명한 학자였기 때문에 그를 관대하게 대우했다.(『한서』「포선전」)

上以宣名儒, 優容之.(『漢書』「鮑宣傳」)

21-8-65

포선(鮑宣)은 앉아서 사신을 가로막고 문을 닫아버리니,[322] 신하의 예법을 상실하고, 크게 불경하고 무도하여 정위(廷尉)에 의해 하옥되었다. 박사제자 중에 제남(濟南) 출신 왕함(王咸)은 태학에서 가장 앞장서서[323] "사예(司隸) 포선을 구제하고자 하는 자는 여기에 모이라!"라고 외쳤다. 제생들 중에 모인 자가 천여 명이나 되었다.(『한서』「포선전」)

宣坐距閉使者, 亡人臣禮, 大不敬, 不道, 下廷尉獄. 博士弟子濟南王咸擧幡太學下曰, "欲救鮑司隸者會此下!" 諸生會者,[324] 千餘人.(『漢書』「鮑宣傳」)

21-8-66

성제(成帝)로부터 왕망(王莽) 시기에 이르기까지 청렴하다는 명성을 떨

322_ 당시 승상이었던 공광(孔光)이 원릉(園陵)을 순행할 때, 수하의 관리가 큰 길 한가운데에서 포선에 의해 모욕을 당한 일이 발생했다. 조정에서는 포선의 명령에 따라 승상의 수하를 체포했던 포선의 부하를 잡으려고 포선의 관저에 사신을 파견했는데, 포선이 문을 담그고 사신을 들어오지 못하게 하는 상황을 다룬 내용이다.

323_ 거번(擧幡)은 거번(擧旛)과 같은 말로, 깃발이나 기치를 내걸고 앞장서서 자신의 주장을 표출한다는 뜻이다.

324_ 『공자개제고』에는 자(者)자 뒤에 또 자(者)자가 더 있는데, 『한서』 원문에 따라 삭제했다.

친 선비 중에 낭야(琅邪)에는 또한 기준(紀逡)이라는 사람이 있었는데, 그의 자는 왕사(王思)이다. 제(齊)나라에는 설방(薛方)이 있었는데, 그의 자는 자용(子容)이다. 대원(大原)에는 자가 신중(臣仲)인 순월(郇越)과 자가 치빈(稚賓)인 순상(郇相)이 있었다. 패군(沛郡)에는 자가 자고(子高)인 당림(唐林)과 자가 백고(伯高)인 당준(唐尊)이 있었다. 모두 경전에 밝고 행동을 삼갔기 때문에 세상에 명성을 떨쳤다.(『한서』「포선전」)

自成帝至王莽時, 淸名之士, 琅邪又有紀逡王思. 齊則薛方子容. 大原則郇越臣仲·郇相稚賓. 沛郡則唐林子高·唐尊伯高. 皆以明經飭行, 顯名於世.(『漢書』「鮑宣傳」)

21-8-67

왕망(王莽)이 섭정할 때, 곽흠(郭欽)과 장후(蔣詡)는 모두 병을 핑계로 관직을 버리고, 고향으로 돌아가 집밖으로 나오지 않고, 집에서 생을 마감했다.[325] 제(齊)나라 사람 율융(栗融) 객경(客卿), 북해(北海) 사람 금경(禽慶) 자하(子夏)와 소장(蘇章) 유경(遊卿), 그리고 산음(山陽) 사람 조경(曹竟) 자기(子期)는 모두 유생으로서 관직을 버리고 왕망의 밑에서 벼슬을 하지 않았다.(『한서』「포선전」)

王莽居攝, 郭欽·蔣詡皆以病免官, 歸鄕里臥, 不出戶, 卒於家. 齊栗融客卿·北海禽慶子夏·蘇章遊卿·山陽曹子期, 皆儒生, 去官不仕於莽.(『漢書』「鮑宣傳」)

325_ 곽흠(郭欽)은 유미(隃麋) 사람으로, 애제(哀帝) 때 승상사직(丞相司直)이 되었고, 평제(平帝) 때에는 남군태수(南郡太守)를 역임한 사람이다. 장후(蔣詡)는 두릉(杜陵) 사람으로, 연주자사(兗州刺史)를 지냈고, 청렴과 정직으로 유명한 인물이다.

21-8-68

이 때문에 동중서(董仲舒)의 이론을 모아서 인용하고,[326] 유향(劉向)과 유흠(劉歆)을 변별하며, 휴맹(眭孟) · 하후승(夏侯勝) · 경방(京房) · 곡영(谷永) · 이심(李尋)의 제자들이 진술한 일들을 기록하여, 왕망(王莽)의 시기에 이르기까지 전체 12세대를 『춘추』의 사례를 따라서[327] [「오행지(五行志)」라는] 편으로 기록했다.(『한서』「오행지」)

是以攬仲舒, 別向 · 歆, 傳載眭孟 · 夏侯勝 · 京房 · 谷永 · 李尋之徒所陳行事, 訖于王莽, 擧十二世以傅[328]『春秋』, 著於篇.(『漢書』「五行志」)[329]

21-8-69

경제(景帝)와 무제(武帝)의 시대에, 동중서(董仲舒)는 『공양전』을 연구하고, 처음으로 음양(陰陽)[의 변화]를 추론하여 유학자의 종주가 되었다. 선제(宣帝)와 원제(元帝) 이후에는 유향(劉向)이 『곡량전』을 연구하고, [음양의] 화복(禍福)을 고찰했으며, 『홍범(洪範)』을 전했는데, 동중서[의 이론]과는 서로 달랐다. 유향의 아들 유흠(劉歆)에 이르러 『좌씨전』을 연구했는데, 그것은 『춘추』의 원래 뜻과는 또한 이미 괴리되어 있었다.(『한서』「오행지」)

景 · 武之世, 董仲舒治『公羊春秋』, 始推陰陽, 爲儒者宗. 宣 · 元之後,

326_ 람(攬)은 안사고가 끌어모은다[引取]는 뜻이라고 했다. 즉 모아서 인용하는 것이다.

327_ 부(傅)는 비부(比附), 즉 다른 책에 기록된 비슷한 사례나 용례를 따르는 것을 말한다.

328_ 부(傅)가 『공자개제고』에는 전(傳)으로 되어 있는데, 『한서』 원문에 따라 고쳤다.

329_ 지(志)가 『공자개제고』에는 전(傳)으로 되어 있는데, 『한서』 원문에 따라 고쳤다.

劉向治『穀梁春秋』, 數其禍福, 傳以『洪範』, 與仲舒錯. 至向子歆治『左氏傳』, 其『春秋』意亦已乖矣.(『漢書』「五行志」)

21-8-70

승상(丞相) 위현(韋賢)은 노(魯)나라 사람이다. 경서(經書)와 술수(術數)를 공부하여 하급 관리가 되었고, 관직이 대홍려(大鴻臚)에 이르렀다.(『사기』「장승상열전」)

韋丞相賢者, 魯人也. 以讀書術爲吏, 至大鴻臚.(『史記』「張丞相列傳」)

21-8-71

승상 병길(邴吉)은 노(魯)나라 사람이다. 경서를 공부하고 법령(法令)을 좋아하여 벼슬이 어사대부(御史大夫)에까지 이르렀다.(『사기』「장승상열전」)

邴丞相吉者, 魯國人也. 以讀書, 好法令, 至御史大夫.(『史記』「張丞相列傳」)

21-8-72

승상 위현성(韋玄成)은 곧 앞에 나온 승상 위현(韋賢)의 아들이다. 부친의 대를 이었지만, 나중에는 열후(列侯)의 작위를 상실했다. 이 사람은 어려서부터 경서 공부를 좋아했고,『시』와『논어』에 밝았다.(『사기』「장승상열전」)

韋丞相玄成者, 即前韋丞相子也. 代父, 後失列侯. 其人少好讀書, 明於『詩』·『論語』.(『史記』「張丞相列傳」)

21-8-73

승상 황패(黃霸)는 회양(淮陽) 사람이다. 경서를 공부하여 하급 관리가 되었고, 관직은 영천(潁川)의 태수에까지 이르렀다. 영천을 다스릴 때 예의(禮義)로써 했다.(『사기』「장승상열전」)

黃丞相霸者, 淮陽人也. 以讀書爲吏, 至潁川太守. 治潁川以禮義.[330] (『史記』「張丞相列傳」)

21-8-74

승상 광형(匡衡)은 동해(東海) 사람이다. 경서 공부를 좋아했고, 박사에게 『시』를 배웠다.(『사기』「장승상열전」)

丞相匡衡者, 東海人也. 好讀書, 從博士受『詩』.(『史記』「張丞相列傳」)

21-8-75

풍야왕(馮野王)[331]은 자가 군경(君卿)이고, 박사에게 수업했으며, 『시』에 능통했다.(『한서』「풍봉세전」)

野王, 字君卿, 受業博士, 通『詩』.(『漢書』「馮奉世傳」)

21-8-76

익봉(翼奉)은 자가 소군(少君)이고, 동해(東海) 하비(下邳) 사람이다. 『제시(齊詩)』를 연구했고, 소망지(蕭望之) · 광형(匡衡)과 같은 스승을 섬겼는데, 세 사람 모두 경술에 밝았다.(『한서』「익봉전」)

330_ 이 문장이 『사기』에는 "治潁川, 以禮義條敎喩告化之."로 되어 있다.

331_ 풍야왕(馮野王)은 풍봉세(馮奉世)의 9명의 아들 중 한 명이다.

翼奉, 字少君, 東海下邳人也. 治『齊詩』, 與蕭望之・匡衡同師, 三人經術皆明.(『漢書』「翼奉傳」)

21-8-77

이심(李尋)은 자가 자장(子長)이고, 평릉(平陵) 사람이다. 『상서』를 연구했다.(『한서』「이심전」)

李尋, 字子長, 平陵人也. 治『尙書』.(『漢書』「李尋傳」)

21-8-78

한연수(韓延壽)는 자가 장공(長公)이고, 연(燕)나라 사람인데, 두릉(杜陵)으로 이주했다. 어렸을 때 군(郡)의 문학이 되었다.(『한서』「한연수전」)

韓延壽, 字長公, 燕人也, 徙杜陵. 少爲郡文學.(『漢書』「韓延壽傳」)

21-8-79

장창(張敞)은 본래 『춘추』를 연구했고, 경술(經術)로써 스스로를 도와서 바로잡았으며, 그의 정치에는 유가의 학술[332]이 많이 섞여 있었다.(『한서』「장창전」)

敞本治『春秋』, 以經術自輔, 其政頗雜儒雅.(『漢書』「張敞傳」)

21-8-80

갑관요(蓋寬饒)는 자가 차공(次公)이고, 위군(魏郡) 사람이다. 명경(明經)으

332_ 유아(儒雅)는 유가의 학술을 의미한다. 박학한 학자를 가리키기도 한다.

로 군(郡)의 문학(文學)이 되었고, 효렴(孝廉)으로 천거되어 낭관(郎官)이 되었다.(『한서』「갑관요전」)

蓋寬饒, 字次公, 魏郡人也. 明經, 爲郡文學, 以孝廉爲郎.(『漢書』「蓋寬饒傳」)

21-8-81

[갑관요는] 또한 국사에 대해 말하면서 풍자하거나 비판하기를 좋아했고, 황제의 뜻을 곧잘 어겼다. 황제는 그를 유학자로 여겼기 때문에 관대하게 대했다.(『한서』「갑관요전」)

又好言事刺譏, 奸犯上意. 上以其儒者, 優容之.(『漢書』「蓋寬饒傳」)

21-8-82

하후시창(夏侯始昌)은 노(魯)나라 사람이다. 오경에 능통했고, 『제시(齊詩)』와 『상서(尙書)』로 제자들을 가르쳤다.(『한서』「하후시창전」)

夏侯始昌, 魯人也. 通五經, 以『齊詩』·『尙書』敎授.(『漢書』「夏侯始昌傳」)

21-8-83

[하후시창의] 일족의 자제인 하후승(夏侯勝)도 유학자로 명성을 떨쳤다.(『한서』「하후시창전」)

族子勝亦以儒顯名.(『漢書』「夏侯始昌傳」)

21-8-84

하후승(夏侯勝)은 다시 장신(長信)의 소부(少府)가 되었고, 태자태부(太子太

傳)로 자리를 옮겼다. 황제의 칙령을 받들어 『상서』와 『논어』의 해설을 지었는데, 그에게 황금 100근을 하사했다. 나이 90세에 재직 중에 죽었는데, 황제가 묘지를 하사하여[333] 평릉(平陵)에 안장했다. 태후(太后)가 2백만 전을 하사했고, 하후승을 위해 5일 동안 소복(素服)을 입고 스승의 은혜에 보답하니, 유학자들이 영광으로 여겼다.(『한서』「하후시창전」)

勝復爲長信少府, 遷太子太傅. 受詔撰『尙書』·『論語』說, 賜黃金百斤. 年九十卒官, 賜冢塋, 葬平陵. 太后賜錢二百萬, 爲勝素服五日, 報師傅之恩, 儒者以爲榮.(『漢書』「夏侯始昌傳」)

21-8-85

하후승의 숙부의 아들 하후건(夏侯建)은 자가 장경(長卿)이다. 스스로 하후승과 구양고(歐陽高)를 스승으로 섬기면서 양쪽에서 취사선택하여 학문을 배웠다.[334] 또한 오경에 능통한 여러 학자들에게 『상서』를 배웠는데, 서로 차이가 나는 내용을 가져다가 장구의 형태로 순서를 만들고, 문장을 지어 해설을 덧붙였다. 하후승이 그를 비판하면서 "하후건은 이른바 장구(章句)나 짓는 천박한 학자이니, 경전의 큰 도를 깨뜨려 버렸다"라고 했다. 하후건도 하후승을 비판하면서 "학문을 하는 것이 소략하여 대응하기가 어렵다"라고 했다. 하후건은 마침내 스스로 전문적인 경전 하파를 만들었다. 의랑박사(議郎博士)가 되었다.(『한서』「하후시창전」)

勝從父子建, 字長卿. 自師事勝及歐陽高, 左右采獲. 又從五經諸儒問與『尙書』, 相出入者, 牽引以次章句, 具文飾說. 勝非之曰, "建所謂

333_ 총영(冢塋)은 묘역 또는 묘지로, 황제가 그에게 묘지로 사용할 땅을 하사했다는 뜻이다.

334_ 채획(采獲)은 채집하여 얻는다는 말로, 안사고가 "하후승과 구양고 양쪽에서 의심스러운 뜻을 따져 물어서 이해하는 것이다"라고 했다. 즉 양쪽에서 취사선택하여 학문을 배웠다는 의미이다.

章句小儒, 破碎大道." 建亦非勝, "爲學疏略, 難以應敵." 建卒自顓門名經. 爲議郎博士.(『漢書』「夏侯始昌傳」)

21-8-86

사마상여(司馬相如)는 자가 장경(長卿)이고, 촉군(蜀郡) 성도(成都) 사람이다. 어렸을 때 경전 공부를 좋아했다.(『한서』「사마상여전」)

司馬相如, 字長卿, 蜀郡成都人也. 少時好讀書.(『漢書』「司馬相如傳」)

21-8-87

식부궁(息夫躬)은 자가 자미(子微)이고, 하내(河內) 하양(河陽) 사람이다. 어려서 박사제자가 되어 『춘추』를 배웠고, 전기(傳記)와 여러 사람들의 글[335]을 두루 읽었다.(『한서』「괴오강식부전」)

息夫躬, 字子微, 河內河陽人也. 少爲博士弟子, 受『春秋』, 通覽記書.(『漢書』「蒯伍江息夫傳」)

21-8-88

제갈풍(諸葛豐)은 자가 소계(少季)이고 낭야(琅琊) 사람이다. 명경(明經)으로 군(郡)의 문학(文學)이 되었다.(『한서』「제갈풍전」)

諸葛豐, 字少季, 琅琊人也. 以明經爲郡文學.(『漢書』「諸葛豐傳」)

21-8-89

손보(孫寶)는 자가 자엄(子嚴)이고, 영천(潁川) 언릉(鄢陵) 사람이다. 명경(明

335_ 기서(記書)는 안사고가 전기(傳記) 및 제가의 글이라고 했다.

經)으로 군(郡)의 하급 관리가 되었다.(『한서』「손보전」)

孫寶, 字子嚴, 潁川鄢陵人也. 以明經爲郡吏.(『漢書』「孫寶傳」)

21-8-90

문하성(門下省)의 부관 공수(贛遂)는 나이가 많은 큰 학자인데, 수백 명의 제자를 가르쳤다.(『한서』「주박전」)

門下掾贛遂, 耆老大儒, 教授數百人.(『漢書』「朱博傳」)

21-8-91

공수(龔遂)는 자가 소경(少卿)이고, 산양군(山陽郡) 남평(南平) 양현(陽縣) 사람이다. 명경(明經)으로 관리가 되었다.(『한서』「순리전」)

龔遂, 字少卿, 山陽南平陽人也. 以明經爲官.(『漢書』「循吏傳」)

21-8-92

소신신(召信臣)은 자가 옹경(翁卿)이고, 구강(九江) 수춘(壽春) 사람이다. 명경(明經)으로 과거 시험의 갑과(甲科)로 낭관(郎官)이 되었다.(『한서』「순리전」)

召信臣, 字翁卿, 九江壽春人也. 以明經甲科爲郎.(『漢書』「循吏傳」)

21-8-93

저소손(褚少孫) 선생이 말했다. "신은 경술(經術)에 통달했고, 박사에게 수업을 받으면서 『춘추』를 연구하여 우수한 성적[336]으로 낭관(郎官)이 되었습니다."(『사기』「귀책열전」)

褚先生曰, "臣以通經術, 受業博士, 治『春秋』, 以高第爲郎."(『史記』「龜策列傳」)

21-8-94

하무(何武)는 박사에게 수업을 받으면서 『역』을 연구했고, 사책(射策)의 갑과(甲科)로 낭관(郎官)이 되었다.(『한서』「하무전」)

武詣博士受業, 治『易』, 以射策甲科爲郎.(『漢書』「何武傳」)

21-8-95

왕가(王嘉)는 자가 공중(公仲)이고, 평릉(平陵) 사람이다. 명경과(明經科) 사책(射策)의 갑과(甲科)로 낭관(郎官)이 되었다.(『한서』「왕가전」)

王嘉, 字公仲, 平陵人也. 以明經射策甲科爲郎.(『漢書』「王嘉傳」)

21-8-96

한나라가 흥기했을 때는 문학(文學)도 부족한데다가 시기도 초창기였기 때문에 진(秦)나라의 제도를 그대로 계승했다. 나중에 조금씩 개정하면서 육경(六經)을 참고하여 거의 올바르고 정확하게 되었다. 공자가 말했다. "혹시 주(周)나라를 계승하는 나라가 있으면 하나라의 역법을 시행하고,[337] 은나라의 수레를 타며,[338] 주나라의 면류관을 착용하

336_ 고제(高第)는 시험 성적이 우수하여 이름이 명단의 윗부분에 있다는 말로, 과거에 급제했다는 의미이다. 또는 근무나 학업 성적이 우수한 사람을 일컫기도 한다.

337_ 하・은・주 삼대의 역법을 삼정(三正)이라고 한다. 하나라는 1월을 세수로 하는 건인(建寅)을 기준으로, 은나라는 12월을 세수로 하는 건축(建丑)을 기준으로, 주나라는 11월을 세수로 하는 건자(建子)를 기준으로 역법을 시행했다. 『논어집주』에 의하면, 하나라의 역법은 인정(人正), 은나라의 역법은 지정(地正), 주나라의

고,[339] 음악은 [순임금의] 소무(韶舞)[340]를 사용하라." 따라서 「여복지(輿服志)」를 지어서 『후한서』에 기록함으로써 고금의 손익(損益)의 의미[341]를 살펴보고자 한다.(『후한서』「여복지」)

漢興, 文學旣缺, 時亦草創, 承秦之制. 後稍改定, 參稽六經, 近於雅正. 孔子曰, "其或繼周者, 行夏之正, 乘殷之輅, 服周之冕, 樂則韶舞." 故撰「輿服」, 著之於篇, 以觀古今損益之義云.(『後漢書』「輿服志」)

역법은 천정(天正)에 해당되는데, 역법으로 농사일을 하기 때문에 당연히 하나라의 인정(人正)을 핵심으로 삼아야 한다고 했다.

338_ 로(輅)는 천자가 타는 수레를 말한다. 『논어집주』에 의하면, 옛날에는 나무로 수레를 만들었는데, 은나라 때 이르러 목로(木輅)라는 명칭이 생기면서 그 제도를 새롭게 만든 것이다. 주나라 때의 수레는 금과 옥으로 장식하여, 지나치게 사치하고 쉽게 파손된 것과는 달리 은나라의 수레는 질박하면서도 튼튼하여 수레로서는 가장 적절했다고 한다.

339_ 『논어집주』에 의하면, 면류관은 크지도 않고 또 사람의 머리에 사용하는 것이기 때문에 비록 사치스럽더라도 형식적으로 잘 갖추어진 주나라의 면류관이 가장 적절하다고 했다.

340_ 『논어집주』에서 그것이 가장 진선진미(盡善盡美)하여 선택한 것이라고 했다. 공자가 무왕의 음악이 진미(盡美)하기는 하지만 진선(盡善)하지는 못한 반면, 순임금의 음악은 진선(盡善)과 진미(盡美)를 다 갖추었다고 평가했다. 『논어』「팔일(八佾)」편에 "子謂韶, 盡美矣, 又盡善也. 謂武, 盡美矣, 未盡善也."라는 기록이 보인다.

341_ 『논어』「위정」편에 다음과 같은 내용이 보인다. "자장(子張)이 '10세대 [이후의 왕조]를 알 수 있습니까?'라고 묻자, 공자가 '은나라는 하나라의 예법을 따랐으니, 덜어내거나 더한 내용을 알 수 있고, 주나라는 은나라의 예법을 따랐으니, 덜어내거나 더한 내용을 알 수 있다. 혹시 주(周)나라를 계승하는 나라가 있으면 비록 100세대가 지난 이후에도 알 수 있다'라고 대답했다[子張問, "十世可知也?" 子曰, "殷因于夏禮, 所損益, 可知也, 周因于殷禮, 所損益, 可知也. 其或繼周者, 雖百世, 可知也."]." 손익(損益)은 문화나 제도 등의 단점을 덜어내고 장점을 더한다는 말로, 공자의 제도 개혁의 방법론을 말한다. 공자는 하(夏) - 은(殷) - 주(周) 세 왕조가 교체되는 법칙이 문(文)과 질(質)이라는 문화적 특징, 그리고 삼통(三統)이라는 역법이 순환 반복한다는 점에 착안하여 각 왕조의 손익(損益)을 따져보면, 비록 100세대 이후의 왕조라도 그 제도 개혁의 방향이나 내용을 알 수 있다고 했다.

21-8-97

[경왕(敬王)] 유목(劉睦)은 성격이 겸손하고 공손하며 선비들을 좋아하여, 천 리나 떨어진 곳의 사람과도 교유 관계를 맺었으며, 유명한 학자나 덕망이 있는 사람 중에 찾아가서 만나지 않은 사람이 없었다.(『후한서』「종실사왕삼후열전」)[342]

睦性謙恭好士, 千里交結, 自名儒宿德, 莫不造門.(『後漢書』「宗室四王三侯列傳」)

21-8-98

등우(鄧禹)는 나이가 13세 때 『시』를 잘 암송하여 장안(長安)에서 수업을 받았다.(『후한서』「등우전」)

鄧禹年十三, 能誦『詩』, 受業長安.(『後漢書』「鄧禹傳」)

21-8-99

등홍(鄧弘)은 어렸을 때 구양생(歐陽生)의 『상서』를 연구하여 궁중에서 안제(安帝)를 가르쳤는데, 많은 학자들이 그에게 귀의하여 따랐다.(『후한서』「등우전」)

鄧弘少治歐陽『尙書』, 授帝禁中, 諸儒多歸附之.(『後漢書』「鄧禹傳」)

342_『공자개제고』에는 출전이 『후한서』「제왕인전(齊王縯傳)」으로 잘못 기록되어 있어서 바로잡았다. 그리고 「종실사왕삼후열전(宗室四王三侯列傳)」에 가장 먼저 나오는 인물이 바로 '제무왕인(齊武王縯)'인데, 『공자개제고』에는 '제왕인(齊王縯)'으로 잘못 기록되어 있다.

21-8-100

가복(賈復)은 어려서부터 학문을 좋아하여 『상서』를 익혔다.(『후한서』「가복전」)

賈復少好學, 習『尙書』.(『後漢書』「賈復傳」)

21-8-101

가복(賈復)은 광무제(光武帝)가 전쟁을 그만두고[343] 문덕(文德)을 닦고자 원하지, 공신들이 서울에 군대를 집합시키는 것을 원하지 않는다는 것을 알았다. 이에 고밀후(高密侯) 등우(鄧禹)와 함께 무기와 군대를 줄이고, 유학을 숭상했다.(『후한서』「가복전」)

復知帝欲偃干戈, 修文德, 不欲功臣擁衆京師. 乃與高密侯鄧禹並剽甲兵, 敦儒學.(『後漢書』「賈復傳」)

21-8-102

가종(賈宗)은 유술(儒術)도 함께 능통했다.[344](『후한서』「가복전」)

賈宗兼通儒術.(『後漢書』「賈復傳」)

21-8-103

채준(祭遵)은 어려서부터 경서를 좋아했다.(『후한서』「채준전」)

343_ 언간과(偃干戈)는 언과(偃戈) 또는 언병(偃兵)이라고도 하는데, 무기를 치우고 전쟁을 그만둔다는 뜻이다.

344_ 가종(賈宗)은 장제(章帝) 때 장수교위(長水校尉)를 역임한 장수이다. 흉노족들이 그의 명성 때문에 감히 변방을 침입하지 못할 정도로 무(武)에 뛰어났는데, 유학도 함께 공부하여 문무를 겸비한 인물이다.

祭遵少好經書.(『後漢書』「祭遵傳」)

21-8-104

채융(祭肜)은 명종(明宗)을 따라 동쪽으로 순수(巡狩)하다가 노(魯)나라 지역을 지나갔는데, [명종이] 공자의 강당에 앉아 자로(子路)의 방을 쳐다보고 가리키면서 좌우 신하들에게 말했다. "이것은 태복(太僕)[345]의 방이니, [태복은] 나를 지켜주는 신하이다."[346](『후한서』「채준전」)

祭肜[347]從帝東巡狩,[348] 過魯, 坐孔子講堂, 顧指子路室謂左右曰, "此太僕之室, 吾[349]之禦侮也."(『後漢書』「祭遵傳」)

21-8-105

주우(朱祐)는 사람됨이 질박하고 정직하며, 유학을 숭상했다.(『후한서』「주우전」)

祐[350]爲人質直, 尙儒學.(『後漢書』「朱祐傳」)

345_ 태복(太僕)은 주나라 때에는 하관(夏官)에 소속된 벼슬의 하나로, 왕의 의복이나 제사 때의 위치를 바로잡는 일과 왕명의 출납에 관한 일을 맡았다. 진한 이후에는 여마(輿馬)와 목축의 일을 맡던 벼슬이다. 당시 채융은 태복의 벼슬을 맡고 있었다.

346_ 어모(禦侮)는 다른 사람이나 적의 업신여김을 방어한다는 말이다. 『시』「대아·면(緜)」편에 '予曰有禦侮.'라는 말이 있는데, 『시경집전』에서 "무신(武臣)이 적의 예봉을 꺾는 것을 어모(禦侮)라고 한다"라고 풀이하기도 했다. 따라서 무신(武臣)이나 무장(武將)의 의미로도 사용된다.

347_ 융(肜)이 『공자개제고』에는 동(彤)으로 되어 있는데, 『후한서』 원문에 따라 고쳤다.

348_ 이 문장이 『후한서』 원문에는 '後從東巡狩.'로 되어 있다.

349_ 『후한서』 원문에는 오(吾)자 앞에 '태복(太僕)'이라는 두 글자가 더 있다.

350_ 우(祐)가 『공자개제고』에는 호(祜)로 되어 있는데, 『후한서』 원문에 따라 고쳤다. 이하의 호(祜)자도 모두 마찬가지이다.

21-8-106

주우(朱祐)가 상주했다. "옛날에는 신하들이 봉토(封土)를 받을 때, 왕작(王爵)을 더해주지 않았으니, 제후왕[의 작위]를 공(公)으로 바꾸어야 합니다." 광무제가 즉시 시행했다. 또한 상주했다. "마땅히 삼공(三公)에게 모두 '대(大)'라는 명칭을 제거하도록 함으로써 경전(經典)을 본받아야 합니다."(『후한서』「주우전」)

祐奏, "古者人臣受封, 不加王爵, 可改諸王爲公." 帝卽施行. 又奏, "宜令三公並去'大'名, 以法經典."(『後漢書』「朱祐傳」)

21-8-107

주발(朱勃)은 자가 숙양(叔陽)이고, 나이 12세 때 『시』와 『서』를 잘 암송했다.(『후한서』「마원전」)

朱勃, 字叔陽, 年十二, 能誦『詩』·『書』.(『後漢書』「馬援傳」)

21-8-108

탁무(卓茂)는 원제(元帝) 때 장안(長安)에서 공부했는데, 박사 강생(江生)을 섬기면서 『시』와 『예』 및 역산(曆算)을 익혔다. 사법(師法)을 끝까지 연구하여 통달한 유학자로 불렸다.(『후한서』「탁무전」)

茂, 元帝時學于長安, 事博士江生, 習『詩』·『禮』及曆算. 究極師法, 稱爲通儒.(『後漢書』「卓茂傳」)

21-8-109

노생(魯恭)은 15세 때 모친 및 [동생] 노비(魯丕)와 함께 태학에 거처하면서 『노시(魯詩)』를 익혔다. 문을 걸어 잠그고 강습하고 익히면서 세상의 일과는 관계를 끊어버렸다. 형제가 모두 학자들에게 칭송을 받았고, 학사들은 앞 다투어 그들에게 귀의했다.(『후한서』「노공전」)

魯恭, 十五與母及丕俱居太學, 習『魯詩』. 閉戶講誦, 絶人間事. 兄弟俱爲諸儒所稱, 學士爭歸之.(『後漢書』「魯恭傳」)

21-8-110

노비(魯丕)는 자가 숙릉(叔陵)이고, 성격이 침착하고 학문을 좋아했으며, 부지런히 노력하면서 게으르지 않았다. 결국 친구들과는 교유를 단절하고, 서로 방문하면서 안부를 묻는 예법에도 답례하지 않았다. 친구들은 항상 이 점을 가지고 그를 비판했지만, 노비는 즐겁게 스스로 만족했다. 마침내 오경을 모두 통달했고, 『노시(魯詩)』와 『상서』로 학생들을 가르쳤으며, 당대의 유명한 유학자가 되었다.(『후한서』「노공전」)

丕, 字叔陵, 性沈深好學, 孳孳不倦. 遂杜絶交遊, 不答候問之禮. 士友常以此短之, 而丕欣然自得. 遂兼通五經, 以『魯詩』·『尙書』敎授, 爲當世名儒.(『後漢書』「魯恭傳」)

21-8-111

복담(伏湛)의 부친 복리(伏理)는 당대의 유명한 학자였는데, 『시』를 성제(成帝)에게 전수하여 고밀왕(高密王)의 태부(太傅)가 되었고, 별도로 하나의 학파를 이루었다.[351](『후한서』「복담전」)

351_『한서』「유림전」에 의하면, 복리(伏理)는 자가 유군(斿君)이고, 영천(潁川)의 만창(滿昌)과 함께 광형(匡衡)의 학문을 전수했으며, 고밀왕(高密王)의 태부(太傅)가 되어 집안에서 대대로 학업을 전수했다. 따라서 『제시(齊詩)』에는 익봉(翼奉)·광형(匡衡)·사단(師丹)과 함께 복리(伏理)의 학문이 있게 되었다고 한다.

湛父理爲當世名儒, 以『詩』授成帝, 爲高密太傅, 別自名學.(『後漢書』「伏湛傳」)

21-8-112

[남양태수(南陽太守)] 두시(杜詩)가 상소문을 올려 복담(伏湛)을 천거하면서 말했다.[352] "제가 이전에 시어사(侍御史)로 있을 때 밀봉한 상소문을 올리면서 다음과 같이 말했습니다. 복담은 공정하고 청렴하면서 아랫사람을 사랑하며, 좋아하고 싫어하는 것이 분명하며, 대대로 유학을 공부하여 평소에 명분과 신뢰를 가지고 있으며, 경전에 밝고 행동이 잘 수양되어 있으며, 국정에도 통달하니, 황제를 가까이에서 모시면서 좌우 신하들의 말을 전하도록 하기[353]에 매우 적합합니다."(『후한서』「복담전」)

杜詩上疏薦湛曰, "臣前爲侍御史上封事, 言湛公廉愛下, 好惡分明, 累世儒學, 素持名信, 經明行修, 通達國政, 尤宜近侍, 納言左右."(『後漢書』「伏湛傳」)

21-8-113

후패(侯霸)는 뜻을 독실하게 가지고 학문을 좋아했으며, 구강(九江)의 태수(太守) 방원(房元)을 스승으로 섬겨 『곡량전』을 연구했고, 방원의 도강(都講)[354]이 되었다.(『후한서』「후패전」)

352_ 두시(杜詩)가 올린 상소문의 내용은 매우 긴데, 여기에서는 일부분을 발췌한 것이다.

353_ 납언(納言)은 원래 벼슬 이름으로, 임금의 명을 선포하고, 신하의 말을 임금에게 전달하는 일을 주관했다. 한나라 시대에는 상서(尙書) 등 근신(近臣)이 쓰던 두건을 의미하기도 했다.

354_ 도강(都講)은 학사(學舍)에서 박사를 도와 경전을 강독하던 유생으로, 재능이 뛰어난 사람으로 충당했다.

霸篤志好學, 師事九江太守房元, 治『穀梁春秋』, 爲元都講.(『後漢書』「侯霸傳」)

21-8-114

위표(韋彪)는 효행이 지고지순했는데, 부모가 돌아가시자 3년 동안 모든 정성을 다해 상례를 치르고,[355] 여막을 벗어나지 않았다. 복상이 끝나자, 너무 여위어 뼈가 드러날 정도로 몸이 이상하게 변하여 수년 동안 치료를 받은 이후에야 회복되었다. 학문을 좋아하고 박학다식하여 평소에 유가의 종주라고 일컬어졌다. 건무(建武) 말기에 효렴(孝廉)으로 천거되어 낭중(郎中)에 임명되었는데, 병을 이유로 그만두었다. 다시 귀향하여 학생들을 가르쳤고, 안빈낙도하면서 세속적 성공에는 욕심이 없이 담담했다. 삼보(三輔)[356] 지역의 학자들 중에서 그를 사모하고 존경하지 않는 자가 없었다.(『후한서』「위표전」)

彪孝行純至, 父母卒, 哀毁, 三年不出廬寢. 服竟, 羸瘠骨立異形, 醫療數年乃起. 好學洽聞, 雅稱儒宗. 建武末, 擧孝廉, 除郎中, 以病免. 復歸教授, 安貧樂道, 恬於進趣. 三輔諸儒莫不慕仰之.(『後漢書』「韋彪傳」)

21-8-115

왕량(王良)은 어려서부터 학문을 좋아하여 소하후(小夏侯) [하후건(夏侯建)]

355_ 애훼(哀毁)는 부모의 상을 당해 몹시 슬퍼하여 몸이 여윈 것을 말하는데, 3년 동안 모든 정성을 다해 상례를 치렀다는 뜻이다. 뼈가 드러날 정도로 여윈 모습이라고 해서, 애훼골립(哀毁骨立)이라고도 한다.

356_ 삼보(三輔)는 한나라 시대에 장안(長安) 동쪽을 경조윤(京兆尹), 장릉(長陵) 북쪽을 좌풍익(左馮翊), 위성(渭城) 서쪽을 우부풍(右扶風)이라고 하여, 이를 총칭한 말이다.

의 『상서』를 익혔다. 왕망 때에는 병으로 누워 있어서 벼슬을 하지 않았고, 가르친 학생이 천여 명이나 되었다.(『후한서』「왕량전」)

良少好學, 習小夏侯『尙書』. 王莽時寢病不仕, 敎授諸生千餘人.(『後漢書』「王良傳」)

21-8-116

포영(鮑永)은 어릴 때부터 지조가 있었고, 구양생(歐陽生)의 『상서』를 익혔다.(『후한서』「포영전」)

永少有志操, 習歐陽『尙書』.(『後漢書』「鮑永傳」)

21-8-117

소경(蘇竟)은 『역』에 밝아서 박사가 되었고, 『상서』를 강의하는 좨주(祭酒)가 되었다.[357] 도참(圖讖)과 위서(緯書)에 뛰어났고, 제자백가의 이론에 능통했다.(『후한서』「소경전」)

竟以明『易』爲博士, 講『書』祭酒. 善圖緯, 能通百家之言.(『後漢書』「蘇竟傳」)

21-8-118

낭의(郎顗)는 자가 아광(雅光)이고, 북해(北海) 안구(安丘) 사람이다. 부친인 낭종(郎宗)은 자가 중수(仲綏)이고, 경방(京房)의 『역』을 배웠다. 풍각(風角)과 성산(星算), 육일칠분(六日七分)[358]에 뛰어나 기후의 변화를 보고 길흉

357_ 『후한서』의 주에 의하면, 왕망 시기에는 육경(六卿) 좨주(祭酒)를 설치하여 각 경전마다 1명씩 두었는데, 그들의 품계는 상경(上卿)에 해당되었다. 소경은 『상서』를 강의하는 좨주였다고 한다.

을 점칠 수 있어서 돈을 받고 점을 쳐서 스스로의 생계를 유지했다. 안제(安帝)가 그를 불러들였는데, 대책(對策)이 여러 학자들 중에서 으뜸이었다.(『후한서』「낭의전」)

郎顗, 字雅光, 北海安丘人也. 父宗, 字仲綏, 學京氏『易』. 善風角·星算·六日七分, 能望氣占候吉[359]凶, 常賣卜自奉. 安帝徵之, 對策爲諸儒表.(『後漢書』「郎顗傳」)

21-8-119

두림(杜林)은 장송(張竦)에게 학문을 배웠는데,[360] 박학다식하고 견문이 많아서 당시에 통달한 유학자로 불렸다.(『후한서』「두림전」)

林從竦[361]受學, 博洽多聞, 時稱通儒.(『後漢書』「杜林傳」)

21-8-120

북해(北海) 사람 주택(周澤)과 낭야(琅邪) 사람 승궁(承宮)은 모두 천하의 큰 학자이다.(『후한서』「번조전」)

358_ 풍각(風角)은 사방(四方)과 사우(四隅)의 바람을 살펴서 길흉을 점치는 방법이고, 성산(星算)은 별의 명암이나 위치 등을 보고 점을 치는 방법이다. 육일칠분(六日七分)은 맹희(孟喜)가 주장한 이론으로, 괘기(卦氣)의 소식(消息)을 주장하면서, 1개월을 5괘에 대응시키고 1괘를 육일칠분(六日七分)에 해당시킨 것이다. 이 이론은 『역위·계람도(易緯·稽覽圖)』에 보인다.

359_ 길(吉)이 『공자개제고』에는 지(志)로 되어 있는데, 『후한서』 원문에 따라 고쳤다.

360_ 『후한서』의 주에 의하면, 두림(杜林)의 부친은 두업(杜鄴)이다. 두업은 어려서 고아가 되었는데, 그의 모친은 장창(張敞)의 여식이다. 두업은 장창의 아들인 장길(張吉)에게 학문을 배웠고, 그 집안의 책을 얻었다고 한다. 장송(張竦)은 바로 장길의 아들로, 학문이 장창(張敞)보다도 뛰어났다고 전해진다.

361_ 송(竦)이 『공자개제고』에는 장송(張竦)으로 되어 있는데, 『후한서』 원문에 따라 장(張)자를 삭제했다.

北海周澤・琅邪承宮, 並海內大儒.(『後漢書』「樊鯈[362]傳」)

21-8-121

처음에 번조(樊鯈)는 『공양엄씨춘추(公羊嚴氏春秋)』의 장구를 손질하여 바로잡았기 때문에 세상에는 번후학(樊侯學)이라고 불렀다. 제자들을 가르쳤는데, 전후로 3천여 명이나 되었다.(『후한서』「번조전」)

初, 鯈刪定『公羊嚴氏春秋』章句, 世號樊侯學. 教授門徒, 前後三千餘人.(『後漢書』「樊鯈傳」)

21-8-122

번준(樊準)은 어려서부터 자기의 포부와 행동을 실천하려고 노력했고, 유술(儒術)을 공부했다.(『후한서』「번준전」)

準少勵志行, 修儒術.(『後漢書』「樊準傳」)

21-8-123

서자성(徐子盛)은 『춘추』 경전으로 학생 수백 명을 가르쳤다.(『후한서』「승궁전」)

徐子盛者, 以『春秋』經授諸生數百人.(『後漢書』「承宮傳」)

21-8-124

풍연(馮衍)[363]의 아들 풍표(馮豹)는 장성한 이후에 유학을 좋아했고, 『시』

362_ 조(鯈)가 『공자개제고』에는 숙(儵)으로 되어 있는데, 『후한서』 원문에 따라 고쳤다. 이하의 조(鯈)도 마찬가지이다.

와 『춘추』를 가지고 여산(麗山) 아래에서 학생을 가르쳤다.(『후한서』「풍연전」)

衍子豹, 長好儒學, 以『詩』·『春秋』敎麗山下.(『後漢書』「馮衍傳」)

21-8-125

양통(梁統)[364]의 아들 양송(梁松)은 경서에 두루 능통하고, 옛날의 일을 밝게 익혀 여러 학자들과 함께 명당(明堂)과 벽옹(辟雍), 교사(郊祀)와 봉선(封禪)의 예의(禮儀) 등을 공부하면서 항상 그들과 의론했는데, 황제의 총애가 따라올 자가 없었다.(『후한서』「양통전」)

統子松, 博通經書, 明習故事, 與諸儒修明堂·辟雍·郊祀·封禪禮儀, 常與論議, 寵倖莫比.(『後漢書』「梁統傳」)

21-8-126

양송(梁松)의 동생 양송(梁竦)은 자가 숙경(叔敬)이고, 어려서부터 맹희(孟喜)의 『역』을 익혔으며, 약관의 나이에 학생들을 가르쳤다.(『후한서』「양통전」)

松弟竦, 字叔敬, 少習孟氏『易』, 弱冠能敎授.(『後漢書』「梁統傳」)

21-8-127

조포(曹褒)는 자가 숙통(叔通)이고, 노국(魯國) 설현(薛縣) 사람이다. 부친인

363_ 풍연(馮衍)은 『후한서』「풍연전」에 의하면, 자가 경통(敬通)이고, 경조(京兆) 두릉(杜陵) 사람이다. 기이한 재주가 있어서 9세 때 『시』를 외우고, 20세 때 온갖 책들을 널리 통달했다. 왕망 시기에 제공(諸公) 중에 그를 추천하는 사람이 많았지만, 사양하고 출사하지 않았다고 한다.

364_ 양통(梁統)은 자가 중녕(仲寧)이고, 안정(安定) 오씨(烏氏) 사람이다. 춘추시대 진(晉)나라의 대부 양익이(梁益耳)가 그의 선조이다.

조충(曹充)은 경보(慶普)[365]의 『예(禮)』를 가지고 건무(建武) 연간에 박사가 되었다.(『후한서』「조포전」)

曹褒, 字叔通, 魯國薛人也. 父充, 持慶氏『禮』, 建武中爲博士.(『後漢書』「曹褒傳」)

21-8-128

정현(鄭玄)은 밖으로 나가서 공부한 지 10여 년이 지난 이후에야 고향으로 돌아왔다.[366] 집안이 가난하여 동래(東萊)에서 객지살이하면서 농사를 지었는데, 그를 따르는 학생들이 이미 수백에서 천 명 가까이 되었다.(『후한서』「정현전」)

玄自遊學十餘年, 乃歸鄕里. 家貧, 客耕東萊, 學徒相隨, 已數百千人.(『後漢書』「鄭玄傳」)

21-8-129

범승(范升)은 자가 변경(辯卿)이고, 대군(代郡) 사람이다. 어려서 고아가 되이 외가에 의지하여 살았다. 9세 때 『논어』와 『효경』에 능통했고, 성장해서는 양구하(梁丘賀)의 『역』과 『노자』를 익혔으며, 후생들을 가르쳤다.(『후한서』「범승전」)

365_ 경씨례(慶氏禮)는 『후한서』의 주에 의하면, 패현(沛縣) 사람인 경보(慶普)의 『예(禮)』이다. 경보의 자는 효공(孝公)이고, 동평왕(東平王)의 태부(太傅)가 되었으며, 후창(后倉)에게 『예』를 전수받았다고 한다.

366_ 『후한서』「정현전」에 의하면, 정현은 처음에는 태학에서 공부했는데, 경조(京兆)의 제오원선(第五元先)을 섬기면서 경방의 『역』과 『공양전』·『삼통력(三統曆)』·『구장산술(九章算術)』 등을 배웠다. 그리고 또 동부(東郡)의 장공조(張恭祖)에게 『주관』과 『예기』·『좌씨전』·『한시(韓詩)』·『고문상서』 등을 배웠고, 서쪽으로 가서 마융(馬融)에게 배운 이후에 돌아왔다고 한다.

范升, 字辯卿, 代郡人也. 少孤, 依外家居. 九歲, 通『論語』·『孝經』, 及長, 習梁丘『易』·『老子』, 教授後生.(『後漢書』「范升傳」)

21-8-130

정흥(鄭興)과 가규(賈逵)의 학문이 수백 년 동안 행해져 마침내 학자들의 종주가 되었다.(『후한서』「정범진가장전」)

鄭·賈之學行乎數百年中, 遂爲諸儒宗.(『後漢書』「鄭范陳賈張傳」)

21-8-131

장패(張霸)[367]의 아들 장해(張楷)는 자가 공초(公超)이고, 『엄씨춘추(嚴氏春秋)』와 『고문상서(古文尚書)』에 능통했으며, 제자가 항상 백여 명이 되었다. 빈객들이 그를 흠모하여 부친의 친구인 박식한 학자들부터 모두가 그에게로 와서 배웠다.(『후한서』「장패전」)

霸子楷, 字公超, 通『嚴氏春秋』·『古文尚書』, 門徒常百人. 賓客慕之, 自父黨夙儒, 偕造門焉.(『後漢書』「張霸傳」)

21-8-132

복씨(伏氏) 집안[368]은 후한과 전한시대에 서로 이어가면서 유명한 학자가 되었다.(『후한서』「환영전」)

伏氏自東·西京相襲爲名儒.(『後漢書』「桓榮傳」)

367_ 장패(張霸)는 자가 백요(伯饒)이고, 촉군(蜀郡) 성도(成都) 사람이다. 어린 나이에 이미 효도와 겸양을 알아서 출입이나 음식을 먹는 것 등이 자연스럽게 예법에 맞았기 때문에 마을 사람들이 그를 '장증자(張曾子)'라고 불렀다고 한다.

368_ 복씨(伏氏) 집안은 『후한서』의 주에서, 복생(伏生) 이후로부터 복담(伏湛)까지라고 했다.

21-8-133

정홍은 재능이 높았고, 어려운 문제를 논의할 때 가장 명확했기 때문에 학자들이 그를 칭찬했다.(『후한서』「정홍전」)

鴻以才高, 論難最明, 諸儒稱之.(『後漢書』「丁鴻傳」)

21-8-134

풍곤(馮緄)은 어려서부터 『춘추』를 배웠다.(『후한서』「풍곤전」)

馮緄少學『春秋』.(『後漢書』「馮緄傳」)

21-8-135

반표(班彪)는 통달한 학자로서 뛰어난 재주가 있었지만, 나라가 기울어져 위급하고 혼란한 상황[에서 살았다.](『후한서』「반표전」)

班彪以通儒上才, 傾側危亂之間.(『後漢書』「班彪傳」)

21-8-136

반고(班固)는 자가 맹견(孟堅)이고, 나이가 9세 때 문장을 지을 줄 알았으며, 『시』와 부(賦)를 암송했다. 성장해서는 마침내 많은 서적들을 널리 통달했고, 아홉 학파[九流][369]의 제자백가의 말 중에 깊이 연구하지 않은 것이 없었다. 배움에는 고정된 스승이 없었고, 장구(章句)에 구애받지도 않았으며, 대의(大義)를 거론할 뿐이었다. 성격이 관대하고 조화로

369_ 구류(九流)는 유흠(劉歆)이 선진 시기의 학파를 9개로 분류한 것인데, 도가(道家), 유가(儒家), 묵가(墨家), 명가(名家), 법가(法家), 음양가(陰陽家), 농가(農家), 술가(術家), 종횡가(縱橫家)를 말한다.

우면서 대중들을 용납했으며, 자기의 재능이 남들보다 높다고 여기지 않았기 때문에 학자들은 이러한 이유로 그를 사모했다.(『후한서』「반고전」)

固, 字孟堅, 年九歲, 能屬文, 誦『詩』·賦.[370] 及長, 遂博貫載籍, 九流百家之言, 無不窮究. 所學無常師, 不爲章句, 擧大義而已. 性寬和容衆, 不以才能高人, 諸儒以此慕之.(『後漢書』「班固傳」)

21-8-137

주휘(朱暉)는 태학에서 학업을 마쳤는데, 성격이 장중하고 엄숙하며, 나아가고 멈추는 행동거지를 반드시 예법에 맞게 했다. 학자들은 그의 고상함을 칭찬했다.(『후한서』「주휘전」)

暉卒業於太學, 性矜嚴, 進止必以禮. 諸儒稱其高.(『後漢書』「朱暉傳」)

21-8-138

송의(宋意)는 자가 백지(伯志)이다. 부친인 송경(宋京)은 대하후(大夏侯) [하후승(夏侯勝)]의 『상서』로 학생들을 가르쳤다.(『후한서』「송균전」)

宋意, 字伯志. 父京, 以大夏侯『尙書』敎授.(『後漢書』「宋均傳」)

21-8-139

원연(爰延)은 자가 계평(季平)이고, 청렴하게 고생을 견디며 살면서도[371] 학문을 좋아했고, 경전에 능통하여 학생들을 가르쳤다.(『후한서』「원연전」)

370_ 부(賦)가 『공자개제고』에는 서(書)로 되어 있는데, 『후한서』 원문에 따라 고쳤다.

371_ 청고(淸苦)는 청렴하게 고생을 견디면서 산다는 뜻이며, 가난을 의미하기도 한다.

爰延, 字季平, 淸苦好學, 能通經敎授.(『後漢書』「爰延傳」)

21-8-140

왕충(王充)은 어려서 고아가 되었는데, 마을에서 효자로 유명했다. 나중에 서울에 가서 태학에서 공부했고, 부풍(扶風) 사람 반표(班彪)를 스승으로 섬겼으며, 책을 폭넓게 읽는 것을 좋아했지 장구(章句)에 집착하지 않았다. 집이 가난하여 책[을 살 돈]이 없어 항상 낙양(洛陽)의 저자거리에서 놀면서 판매용 책을 열람했는데, 한 번만 보면 곧바로 암송했으며, 결국 많은 학파와 제자백가의 이론에 널리 정통했다. 나중에 고향으로 돌아와 은거하면서 학생을 가르쳤다.(『후한서』「왕충전」)

充少孤, 鄕里稱孝. 後到京師, 受業太學, 師事扶風班彪, 好博覽而不守章句. 家貧無書, 常遊洛陽市肆, 閱所賣書, 一見輒能誦憶, 遂博通衆流百家之言. 後歸鄕里, 屛居敎授.(『後漢書』「王充傳」)

21-8-141

강굉(姜肱)은 오경에 널리 능통했고, 별자리에 밝았기 때문에 먼 곳에서 와서 배우는 선비가 3천여 명에 이르렀다.(『후한서』「강굉전」)

肱博通五經, 兼明星緯, 士之遠來就學者三千餘人.(『後漢書』「姜肱傳」)

21-8-142

양진(楊震)[372]은 어려서부터 학문을 좋아하여 태상(太常) 환욱(桓郁)에게 구양생(歐陽生)의 『상서』를 배웠으며, 경전을 밝게 이해하고 책을 널리

372_ 양진(楊震)은 홍농(弘農) 화음(華陰) 사람이고, 자는 백기(伯起)이다.

살펴보면서 깊이 연구하지 않은 것이 없었다. 학자들은 그 때문에 "관서(關西)의 공자(孔子) 양백기(楊伯起)"라고 말했다.(『후한서』「양진전」)

震少好學, 受歐陽『尙書』于太常桓郁, 明經博覽, 無不窮究. 諸儒爲之語曰, "關西孔子楊伯起."(『後漢書』「楊震傳」)

21-8-143

양진(楊震)이 앞뒤로 올린 상소문이 절실하고 지극함이 있었지만, 황제는 그것을 불편하게 여겼고, 번풍(樊豐) 등의 신하들도 모두 곁눈질로 보면서 노여움을 표출했다. 그러나 모두가 양진을 유명한 학자로 여겼기 때문에 감히 위해를 가하지는 않았다.(『후한서』「양진전」)

震前後所上, 轉有切至, 帝旣不平之, 而樊豐等皆側目憤怒. 俱以其名儒, 未敢加害.(『後漢書』「楊震傳」)

21-8-144

상서령(尙書令) 주경(周景)과 상서(尙書) 변소(邊韶)가 의논하여 상주했다. "양병(楊秉)[373]은 유학으로 시강(侍講)을 역임했고, 항상 겸허한 자세를 지니고 있습니다."[374](『후한서』「양진전」)

尙書令周景與尙書邊韶議奏. "秉儒學侍講, 常在謙虛."(『後漢書』「楊震傳」)

373_ 양병(楊秉)은 양진(楊震)의 셋째 아들로, 자는 숙절(叔節)이다. 어려서부터 부친의 학업을 전수했고, 아울러 경방의 『역』에도 밝았으며, 여러 경전에도 능통했는데, 늘 은거해 있으면서 학생들을 가르쳤다. 그리고 청렴으로도 유명했다.

374_ 환제(桓帝) 연희(延熹) 2년(159)에 일식이 발생하자, 태산태수(太山太守) 황보규(皇甫規) 등이 양병을 비롯한 처사들을 등용할 것을 요청했는데, 양병은 병을 핑계로 나가지 않았다. 그러자 담당 관리들이 양병을 불경죄로 다스려야 한다고 탄핵했다. 본문의 내용은 그 탄핵에 대해 주경(周景)과 변소(邊韶)가 올린 상주문의 일부분이다.

21-8-145

진구(陳球)는 어려서부터 유학을 공부했다.(『후한서』「진구전」)

球少涉儒學.(『後漢書』「陳球傳」)

21-8-146

우후(虞詡)가 조가현(朝歌縣)의 현장(縣長)이 되어[375] 처음 도착했을 때, 하내태수(河內太守) 마릉(馬棱)을 알현했는데, 마릉이 그를 격려하면서 말했다. "그대는 유학자이니, 마땅히 조정에서 계책을 세워야지, 어찌 도리어 조가(朝歌)에 와 있는가?"[376](『후한서』「우후전」)

詡爲朝歌長, 始到, 謁太守馬棱, 棱勉之曰, "君儒者, 當謀謨廟堂, 反在朝歌耶?"(『後漢書』「虞詡傳」)

21-8-147

장형(張衡)은 어려서부터 문장을 잘 지었으며, 삼보(三輔) 지역에서 유학한 것을 계기로 서울로 들어가 태학에서 공부하여 마침내 오경에 능통하고 육예(六藝)에 통달했다.(『후한서』「장형전」)

衡少善屬文, 游於三輔, 因入京師觀太學, 遂通五經, 貫六藝.(『後漢書』「張衡傳」)

375_ 『후한서』「우후전」에는 이 문장 다음에 다음과 같은 내용이 더 있다. "故舊皆弔詡曰, '得朝歌何衰!' 詡笑曰, '志不求易, 事不避難, 臣之職也. 不遇槃根錯節, 何以別利器乎?'"

376_ 당시에 조가현(朝歌縣)에는 영계(寧季) 등의 도적이 관리들을 살해하고, 수년 동안 몰려다니면서 나쁜 짓을 하는데도 주군(州郡)에서 통제를 못하고 있었다. 이러한 상황에서 등즐(鄧騭) 형제 등에게 미움을 받고 있던 우후가 이곳의 우두머리로 파견된 것이다.

21-8-148

처음에 경조(京兆) 사람 지순(摯恂)이 유술(儒術)로 학생들을 가르쳤다.(『후한서』「마융전」)

初, 京兆摯恂以儒術教授.(『後漢書』「馬融傳」)

21-8-149

마융(馬融)은 재능이 뛰어나고 박학다식하여 세상의 통달한 유학자가 되었으며, 가르치고 배양한 학생들이 항상 천여 명이나 되었다. 탁군(涿郡)의 노식(盧植)과 북해(北海)의 정현(鄭玄)은 모두 그의 학생이었다. 거문고를 잘 연주했고, 피리를 즐겨 불었으며, 인생에 통달하여 본성대로 살면서 유학자의 작은 절개에 구애받지 않았다.(『후한서』「마융전」)

融才高博洽, 爲世通儒, 教養諸生常有千數. 涿郡盧植・北海鄭玄皆其徒也. 善鼓琴, 好吹笛, 達生任性, 不拘儒者之節.(『後漢書』「馬融傳」)

21-8-150

주거(周擧)는 생김새가 키가 작고 못생겼지만, 박학다식하고 견문이 넓어 유학자들이 받드는 인물이었다.(『후한서』「주거전」)

周擧姿貌短陋, 而博學洽聞, 爲儒者所宗.(『後漢書』「周擧傳」)

21-8-151

순숙(荀淑)은 어려서부터 고결한 행동이 있었고, 박학하면서 장구(章句)에 얽매이기를 좋아하지 않았기 때문에 비속한 유학자들에게 많은 비난을 받았다.(『후한서』「순숙전」)

荀淑少有高行, 博學而不好章句, 多爲俗儒所非.(『後漢書』「荀淑傳」)

21-8-152

[순숙(荀淑)의 아들] 순상(荀爽)은 자가 자명(慈明)이고, 순서(荀諝)라는 이름도 있다. 어려서부터 학문을 좋아했고, 나이 12세 때 『춘추』와 『논어』에 능통했다. 순상은 저술로써 일을 삼아서 마침내 위대한 유학자로 칭송받았다.(『후한서』「순숙전」)

爽, 字慈明, 一名諝. 幼而好學, 年十二, 能通『春秋』·『論語』. 爽以著述爲事, 遂稱爲碩儒.(『後漢書』「荀淑傳」)

21-8-153

연독(延篤)은 경전(經傳)에 대해 논의하고 해석하면서 논박하여 바로잡은 것이 많다. 후대의 학자 중에서 복건(服虔) 등은 그의 이론을 판단의 기준으로 삼았다.[377](『후한서』「연독전」)

篤論解經傳, 多所駁正. 後儒服虔等以爲折中.(『後漢書』「延篤傳」)

21-8-154

노식(盧植)은 명성은 천하에 떨쳤고, 학문은 유학의 종주가 되었다.(『후한서』「노식전」)

盧植名著海內, 學爲儒宗.(『後漢書』「盧植傳」)

377_ 절중(折中)은 절충(折衷)과 같은 말로, 어느 한편으로 치우지지 않고 둘을 조화시켜 알맞은 것을 얻는 것이다. 다른 이론들의 옳고 그름을 따질 때 연독의 이론을 판단 기준으로 삼았다는 뜻이다.

21-8-155

당시에[378] 제북(濟北)의 대굉(戴宏)이라는 사람이 있었는데, 그 부친은 현승(縣丞)이었다. 대굉은 나이 16세 때 부친을 따라 가서 현승(縣丞)의 숙소에 살았다. 오우(吳祐)는 매번 동산을 돌아볼 때마다 항상 경전을 암송하는 소리를 듣고서 그를 기특하게 여겨 잘 대해 주었고, 또한 그와 친구가 되었는데, [대굉은] 마침내 유학의 종주가 되었다.(『후한서』「오우전」)

時濟北戴宏父爲縣丞. 宏年十六, 從在丞舍. 祐每行園, 常聞諷誦之音, 奇而厚之, 亦與爲友, 卒成儒宗.(『後漢書』「吳祐傳」)

21-8-156

이순(李恂)은 어려서부터 『한시(韓詩)』를 익혔고, 학생들을 가르쳤는데, 항상 수백 명이나 되었다.(『후한서』「이순전」)

李恂少習『韓詩』, 教授諸生, 常數百人.(『後漢書』「李恂傳」)

21-8-157

실제로는 마땅히 겸손과 절개를 더욱 닦고, 유술(儒術)로써 보완해야 한다.[379](『후한서』「황보규전」)

378_ 오우(吳祐)가 사행(四行), 즉 돈후(敦厚)·질박(質朴)·손양(遜讓)·절검(節儉)의 네 가지 뛰어난 품행으로 교동후(膠東侯)의 재상으로 자리를 옮겼을 때이다.

379_ 이 내용은 후한 충제(沖帝)와 질제(質帝) 사이에 양태후(梁太后)가 집정하고 있을 때, 황보규(皇甫規)가 현량과 방정을 천거하면서 올린 대책문의 일부분이다. 황보규는 당시의 대장군 양기(梁冀)와 하남윤(河南尹) 양불의(梁不疑)가 주나라의 주공(周公)이나 소공(邵公)과 같은 중대한 임무를 맡아서 국가의 사직을 지키고 있고, 더 나아가 왕실과는 대대로 혼인의 관계를 맺고 있기 때문에 그들에게

實宜增修謙節, 輔以儒術.(『後漢書』「皇甫規傳」)

21-8-158

[곽태(郭太)[380]가] 나중에 고향으로 돌아갈 때, 의관을 갖춘 학자들이 낙하(洛河) 가에서 전송했는데, 수레가 수천 대나 되었다.(『후한서』「곽태전」)

後歸鄕里, 衣冠諸儒送至河上, 車數千兩.(『後漢書』「郭太傳」)

21-8-159

유총(劉寵)의 부친 유비(劉丕)는 박학하여 통달한 유학자로 불렸다.(『후한서』「순리전」)

劉寵父丕, 博學號爲通儒.(『後漢書』「循吏傳」)

21-8-160

왕환(王渙)은 어릴 때는 의협을 좋아하고 기력을 숭상하여 난폭하고 사나운 소년들과 자주 어울렸다. 그러나 나이가 든 이후에는 기질을 고쳐 유학을 열심히 공부하고, 『상서』를 익혔다.(『후한서』「순리전」)

王渙少好俠, 尙氣力, 數通剽輕少年. 晩而改節, 敦儒學, 習『尙書』.(『後漢書』「循吏傳」)

존귀한 칭호를 세워주는 것도 좋지만, 유학을 공부해야 한다고 주장했다.

380_ 곽태(郭太)는 자가 임종(林宗)이고, 태원(太原) 계휴(界休) 사람이다. 낙양(洛陽)에서 유학하면서 하남(河南)의 윤이응(尹李膺)을 처음 만났는데, 윤이응이 그를 매우 특이하게 여겨 서로 친하게 교유했고, 그 때문에 서울에서 명성을 떨쳤다. 이 내용은 그가 서울을 떠날 때의 모습을 담은 것이다.

21-8-161

임연(任延)은 자가 장손(長孫)이고, 남양(南陽) 완현(宛縣) 사람이다. 나이 12세 때 제생(諸生)이 되어 장안(長安)에서 공부했다. 『시』·『역』·『춘추』에 밝아 태학에서 이름을 떨쳤으며, 태학에서 그를 '임성동(任聖童)'이라고 불렀다.(『후한서』「순리전」)

任延, 字長孫, 南陽宛人也. 年十二, 爲諸生, 學于長安. 明『詩』·『易』·『春秋』, 顯名太學, 學中號爲'任聖童'.[381](『後漢書』「循吏傳」)

21-8-162

유숙(劉淑)은 어려서부터 공부하여 오경에 밝았는데, 결국은 은거하여 정사(精舍)를 세워서 강학하고 학생들을 가르쳤으며, 학생이 항상 수백 명에 이르렀다.(『후한서』「당고전」)

劉淑, 少學明五經, 遂隱居, 立精舍講授, 諸生常數百人.(『後漢書』「黨錮傳」)

21-8-163

위랑(魏朗)은 박사 극중신(郤仲信)에게 『춘추』의 도참(圖讖)과 위서(緯書)를 배웠고, 또한 태학에 가서 오경을 배웠다.(『후한서』「당고전」)

魏朗[382]從博士郤仲信學『春秋』圖緯, 又詣太學受五經.(『後漢書』「黨錮傳」)

381_ 『공자개제고』에는 동(童)자가 없는데, 『후한서』의 구두에 따라 동(童)자를 보충했다.

382_ 낭(朗)이 『공자개제고』에는 낭(郎)으로 되어 있는데, 『후한서』 원문에 따라 고쳤다.

21-8-164

이장(李章)은 『엄씨춘추(嚴氏春秋)』를 익혔고, 경전에 밝게 통하여 학생들을 가르쳤다.(『후한서』「혹리전」)

李章習『嚴氏春秋』, 經明教授.(『後漢書』「酷吏傳」)

21-8-165

황창(黃昌)은 본래 신분이 낮고 빈천한 집안 출신인데, 집이 학교 근처에 있어서 학생들이 학교의 예법을 닦는 것을 자주 보았다. 따라서 그것을 좋아하여 마침내 경학을 공부했다.(『후한서』「혹리전」)

黃昌本出孤微, 居近學宮, 數見諸生修庠序之禮. 因好之, 遂就經學.(『後漢書』「酷吏傳」)

21-8-166

이합(李郃)[383]의 부친 이힐(李頡)은 유학으로 유명했다.(『후한서』「방술전」)

李郃父頡, 以儒學稱 (『後漢書』「方術傳」)

21-8-167

유곤(劉昆)은 어려서 예의와 예법을 익혔고, 평제(平帝) 때에는 패현(沛縣) 사람 대빈(戴賓)에게 시수(施讎)의 『역』을 배웠으며, 거문고를 잘 연주하

383_ 이합(李郃)은 자가 맹절(孟節)이고, 한중(漢中) 남정(南鄭) 사람이다. 그는 부친의 학업을 계승했고, 태학에서 유학하여 오경에 통달했다. 하도(河圖)와 낙서(洛書)에 대해서도 잘 알았다. 안제(安帝)가 죽고 북향후(北鄉侯)가 즉위했을 때 사도(司徒)가 되었다. 섭도후(涉都侯)에 봉해졌으나 사양하고 받지 않았다고 한다.

고 거문고의 곡조를 이해했다.[384] 왕망의 시대에 제자들을 가르쳤는데, 항상 500여 명이나 되었다. 매번 봄과 가을에 향사례(饗射禮)를 거행할 때, 항상 전제(典制)와 의식(儀式)을 갖추어 나열하고, 통나무와 조롱박의 잎으로 제사 그릇을 만들며,[385] 뽕나무 활과 쑥대 화살을 만들어[386] 그것을 쏘면서 '토끼 한 마리[菟首]'라는 『시』를 읊조렸다.[387] 매번 이러한 예식을 거행할 때마다 현(縣)의 재상이 곧 부하 관리들을 이끌고 와서 그것을 구경했다. [광무제 건무(建武)] 22년(46)에 황제의 부름을

384_ 청각(淸角)은 고대 거문고의 이름이고, 조(操)는 거문고의 곡조 이름이다.

385_ 소목(素木)은 칠이나 장식을 하지 않은 나무이고, 호엽(瓠葉)은 조롱박의 잎이다. 『시』「소아 · 호엽(瓠葉)」편에 "나풀파풀하는 조롱박의 잎을 따서 삶았구나. 군자가 술이 생기자 거기에 술을 따라서 맛보도다[幡幡瓠葉, 采之亨之. 君子有酒, 酌言嘗之.]"라는 구절이 있다. 『시경집주』에서 "나풀나풀한 박 잎을 따서 삶았으니, 지극히 하찮은 것이다. 그러나 군자가 술이 생기자 또한 그것으로써 술을 따라 맛을 보았으니, 물건은 비록 하찮지마는 반드시 손님과 함께한 것이다"라고 했다.

386_ 상호호시(桑弧蒿矢)는 상호봉시(桑弧蓬矢)라고도 하는데, 사내아기가 태어났을 때 뽕나무로 활을 만들고, 쑥대로 화살을 만들어 천지사방으로 쏘아 아이가 온 세상을 다스릴 뜻을 갖기를 축원하는 일이다. 사람이 큰 뜻을 품어야 함을 권면하는 말로도 사용한다. 『예기』「내칙(內則)」편에 "國君世子生, 告于君, 接以大牢, 宰掌具. … 射人以桑弧蓬矢六, 射天地四方, 保受, 乃負之."라는 말이 보인다.

387_ 토수(菟首)는 토수(兎首)와 같은 말로, 토끼 한 마리라는 말이다. 『시』「소아 · 호엽(瓠葉)」편의 '유토사수(有兎斯首)'를 줄인 말로, 수(首)는 토끼를 셀 때의 머리 숫자를 말한다. 이것은 토끼를 사냥한다는 말이 아니라, 활을 쏘면서 '토수(菟首)'라는 구절이 들어 있는 『시』「소아 · 호엽(瓠葉)」편을 노래 부른다는 뜻이다. 즉 「호엽」편에 "토끼 한 마리를 진흙으로 싸서 굽기도 하고 불로 태워서 굽기도 했네. 군자가 술이 생기자, 따라서 손님에게 드리도다[有兎斯首, 炮之燔之. 君子有酒, 酌言獻之.]"라는 구절이 있다. 예법을 버리지 않고 지킨다면 토끼가 비록 하찮은 물건이지만 아무런 상관이 없다는 뜻이다. 이 시의 「소서(小序)」에서는 "대부가 주나라 유왕(幽王)을 비난한 것이다. 임금이 예법을 버리고 행하지 못하니, 비록 훌륭한 제물(祭物)이 있더라도 사용하려고 하지 않는다. 따라서 옛날 사람들이 하찮은 제물을 가지고 예법을 버리지 않은 것을 생각한 것이다"라고 풀이했다. 『후한서』의 주에서는 "유곤(劉昆)은 예법이 없어질까 두려워했기 때문에 조롱박 잎으로 제사 그릇을 만든 것을 인용하고, 활을 쏠 때는 '토수(菟首)'라는 시를 노래 불러서 예절로 삼은 것이다"라고 했다.

받아 두림(杜林)을 대신하여 광록훈(光祿勳)이 되었다. 이에 유곤에게 궁궐로 들어와서 황태자(皇太子) 및 제왕소후(諸王小侯)[388] 50여 명을 가르치도록 했다. [광무제] 중원(中元) 2년(57)에 죽었다. 아들인 유질(劉軼)은 자가 군문(君文)이고, 유곤의 학업을 전수했으며, 제자들도 많았다.(『후한서』「유림전」)

劉昆少習容禮, 平帝時, 受『施氏易』于沛人戴賓, 能彈雅琴, 知淸角之操. 王莽世敎授弟子, 恒五百餘人. 每春秋饗射, 常備列典儀, 以素木瓠葉爲俎豆, 桑弧蒿矢以射'菟首'. 每有行禮, 縣宰輒率吏屬而觀之. 二十二年, 徵代杜林爲光祿勳. 乃令入授皇太子及諸王小侯五十餘人. 中元二年卒. 子軼, 字君文, 傳昆業, 門徒亦盛.(『後漢書』「儒林傳」)

21-8-168

규단(洼丹)은 자가 자옥(子玉)이고, 집안 대대로 맹희(孟喜)의 『역』을 전수했다. 왕망 때에는 항상 세상을 피해서 학생을 가르쳤고, 학문에 뜻을 오로지하여 벼슬하지 않았는데, 제자가 수백 명이나 되었다. [광무제] 건무(建武) 초에 박사가 되었고, 11년(35)에 대홍려(大鴻臚)가 되었다. 『역통론(易通論)』 7편을 지었는데, 『역』 이론가들이 그를 종주로 삼았고, 큰 유학자로 칭송했다. 당시 중산(中山) 사람 화양홍(觟陽鴻)도 또한 맹희의 『역』으로 학생들을 가르쳤는데, 명성을 떨쳤다.(『후한서』「유림전」)

388_ 제왕소후(諸王小侯)는 사성소후(四姓小侯)로, 사성(四姓)의 친족의 자제들을 말한다. 『후한서』「명제기(明帝紀)」에 "후한 명제 영평(永平) 9년(66), 사성(四姓)의 소후(小侯)를 위하여 학교를 세우고, 오경의 경사(經師)를 두었다"라는 기록이 보인다. 그 주에서 인용한 『한기(漢紀)』에 의하면, 명제 영평(永平) 연간에 유학을 숭상하여 황태자와 제후왕 및 공신의 자제들에게 모두 경전을 주었다고 한다. 그리고 또 외척인 번씨(樊氏)·곽씨(郭氏)·음씨(陰氏)·마씨(馬氏)의 자제들을 위해 학교를 세워서 그들을 사성소후(四姓小侯)라고 부르고, 오경의 경사(經師)를 배치했다고 한다. 그들은 열후(列侯)가 아니기 때문에 소후(小侯)라고 했다.

洼丹, 字子玉, 世傳孟氏『易』. 王莽時常避世教授, 專志不仕, 徒衆數百人. 建武初爲博士, 十一年爲大鴻臚. 作『易通論』七篇, 『易』家宗之, 稱爲大儒. 時中山鮭陽鴻, 亦以孟氏『易』教授, 有名稱.(『後漢書』「儒林傳」)

21-8-169

임안(任安)은 자가 정조(定祖)이고, 어렸을 때 태학에서 유학하여 맹희의 『역』을 공부했으며, 여러 가지 경전을 함께 통달했다. 또한 같은 군의 양후(楊厚)에게 도참(圖讖)을 배워서 그 학술을 깊이 연구했다. 당시 사람들은 "중환(仲桓)[389] [양후(楊厚)]을 알고 싶으면 임안(任安)에게 물어보라"라고 했고, 또 "현재에 살고 있으면서 과거[의 일]을 행하는 것은 임안이다"라고 했다. 학업이 끝난 후에 집으로 돌아와서 학생들을 가르쳤는데, 학생들이 먼 곳에서 찾아왔다. [헌제(獻帝)] 건안(建安) 7년(202)에 집에서 죽었다.(『후한서』「유림전」)

任安, 字定祖. 少游太學, 受『孟氏易』, 兼通數經. 又從同郡楊厚學圖讖, 究極其術. 時人稱曰, "欲知仲桓問任安." 又曰, "居今行古任定祖." 學終, 還家教授, 諸生自遠而至. 建安七年, 卒於家.(『後漢書』「儒林傳」)

21-8-170

양정(楊政)은 자가 자행(子行)이고, 어려서부터 학문을 좋아하여 대군(代

389_ 중환(仲桓)은 양후(楊厚)의 자이며, 광한(廣漢) 신도(新都) 사람이다. 조부인 양춘경(楊春卿)은 도참학(圖讖學)에 뛰어났고, 부친인 양통(楊統)은 『가법장구(家法章句)』와 『내참(內讖)』을 지었는데, 양후는 집안의 학통을 이어받아 이 분야에 능통했다고 한다.

郡) 사람 범승(范升)에게 양구하(梁丘賀)의 『역』을 배웠으며, 경서를 잘 해설했다. 서울에서는 그 때문에 "경서 해석이 우렁차고 힘이 있는[390] 양정"이라는 말이 생겼다. 가르친 학생이 수백 명이나 되었다.(『후한서』「유림전」)

楊政, 字子行, 少好學, 從代郡範升受梁丘『易』, 善說經書. 京師爲之語曰, "說經鏗鏗楊子行." 教授數百人.(『後漢書』「儒林傳」)

21-8-171

장흥(張興)은 양구하(梁丘賀)의 『역』을 공부하여 학생들을 가르쳤다. [광무제] 건무(建武) 연간에 효렴으로 천거되어 낭관(郎官)이 되었는데, 병으로 사직하고 그만두었고, 다시 고향으로 돌아가 학생들을 모아서 가르쳤다. 나중에 사도(司徒)인 풍근(馮勤)의 사도부(司徒府)에 제수되었다. [건무] 10년(34)에 태자소부(太子少傅)에 임명되었다. 명종(明宗)이 여러 차례 방문하여 경술(經術)에 대해 하문하자, 얼마 후에는 명성이 크게 알려져 제자들이 먼 곳에서도 찾아 왔으니, 책에 기록된 사람만 또한 만 명이나 되었다.(『후한서』「유림전」)

張興習梁丘『易』, 以教授. 建武中, 擧孝廉爲郎, 謝病去, 復歸聚徒. 後辟司徒馮勤府. 十年, 拜太子少傅. 顯宗數訪問經術, 旣而聲稱著聞, 弟子自遠至者, 著錄且萬人.(『後漢書』「儒林傳」)

21-8-172

손기(孫期)는 경방의 『역』을 익혔다. 모친을 섬기는 것이 지극히 효성스러웠는데, 큰 연못가에서 돼지를 키워서 모친을 봉양했다. 먼 지역

390_ 갱갱(鏗鏗)은 쇠붙이나 옥석이 부딪쳐 울리는 크고 맑은 소리인데, 말이 우렁차고 힘이 있는 것을 형용하는 말이다.

에서 와서 그에게 배우는 자들은 모두 밭두둑에서 경전을 손에 들고 그를 따라다녔고, 마을에서도 그의 어짊과 겸양에 감화되었다. 황건적이 일어나서 손기가 사는 마을을 지나갔는데, 손기 선생의 집을 침범하지 않기로 서로 약속했다.(『후한서』「유림전」)

孫期習『京氏易』. 事母至孝, 牧豕於大澤中, 以奉養焉. 遠人從其學者, 皆執經壟畔以追之, 里落化其仁讓. 黃巾賊起, 過期里陌, 相約不犯孫先生舍.(『後漢書』「儒林傳」)

21-8-173

구양생(歐陽生)이 복생(伏生)의 『상서』를 전수한 이후로 구양흡(歐陽歙)에 이르러 여덟 세대가 되었는데, 모두 박사가 되었다.(『후한서』「유림전」)

自歐陽生傳伏生『尙書』, 至歙八世, 皆爲博士.(『後漢書』「儒林傳」)

21-8-174

조증(曹曾)은 자가 백산(伯山)이고, 구양흡(歐陽歙)에게 『상서』를 배웠으며, 제자가 3천명이나 되었다.(『후한서』「유림전」)

曹曾, 字伯山, 從歙受『尙書』, 門徒三千人.(『後漢書』「儒林傳」)

21-8-175

모장(牟長)은 어려서부터 구양생(歐陽生)의 『상서』를 익혔고, 왕망에게 벼슬을 하지 않았다. 광무제 건무(建武) 2년(26)에 특별히 천거되어 박사로 임명되었다. 그의 강학을 듣는 학생들이 항상 천여 명이나 있었고, 앞뒤로 책에 기록된 자만 만 명이나 되었다. 아들 모우(牟紆)는 은거하여 학생들을 가르쳤는데, 학생이 천 명이나 되었다.(『후한서』「유림전」)

牟長少習歐陽『尙書』, 不仕王莽. 世祖[391]建武二年, 特[392]辟, 拜博士. 諸生講學者常有千餘人, 著錄前後萬人. 子紆, 隱居教授, 門生千人. (『後漢書』「儒林傳」)

21-8-176

송등(宋登)은 어려서 구양생의 『상서』를 전수받았고, 수천 명의 학생을 가르쳤다.(『후한서』「유림전」)

宋登少傳歐陽『尙書』, 教授數千人.(『後漢書』「儒林傳」)

21-8-177

윤민(尹敏)은 건무(建武) 2년(26)에 상소문을 올려 『홍범(洪範)』의 재해를 없애는 방법에 대해 진술했다.(『후한서』「유림전」)

尹敏, 建武二年上疏陳『洪範』消災之術.(『後漢書』「儒林傳」)

21-8-178

주방(周防)은 서주(徐州)의 자사(刺史) 개예(蓋豫)를 스승으로 섬겼다.(『후한서』「유림전」)

周防師事徐州刺史蓋豫.(『後漢書』「儒林傳」)

21-8-179

공희(孔僖)는 최전(崔篆)의 손자 최인(崔駰)과 서로 사이가 좋았으며, 함께

391_ '세조(世祖)'라는 두 글자가 『후한서』 원문에는 없다.

392_ '특(特)'자 앞에 『후한서』에는 '大司空弘'이라는 네 글자가 더 있다. 홍(弘)은 송홍(宋弘)을 말한다.

태학에서 유학하면서 『춘추』를 익혔다. 동관(東觀)에서 책을 교열했다.[393] 아들인 공계언(孔季彦)이 그 가업을 지켰고, 제자가 수백 명이었다.(『후한서』「유림전」)

孔僖與崔篆孫駰相友善, 同游太學, 習『春秋』. 校書東觀. 子季彦, 守其家業, 門徒數百人.(『後漢書』「儒林傳」)

21-8-180

양륜(楊倫)은 큰 연못가에서 강학하고 학생을 가르쳤는데, 제자가 천여 명에 이르렀다.(『후한서』「유림전」)

楊倫講授于大澤中, 弟子至千余人.(『後漢書』「儒林傳」)

21-8-181

고후(高詡)의 증조부 고가(高嘉)는 『노시(魯詩)』를 원제(元帝)에게 가르쳤다. 고후는 부친 덕택에 낭관(郎官)으로 임명되었고,[394] 세상에 『노시』를 전수했다. 광무제가 즉위하여 황제의 부름을 받아 박사가 되었다.(『후한서』「유림전」)

高詡曾祖父嘉, 以『魯詩』授元帝. 詡以父任爲郎中,[395] 世傳『魯詩』. 光

393_ 이 글의 앞에 생략된 내용이 많다. 장제(章帝) 원화(元和) 2년(85)에 장제가 노나라 지역으로 순수를 가서 궐리(闕里)에 행차하여 공자와 72명의 제자에게 제사를 지냈다. 당시에 그 자리에 참석했던 공희를 낭중(郎中)으로 임명하고, 조서를 내려 공희를 서울로 불러서 동관(東觀)에서 책을 교열하도록 맡겼다. 동관(東觀)은 후한 때 낙양(洛陽)의 남궁(南宮) 안에 있던 관(觀)의 이름이다. 명제 때에는 반고(班固)가 『한기(漢紀)』를 편찬한 곳이며, 장제와 화제 때에는 황궁의 도서를 보관하던 장소이다.

394_ 부임(父任)은 부음(父陰)과 같은 말로, 아버지의 덕으로 벼슬을 하는 것이다. 고후의 부친은 고용(高容)이라는 사람으로, 어릴 때부터 고가(高嘉)의 학문을 계승하여, 애제와 평제 연간에 광록대부(光祿大夫)를 역임했다.

武卽位, 徵爲博士.(『後漢書』「儒林傳」)

21-8-182

포함(包咸)은 어려서 제생(諸生)이 되어 장안에서 수업을 받았는데, 박사인 우사세군(右師細君)[396]을 스승으로 모셨으며, 『노시(魯詩)』와 『논어』를 익혔다.(『후한서』「유림전」)

包咸少爲諸生, 受業長安, 師事博士右師細君, 習『魯詩』·『論語』.(『後漢書』「儒林傳」)

21-8-183

위응(魏應)은 경전에 밝고 행동이 잘 수양되어 있어서 제자가 먼 곳으로부터 찾아왔는데, 책에 기록된 사람만 수천 명이나 되었다.(『후한서』「유림전」)

魏應經明行修, 弟子自遠方至, 著錄數千人.(『後漢書』「儒林傳」)

21-8-184

임말(任末)은 어려서부터 『제시(齊詩)』를 익혔고, 서울에서 유학하여 학생들을 10여 년 간 가르쳤다.(『후한서』「유림전」)

任末少習『齊詩』, 游京師, 敎授十餘年.(『後漢書』「儒林傳」)

395_ 낭중(郎中)이 『공자개제고』에는 낭(郎)으로 되어 있는데, 『후한서』 원문에 따라 보충했다.

396_ 우사세군(右師細君)은 성이 우사(右師)이고, 이름이 세군(細君)이다.

21-8-185

경란(景鸞)은 어려서부터 스승을 찾아다니면서 경전을 배웠는데, 7개 주(州)의 지방을 돌아다녔다. 『제시(齊詩)』와 시수(施讎)의 『역』에 통달했고, 하도(河圖)와 낙서(洛書)의 도참(圖讖)과 위서(緯書)를 함께 배웠다.(『후한서』「유림전」)

景鸞少隨師學經, 涉七州之地. 能理『齊詩』·『施氏易』, 兼受河·洛圖緯.(『後漢書』「儒林傳」)

21-8-186

설한(薛漢)은 집안 대대로 『한시(韓詩)』를 익혔고, 가르치는 학생이 항상 수백 명이 되었다. 당대에 『시』에 대해 말하는 자들은 설한을 으뜸으로 꼽았다.(『후한서』「유림전」)

薛漢世習『韓詩』, 教授常數百人. 當世言『詩』者推漢爲長.(『後漢書』「儒林傳」)

21-8-187

두무(杜撫)는 설한(薛漢)에게 학문을 배웠고, 『한시장구(韓詩章句)』를 완성했다. 나중에는 고향으로 돌아와 학생을 가르쳤는데, 제자가 천여 명이나 되었다.(『후한서』「유림전」)

杜撫受業于薛漢, 定『韓詩章句』. 後歸鄕教授, 弟子千余人.(『後漢書』「儒林傳」)

21-8-188

소순(召馴)[397]은 어려서부터 『한시(韓詩)』를 익혔고, 전적을 두루 통달했다. 지조와 의리로 소문이 나서 마을에서는 그를 "덕행(德行)이 미덥고 순실한[398] 소춘백(召伯春)"이라고 불렀다.(『후한서』「유림전」)

召馴少習『韓詩』, 博通書傳. 以志義聞, 鄕里號之曰, "德行恂恂召伯春."(『後漢書』「儒林傳」)

21-8-189

양인(楊仁)은 [광무제] 건무(建武) 연간에 스승에게 나아가 『한시(韓詩)』를 익혔다. [명제 때] 십방현(什邡縣)의 현령에 임명되자, 관대하고 은혜롭게 정치를 했고, 하급 관리[399]의 자제들에게 공부를 하도록 권하여 모두 학교에 가도록 했다. 그들 중에서 경술(經術)에 능통하고 밝은 자는 상급 관청[400]에 보고하거나 혹은 조정에 천거했다. 이로 말미암아 의리의 학문이 크게 흥성했고, [십방현(什邡縣)에서] 개간한 경작지가 천여 경(頃)에 달했다.[401](『후한서』「유림전」)

楊仁, 建武中詣師學習『韓詩』. 拜什邡令, 寬惠爲政, 勸課掾史弟子, 悉令就學. 其有通明經術者, 顯之右署, 或貢之朝. 由是義學大興, 墾田千餘頃.(『後漢書』「儒林傳」)

21-8-190

소엽(趙曄)은 두무(杜撫)에게 가서 『한시(韓詩)』를 배워 그 학술을 끝까지

397_ 소순(召馴)은 구강(九江) 수춘(壽春) 사람으로, 자는 백춘(伯春)이다. 증조부인 소신신(召信臣)은 원제 때 소부(少府)를 역임했고, 부친인 소건무(召建武)는 권현(卷縣)의 현령을 역임했다.

398_ 순순(恂恂)은 행동이 미덥고 신실한 모습이다.

399_ 연사(掾史)는 자신이 부리고 있는 하급 관리를 말하는데, 승사(丞史)라고도 한다.

400_ 우서(右署)는 상사(上司), 즉 상급 관청이나 부서를 말한다.

401_ 간전(墾田)은 개간한 경작지이다. 경(頃)은 논밭의 넓이를 재는 단위인데, 100묘(畝)라고도 하고, 12.5묘라고도 한다.

연구했다. 당시 산양군(山陽郡)의 장광(張匡)도 『한시』를 익혀 장구(章句)를 지었다.(『후한서』「유림전」)

趙曄詣杜撫受『韓詩』, 究竟其術. 時山陽張匡亦習『韓詩』, 作章句.(『後漢書』「儒林傳」)

21-8-191

동균(董鈞)은 경보(慶普)[402]의 『예(禮)』를 익혔고, 대홍려(大鴻臚) 왕임(王臨)을 섬겼다. [명제(明帝)] 영평(永平) 초에 박사가 되었다. 당시에 오교(五郊)의 제사와 종묘(宗廟)의 예악, 그리고 위의(威儀)에 맞는 예복을 새롭게 제정했는데, 동균에게 의론에 참가하도록 했으며, 많은 견해가 채택되었다. 당대에 통달한 유학자로 불렸으며, 항상 학생 백여 명을 가르쳤다.(『후한서』「유림전」)

董鈞習慶氏『禮』, 事大鴻臚王臨. 永平初[403]爲博士. 時草創五郊祭祀及宗廟禮樂·威儀章服, 輒令鈞參議, 多見從用. 當世稱爲通儒, 常教授門生百余人.(『後漢書』「儒林傳」)

21-8-192

정공(丁恭)은 엄팽조(嚴彭祖)의 『공양전』을 익혔다. 정공은 학문의 의리가 정밀하고 밝았고, 가르치는 학생이 항상 수백 명이나 되었으며, 주군(州郡)에서 관직에 천거해도 응하지 않았다. [광무제] 건무 초에 간의대부(諫議大夫)와 박사가 되었고, 관내후(關內侯)에 봉해졌으며, [건무] 11

402_ 경씨례(慶氏禮)는 『후한서』의 주에 의하면, 패현(沛縣) 사람인 경보(慶普)의 『예(禮)』를 말한다. 경보의 자는 효공(孝公)이고, 동평왕(東平王)의 태부(太傅)가 되었으며, 후창(后倉)에게 『예』를 전수받았다고 한다.

403_ 초(初)가 『공자개제고』에는 중(中)으로 되어 있는데, 『후한서』 원문에 따라 고쳤다.

년(35)에 소부(少府)로 옮겼다. 학생들이 먼 곳으로부터 찾아왔는데, 책에 기록된 사람만 수천 명이나 되었으며, 당대에 큰 유학자로 칭송받았다.(『후한서』「유림전」)

丁恭習『公羊嚴氏春秋』. 恭學義精明, 教授常數百人, 州郡請召不應. 建武初, 爲諫議大夫·博士, 封關內侯, 十一年, 遷少府. 諸生自遠方至者, 著錄數千人, 當世稱爲大儒.(『後漢書』「儒林傳」)

21-8-193

주택(周澤)은 어려서부터 엄팽조(嚴彭祖)의 『공양전』을 익혔고, 은거하여 학생들을 가르쳤는데, 제자가 항상 수백 명이나 되었다.(『후한서』「유림전」)

周澤少習『公羊嚴氏春秋』, 隱居教授, 門徒常數百人.(『後漢書』「儒林傳」)

21-8-194

손감(孫堪)은 경학에 밝았고, 지조가 있었다.(『후한서』「유림전」)

孫堪明經學, 有志操.(『後漢書』「儒林傳」)

21-8-195

종흥(鍾興)은 정공(丁恭)에게 엄팽조(嚴彭祖)의 『춘추』를 배웠다. 광무제가 그를 불러 만나보고는 경전의 뜻을 하문했는데, 응대하는 것이 매우 분명했다. 광무제가 좋다고 여겨 낭중(郎中)에 임명했고, 얼마 지나지 않아 좌중낭장(左中郎將)으로 자리를 옮겼다. 조서를 내려 『춘추』의 장구를 바로잡도록 했는데, 중복된 내용을 제거하고, 그것으로 황태자를 가르쳤다. 또한 종실과 제후[의 자제]로 하여금 종흥에게 [『춘추』의]

장구를 배우도록 했다.(『후한서』「유림전」)

鍾興從丁恭受『嚴氏春秋』. 光武召見, 問以經義, 應對甚明. 帝善之, 拜郎中, 稍遷左中郎將. 詔令定『春秋』章句, 去其復重, 以授皇太子. 又使宗室諸侯從興受章句.(『後漢書』「儒林傳」)

21-8-196

견우(甄宇)는 엄팽조의 『춘추』를 익혔고, 가르치는 제자가 항상 수백 명이나 되었다. 집안의 학문을 아들인 견보(甄普)에게 전수했고, 견보는 아들인 견승(甄承)에게 전수했다. 견승은 특히 학문에 독실하여 강학하면서 가르친 학생이 항상 수백 명이나 되었다.(『후한서』「유림전」)

甄宇習『嚴氏春秋』, 教授常數百人. 傳業子普, 普傳子承. 承尤篤學, 講授常數百人.(『後漢書』「儒林傳」)

21-8-197

누망(樓望)은 어려서부터 엄팽조의 『춘추』를 익혔다. 가르치는 일을 게을리하지 않아서 세상에서는 유학의 종주라고 칭송하였고, 책에 기록된 학생만 9천여 명이나 되었다.(『후한서』「유림전」)

樓望少習『嚴氏春秋』. 教授不倦, 世稱儒宗, 諸生著錄九千餘人.(『後漢書』「儒林傳」)

21-8-198

정증(程曾)은 장안에서 공부하면서 엄팽조의 『춘추』를 익혔고, 10여 년이 지나자 집으로 돌아와 강학하면서 학생들을 가르쳤다. 회계군(會稽郡)의 고봉(顧奉) 등 수백 명이 항상 그의 문하에 있었다. 저서가 백여 편이나 되는데, 모두 오경(五經)의 난해한 문제를 해결한 것이다.(『후한서』「유림전」)

程曾受業長安, 習『嚴氏春秋』, 積十餘年, 還家講授. 會稽顧奉等數百人常居門下. 著書百餘篇, 皆五經通難.(『後漢書』「儒林傳」)

21-8-199

장현(張玄)은 어려서부터 안안락(顔安樂)의 『춘추』를 익혔고, 여러 전문가의 가법(家法)도 함께 능통했다. 학자들이 모두 다방면에 능통한 그에게 감복했으며, 책에 기록된 제자만 천여 명이나 되었다. 당시 우부풍(右扶風)이었던 낭야(琅邪) 사람 서업(徐業)도 큰 학자였다.(『후한서』「유림전」)

張玄少習『顔氏春秋』, 兼通數家法. 諸儒皆伏其多通, 著錄千餘人. 時右扶風琅邪徐業, 亦大儒也.(『後漢書』「儒林傳」)

21-8-200

하휴(何休)는 사람됨이 질박하고 입이 무거웠지만, 마음가짐이 매우 올바르고 육경을 깊이 연구하여 세상의 학자들 중에 미칠 수 있는 자가 없었다. 『춘추공양해고(春秋公羊解詁)』를 지으면서 깊이 연구에 몰두하여 문밖으로 나가지 않은 것[404]이 17년이나 되었다.(『후한서』「유림전」)

何休爲人質樸訥口, 而雅有心思, 精研六經, 世儒無及者. 作『春秋公羊解詁』, 覃思不窺門, 十有七年.(『後漢書』「儒林傳」)

<이상 양한시대 학인들이 모두 유교를 따르다: 右兩漢學人皆從儒敎>

404_ 담사(覃思)는 깊이 생각하여 연구에 몰두하는 것이고, 규문(窺門)은 문을 넘어서 문밖으로 나간다는 말이다.

9. 양한시대 지방 관리들이 모두 유교 학술로 백성을 교화하다 [兩漢郡吏皆以儒術化民]

21-9-1

오직 강도(江都)의 재상 동중서(董仲舒)와 내사(內史) 공손홍(公孫弘), 그리고 예관(兒寬)만이 관직에 있을 때 기록할 만한 공적이 있다. 세 사람은 모두 유학자로서 세상일에 통달하고, 법령의 조문[405]을 밝게 익혔으며, 경전의 학술로 관리의 일을 잘 치장했다.(『한서』「순리전」)

唯江都相董仲舒·內史公孫弘·兒寬居官可紀. 三人皆儒者, 通於世務, 明習文法, 以經術潤飾吏事.(『漢書』「循吏傳」)

21-9-2

문옹(文翁)은 여강군(廬江郡) 서현(舒縣) 사람이다. 어려서부터 학문을 좋아하여 『춘추』에 능통했고, 군현(郡縣)의 관리로서 등용 심사를 거쳐서 천거되었다.[406] 경제(景帝) 말기에 촉군(蜀郡)의 태수(太守)가 되어 어짊과 사랑으로 백성을 교화하는 것을 좋아했다. 촉군의 땅이 편벽된 곳에 있고, 오랑캐의 풍습이 있는 것을 보고서 문옹은 그들을 유도하여 관직에 진출시키고자 했다. 이에 군현의 하급 관리 중에서 사리에 밝고 민첩하면서 재능이 있는 장숙(張叔) 등 10여 명을 선발하여 직접 경계하면서 격려하고, 그들을 서울로 파견하여 박사에게 수업을 받도록 했

405_ 문법(文法)은 법령의 조문이나 법의 규정을 말한다.

406_ 찰거(察擧)는 그 사람의 현명함의 여부를 살펴서 천거하거나 등용하는 것으로, 등용의 심사를 거쳐서 천거되는 것이다.

다.(『한서』「순리전」)

文翁, 廬江舒人也. 少好學, 通『春秋』, 以郡縣吏察擧. 景帝末, 爲蜀郡守, 仁愛好敎化. 見蜀地辟陋, 有蠻夷風, 文翁欲誘進之. 乃選郡縣小吏開敏有材者張叔等十餘人, 親自飭厲, 遣詣京師, 受業博士.(『漢書』「循吏傳」)

21-9-3

[문옹(文翁)은] 또한 성도(成都)의 성 안에 학관(學官)을 수리하여 세우고, 성밖 사방의 교외에 있는 현(縣)의 젊은이들을 불러 모아 학관의 학생으로 삼고,[407] 수자리 요역[408]을 면제시켜 주었다. 성적이 가장 높은 자는 군현의 관리로 임명하고, 그 다음은 효제(孝弟)와 농사일을 힘써 하면서 [추천에 대비하도록 했다.] 항상 학관의 어린 학생들을 선발하여 그들에게 별도의 자리를 마련해서 일을 배우도록 했다.[409] 그리고 매번 현(縣)으로 출행할 때마다 학관의 학생들 중에서 경전에 밝고 행동을 신중하게 하는 자와 자주 함께 갔으며, 그들에게 정교(政敎)의 명을 전달하도록 하여 현의 관리들이 사무를 보는 곳을 드나들도록 했다.[410] 현읍(縣邑)의 관리와 백성들은 그것을 보고 영광스럽게 생각했고, 수년 동안 앞 다투어 학관의 학생이 되고자 했으며, 부유한 사람은 심지어 돈을 내면서까지 학생이 되고자 하니, 이로 말미암아 백성들이

407_ 하현(下縣)은 안사고에 의하면, 사교(四郊)의 현(縣)으로, 군(郡)이 다스리는 지역이 아니다. 즉 성도(成都)의 도성 안에 있는 젊은이뿐만 아니라, 도성 밖의 사방 교외 지역의 젊은이들까지 교육의 대상으로 삼았다는 뜻이다.

408_ 경요(更繇)는 한나라 때의 요역의 한 가지로, 번갈아서 변경 지역에 수자리를 하러 가는 것이다.

409_ 동자(僮子)는 아직 성년이 되지 않은 사내아이를 말하고, 편좌(便坐)는 별도의 자리를 마련해서 일을 배우도록 하는 것이다.

410_ 규각(閨閣)은 내실의 작은 문인데, 현의 관리들이 사무를 보는 곳을 자유롭게 드나들면서 일을 배우도록 했다는 의미이다.

크게 교화되었다. 서울에서 공부한 촉군(蜀郡) 출신의 학생들은 제(齊)나라와 노(魯)나라 출신들과도 비견될 정도였다. 무제(武帝) 때에 이르자, 천하의 군국(郡國)에 명하여 모두 학관을 세우도록 했으니, 문옹이 그 시초가 된다. 문옹은 촉군에서 죽었는데, 관리와 백성들이 그를 위해 사당(祠堂)을 세우고, 해마다 일정한 시기에 끊이지 않고 제사를 지냈다. 지금에 이르기까지 파(巴)와 촉(蜀) 지역에서 예문(藝文)과 예악(禮樂)을 좋아하는 것은 바로 문옹의 교화 덕분이다.(『한서』「순리전」)

又修起學官於成都市中, 招下縣子弟以爲學官弟子, 爲除更繇. 高者以補郡縣吏, 次爲孝弟力田. 常選學官僮子, 使在便坐受事. 每出行縣, 益從學官諸生明經飭行者與俱, 使傳教令, 出入閨閣. 縣邑吏民見而榮之, 數年爭欲爲學官弟子, 富人至出錢以求之, 繇是大化. 蜀地學于京師者, 比齊・魯焉. 至武帝時, 乃令天下郡國皆立學校官, 自文翁爲之始云. 文翁終於蜀, 吏民爲立祠堂, 歲時祭祀不絶. 至今巴・蜀好文雅, 文翁之化也.(『漢書』「循吏傳」)

21-9-4

효문제(孝文帝) 말년에 여강(廬江) 사람 문옹(文翁)이 촉군(蜀郡)의 태수(太守)가 되었는데, 강어귀를 뚫어 물길을 내어[411] 1천 7백 경(頃)의 많은 논에 물을 댔다. 이때에는 세상이 평화롭고 도가 잘 다스려져 백성들의 재물이 풍족하고 풍성했다.[412] 진(秦)나라의 뒤를 이은 이후에 학교는 점점 사라지고, 풍속은 각박한 법령을 좋아했다. 문옹은 학교를 세워 관리의 자제들을 선발하여 학교에 보냈고, 장숙(張叔) 등 뛰어난 선비 18명을 동쪽으로 박사에게 파견하여 칠경(七經)을 배우고, 돌아와서는

411_ 천전(穿湔)은 물길을 뚫어서 물이 흐르게 하는 것으로, 관개 시설을 만드는 것이다.

412_ 민물(民物)은 백성들의 재물이고, 부강(阜康)은 풍족하고 풍성한 것이다.

학생을 가르치게 하니, 학생들이 엄청나게 모여들었다.[413] 촉군의 학문은 제나라와 노나라 지역과 비견되었고, 파(巴)와 한(漢) 지역도 문학(文學)[414]을 세웠다. 효경제(孝景帝)는 그것을 가상하게 여겨서 천하의 군국(郡國)에 명하여 모두 문학을 세우도록 하였는데, 이것은 문옹이 그 가르침을 창도했기 때문이니, 촉군이 그 시초가 된다.(『화양국지』 권3)[415]

孝文帝末年, 以廬江文翁爲蜀守, 穿湔江口, 漑灌繁田千七百頃. 是時世平道治, 民物阜康. 承秦之後, 學校陵夷, 俗好文刻. 翁乃立學, 選吏子弟就學, 遣雋士張叔等十八人東詣博士, 受七經, 還以教授, 學徒鱗萃. 蜀學比于齊·魯, 巴·漢亦立文學. 孝景帝嘉之, 令天下郡國皆立文學, 因翁倡其教, 蜀爲之始也.(『華陽國志』 卷三)

21-9-5

[포욱(鮑昱)[416]의] 아들 포덕(鮑德)이 남양(南陽) 태수(太守)로 있을 때, 당시 몇 년 동안 흉년이 들었는데, 오직 남양만이 풍년이 들어[417] 관리와 백성들이 그를 사랑하고 좋아하여 신부(神父)라고 불렀다. 당시에 군(郡)의 학교가 문을 닫은 지 오래되었는데, 포덕은 학교[418]를 수리하여 세웠으며, 제기와 예복 및 예관을 갖추어[419] 예를 행하고 음악을 연주했

413_ 인췌(鱗萃)는 물고기의 비늘이 죽 붙은 것처럼 많이 모인 것을 비유한다. 인집(鱗集)이라고도 한다.

414_ 문학(文學)은 한나라 때 주군(州郡) 및 제후국에 둔 벼슬인데, 『한서』「순리전」에서 말한 학관(學官)과 같은 의미이다.

415_ 『화양국지』 권3은 「촉지(蜀志)」이다.

416_ 포욱(鮑昱)은 포영(鮑永)의 아들이다. 『후한서』「포영전」에 의하면, 포욱의 자는 문천(文泉)이고, 어려서부터 부친인 포영의 학문을 전수했으며, 동평(東平) 지역에 머물면서 학생을 가르쳤다. 비양현(沘陽縣)의 현장(縣長)에 임명되어 어짊과 사랑의 정치를 베풀어 그 지역이 태평하고 안정되었다고 한다.

417_ 풍양(豐穰)은 풍등(豐登)과 같은 말로, 곡식이 풍성하게 무르익어 풍년이 드는 것이다.

418_ 횡사(橫舍)는 학교 또는 학사(學舍)를 말한다.

다. 또한 원로들[420]에게 극진하게 잔치를 열고, 제유들에게 연회를 베풀었다. 이것을 본 백성들 중에 설복되지 않는 자가 없었다.(『후한서』「포영전」)

德爲南陽太守, 時歲多荒災, 唯南陽豐穰, 吏人愛悅, 號爲神父. 時郡學久廢, 德乃修起橫舍, 備俎豆黻冕, 行禮奏樂. 又尊饗國老, 宴會諸儒. 百姓觀者, 莫不勸服.(『後漢書』「鮑永傳」)

21-9-6

송균(宋均)은 부친 덕택에 낭관으로 임명되었는데,[421] 당시 나이가 15세였다. 경서를 좋아했고, 매번 휴가 때마다[422] 박사에게 수업을 받아 『시』와 『예』에 능통했으며, 어려운 문제에 대한 토론을 잘했다. 20여 세에 이르러 진양현(辰陽縣)의 현장(縣長)으로 자리를 옮겼는데, 그 지역의 풍속은 공부는 적게 하면서 무당이나 귀신을 믿고 있었다. 송균은 학교를 세우고, 부적절한 제사[423]를 금지시켰는데, 사람들이 모두 편안하게 받아들였다.(『후한서』「송균전」)

419_ 조두(俎豆)는 제사 때 사용하는 제기이고, 불면(黻冕)은 세사 때 갖추는 예복과 예관이다.

420_ 국로(國老)는 늙어서 퇴직한 경대부를 말하는데, 여기에서는 군(郡)의 원로들을 말한다. 당시에 이들을 위해 학교에서 연향을 베푸는 예법이 있었는데, 『예기』「왕제」편에 "養國老於上庠爽."이라는 말이 보인다.

421_ 부임(父任)은 부음(父陰)과 같은 말로, 아버지의 덕으로 벼슬을 하는 것이다. 송균(宋均)은 자가 숙상(叔庠)이고, 남양(南陽) 안중(安衆) 사람이다. 『후한서』「송균전」에 의하면, 그의 부친은 송백(宋伯)이라는 사람으로, 광무제 건무(建武) 초에 오관중랑장(五官中郎將)을 역임했다.

422_ 휴목일(休沐日)은 관리의 휴가를 말하는데, 세목(洗沐)이라고도 한다. 한나라 때의 관리들은 5일에 한 번씩 휴가를 내서 집에서 목욕하고 쉬었다고 한다. 한편 송나라 때는 10일에 한 번씩 휴가를 주었다고 한다.

423_ 음사(淫祀)는 예절에 합당하지 않은 제사이다. 『예기』「곡례 하」편에 "非其所祭而祭之, 名曰 淫祀."라는 말이 보인다.

均以父任爲郞, 時年十五. 好經書, 每休沐日, 輒受業博士, 通『詩』·『禮』, 善論難. 至二十餘, 調補辰陽長, 其俗少學者, 而信巫鬼. 均爲立學校, 禁絶淫祀, 人皆安之.(『後漢書』「宋均傳」)

21-9-7

복담(伏湛)[424]의 동생 복암(伏黯)은 자가 치문(稚文)이고, 『제시(齊詩)』에 밝았기 때문에 장구를 개정하고, 『해설(解說)』 9편을 지었다. 자식이 없었기 때문에 [조카인] 복공(伏恭)을 후계자로 삼았다. [복공은] 어려서부터 복암의 학문을 전수하여 낭관으로 임명되었다. [광무제] 건무(建武) 4년(28)에 극현(劇縣)의 현령(縣令)에 제수되었고, 그 일을 돌본 지 13년 동안 은혜로운 정치와 공정, 청렴으로 유명했다. 청주(青州)에서 매우 뛰어난 근무 성적으로 천거되었고,[425] 태상(太常)의 경전 시험에도 1등을 하여 박사에 임명되었으며, 상산(常山)의 태수(太守)로 자리를 옮겼다. 학교를 크게 수리하고, 끊임없이 학생들을 가르치니, 이로 말미암아 북주(北州)에서는 복씨(伏氏)의 학문을 하는 자가 많았다.(『후한서』「유림전 · 복공」)

伏湛弟黯, 字稚文, 以明『齊詩』, 改定章句, 作『解說』九篇. 無子, 以恭爲後. 少傳黯學, 以任爲郞. 建武四年, 除劇令, 視事十三年, 以惠政公廉聞. 青州擧爲尤異, 太常試經第一, 拜博士, 遷常山太守. 敦修學校, 教授不輟, 由是北州多爲伏氏學.(『後漢書』「儒林傳 · 伏恭」)

424_ 복담(伏湛)은 자가 혜공(惠公)이고, 낭야(琅邪) 동무(東武) 사람이다. 제남(濟南) 복생(伏生)의 9세손이다. 『후한서』「복담전」에 의하면, 광무제가 즉위하자 복담(伏湛)이 유명한 유학자이자 선대의 신하라는 것을 알았기 때문에 그에게 조정의 중신(重臣) 직책을 맡기고자 했다. 그래서 그를 불러 상서령(尙書令)에 임명하여, 옛날의 제도를 맡아서 바로잡도록 했다고 한다.

425_ 우이(尤異)는 관리의 근무 성적에 대한 평언(評言)으로, 근무 성적이 매우 뛰어남을 의미하는 말이다.

21-9-8

채준(祭遵)은 장군(將軍)이었지만, 인재를 선발할 때는 모두 유술(儒術)을 사용했고, 술을 대작하고 음악을 연주할 때는 반드시 아악(雅樂)의 반주에 맞춘 노래를 부르고 투호(投壺) 놀이를 했다.[426] 또한 공자를 위해 후계자를 세울 것을 건의했고, 오경대부(五經大夫)의 설치를 상주했다. 비록 군대 속에 있었지만, 예악(禮樂)을 잊지 않았다.[427](『후한서』「채준전」)

遵爲將軍, 取士皆用儒術, 對酒設樂, 必雅歌投壺. 又建爲孔子立後, 奏置五經大夫. 雖在軍旅, 不忘俎豆.(『後漢書』「祭遵傳」)

21-9-9

이충(李忠)은 단양군(丹陽郡)이 월(越)나라 오랑캐의 풍속이 있고, 학문을 좋아하지 않으며, 결혼의 예의(禮義)가 중국보다 쇠퇴했다고 여겼다. 이에 학교를 세우고, 예법을 익히며, 봄과 가을에 향음주례(鄕飮酒禮)를 시행하고, 경전에 밝은 인재를 선발하여 등용하니, 단양군의 사람들이 그를 흠모했다.[428](『후한서』「이충전」)

忠以丹陽越俗, 不好學, 嫁娶禮義衰於中國. 乃爲起學校, 習禮容, 春秋鄕飮, 選用明經, 郡中向慕之.(『後漢書』「李忠傳」)

426_ 아가(雅歌)는 아악(雅樂)의 반주에 맞추어 부르는 노래이다. 아악(雅樂)은 종묘의 제례나 연향 때 사용하는 바른 음악을 말한다. 투호(投壺)는 연회 때 흥을 키우는 놀이로, 화살을 병에 던져서 많이 넣는 사람이 승리하고, 진 사람은 벌주를 마신다.

427_ 조두(俎豆)는 제사 때 사용하는 그릇인데, 여기에서 예악(禮樂)의 의미로 풀이했다.

428_ 이 일은 광무제 건무(建武) 6년(30)에 이충이 단양군의 태수(太守)로 갔을 때의 일이다. 당시 지방에는 호족 세력이 극성을 부리고 있었는데, 이충은 단양군의 태수로 부임하자마자 그들을 회유하는 한편, 복종하지 않는 자들을 모두 주살해 버렸다. 그가 부임한 지 1개월만에 호족 세력이 모두 평정되었다고 한다.

21-9-10

[난파(欒巴)는] 네 번째로 계양군(桂陽郡)의 태수(太守)로 옮겼는데, 계양군은 남쪽의 변방에 위치하고 있었기 때문에 전장제도와 교육[429]에 익숙하지 않았다. 관리와 백성들을 위해 혼인이나 장례를 치르는 예법을 정하고, 학교를 세워서 관직 진출을 장려했다.(『후한서』「난파전」)

四遷桂陽太守, 以郡處南垂, 不閑典訓. 爲吏人定婚姻喪紀之禮, 興立學校以獎進之.(『後漢書』「欒巴傳」)

21-9-11

[위삽(衛颯)은] 계양군(桂陽郡)의 태수(太守)로 자리를 옮겼다. 계양군은 교주(交州)와 인접해 있었는데, 그곳의 풍속에 크게 영향을 받아서 예의의 법도를 알지 못했다. 위삽은 부임하자마자[430] 학교의 교육을 손질하고, 혼인의 예법을 만들었다. 1년 사이에 계양군의 풍속이 그에 따라 변화했다.(『후한서』「순리전 · 위삽」)

遷桂陽太守. 郡與交州接境, 頗染其俗, 不知禮則. 颯下車, 修庠序之教, 設婚姻之禮. 期年間, 邦俗從化.(『後漢書』「循吏傳 · 衛颯」)

21-9-12

또한 낙월(駱越)[431] 백성들은 결혼의 예법이 없고, 각자 제멋대로 좋아

429_ 전훈(典訓)은 원래 『서』의 「요전(堯典)」편과 「이훈(伊訓)」편을 병칭하는 말로, 경전을 통칭하는 의미로 사용된다. 여기에서는 뒤에 나오는 내용을 참조하면, 혼인 등의 예법과 관련된 전장(典章) 제도와 학교와 관련된 가르침, 즉 교육의 의미로 풀이될 수 있다.

430_ 하거(下車)는 관리가 처음 임지에 이르는 것으로, 처음 부임하는 것을 말한다.

431_ 낙월(駱越)은 지금의 운남성(雲南省)과 귀주(貴州), 광서(廣西) 등에 살았던 종

하고 일정하게 정해진 배필이 없기 때문에 부자(父子)의 천성과 부부(夫婦)의 도리를 알지 못했다. 임연(任延)[432]은 이에 자기에게 소속된 현(縣)에 공문서를 보내, 각 현에서 20세에서 50세 사이의 남자와 15세에서 40세 사이의 여자를 연령에 따라서 서로 짝을 맞추어주도록 했다. 그 중에서 가난하여 혼례의 예물이 없는 경우에는 장리(長吏) 이하의 모든 관리에게 명하여 각자가 봉급을 절약하여 그들을 도와주도록 하니, 동시에 서로 결혼한 사람이 2천여 명이나 되었다.(『후한서』「순리전 · 임연」)

又駱越之民無嫁娶禮法, 各因淫好, 無適對匹, 不識父子之性, 夫婦之道. 延乃移書屬縣, 各使男年二十至五十, 女年十五至四十, 皆以年齒相配. 其貧無禮聘, 令長吏以下各省奉祿以賑助之, 同時相娶者二千餘人.(『後漢書』「循吏傳 · 任延」)

21-9-13

[임연(任延)은] 또한 학관(學官)을 세워 속관들의 자손은 모두 학교에 가서 수업을 받도록 하고, 그들의 요역을 면제해 주었다. 장구를 이미 능통하게 이해하면 모두 발탁하여 높은 자리로 영전하니, 구진현(九眞郡)에 마침내 박학다식한 선비가 생겨났다.(『후한서』「순리전 · 임연」)

又造[433]立校官, 自掾吏子孫, 皆令詣學受業, 復其徭役. 章句旣通, 悉顯拔榮進之, 郡遂有儒雅之士.(『後漢書』「循吏傳 · 任延」)

족의 이름이다.

432_ 임연(任延)은 자가 장손(長孫)이고, 남양(南陽) 완현(宛縣) 사람이다. 『후한서』「순리전」에 의하면, 나이 12세 때 제생(諸生)이 되어 장안(長安)에서 공부했다. 『시』·『역』·『춘추』에 밝아서 태학에서 이름을 떨쳤으며, 태학에서 그를 '임성동(任聖童)'이라고 불렀다고 한다. 이 일은 광무제 건무(建武) 초에 임연이 구진현(九眞郡)의 태수로 재직하고 있을 때의 일이다.

433_ 조(造)가 『공자개제고』에는 견(遣)으로 되어 있는데, 『후한서』 원문에 따라 고쳤다.

21-9-14

광무제(光武帝)가 중흥하자, 석광(錫光)이 교지(交阯) 지역을 다스리고, 임연(任延)이 구진군(九眞郡)의 태수가 되었다. 이에 그 지역 사람들에게 농사를 가르치고, 모자와 신발을 제작하며, 처음으로 중매와 빙문의 예법을 설치하여 비로소 혼인의 예법을 알게 하고, 학교를 건립하여 예의(禮義)로써 그들을 인도했다.(『후한서』「남만서남이전」)

光武中興, 錫光爲交阯, 任延守九眞. 於是敎其耕稼, 制爲冠履, 初設媒聘, 始知姻娶, 建立學校, 導之禮義.(『後漢書』「南蠻西南夷傳」)

21-9-15

지방 관청[鄕部][434]에서 백성들과 친하게 접촉하는 관리들은 모두 유생을 채용했다.(『후한서』「좌웅전」)

鄕部親民之吏, 皆用儒生.(『後漢書』「左雄傳」)

21-9-16

유관(劉寬)은 남양(南陽郡) 태수로 자리를 옮겼고, [경도(京都)의] 세 개의 군(郡)을 차례대로 맡았는데, 성격이 따뜻하고 인자하며 배려심이 많았기 때문에 비록 급박한 상황에서도 말을 거칠게 하거나 얼굴빛을 사납게 한 적이 없었다.[435] 그는 항상 '형벌로 다스린다면 백성들이 죄에서 벗어나더라도 부끄러워할 줄 모른다'[436]라고 생각했기 때문에 관리들

434_ 향부(鄕部)는 한나라 때의 행정 구역의 명칭으로, 지방의 관청을 의미한다. 향(鄕)은 10정(亭)에 해당되며, 1정은 1,000호(戶)이다. 부(部)는 주(州)에 해당되는 행정 구역이다.

435_ 질언거색(疾言遽色)은 말을 거칠게 하고 얼굴빛을 사납게 하는 것이다. 급박한 상황에서 갑자기 태도가 돌변하는 것을 말한다.

이 잘못이 있으면 단지 부들 채찍[437]을 사용하여 벌을 줌으로써 욕됨을 보여줄 뿐, 끝내 가혹한 형벌을 가하지 않았다. 업무에서 공적이나 잘한 것이 있으면 그것을 아래 속관들의 공으로 미루었고,[438] 재해나 이변 현상이 혹 발생하면 자기의 잘못으로 끌어와서 자책했다. 매번 현(縣)으로 시찰을 갈 때마다 관청의 객사(客舍)[439]에서 머물러 쉬었는데, 학궁(學宮)의 좨주(祭酒) 및 처사와 학생들을 불러서 경전을 가지고 토론하고 강론했다. 연로한 노인들을 만나면 농사와 마을과 관련된 말로 위로하고, 어린 소년들을 만나면 효도와 공경의 가르침으로 격려했다. 사람들은 그의 덕에 감화되어 흥기하여 실천하니, 날마다 교화되는 바가 있었다.(『후한서』「유관전」)

劉寬, 遷南陽太守, 典曆三郡, 溫仁多恕, 雖在倉卒, 未嘗疾言遽色. 常以爲齊之以刑, 民免而無恥, 吏人有過, 但用蒲鞭罰之, 示辱而已, 終不加苦. 事有功善, 推之自下, 災異或見, 引躬克責. 每行縣, 止息亭傳, 輒引學宮祭酒及處士諸生執經對講. 見父老, 慰以農里之言, 少年, 勉以孝悌之訓. 人感德興行, 日有所化.(『後漢書』「劉寬傳」)

21-9-17

[진팽(秦彭)은] 장제(章帝) 건초(建初) 원년(76)에 산양군(山陽郡)의 태수(太守)로 자리를 옮겼다. 예의로써 사람들을 가르치고, 형벌에 맡기지 않았으며, 박학다식한 학자를 존중하고 좋아했으며 학교를 크게 밝혔다. 매년 봄과 가을에 향사례를 거행하면서 계단을 오르내리거나 읍하고

436_ 『논어』「위정(爲政)」편에 다음과 같은 말이 보인다. "子曰, 道之以政, 齊之以刑, 民免而無恥. 道之以德, 齊之以禮, 有恥且格."

437_ 포편(蒲鞭)은 부들을 채찍으로 사용하는 것으로, 형벌이 너그러움을 의미한다.

438_ 자하(自下)는 아랫사람, 즉 아래의 속관들을 말한다.

439_ 정전(亭傳)은 행인이 머물러 숙박하는 여관으로, 관청에서 설치한 객사(客舍)를 말한다.

사양하는 예법을 수행했다. 이에 사람들을 위해 네 가지 경계[四誡][440]를 만듦으로써 육친(六親)과 장유(長幼)의 예절을 규정했다. 교화를 잘 따라서 받드는 사람은 마을의 삼노(三老)로 발탁하여 항상 8월에 술과 고기를 보내 그들을 권면했다.(『후한서』「순리전 · 진팽」)

建初元年, 遷山陽太守. 以禮訓人, 不任刑罰, 崇好儒雅, 敎明庠序. 每春秋饗射, 輒修升降揖讓之儀. 乃爲人設四誡, 以定六親長幼之禮. 有遵奉敎化者擢爲鄕三老, 常以八月致酒肉以勸勉之.(『後漢書』「循吏傳 · 秦彭」)

21-9-18

[허형(許荊)은] 화제(和帝) 때 곧 계양군(桂陽郡)의 태수(太守)로 자리를 옮겼다. 계양군이 남주(南州)와 인접해 있었기 때문에 풍속이 경박하고 학문을 잘 알지 못했다.[441] 허형은 상례와 혼인의 제도를 규정하여 그들에게 예의(禮義)와 금제(禁制)를 알도록 했다.(『후한서』「순리전 · 허형」)

和帝時, 稍遷桂陽太守. 郡濱南州, 風俗脆薄, 不識學義. 荊爲設喪紀婚姻制度, 使知禮禁.(『後漢書』「循吏傳 · 許荊」)

21-9-19

[유량(劉梁)은] 이에 다시 학교 건물[442]을 크게 짓고, 학생 수백 명을 모

440_ 사계(四誡)는 네 가지의 경계로, 사계(四戒)와 같은 말이다. 『예기』「곡례 상」에 다음과 같은 말이 보인다. "오만한 마음을 키워서는 안 되고, 욕심을 제멋대로 방종해서는 안 되며, 뜻을 바라는 대로 충족시켜서는 안 되고, 즐거움을 극도로 채워서는 안 된다[敖不可長, 欲不可從, 志不可滿, 樂不可極.]"

441_ 취박(脆薄)은 가볍고 경박하다는 말이고, 학의(學義)는 학문이나 학식을 말한다.

442_ 강사(講舍)는 학문을 강론하는 학교 건물로, 교사(校舍)와 같은 의미이다.

아서 아침저녁으로 직접 가서 학생들을 권면하고 경계시켰으며, 자신이 직접 경전을 손에 들고 학생들에게 시험을 쳐서 성적을 매기니,[443] 유교의 교화가 크게 행해졌다.[444] 이 읍에서는 후대에 이르러서도 여전히 유량의 교육을 칭찬했다.(『후한서』「문원전 · 유량」)

更大作講舍, 延聚生徒數百人, 朝夕自往勸誡, 身執經卷, 試策殿最, 儒化大行. 此邑至後猶稱其教焉.(『後漢書』「文苑傳 · 劉梁」)

康21-22

마치 오늘날 서원(書院)을 건축하는 것과 같으니, 그 당시에 유교가 변방의 먼 지역에서도 크게 성행한 것이다.

猶今築書院也, 于時儒教大行于邊遠.

21-9-20

[후한 광무제] 건무(建武) 이후로, 수많은 유학자들이 학업을 닦았고, 도참(圖讖)과 위서(緯書)까지 시야를 넓혀 살피니, 한나라의 재상이 중국의 서남(西南) 지역[坤鄕][445]에서 배출되는 것도 당연할 것이다. 이에 사도(司徒) 이합(李郃)[446]은 여러 차례 일월(日月)과 오성(五星)의 운행에 대해 기록

443_ 전최(殿最)는 군대에서의 공적이나 정치의 성적을 매겨서 고과하는 일이다. 성적이 상등(上等)일 때는 최(最), 하등(下等)일 때는 전(殿)이라고 한다. 시책(試策)은 고시로 선비를 선발하던 방법의 하나로, 정사(政事)나 경의(經義)에 대한 문제를 내서 그에 대한 답안을 쓰게 하는 것이다.

444_ 이것은 유량(劉梁)이 환제(桓帝) 때 효렴으로 천거되어 북신성(北新城)의 성장(城長)으로 임명되었을 때의 일이다.

445_ 곤향(坤鄕)은 중국의 서남(西南) 지역, 즉 한중(漢中) 지역을 말한다. 촉한(蜀漢)의 옛 도읍인 성도(成都)를 포함한 지역으로, 지금의 섬서성과 호북성 일대이다. 송나라의 호중영(扈仲榮) 등이 편찬한 『성도문류(成都文類)』 권46 「공원기(貢院記)」에 "西南, 昔號坤鄕."이라는 기록이 보인다.

했고,[447] 태부(太傅) 이고(李固)[448]는 여러 세대에 걸쳐 도에 대해 논했다. 뛰어난 인재들[449]로는 진아(陳雅)[450]와 이력(李歷),[451] 그리고 진술(陳術)[452] 등의 무리들이 있으니, 매우 아름답고 빛나는 인재들이다.[453] 그 지역의 주목(州牧)과 군수(郡守)들이 끊임없이 서로 왕래했으니, 서주(西州)에서도 [이 지역이] 흥성한 것은,[454] 인재들이 많았기 때문이다.(『화양국지』

446_ 이합(李郃)은 자가 맹절(孟節)이고, 한중(漢中) 남정(南鄭) 사람이다. 그의 부친 이힐(李頡)은 유학으로 유명했으며, 관직이 박사에까지 이르렀다. 이합은 부친의 학업을 계승했고, 태학에서 유학하여 오경에 통달했으며, 하도(河圖)와 낙서(洛書)에 대해서도 잘 알았다. 안제(安帝)가 죽고 북향후(北鄕侯)가 즉위했을 때 사도(司徒)가 되었다. 섭도후(涉都侯)에 봉해졌으나 사양하고 받지 않았다고 한다. 자세한 내용은 『후한서』「방술전(方術傳)」 참조.

447_ 칠징(七政)은 일월(日月)과 오성(五星)을 말하는데, 이것을 정치와 관련지어 연구하는 것이다. 『상서정의』에서는 "일월(日月)과 오성(五星)이 각각 정사를 달리한다"라고 했고, 『서경집전』에서는 "일곱 가지가 하늘에 운행함에 느린 것도 있고 빠른 것도 있으며, 순한 것도 있고 거스르는 것도 있어서, 마치 군주에게 정사가 있는 것과 같다"라고 했다.

448_ 이고(李固)는 자가 자견(子堅)이며, 이합(李郃)의 아들이다. 자세한 내용은 『후한서』「이고전」 참조.

449_ 규장(珪璋)은 조빙이나 제사 때 지니는 옥으로 만든 제기인데, 고상한 인품이나 뛰어난 인물을 비유한다. 호련(瑚璉)도 종묘 제사에서 서직(黍稷)을 담는 그릇인데, 국가를 편안하게 다스릴 만한 인재를 비유한다.

450_ 진아(陳雅)는 성고(成固) 사람으로, 자가 백대(伯臺)이다. 영제(靈帝) 때 간대부(諫大夫)를 역임했다. 자세한 내용은 『화양국지(華陽國志)』 권 10하 참조.

451_ 이력(李歷)은 이합(李郃)의 제자로, 자가 계자(季子)이다. 청렴하고 절개가 있었고, 박학다식하면서 교유관계가 좋았으며, 정현(鄭玄)이나 진기(陳紀) 등과도 서로 교유했다. 신성현(新城縣)의 현장(縣長)을 역임하면서 무위(無爲)의 정치를 귀하게 여겼고, 방술(方術)을 좋아했다고 한다. 자세한 내용은 『후한서』「방술전」 참조.

452_ 진술(陳術)은 한중(漢中) 사람으로, 자가 신백(申伯)이다. 『석문(釋問)』 7편을 지었다고 한다. 자세한 내용은 『화양국지』 권10하 및 『속후한서(續後漢書)』 권18 「열전」 참조.

453_ 문수(文秀)와 위위(瑋暐)는 매우 아름답고 빛나는 모습이다.

454_ 서주(西州)는 파(巴)와 촉(蜀)이 포함된 지역으로, 『한서』「순리전」의 기록에 의하면, 파(巴)와 촉(蜀) 지역이 예문(藝文)과 예악(禮樂)을 좋아하여 제(齊)나라와 노(魯)나라 지역에 비견될 정도였다고 한다.

권2)[455]

自建武以後, 群儒修業, 開按圖緯, 漢之宰相當出坤鄕. 於是司徒李公屢登七政, 太傅子堅奕世論道. 其珪璋瑚璉之器, 則陳伯臺・李季子・陳申伯之徒, 文秀瑋暐. 其州牧郡守冠蓋相繼, 于[456]西州爲盛, 蓋濟濟焉.(『華陽國志』 卷二)

21-9-21

성도현(成都縣)은 촉군(蜀郡)의 통치 관할로, 21개의 향(鄕)[457]과 5개의 부(部)의 도위(都尉)가 있고,[458] 한나라 때의 가구 숫자는 7만, 진(晉)나라 때는 3만 7천이며, 다스리기가 어렵기로 유명했다. 당시 광한(廣漢)의 풍호(馮顥)[459]가 현령(縣令)이었는데, 태수(太守)였던 경조(京兆)의 유선(劉宣)이 법을 받들지 않자, 풍호가 상주하여 그를 파직시켰다. [학교의] 문학(文學)을 세웠는데, 학생이 8백 명이었고, 실제 가구 숫자는 1만 8천이었다.(『화양국지』 권3)[460]

成都縣, 郡治, 有十二鄕五部尉, 漢戶七萬, 晉三萬七千, 名難治. 時廣漢馮顥爲令, 而太守京兆劉宣不奉法, 顥奏免之. 立文學, 學徒八百

455_ 『화양국지』 권2는 「한중지(漢中志)」이다.

456_ 우(于)가 『공자개제고』에는 여(如)로 되어 있는데, 『화양국지』 원문에 따라 고쳤다.

457_ 향(鄕)은 한나라 때의 행정 구역의 명칭으로, 10정(亭)에 해당되며, 1정은 1,000호(戶)이다.

458_ 부위(部尉)는 부(部)에 설치한 도위(都尉)를 말한다. 부(部)는 사방 30리의 구역의 행정구역 이름이며, 한나라 무제 때에는 주(州)와 같은 의미로 사용되었다.

459_ 풍호(馮顥)는 처현(郪縣) 사람으로, 자가 숙재(叔宰)이다. 어려서는 양중환(楊仲桓) 및 촉군(蜀郡)의 장광초(張光超)를 스승으로 섬겼고, 나중에는 동평(東平)의 우숙아(虞叔雅)를 섬겼다. 자세한 내용은 『화양국지』 권10중 참조. 한편 『후한서』 「남만서남이전(南蠻西南夷傳)」에도 "後順・桓間, 廣漢馮顥爲太守, 政化尤多異跡云."이라는 기록이 보인다.

460_ 『화양국지』 권3은 「촉지(蜀志)」이다.

人, 實戶口萬八千.(『華陽國志』 卷三)

21-9-22

장제(章帝) 때 촉군(蜀郡)의 왕부(王阜)는 익주(益州)의 태수(太守)였는데, 정치의 교화가 매우 뛰어났다.[461] 신령스러운 말 네 필이 전지(滇池)[462]라는 호숫가에 출현했고, 감로(甘露)가 내렸으며, 흰 까마귀가 나타났다. 처음으로 [학교의] 문학을 흥기시켜서 점점 그 풍속을 변화시켰다.(『화양국지』 권4)[463]

章帝時, 蜀郡王阜, 爲益州太守, 治化尤異. 神馬四匹, 出滇池河中, 甘露降, 白烏見.[464] 始興文學, 漸遷其俗.(『華陽國志』 卷四)

21-9-23

명제(明帝)와 장제(章帝) 시대에 무렴(毋斂) 사람 윤진(尹珍)은 자가 도진(道眞)이고, 먼 변경 지역[465]에 살았기 때문에 학교에 간 적이 없었다. 이에 멀리 여남(汝南)의 허신(許愼, 30~124)에게 오경을 배웠고, 또한 응봉(應奉, ?~?)[466]을 섬겨서 도참(圖讖)과 위서(緯書)를 공부하여 삼재(三才)에 통달했

461_ 우이(尤異)는 원래 관리의 근무 성적에 대한 평언(評言)으로, 근무 성적이 매우 뛰어남을 의미하는 말이다. 여기에서는 정치를 통한 교화가 매우 뛰어났다는 뜻으로 풀이했다.

462_ 전지(滇池)는 운남성(雲南省)에 있는 호수의 이름으로, 곤명호(昆明湖)라고도 부른다.

463_『화양국지』 권4는 「남중지(南中志)」이다.

464_ 견(見)이 『공자개제고』에는 빠져 있는데, 『화양국지』 원문에 따라 보충했다.

465_ 하예(遐裔)는 아득히 먼 변경 지역을 말한다.

466_ 응봉(應奉)은 자가 세숙(世叔)이고, 재능이 뛰어나고 문장을 잘 외웠기 때문에 세상에서 '응세숙(應世叔)'이라고 불렀다. 환제(桓帝) 연희(延熹) 연간에 사례교위(司隷校尉)를 역임했다. 『풍속통(風俗通)』을 지은 응소(應劭)가 그의 아들이며, 건안칠자(建安七子)의 한 사람인 응창(應瑒)이 그의 손자이다.

으며, 고향으로 돌아가서 학생들을 가르쳤다. 이에 남쪽 지역에 비로소 학문이 있게 되었다. 윤진은 경술(經術)로써 선발되어 등용되었고, 상서승랑(尙書丞郎)과 형주자사(荊州刺史)를 역임했으며, [스승인] 응봉은 사례교위(司隸校尉)가 되었으니, 스승과 제자가 함께 [남쪽 지역을] 크게 안정시켰다.(『화양국지』 권4)

明·章之世, 毋斂人尹珍, 字道眞, 以生遐裔, 未漸庠序. 乃遠從汝南許叔重受五經, 又事應世叔學圖緯, 通三才, 還以敎授. 於是南域始有學焉. 珍以經術選用, 歷尙書丞郎·荊州刺史, 而世叔爲司隸校尉, 師生[467]並顯平夷.(『華陽國志』 卷四)

21-9-24

장패(張霸)는 자가 백요(伯饒)이고, 시호가 문보(文父)이며,[468] 성도(成都) 사람이다. 어린 나이에 예의(禮義)를 알았고,[469] 그의 학생인 손림(孫林)·유고(劉固)·단저(段著) 등이 그를 종주로 받들어 장패의 집 근처로 이사를 했다. 모친에게 아뢰어 스승에게 나아가 공부할 것을 요구했는데, 모친이 그의 나이가 어린 것을 걱정하자, "더 공부할 수 있습니다[饒能]"라고 말했다. 따라서 '백요(伯饒)'를 자(字)로 삼았다.[470] 회계(會稽)의 태수가 되어 난리를 바로잡고 다스림을 일으켰으며, [학교의] 문학을 세우

467_ 생(生)이 『공자개제고』에는 주(主)로 되어 있는데, 『화양국지』 원문에 따라 고쳤다.

468_ 『후한서』 「장패전」에는 그의 시호가 헌문(憲文)으로 되어 있다.

469_ 『후한서』 「장패전(張霸傳)」에도 "어린 나이에 이미 효도와 겸양을 알아서 출입이나 음식을 먹는 것 등이 자연스럽게 예법에 맞았기 때문에 마을 사람들이 그를 '장증자(張曾子)'라고 불렀다"라는 기록이 보인다.

470_ 『후한서』 「장패전」에 의하면, 7세 때 『춘추』에 능통한 다음, 다른 경전을 배우려고 했는데, 그의 부모가 "너는 아직 어리니, 안 된다"라고 했다. 그러자 장패가 "저는 아직 더 공부해야 합니다"라고 대답했기 때문에 '요(饒)'라는 자를 붙였다고 한다. 요(饒)는 '더'라는 의미의 익(益)과 같은 글자이다.

니, 학생이 천여 명이나 되었고, 풍속의 교화가 크게 행해졌다. 도로에는 단지 글 읽는 소리만 들리니, 백성들이 노래를 부르면서 칭송했다. 명사(名士) 고봉(顧奉)·공손송(公孫松)·필해(畢海)·호무관(胡毋官)·만우선(萬虞先)·왕연(王演)·이근(李根)을 불러서 천거하니, 모두가 큰 지위에 이르렀다.[471] 군(郡)에서 재임했던 10년 동안 정당한 방법으로 인재를 천거했다.(『화양국지』 권10)[472]

張霸字伯饒, 謚曰文父, 成都人也. 年數歲, 以知禮義, 諸生孫林·劉固·段著等宗之, 移家其宇下. 啓母求就師學, 母憐其稚, 曰, "饒能." 故字'伯饒'也. 爲會稽太守, 撥亂興治, 立文學, 學徒以千數, 風敎大行. 道路但聞誦聲, 百姓歌詠之. 致達名士顧奉·公孫松·畢海·胡毋[473]官·萬虞先·王演·李根, 皆至大位. 在郡十年, 以有道徵.(『華陽國志』 卷十)

<이상 양한시대 지방 관리들이 모두 유교 학술로 백성을 교화하다: 兩漢郡吏皆以儒術化民>

471_ 『후한서』 「장패전」에 의하면, 고봉(顧奉)은 나중에 영천태수(潁川太守)가 되었고, 공손송(公孫松)은 사례교위(司隸校尉)가 되었다.

472_ 『화양국지』 권10은 「선현사녀총찬론(先賢士女摠讚論)」이다.

473_ 무(毋)가 『공자개제고』에는 모(母)로 되어 있는데, 『화양국지』 원문에 따라 고쳤다.

찾아보기

孔子改制考